Individualpsychologie und Neurowissenschaften

AF281568

Waxmann Verlag GmbH
Steinfurter Straße 555, 48159 Münster
info@waxmann.com

Psychotherapiewissenschaft
in Forschung, Profession und Kultur

Schriftenreihe der
Sigmund-Freud-Privatuniversität Wien

Herausgegeben von Bernd Rieken

Band 20

Die Sigmund-Freud-Privatuniversität in Wien ist die erste akademische Lehrstätte, an der die Ausbildung zum Psychotherapeuten integraler Bestandteil eines eigenen wissenschaftlichen Studiums ist. Durch das Studium der Psychotherapiewissenschaft (PTW) wird dem Umstand Rechnung getragen, dass Psychotherapie eine hoch professionelle Tätigkeit ist, die – wie andere hoch professionelle Tätigkeiten auch – neben einer praktischen Ausbildung eines eigenen akademischen Studiums bedarf. Das hat zur Konsequenz, dass die wissenschaftliche Beschäftigung mit ihr nicht mehr ausschließlich den Nachbardisziplinen Psychiatrie und Klinische Psychologie mit ihrer nomologischen Orientierung obliegt, sodass die PTW als eigene Disziplin an Konturen gewinnen kann.

Vor diesem Hintergrund wird die Titelwahl der wissenschaftlichen Reihe transparent: Es soll nicht nur die Kluft, welche zwischen Psychotherapieforschung und Profession besteht, verringert, sondern auch berücksichtigt werden, dass man der Komplexität des Gegenstands am ehesten dann gerecht wird, wenn neben den üblichen Zugängen der Human- und Naturwissenschaften auch Methoden und/oder Fragestellungen aus dem Bereich der Kultur-, Sozial- und Geisteswissenschaften Berücksichtigung finden.

Susanne Rabenstein

Individualpsychologie und Neurowissenschaften

Zur neurobiologischen Fundierung
der Theorien Alfred Adlers

Waxmann 2017
Münster • New York

Diese Arbeit wurde 2016 von der Sigmund-Freud-Privatuniversität Wien im Fach Psychotherapiewissenschaft als Dissertation angenommen.

Bibliografische Informationen der Deutschen Nationalbibliothek
Die Deutsche Nationalbibliothek verzeichnet diese Publikation in der Deutschen Nationalbibliografie; detaillierte bibliografische Daten sind im Internet über http://dnb.d-nb.de abrufbar.

Psychotherapiewissenschaft in Forschung, Profession und Kultur, Band 20
ISSN 2192-2233

Print-ISBN 978-3-8309-3621-3
E-Book-ISBN 978-3-8309-8621-8

© Waxmann Verlag GmbH, 2017
www.waxmann.com
info@waxmann.com

Umschlaggestaltung: Anne Breitenbach, Münster
Umschlagfoto: © Lightspring – Shutterstock.com
Gedruckt auf alterungsbeständigem Papier, säurefrei gemäß ISO 9706

Abstract

In the presented work the conclusions neuroscientists draw from their findings are compared with Alfred Adler's theories in a hermeneutic approach. In the course of this analysis links arising from the concepts of Individual Psychology to recent findings of neurobiology are described, addressing key concepts of Alfred Adler as social interest, including references to attachment theory and striving for equality, the concept of aggression and the aggressive instinct, lifestyle or life movement, involving the various aspects coming along with it, like the apperception, the unconscious, the intentionality and the fictionality. These issues are also associated with chaos theory and synergetics. Finally, organ inferiority and organ dialect are examined in relation to a neuroscientific view on psychosomatics and in relation to psychoneuroimmunology. From these findings implications on psychotherapeutic practice and psychotherapy training are drawn.

Key words: Alfred Adler, aggression, aggressive instinct, apperception, attachment, chaos theory, fictionality, striving for equality, Individual Psychology, intentionality, life movement, lifestyle, neuroscience, organ dialect, organ inferiority, psychoneuroimmunology, psychosomatics, social interest, synergetics, the unconscious

Kurzzusammenfassung

In der vorliegenden Arbeit werden hermeneutisch die Schlussfolgerungen, welche die NeurowissenschaftlerInnen aus ihren Befunden ziehen, mit Alfred Adlers Theorien verglichen. Es wird untersucht, welche Berührungspunkte sich zwischen den Konzepten der Individualpsychologie und den aktuellen Erkenntnissen der Neurobiologie ergeben. Die zentralen Konzepte Adlers, die zur Analyse herangezogen werden, sind das Gemeinschaftsgefühl, inklusive der Bezüge zur Bindungstheorie und zum Gleichwertigkeitsstreben, das Konzept der Aggression bzw. des Aggressionstriebes, des Lebensstils bzw. der Lebensbewegung, mit den damit verbundenen Aspekten wie der Apperzeption, des Unbewussten, der Intentionalität und der Fiktionalität. Hier werden auch Zusammenhänge zur Chaostheorie und Synergetik hergestellt. Schließlich werden die Organminderwertigkeit und der Organdialekt im Verhältnis zu einer neurowissenschaftlichen Sichtweise der Psychosomatik und im Verhältnis zur Psychoneuroimmunologie untersucht. Nach der neurowissenschaftlichen Analyse der Adler'schen Theorien werden aus den Erkenntnissen Schlussfolgerungen für die therapeutische Praxis und für die Ausbildung gezogen.

Schlüsselwörter: Adler, Aggression, Aggressionstrieb, Apperzeption, Bindung, Chaostheorie, Fiktionalität, Gemeinschaftsgefühl, Gleichwertigkeitsstreben, Individualpsychologie, Intentionalität, Lebensbewegung, Lebensstil, Neurowissenschaften, Organdialekt, Organminderwertigkeit, Psychoneuroimmunologie, Psychosomatik, Synergetik, Unbewusstes

INHALT

1 Einleitung

„Die Trennung von Wissenschaftsbereichen hat zur Folge, daß
das Denken aus der Homöostase fällt"
(Ulrich Kropiunigg, *Psyche und Immunsystem*, 1990, S. 237)

1.1 Theoretische Bezüge

Zu Beginn meiner Ausbildung zur Psychotherapeutin der Fachrichtung Individualpsychologie – im Rahmen der Studienaufnahme an der Sigmund-Freud-Privatuniversität – bin ich bereits beim Besuch des ersten fachspezifischen Seminars neurowissenschaftlichen Erkenntnissen begegnet, die es nahe legen, eine Verbindung zu zentralen Konzepten Alfred Adlers herzustellen. Diese hatte der Gründer unserer therapeutischen Schule zu einem guten Teil 100 Jahre vorher formuliert. Davon wurde mein Forschungsinteresse geweckt, und ich begab mich auf eine wissenschaftliche Spurensuche, um zunächst einen allgemeinen Überblick zu gewinnen, den ich im Folgenden kurz zusammenfasse.

Die Hirnforschung reicht bis in die Antike und noch weiter zurück und kann somit auf eine lange Geschichte und Tradition verweisen. Der Begriff der Neurowissenschaften, wie wir ihn heute kennen, ist vor allem mit den kognitiven Neurowissenschaften verbunden und beschäftigt sich im Wesentlichen damit, mentale Prozesse sowie das menschliche Bewusstsein zu erklären. Sie haben im letzten Jahrhundert seit den 90er Jahren auffallend rasch geboomt, erkennbar an den inzwischen zahlreichen populärwissenschaftlichen Publikationen, und rückten seit Anfang des 21. Jahrhunderts immer mehr als Leitwissenschaft in den Vordergrund, indem sie Einfluss auf viele andere Wissenschaftsdisziplinen genommen haben und nehmen.[1] In diesem Sinn haben die Neurowissenschaften längst auch Eingang in die Psychotherapie(-wissenschaft) gefunden, selbst wenn diese Annäherung der Überwindung einiger Hürden bedarf, an der sich auch schon eine nennenswerte Zahl an WissenschaftlerInnen – zum Teil sehr erfolgreich – versucht hat. In diesem Kontext werfen die Neurowissenschaften ein neues Licht auf die psychotherapeutische Theorie und Praxis, wenn man bedenkt, dass allen psychischen Regungen neurophysiologische Entsprechungen zugrunde liegen und die psychotherapeutische Tätigkeit somit mit einem Einwirken auf die Hirnstrukturen einhergeht, indem die Therapie auch dort funktionelle Veränderungen hervorruft. Diese Tatsache ist noch nicht lange eine Selbstverständlichkeit:

---

[1]   Zur Kritik der Neurowissenschaften siehe insbesondere Kapitel 2 und 7.

„Psychotherapie wirkt auch auf biologische Weise, genauso wie die Pharmakotherapie – sie verändert das Gehirn! Damit wird ein Dogma umgestoßen. Noch bis vor wenigen Jahren galt nämlich die Meinung, Psychotherapie könne das Gehirn nicht auf physiologische Weise beeinflussen oder gar umstrukturieren, zumal die hochkomplexen neuronalen Verbindungen schon in der frühen Kindheit ein für allemal festgelegt seien" (Rüegg, 2007, S. 137).

Daraus ergibt sich zum einen für uns TherapeutInnen eine neue Verantwortlichkeit. Diese spezielle Verantwortung steigt mit dem Zuwachs des Wissens über konkrete neurobiologische Konsequenzen des therapeutischen Handelns. Zudem kann ein Dialog der beiden Disziplinen – Psychotherapiewissenschaft und Neurowissenschaft – gegenseitig befruchtend sein.

1.2 Forschungsstand

In Bezug auf die Psychoanalyse ist dieser Austausch bereits rege vorangetrieben worden, bis hin zur Entwicklung einer eigenen „Neuro-Psychoanalyse" – von einem der Väter der besagten wissenschaftlichen Synthese – Mark Solms (Kaplan-Solms & Solms, 2003). Maßgebliche Impulse kamen auf diesem Feld ferner von dem Nobelpreisträger Eric R. Kandel, der zunächst über die Gedächtnisforschung die Funktionsweise des Gehirns untersucht hat (z.B. Kandel, 2006a, 2006b). Dem folgend spannte auch er den Bogen zu der Idee, dass die Psychoanalyse auf eben diese Funktionsweise Einfluss nehmen kann und dass das Verständnis der biologischen Prozesse zu einem erweiterten oder veränderten Verständnis der psychischen Störungen führt.

In Europa und speziell im deutschsprachigen Raum findet eine intensive Debatte um die Neurowissenschaften statt, wie an der umfangreichen Publikationstätigkeit ersichtlich ist – exemplarisch seien angeführt: Andreas Bartels, Joachim Bauer, Anna Buchheim, Antonio R. Damasio, Thomas Fuchs, Vittorio Gallese, Gerald Hüther, Marianne Leuzinger-Bohleber, Giacomo Rizzolatti, Gerhard Roth, Günter Schiepek, Christian Schubert, Wolf Singer, Manfred Spitzer u. a. Nicht alle Beteiligten hinterlassen einen für die Psychotherapiewissenschaft befriedigenden Eindruck, wenn man die Beiträge aus der Perspektive des Bemühens um den viel zitierten Brückenschlag sieht. Dieses Bild bestätigte sich mir, als ich 2009 und 2013 in Salzburg an dem Kongress „Neurobiologie der Psychotherapie" teilnahm und schlussendlich mit zwar sehr interessanten Vorträgen und Workshops konfrontiert war, die sich aber fast ausschließlich an MedizinerInnen richteten bzw. sehr naturwissenschaftlich geprägt waren. Psychologische Konstrukte wurden unter einem „neuronalen Filter" – „naturalisiert" – betrachtet, aber ohne einen Kontakt zum humanwissenschaftlichen Zugang zu suchen. Die Vorträge befassten sich mit Themen wie „Konnektivität und Netzwerke als Basis physiologischer und pathologischer Gehirnfunktion" oder „Neurobiologische Korrelate der Suizidalität". Das zeigt, dass sich der (inter-)disziplinäre Annäherungsversuch mehr oder weniger in der Berührung der Neurowissenschaften mit neurologischen Erkrankungen bzw. hirnphysiologischen Korrelaten erschöpfte, noch vor dem großen Schritt hin zur Psychotherapie. Sichtet man die Literatur, erhält man einen ähnlichen Eindruck. Zwar werden sogar zahlreiche Zusammenhänge zwischen Psychotherapie(-wissenschaft) und Neurowissenschaften hergestellt. Aber dort, wo die Verbindungslinien gezogen werden, scheint es sich oft weniger um das Bestreben nach einer gegenseitigen wissenschaftlichen Verständigung zu handeln, als vielmehr um den (Macht-)Anspruch einiger NeurowissenschaftlerInnen, die Psychotherapie aus einem naturalisierenden Blickwinkel zu beurteilen und ihr den naturwissenschaftlichen Standpunkt aufzuoktroyieren, entgegen eines Gleichwertigkeitsempfindens unter den Wissenschaften.

Daraus könnte man schließen, dass das Vorhaben mit der Psychotherapie auf Tuchfühlung zu gehen, noch mit einiger Angst verbunden ist und somit trotz proklamierten Näherkommens in der praktischen Umsetzung abgewehrt wird. Ein Grund dafür könnte sein, dass den Neurowissenschaften ein völlig anderes Menschenbild als den Humanwissenschaften zugrunde liegt (siehe Kapitel 2), was gleichermaßen eine ganz andere Herangehensweise an die Untersuchung des Individuums nach sich zieht. Die Humanwissenschaften bewegen sich auf einem (Forschungs-)Terrain, auf welchem sie auch Phänomene und Zusammenhänge analysieren, die empirisch nicht ohne weiteres nachprüfbar sind und somit nicht den Anforderungen der Naturwissenschaften entsprechen. Die Neurowissenschaften erforschen genauso menschliche Phänomene, wie zum Beispiel Emotionen. Sie orientieren sich in diesem Rahmen aber ausschließlich an dem, was sie im Gehirn mittels bildgebender Verfahren sichtbar machen und somit wiederholen, demgemäß (quantitativ) messen können. Das dabei entstehende Defizit – beispielsweise die fehlende Messbarkeit von Subjektivität – wird im wissenschaftlichen Selbstverständnis zu einem guten Teil schlichtweg ignoriert. Qualitative Forschungsansätze, wie sie in der Psychotherapiewissenschaft auch angewendet werden, werden von den Naturwissenschaften weitgehend ausgeklammert, ganz zu schweigen von Einzelfallstudien. Hinzu kommt, dass die Neurowissenschaften ein potenzieller Dialog mit den Humanwissenschaften möglicherweise verunsichert, weil im heutigen wissenschaftlichen Mainstream die Naturwissenschaften – und aktuell im Besonderen die Neurowissenschaften – für sich beanspruchen, den Menschen hinreichend zu erklären, sodass der Eindruck entsteht, dass für „weichere"[2] Zugänge wie die Psychotherapiewissenschaft kein Platz sei. Außerdem scheinen die Neurowissenschaften eine „harte[3] Männer-Wissenschaft" zu sein, und Wissenschaften dieser Art werden von den MachthaberInnen in der Gesellschaft, zum Beispiel von PolitikerInnen, am ehesten gehört. Darüber hinaus geht es immer auch um die Vergabe von Forschungsgeldern, die ebenfalls – mit dem Versprechen einer konkreten Messbarkeit – leichter gewonnen werden können.

---

2   „Weich" bedeutet hier, dass sich solche wissenschaftliche Ansätze überwiegend der Methode der Interpretation bedienen.

3   „Hart" meint in diesem Zusammenhang die Anforderung, dass der Untersuchungsgegenstand messbar sein muss.

Definitiv kann festgehalten werden, dass die vorhandene Beziehungsaufnahme zwischen Neuro- und Psychotherapiewissenschaften bisher fast ausschließlich oder zumindest überwiegend über die Psychoanalyse stattgefunden hat. Natürlich gibt es auch Versuche anderer Richtungen – wenn auch im kleineren Rahmen –, eine Auseinandersetzung zwischen ihrer therapeutischen Schule und den Neurowissenschaften zu suchen. Einen bekannt gewordenen Versuch dieser Art stellte Klaus Grawe an, nachzulesen in seinem Buch „Neuropsychotherapie" (Grawe, 2004). Er zieht zwar Schlussfolgerungen für die Psychotherapie allgemein; diese erscheinen aber doch unter dem Raster verhaltenstherapeutischer Konzepte. Darüber hinaus konnte zum Beispiel die von dem Rogerianer Michael Lux verfasste Publikation „Der Personenzentrierte Ansatz und die Neurowissenschaften" gefunden werden (Lux, 2007), wie auch von Reinert Hanswille „Systemische Hirngespinste" (Hanswille, 2009). Darauf beschränkt sich die Debatte zwischen Neuro- und Psychotherapiewissenschaften allerdings so ziemlich. Die zögerliche Haltung ist freilich – wie gesagt – aus der großen Diskrepanz zwischen Natur- und Humanwissenschaften heraus zu verstehen.

Wie sieht es nun hinsichtlich der Individualpsychologie aus, inwieweit hat sie sich bereits mit den Neurowissenschaften befasst beziehungsweise Kontakt aufgenommen? Bis auf einzelne Aufsätze in einer Ausgabe der Zeitschrift für Individualpsychologie (ZS f. IP, 2008, 2), einem Beitrag von Rainer Schmidt (2002), den erwähnenswerten Arbeiten von Brigitte Sindelar (z.B. 1983, 2008, 2011a, 2014) und einigen Verweisen in sonstigen Publikationen waren kaum Beiträge zu finden, die sich mit der besagten Thematik beschäftigt hätten.

1.3 Fragestellung und Ziele

In diesem Sinn soll die Dissertation einen Beitrag dazu leisten, die Untersuchung von möglichen Zusammenhängen zwischen Individualpsychologie und Neurowissenschaft voranzutreiben, was als nahezu neu bezeichnet werden kann, jedenfalls in der vorliegenden Ausführlichkeit. Als konkretes Thema wird formuliert: „Individualpsychologie und Neurowissenschaften: Zur neurobiologischen Fundierung der Theorien Alfred Adlers". Damit ist die Fragestellung verknüpft, inwiefern die bedeutsamsten Konzepte des Gründers der Individualpsychologie in ein Verhältnis zu aktuellen neurowissenschaftlichen Forschungsbefunden gestellt werden können.

Hinzu kommt, wie bereits angedeutet, dass man sich beim Herausarbeiten solcher Konnexe auf ein Terrain zwischen Humanwissenschaften einerseits und Naturwissenschaften andererseits begibt und sich auch dieser Herausforderung stellen muss. Dahinter stehen Wissenschaftsbegriffe und Menschenbilder, die sehr unterschiedlich sind.

Ein Beispiel zur Verdeutlichung: Adler definiert sein Konzept des „Gemeinschaftsgefühls" als eine angeborene Möglichkeit, die geschult werden muss, besonders durch die primären Beziehungserfahrungen, um sich gut entwickeln zu können. Die Neurowissenschaften bestätigen diese Hypothese nach dem heutigen Stand, indem sie dem Menschen die neurobiologische Anlage als Voraussetzung für Beziehungskompetenz attestieren, die eingeübt werden muss – nach dem Motto „use it or loose it". In diesem vordergründig einfach scheinenden Bezug ist der Zusammenhang allerdings noch lange nicht erschöpfend ausgelotet. Weitere Fragen ergeben sich, wie zum Beispiel, was dies für das Menschenbild bedeutet. Sind wir deshalb prinzipiell auf gelingende Beziehungen hin konstruiert, wie es der für seine neurobiologischen Forschungsarbeiten inzwischen bekannt gewordene Joachim Bauer etwa behauptet (Bauer, 2006)? Ist mit der Entdeckung beispielsweise der Spiegelneuronen als neurobiologische Grundlage für Einfühlungsvermögen in der Folge auch die Intersubjektivität enträtselt? Oder allgemeiner: Ist die Psyche durch das Auffinden ihres materiellen – im Sinne von physiologischen – Substrats nun hinreichend erklärt? Hat sie auf dieser Basis noch eine eigene Qualität oder fällt sie mit der morphologischen Substanz nun zusammen?

Es sollen hier keine philosophischen Fragen erläutert werden. Allerdings ist es wichtig, darauf hinzuweisen, dass die Forschungsfelder, die in eine Beziehung zueinander gesetzt werden sollen, eine Differenz aufweisen. Konkret gesagt: in ihren Menschenbildern, in ihrer wissenschaftlichen Theorie und in ihren Sprachen bzw. den Begriffen, mit denen sie arbeiten. Letztere sind sogar oft die Gleichen, aber mit anderen Inhalten befüllt. Beispielsweise meinen die kognitiven Neurowissenschaften mit „Bewusstsein" das phänomenale Bewusstsein, während die Psychotherapie den Ausdruck mitunter davon verschieden gebraucht und vermutlich auch „in sich" nicht über alle Ausrichtungen hinweg über ein identes Konstrukt verfügt. Was die Individualpsychologie anbelangt, muss festgehalten werden, dass auch Adlers Begriffe in einem gewissen Sinn seit ihrer Schöpfung vor etwa 100 Jahren einer Wandlung unterlegen sind. Einerseits sind sie in das Allgemeinwissen eingegangen und haben dadurch eine Veränderung ihres Sinngehalts erfahren (zum Beispiel das Wort „Minderwertigkeitskomplex"), weil sie dort anders gebraucht werden als in der Wissenschaft. Gleichzeitig sind auf seine Konzepte inzwischen 100 Jahre Weiterentwicklung in Psychologie und Psychoanalyse gefolgt. Diese Weiterentwicklung wirkt auf die ursprünglichen Konzepte zurück und beeinflusst das heutige Verständnis dieser. Insofern ist ein Bemühen um eine wissenschaftlich differenzierte Darlegung angesagt. In Anlehnung an den Individualpsychologen Peter Gasser-Steiner soll versucht werden, der „historischen Relativität" Rechnung zu tragen, indem von den Adler'schen Theorien in ihrer Originalität und in ihrem historischen Verständnis ausgegangen wird, diese in der Folge jedoch „transzendierend" interpretiert werden (vgl. Gasser-Steiner, 2011, S. 63). Das heißt, die individualpsychologischen Theorien können durch die neurowissenschaftlichen Erkenntnisse nicht eine einfache Bestätigung erhalten, was den Anschein erwecken würde, belegen zu wollen, dass Adler alle Erkenntnis schon vorweggenommen hätte. Er hat tatsächlich viel vorweggenommen, wie gezeigt wird. Dabei muss allerdings im Vorfeld betont werden, dass seine Konzepte über eine Bestätigung (dort, wo sie angebracht ist) und vor allem über ihre ursprüngliche Bedeutung hinausreichend, durch den neurobiologischen Rahmen, eine

Ergänzung ihrer Inhalte erfahren, somit durch das Neue modifiziert und „gewachsen" bzw. selbst weiterentwickelt erscheinen, ohne dass das Alte verloren gehen muss.

Es wird demnach davon ausgegangen, dass sich die unterschiedlichen Wissenschaftsbereiche trotz der differenten Zugänge und trotz der damit verbundenen Schwierigkeiten in mancher Hinsicht in der Betrachtung des Menschen treffen können. Ziel der Arbeit ist es, diese Schnittpunkte ausfindig zu machen, und zwar speziell zwischen Adlers Sichtweise des Menschen und neurowissenschaftlichen Anschauungen. Das führt zur Struktur der Arbeit.

Es liegt nahe, sie mit den verschiedenen Menschenbildern zu beginnen, der neurowissenschaftlichen Sicht des Individuums in Gegenüberstellung zur Adler'schen Auffassung des Menschen. Im Hauptteil werden sodann die wichtigsten individualpsychologischen Grundkonzepte herangezogen, um deren Relation zu aktuellen neurowissenschaftlichen Forschungsergebnissen abzuwägen. Begonnen wird mit dem Konzept des „Gemeinschaftsgefühls" (vgl. Rabenstein, 2011). Dazu gehören Bezüge zur Bindungstheorie – speziell unter neurowissenschaftlichen Gesichtspunkten – und zum „Gleichwertigkeitsstreben". Es folgt das Konzept der „Aggression" bzw. des „Aggressionstriebes", welches zu einer Diskussion über die Haltbarkeit eines Aggressionstriebes angesichts neurobiologischer Befunde führt (vgl. Rabenstein, 2015). Dem wird eine Analyse von Adlers Konzept des „Lebensstils" bzw. der „Lebensbewegung" angeschlossen, mit den damit einhergehenden Aspekten wie der „tendenziösen Apperzeption", des Unbewussten, der „Intentionalität" und der „Fiktionalität" bzw. der „Philosophie des Als Ob" von Hans Vaihinger (1911), die Adler zur konstruktivistischen Grundlage seiner Neurosenlehre erkoren hat. In diesem Kapitel wird die individualpsychologische Theorie außerdem mit der Chaostheorie und Synergetik bzw. Komplexitätswissenschaften abgeglichen. Das bietet sich an, weil sich diese Wissenschaften wiederum auf die Neurowissenschaften beziehen. Schließlich werden die Adler'sche „Organminderwertigkeit" und der „Organdialekt" im Verhältnis zu einer neurowissenschaftlichen Sichtweise der Psychosomatik und im Verhältnis zur Psychoneuroimmunologie untersucht. Nach der Analyse der Adler'schen Konzepte werden die Erkenntnisse der Arbeit zusammengefasst und mögliche Schlussfolgerungen für die therapeutische Praxis bzw. für die Ausbildung gezogen.

1.4 Methodisches Vorgehen

Die vorausgehende Darstellung impliziert die theoretische Prämisse, dass Human- und Naturwissenschaften trotz ihrer unterschiedlichen Wissenschaftsbegriffe in einen Dialog treten können und dass sich Verbindungen zwischen Individualpsychologie und Neurowissenschaft herstellen lassen. Ähnlich wurde dies, wie gesagt, bereits anhand der Psychoanalyse gezeigt.

Es handelt sich um eine theoretische Arbeit, in welcher nach der Methode der Hermeneutik vorgegangen wird. Das heißt, es werden auf der einen Seite die naturwissenschaftlichen (neurowissenschaftlichen) Texte und auf der anderen Seite die humanwissenschaftlichen Texte (Primär- und Sekundärliteratur von und zu Alfred Adler und zur Psychotherapie allgemein) interpretiert. Diese Interpretation bewegt sich aber nicht allein im je eigenen Forschungsfeld, sondern im diskursiven Verhältnis zwischen den zwei Bereichen. Im Rahmen dieses Dialogs der zwei Wissenschaftsgebiete soll nach Anknüpfungspunkten gesucht, aber genauso auf Bruchstellen hingewiesen werden, wenn solche evident werden.

Der Dialog resultiert konkret aus der Selektion zentraler Konzepte der Individualpsychologie und dem aktuellen Forschungsstand der Neurowissenschaften, die – wie erwähnt – analysiert, interpretiert und letztlich integriert werden. Dabei ist nicht die Beurteilung der Ergebnisse der neurobiologischen Forschung, welche ihre Befunde naturgemäß gleichermaßen einer Interpretation unterziehen, Anliegen der Arbeit – und kann es auch nicht sein. Anliegen der Arbeit ist es, zu untersuchen, ob und inwieweit diese neurowissenschaftlichen Ergebnisse Anknüpfungspunkte zu Adlers Theorie zulassen und nahelegen. Während man die unterschiedlichen Terrains miteinander in Beziehung treten lässt, verändern sich die je eigenen Strukturen, indem durch die Verbindung eine neue Struktur und damit ein neues Denken entstehen. Denn stellt man die eigene Wissenschaft in den Rahmen einer anderen, erscheint sie in einem neuen Licht und generiert dadurch einen Erkenntnisgewinn.

2 Die Menschenbilder

„Das Gehirn ist kein Wohnort, Sitz, Erzeuger, kein Instrument oder Organ, kein Träger oder Substrat u.s.w. des *Denkens*. Das Denken ist kein Bewohner oder Befehlshaber, keine andere Hälfte oder Seite u.s.w., aber auch kein Produkt, ja, nicht einmal eine physiologische Funktion oder nur ein Zustand überhaupt des *Gehirns*"
(Richard Avenarius, *Der menschliche Weltbegriff*, 1905, S. 76)

2.1 Das Menschenbild der Neurowissenschaften

> „Wir haben herausgefunden [...], dass sämtliche innerpsychischen Prozesse mit neuronalen Vorgängen in bestimmten Hirnarealen einhergehen – zum Beispiel Imagination, Empathie, das Erleben von Empfindungen und das Treffen von Entscheidungen beziehungsweise die absichtsvolle Planung von Handlungen. [...] Geist und Bewusstsein – wie einzigartig sie auch von uns empfunden werden – fügen sich also in das Naturgeschehen ein und übersteigen es nicht. Und: Geist und Bewusstsein sind nicht vom Himmel gefallen, sondern haben sich in der Evolution der Nervensysteme allmählich herausgebildet. Das ist vielleicht die wichtigste Erkenntnis der modernen Neurowissenschaften" (Monyer, Rösler, Roth, & al., 2004, S. 33).

Dieses Statement ist ein Resümee von elf führenden NeurowissenschaftlerInnen aus Deutschland, die 2004 in der Zeitschrift „Gehirn & Geist" unter dem vielsagenden Titel „Das Manifest" zur Gegenwart und Zukunft der Hirnforschung Stellung bezogen haben. Es zeugt von einem reduktionistischen Verständnis des Menschen in dem Sinn, als dass jedes mentale Geschehen auf neurophysiologische Prozesse zurückgeführt wird. Diese biologischen Vorgänge zu erforschen wird zur zukünftigen Aufgabe der Neurowissenschaften erklärt. Die Möglichkeit eines eigenständigen Bewusstseins oder Geistes wird ausgeklammert. Zudem wird ein enger Zusammenhang zwischen Geist und Gehirn konstatiert, u. a. wenn im „Manifest" bekräftigt wird: „[S]ie [die neuronalen Netzwerke, S. R.] gehorchen zwar mehr oder weniger einfachen Naturgesetzen, bringen aber auf Grund ihrer Komplexität völlig neue Eigenschaften hervor" (ebd., S. 33). Es wird proklamiert, dass der Geist eine dieser neuen Eigenschaften ist, dass das Gehirn den Geist auf biologischer Basis produziert.[4]

Das bedeutet gleichzeitig eine Absage an dualistische Theorien, unter der Voraussage der AutorInnen des „Manifests", dass die Ergebnisse der Hirnforschung eine Verände-

---

4   Zur Analyse des „Manifests" vgl. Kirschfeld, 2009.

rung des herkömmlichen Menschenbildes bewirken, dass sie es regelrecht „erschüttern" werden: „Sie werden dualistische Erklärungsmodelle – die Trennung von Körper und Geist – zunehmend verwischen" (ebd., S. 37). Wenn (Neuro-)WissenschaftlerInnen einen Leib-Seele-Dualismus negieren, beziehen sie sich in der Regel vor allem auf den stärksten, den *Cartesianischen Dualismus*. René Descartes unterschied zwischen zwei Entitäten, dem Körper (res extensa) und dem Geist (res cogitans). Ihre Existenz definierte er als unabhängig voneinander (Descartes, 2009). Der Geist ist in diesem Denkmodell zwar mit dem Körper verbunden, besitzt aber keine materiellen Attribute; er würde demnach nie mit einem neurobiologischen Geschehen im Gehirn zusammenfallen. Der Philosoph Heinz-Dieter Heckmann[5] hält fest, dass die Zurückweisung eines immateriellen Geistes aber nicht bedeutet, dass wir keine geistigen Wesen seien. Denn:

> „Hirnforscher neigen dazu, das Vakuum, das durch das Verschwinden der *res cogitans* entsteht, sofort mit dem Objekt ihrer wissenschaftlichen Studien zu füllen, sie reden gerne davon, dass es *Gehirne* sind, die Entscheidungen treffen, Erkenntnisse gewinnen usw." (Heckmann, 2008, S. 50).

So füllt zum Beispiel auch Wolf Singer das entstandene Vakuum mit dem „Gehirn als Subjekt": „Aber das reifende Gehirn entscheidet mit, welche Informationen es zu seiner Entwicklung heranzieht" (Singer, 2004a, DVD). Er spricht von einem personifizierten Gehirn, wenn er ein sich in der Entwicklung befindendes Kleinkind beschreibt, das intuitiv jene Reize sucht, die es im jeweiligen Reifungsprozess benötigt. Fuchs betont, dass es dabei um *Lebensvollzüge* von Menschen geht und nicht um Handlungen des Gehirns (Fuchs, 2008, S. 354). In diesen Tenor stimmt auch Heckmann ein: „Das Gehirn ist aber kein Erkenntnis*subjekt*, es ist das *Organ* der Erkenntnis" (Heckmann, 2008, S. 50).

Hier scheinen NeurowissenschaftlerInnen in eine Homunkulusfalle[6] zu tappen (ebd.), obwohl sie selbst davor warnen, einen „Beobachter" im Gehirn vorauszusetzen, bei dem alle eintreffenden Signale zusammenlaufen, und der diese dann zu Bewusstsein verarbeitet. Wolf Singer beispielsweise verneint dezidiert die Frage, ob es im Gehirn eine Kontrollinstanz gibt, was auch wissenschaftlich belegt ist:

> „Das von unserer Intuition postulierte cartesianische Konvergenzzentrum gibt es nicht. Es gibt keinen Ort, wo alles zusammenläuft und interpretiert wird, wo entschieden und geplant wird, wo der Homunculus zu finden wäre, der ‚Ich' sagt. Vielmehr finden wir eine Fülle verschiedener Areale, die alle nur bestimmte Teilfunktionen erfüllen und aufs Engs-

---

5 Der deutsche Philosoph Heinz-Dieter Heckmann steht in seinen Arbeiten reduktionistischen Erklärungsmodellen kritisch gegenüber. Dennoch spricht er sich nicht für einen Dualismus aus.

6 Manche Erklärungsmodelle zur Funktionsweise des Gehirns implizieren ein Zentrum, das alle Impulse sammelt und auswertet, als würde – bildlich gesprochen – ein kleines Wesen im Kopf sitzen und dies bewerkstelligen. Diese Theorien gehen auf René Descartes zurück, der in der Zirbeldrüse dieses Zentrum vermutete. Tatsächlich sind beispielsweise allein in Bezug auf das Sehen über 30 Areale der Großhirnrinde beteiligt (Singer, 2002, S. 148).

te miteinander vernetzt sind. Aus dem Zusammenspiel aller dieser verteilten Prozesse entstehen dann auf geheimnisvolle Art kohärente Wahrnehmungen, koordiniertes Verhalten, und letztlich auch Bewusstsein" (Singer, 2003, S. 43).

Und doch wird von vielen NeurowissenschaftlerInnen letztendlich das Gehirn selbst zu dieser Kontrollinstanz erkoren, indem sie es mit personalen Eigenschaften versehen, als wäre es ein Wesen im Menschen, das Letzteren steuert. Somit wird eine Qualität des Ganzen einem seiner Teile zugesprochen, beziehungsweise wird das Gehirn, wie Thomas Fuchs kritisch bemerkt, „das neue Metasubjekt, der Denker unseres Denkens, der Täter unseres Tuns, ja der Schöpfer unserer Welt" (Fuchs, 2008, S. 307). Etliche Buchtitel der einschlägigen Fachliteratur – so Fuchs (ebd.) – belegen diese Perspektive, zum Beispiel „Aus Sicht des Gehirns" (Roth, 2009), „Geist im Netz" (Spitzer, 2008) oder „Das Gehirn und seine Wirklichkeit" (Roth, 1996). Das zentrale daraus resultierende Problem liegt auf der Hand: Die/Der NeurowissenschaftlerIn entkommt nicht der Unmöglichkeit der Dritte-Person-Perspektive, denn auch sie/er kann sich nicht von außen beobachten und auch ihre/seine Wahrnehmung wird vom Gehirn konstruiert. – Das Erkenntnisobjekt fällt mit dem Erkenntnissubjekt zusammen! So erscheint ein Portrait des Neurophysiologen Wolf Singer unter dem bezeichnenden Titel: „Sie sind doch Ihr Gehirn – wer sonst?" (Epping, 2009).

Der freie Wille, die Seele oder das Ich werden zur Illusion erklärt, erzeugt im neuronalen Netzwerk des Gehirns, das als Schöpfer dieser Manifestationen fungiert. „Wir sind Ego-Maschinen, aber wir haben keine Selbste" (Metzinger, 2010, S. 289), lautet der Schluss des Neurophilosophen Thomas Metzinger, der das Bewusstsein mit einem „Ego-Tunnel" vergleicht. Er verweist darauf, dass der Mensch durch seine selektive Wahrnehmung nur einen kleinen Teil der (Außen-)Welt in sich aufnimmt und daraus ein Modell der Wirklichkeit formt, das somit „weniger ein Abbild der Wirklichkeit als vielmehr ein Tunnel *durch* die Wirklichkeit" (ebd., S. 21) ist. Dieser Tunnel ist noch dazu transparent, indem sich die Person in ihrem Erleben nicht dessen bewusst ist, dass es sich lediglich um ein Modell handelt. Die zentrale These des Philosophen beziehungsweise seiner „Selbstmodell-Theorie der Subjektivität" besagt, dass das bewusste Erleben ein Selbst zu sein, eben durch diese Transparenz in unserem Gehirn erzeugt wird (ebd., S. 22 ff.). Problematisch ist in diesem Zusammenhang, dass wir den Ego-Tunnel der Repräsentationen des Ich und der Welt nicht verlassen können. Metzinger resümiert schließlich:

> „Letztlich ist subjektives Erleben ein biologisches Datenformat, also eine hochgradig spezifische Weise, Information über die Welt darzustellen, eine innere Weise des Gegebenseins, und das Ego ist lediglich ein komplexes physikalisches Ereignis – ein Aktivierungsmuster in unserem zentralen Nervensystem. [...] Es scheint, als müssten wir der Tatsache ins Angesicht schauen: Wir sind *selbstlose* Ego-Maschinen" (ebd., S. 290–291).

Abgesehen davon, dass Metzingers Sichtweise an eine Neuauflage des Konstruktivismus auf neurowissenschaftlichem Nährboden zu sein scheint, hält auch er an dem traditionellen streng mechanistischen Menschenbild der Naturwissenschaften fest. Die damit einhergehende Wertigkeit zeigt sich deutlich: Die physikalisch-biologische Ebene ist in dieser Betrachtung immer die bedeutsamere, realere, aussagekräftigere, während die mentale Ebene eine Illusion sein muss, weil sie stofflich nicht greifbar ist, weil sie nicht die Gesamtheit der Außenwelt widerspiegeln kann, weil sie empirisch nicht messbar ist etc. Deshalb wird ihr kein reales Sein und nicht der gleiche Wert wie der (hirn-)physiologischen Entität zugebilligt. Diese unterschiedliche Bewertung der beiden Dimensionen wird (nicht nur von Metzinger, sondern von fast allen NeurowissenschaftlerInnen) mit einer großen Selbstverständlichkeit vorausgesetzt. Daran anschließend drängt sich die Frage auf, ob sie wirklich so selbstverständlich ist. Muss das, was sichtbar gemacht werden kann, auch bedeutsamer sein? Sind mentale Vorgänge wirklich dann besser erklärbar, wenn man Bilder von Neuronenaktivierungen im fMRT sehen kann, als mit einer (zugegebenermaßen davon komplett verschiedenen) Herangehensweise humanwissenschaftlicher Untersuchungsmethoden? Die Nicht-Existenz einer Seele wird der Menschheit auf einmal als bewiesen verkauft, weil man ihren Ort in keinen neuronalen Strukturen finden kann?! Dabei hat sich die Sachlage dieser Frage (und auch der Antwort) seit 2000 Jahren nicht verändert: es geht um den Glauben an das „Unsichtbare", an das, was wir mit unserer Wahrnehmung und unseren Erkenntnissen, Methoden sowie im Materiellen nicht fassen können.

Liest man sich in die Literatur ein, kann man sich bald nicht mehr des Eindrucks erwehren, dass die NeurowissenschaftlerInnen zu einem guten Teil – bei allem Respekt, der ihren Erkenntnissen natürlich gebührt –, einem ausgeprägten Narzissmus erlegen sind. Über allem „thront" das Gehirn, und darüber wiederum die/der NeurowissenschaftlerIn, die/der es erforscht, um in der Folge dem Menschen die Welt (neu) zu erklären. Gerhard Roth zum Beispiel räumt zwar ein, dass auch die neurobiologischen Erkenntnistheorien „nur" vom Gehirn erzeugt sind, dass sie seiner Meinung nach aber mehr Wahrheitsgehalt für sich beanspruchen können als philosophische oder religiöse Erklärungsmodelle oder jene von Aberglaube (Roth, 2000, S. 107)! Es erwächst der Verdacht, dass die Neurowissenschaften zur neuen Religion erhoben und die anderen Wissenschaften herabgesetzt oder gar als Aberglaube entlarvt werden sollen. Damit einhergehend wird Einzug in sämtliche Zweige der Humanwissenschaften gehalten, als wollten sich die Neurowissenschaften den Platz als übergeordnete Wissenschaft sichern, ohne die die anderen Disziplinen gar nicht mehr richtig verstanden werden können: „Neuro-Philosophie", „Neuro-Pädagogik", „Neuro-Ethik", „Neuro-Psychotherapie" usw. (vgl. Fuchs, 2008, S. 308 ff.).

Diesem Höhenflug – das eigene (neuro-)wissenschaftliche Selbstverständnis betreffend – folgt zehn Jahre nach dem „Manifest" eine harte Kritik aus den eigenen Reihen durch das „Memorandum ‚Reflexive Neurowissenschaft'" (Tretter u. a., 2014, Internet). Hier ziehen wiederum andere namhafte NeurowissenschaftlerInnen als jene, die das „Manifest" verfasst hatten, Bilanz über die 2004 darin getätigten wissenschaftlichen Prophezeiungen, unter anderem, dass „die Enträtselung des Gehirns und damit des Geistigen" (a.a.O.) bevorstünde. Das Ergebnis fällt ernüchternd aus:

„Eine Annäherung an gesetzte Ziele ist nicht in Sicht. Die Ursachen dafür […] liegen einerseits an Schwächen im Bereich der *Theorie* der Neurowissenschaft, andererseits an zu wenig durchdachten *naturalistischen Vorannahmen* und *Konzepten*, die wünschenswerte Brückenschläge zur Psychologie, Philosophie und Kulturwissenschaft nachhaltig erschweren" (a.a.O.).

Des Weiteren werden Schwierigkeiten einer eindeutigen Zuordnung psychischer Funktionen zu Hirnstrukturen aufgrund des Netzwerkcharakters des Gehirns benannt, damit einhergehend Probleme bei der Unterscheidung zwischen psychischen Funktionen von deren psychologischen Inhalten, welche die Forschung untersucht, was die WissenschaftlerInnen letztlich zu dem Schluss kommen lässt:

„Um Gehirnfunktionen angemessen verstehen zu können, ist daher eine enge und institutionalisierte Zusammenarbeit von *Biologie*, *Psychologie* und *Systemwissenschaft* erforderlich, und zwar unter essenzieller Beteiligung der *Philosophie* mit ihren Facetten der *Anthropologie*, *Philosophie des Geistes* und *Wissenschaftstheorie*. Eine bloße *Ergänzung* der (neuro)biologischen Beschreibung durch einige psychologische und geisteswissenschaftliche Randaspekte ginge am Ziel vorbei" (a.a.O.).

Darüber hinaus wird eingeräumt, dass die Erkenntnis, dass psychische Prozesse auf Gehirnprozessen basieren, alleine keinen wissenschaftlichen Nutzen generiert, da psychische Vorgänge viel mehr als das Gehirn benötigen und sich daher das propagierte „neue Menschenbild" als zu reduktionistisch erweist, nachdem es dem Menschen in all seinen intellektuellen und kulturellen Leistungen nicht gerecht wird (a.a.O.).

Bei genauerer Betrachtung ist das Gehirn nicht ein physiologisches Steuerungsinstrument, sondern ein sozial und kulturell geformtes Organ, das in einen lebendigen Organismus eingebunden ist, der wiederum in eine Umwelt eingebettet ist. Die Beziehung untereinander ist durch ein ständiges Interagieren geprägt:

„Tatsächlich sind die Neurowissenschaften noch weit davon entfernt, das Gehirn nicht als physikalischen Apparat sondern wirklich als *geistiges Organ* aufzufassen, ein Organ, in dem sich Materie in Bedeutung transformiert und umgekehrt. Das Gehirn ist materialisierter Geist oder vergeistigte ,transsubstanzierte' Materie – so wie bereits der Organismus nicht nur physikalische, sondern lebendige Materie ist, und so wie das Auge als lebendiges Organ zum Blick wird, der alles erfasst" (Fuchs, 2008, S. 324).

Im Allgemeinen ist man sich unter den NeurowissenschaftlerInnen darüber einig, dass das Gehirn nicht isoliert ohne Umwelt als geschlossenes System gedacht, und somit ohne den Einfluss der Umwelt auch kein Geist generiert werden kann (z.B. Roth, 1996, S. 289, Singer, 2003, S. 71, Fuchs, 2009, Hüther, 2007). Dennoch herrschen zum Teil große Unterschiede in den Auffassungen vor. Je nach Gewichtung – Umwelt oder Biologie – wird implizit ein völlig anderes Menschenbild gezeichnet.

VertreterInnen ihres Fachs wie Roth und Singer erklären die biologische Ebene zur alles bestimmenden Materie; sie reduzieren alle mentalen Vorgänge auf den physischen Aspekt, auf das Feuern von Neuronen. In dieser Sichtweise scheint das Gehirn (unbewusst) zum bereits erwähnten „Pars pro toto" zu werden, zum Homunkulus im Menschen, zum Konvergenzzentrum, das es gar nicht gibt, wie Singer selbst konstatiert. Singer ist es auch, der in einem Vortrag einräumt, dass die Umwelt fast so mächtig wie die Gene ist (Singer, 2004a, DVD). Damit wird gleichzeitig die Anhängerschaft am biologischen Determinismus deutlich, auch wenn jetzt der Rolle der (sozialen) Erfahrung ein Platz frei gemacht werden muss. Dahingegen kommen beispielsweise NeurobiologInnen wie Hüther oder Bauer, wie auch der Psychiater und Philosoph Fuchs – unter Anerkennung der wichtigen (neurophysiologischen) Funktionen und Leistungen des Gehirns – zu dem Schluss, dass der Kern zum Verständnis des Menschen wie auch zum Verständnis seines Gehirns in den zwischenmenschlichen Beziehungen liegt. Entsprechend seiner Überzeugung wählt Fuchs folgenden Titel für eines seiner Bücher: „Das Gehirn – ein Beziehungsorgan" (Fuchs, 2009). Hüther nimmt eine ähnliche Haltung ein:

> „Forschungsergebnisse der letzten Jahre haben jedoch deutlich gemacht, daß der Bau und die Funktion des menschlichen Gehirns in besonderer Weise für Aufgaben optimiert sind, die wir unter dem Begriff ‚psychosoziale Kompetenz' zusammenfassen. Unser Gehirn ist demnach weniger ein Denk- als vielmehr ein *Sozialorgan*" (Hüther, 2007, S. 18).

Fuchs kritisiert, dass durch die Trennung von physischen und mentalen Prozessen, die im Zuge der (neuro-)wissenschaftlichen Untersuchungen vorgenommen wird, in Wahrheit ein neuer Dualismus entsteht, der den Menschen als eigene Entität nicht anerkennt. Daraus schließt er: „Mentale Prozesse werden nicht als Funktionen eines lebendigen Organismus angesehen. Daher können mentale Prozesse und Gehirnprozesse nur direkt aufeinander bezogen bzw. miteinander ‚kurzgeschlossen' werden" (Fuchs, 2008, S. 356).

Denn selbst wenn der Geist als neue Eigenschaft betrachtet wird, die das Gehirn mit Hilfe seiner biologischen Systemkomponenten hervorbringt, geht man letztendlich von zwei verschiedenen Ontologien aus, die man ins Zentrum der Betrachtung rückt. Fuchs entwirft demgegenüber ein anderes Konzept: Er spricht dem Lebewesen als verkörpertem Subjekt den Status der primären Entität zu, das sowohl unter dem Aspekt seiner geistigen Lebensäußerungen als auch unter dem Aspekt seiner biologischen Zustände verstanden werden kann. In diesem Sinn formuliert er

> „[...] die Dualität zweier Aspekte innerhalb der Verkörperung, man könnte sagen, ein ‚Leib-Körper-Problem' statt eines Gehirn-Geist-Problems, aber mit einer gemeinsamen Beziehung beider Aspekte auf das Lebewesen oder, im Falle des Menschen, auf die Person. Denn die Person meint immer ein Lebewesen, ein verkörpertes Subjekt. Sie besteht weder in einer reinen Innenwelt, die nur in der 1. Person-Perspektive zugänglich ist, noch in einem komplexen physiologischen System, das sich von außen beobachten lässt. Die Person ist eine Einheit von Innerlichkeit und Äußerlichkeit" (ebd., S. 357).

Unter dem Leib werden alle bewussten Lebensäußerungen zusammengefasst, in welche immer das Hintergrundempfinden des Leibes einbezogen wird, da kein Bewusstsein ohne Leiberleben möglich ist. In dieser Hinsicht haben die mentalen Vorgänge wie das Wahrnehmen oder Denken, aber auch das Handeln, auch physische Qualität. Allerdings beschränkt sich diese nicht auf neuronale Prozesse, da immer innerkörperliche Zustände einfließen, die beispielsweise vom autonomen Nervensystem, vom Immunsystem, Herz, Kreislauf, von der Atmung und der Ausdrucksmuskulatur generiert werden (ebd., S. 356 ff.). Fuchs bezieht sich in diesem Zusammenhang auf eine neuere Entwicklung der Kognitionswissenschaften, die so genannte „embodied" oder „enactive cognition", zu deren HauptvertreterInnen Francisco Varela (1992) zählt, und die der verkörperten Subjektivität des Lebewesens in seiner Umwelt Rechnung trägt. Parallel dazu beruft sich Fuchs auf neurowissenschaftliche Modelle des Bewusstseins, zu denen Antonio Damasios (1995) Konzept des somatischen Hintergrunderlebens gehört. Auf diese Richtungen und Theorien soll in später folgenden Kapiteln genauer Bezug genommen werden. Es muss jedoch bedacht werden, dass das „Qualia-Problem", die Frage nach dem Zustandekommen des individuellen subjektiven Empfindens und Erlebens, bislang von den Neurowissenschaften nicht geklärt werden kann (Wittmann, 2014, S. 128). Im Hinblick auf das ständige Wechselspiel zwischen innerer und äußerer Welt kommt Fuchs zu folgendem Schluss: „In diesen Interaktionen wirkt das Gehirn nicht als zentrale Befehlsinstanz, sondern eher als Organ der Vermittlung, der Modulation und der Transformation [...]" (Fuchs, 2009, S. 363).

Hier bieten sich erste Anknüpfungspunkte zur Individualpsychologie Alfred Adlers an. Denn: Adler definiert Anfang des 20. Jahrhunderts den Menschen bereits als soziales Wesen, das in eine Umwelt eingebettet ist, mit der es in ständigem Austausch steht, und das von der Interaktion mit dieser Umwelt (entwicklungs-)psychologisch – und gleichzeitig biologisch unterfüttert – geprägt wird. Darauf wird in dieser Arbeit ausführlich eingegangen. Es wird unterstrichen, dass bei aller Kritik an den Neurowissenschaften, die sicherlich ihre Berechtigung hat, in dieser Arbeit vor allem ihre Nützlichkeit für andere Wissenschaftsbereiche, im Speziellen für die Psychotherapiewissenschaft – im Sinn einer Interdisziplinarität – geschätzt und anerkannt werden soll. Denn erst das Heranziehen ihrer Erkenntnisse und das Abgleichen mit psychologischem Wissen macht die Befruchtung des hier vertretenen humanwissenschaftlichen Ansatzes durch die Neurowissenschaften möglich. Es ist daher kein Anliegen zu klären, wie viel die Neurowissenschaften in der Psychotherapieforschung „mitreden dürfen", sondern es soll folgende Haltung eingenommen werden:

> „Ein kooperativer, also ‚gemeinschaftsgefühlhafter' Dialog der Wissenschaften ist die Alternative, und, wie wir spätestens seit Adler wissen müssten, auch eine sowohl für den Einzelnen als auch für die Gemeinschaft förderliche Herangehensweise [...]" (Sindelar, 2011a, S. 273).

Zusammenfassend wird zum Menschenbild der Neurowissenschaften angemerkt: Die Entwicklung der neurowissenschaftlichen Forschung ging mit einer Wandlung des Leib-Seele-Problems zu einem Gehirn-Geist-Problem einher, heute oft auf ein „Körper-Bewusstsein-Problem" reduziert (Wittmann, 2014, S. 121). Diesbezüglich gilt als bewiesen, dass eine Trennung zwischen Körperlichem und Mentalem nicht der menschlichen Realität entspricht. Dabei ist bis heute unklar, wie sich die Kohärenz zwischen Geist und Gehirn genau konstituiert. Auch die NeurowissenschaftlerInnen sind auf Hypothesenbildungen angewiesen. In diesem Kontext gibt es VertreterInnen, welche die körperliche Ebene beziehungsweise die Hirnprozesse mehr betonen und meinen, dass das Individuum davon determiniert wird. Und es gibt VerfechterInnen, die umgekehrt dem Faktor „Beziehung" eine erhebliche Wirkung auf die physiologische Dimension zusprechen und somit der psychologischen Ebene die größere Bedeutung zugestehen. Es ist angebracht, darauf hinzuweisen, dass es NeurowissenschaftlerInnen gibt, welche dem so genannten Monismus anhängen und geistige und hirnphysiologische Prozesse als ident ansehen; in diesem Sinn werden psychische Phänomene auf eine materielle Natur reduziert. VertreterInnen des so genannten Aspektdualismus[7] hingegen betrachten mentale und materielle Prozesse als zwei Aspekte des gleichen Geschehens, die in einer steten Wechselwirkung zueinander stehen.[8] Diese Haltung eröffnet die Möglichkeit für emergente Erscheinungen, wobei der Spielraum dafür recht unterschiedlich groß oder eng angelegt wird. Solche Menschenbilder existieren naturgemäß schon seit Jahrhunderten, haben aber durch die Neurowissenschaften eine ganz neue Relevanz erfahren. Auf das Leib-Seele-Problem soll nicht weiter eingegangen werden. Es wurde nur soweit thematisiert, als es – wie deutlich gemacht wurde – für das Verhältnis des Einflusses von Biologie und Psychologie auf die Entwicklung des Menschen eine Rolle spielt. Auf die unterschiedliche Gewichtung dieser beiden Entitäten in den Neurowissenschaften wurde gerade hingewiesen. Im Folgenden soll dargestellt werden, welche Position Adler betreffs der physiologischen und psychologischen Prägung des Menschen einnimmt.

2.2 Das Menschenbild Alfred Adlers

Damit wird die Anlage-Umwelt-Problematik zum Thema: Unterliegt die Entwicklung des Lebewesens mehr genetischen oder eher Umwelteinflüssen? Dieser alten und viel diskutierten Frage soll hier nicht tiefgehend nachgegangen werden. Es soll ihr lediglich insofern ein Platz eingeräumt werden, als dass es für diese Arbeit als relevant erachtet wird, wie die Neurowissenschaften als auch Adler dazu stehen. Schließlich sind für die späteren Ausführungen die Menschenbilder der jeweiligen Wissenschaften von Bedeutung – der Neurowissenschaften wie der Psychologie –, da sie den Interpretationen der jeweiligen Forschungsergebnisse zugrunde liegen.[9]

Adlers Position zum Verhältnis zwischen Genetik und Umwelt ist auf den ersten Blick gar nicht einfach auszumachen. Denn: einerseits äußert er sich in seinem Werk an einigen Stellen gegen die zu seiner Zeit aktuelle Vererbungslehre. Und es ist gleichzeitig offensichtlich, wie sehr er der sozialen Prägung – den Beziehungserfahrungen – gegenüber den biologischen Faktoren in der menschlichen Entwicklung den Vorrang gegeben hat:

---

7   Der psychophysische Aspektdualismus geht auf Spinoza und Mach zurück.
8   Dem Thema der Veränderung des Menschenbildes durch die Neurowissenschaften hat sich der Wissenschaftsjournalist Martin Hubert ausführlich gewidmet (Hubert, 2006).
9   Diesbezüglich ist in den folgenden Ausführungen zu berücksichtigen, dass die zitierten NeurowissenschaftlerInnen keinem einheitlichen Menschenbild folgen.

„Die Charakterzüge sind durchaus nicht, wie viele meinen, angeboren, nicht von Natur aus gegeben, sondern einer Leitlinie vergleichbar, die dem Menschen wie eine Schablone anhaftet und ihm gestattet, ohne viel Nachdenken in jeder Situation seine einheitliche Persönlichkeit zum Ausdruck zu bringen. Sie entsprechen keinen angeborenen Kräften und Substraten, sondern sie sind, wenn auch sehr früh, *erworben*, um eine bestimmte Gangart festhalten zu können" (Adler, 1927a, S. 135).

Als Charakterzug definiert er „das Hervortreten einer bestimmten Ausdrucksform der Seele", die daran zu erkennen ist, wie eine Person mit den Lebensaufgaben umgeht (a.a.O.). Daraus lässt sich ableiten, dass für Adler die psychischen Regungen eines Menschen durch seine (frühen) Beziehungserfahrungen bedingt sind.

Andererseits bekräftigt der Begründer der Individualpsychologie:

„Es liegt uns völlig fern, in Abrede zu stellen, daß alle seelischen und körperlichen Funktionen notwendigerweise durch Erbmaterial prädispositioniert sind, doch was wir in aller psychischen Aktivität erkennen, ist der *Gebrauch*, der von diesem Material *gemacht wird*, um ein bestimmtes Ziel zu erreichen" (Adler, 1929c, S. 47).

Adler vertrat eine „Positionspsychologie" und prägte synonym den Begriff „Gebrauchspsychologie" im Unterschied zur „Dispositionspsychologie" oder „Besitzpsychologie", in deren Rahmen die psychische Entwicklung des Menschen allein von seiner Erbanlage – seinem „Besitz" – hergeleitet wird. Adler hingegen geht es nicht um die genetische (Prä-)Disposition des Individuums, welche er zwar anerkennt, sondern um den „Gebrauch" dieses „Besitzes", den er für weit wichtiger hält (vgl. Kausen, 1995, S. 176). Wie ein Mensch seine Anlagen gebraucht, hängt für ihn zum einen maßgeblich von den Beziehungserfahrungen ab, zum anderen schreibt er der „schöpferischen Kraft" des Menschen eine tragende Rolle zu:

„Jedes Kind kommt mit verschiedenen Möglichkeiten zur Welt. Unser Einspruch gegen die Bedeutung der Hereditätslehre und jeder ,Besitzpsychologie' lautet im Sinne einer ,Gebrauchspsychologie': Es kommt nicht darauf an, was einer mitbringt, sondern was einer daraus macht. Wer macht es nun? Die Einflüsse der Umgebung? Wer sagt uns, dass gleiche Einflüsse in gleicher Weise erfasst, verarbeitet, verdaut, beantwortet werden? Wir können nicht darauf verzichten, noch eine Kraft anzunehmen, wodurch sich die Unhaltbarkeit der Anschauung derer, die an die Heredität, oder derer, die an das Milieu glauben, noch zu größerer Unsicherheit steigert: *die schöpferische Kraft des Kindes*" (Adler, 1932i, S. 535).

Die „schöpferische Kraft" subsumiert nach Adler alle anderen Einflüsse und formiert sich zu der Bewegung der „Leitlinie" beziehungsweise des „Lebensstils" und steht somit im Dienst der Überwindung (a.a.O.). Diese Ansicht impliziert einen individuellen Gebrauch der persönlichen Anlagen, bis zu einem gewissen Grad frei von einer genetischen wie auch umweltbezogenen Determiniertheit. Dennoch schürt Adler einen Zweifel, wie groß diese Freiheit wirklich ist (vgl. Kausen, 1995, S. 176). Denn folgt man seinen weiteren Ausführungen zur „schöpferischen Kraft" beziehungsweise zum Lebensstil allgemein, so zeigt sich deutlich, dass der Mensch in Adlers Konzeption seinen Lebensstil maßgeblich nach seinen Umwelterfahrungen gestaltet (z.B. Adler, 1927a, S. 29). Allerdings bescheinigt er dem Einfluss der Umgebung nur eine „relative" Wirkmächtigkeit, indem er hervorhebt, dass die subjektive (emotional geprägte) Bewertung der (Umwelt-)Erfahrungen des Individuums ausschlaggebend dafür ist, welche Stellung der Mensch sodann im Leben und zur Außenwelt bezieht (vgl. Rogner, 1995a, S. 325). Die subjektive Einschätzung findet sich bei Adler im Begriff der „tendenziösen Apperzeption", die in der Folge konstituierend für die (unbewussten) Ziele ist, die sich das Lebewesen zur Sicherung setzt und danach (unbewusst) seinen Lebensstil entwickelt (Adler, 1912a, z.B. S. 58, S. 101 ff.). Es handelt sich demnach um den „Versuch, sich und die Welt so wahrzunehmen, wie es den lebensstiltypischen Sicherungswünschen einer Person entspricht" (Datler, 1995, S. 37).[10]

In diesem Kontext wird ein weiterer Aspekt deutlich: dass Adler das Individuum nicht nur kausal betrachtet, sondern auch final. Im Zuge der Ausarbeitung seines Lebensstil-Konzepts richtet er sodann sein Hauptaugenmerk auf die genannte Finalität, indem er den Menschen eben aus seinen (unbewussten) Zielen, dem *Wohin* oder *Wozu*, heraus versteht. Im Lauf der Zeit erhebt Adler dieses Denkmodell zur *heuristischen* Methode der Individualpsychologie (Adler, 1927a, S. 74–75). Dieser Gedanke wird später näher erläutert.

Vergleicht man diese Auffassung vom Menschen mit jener der Natur- und Neurowissenschaften, so muss unterstrichen werden, dass Letztere in langer Tradition ein kausal geprägtes Menschenbild vertreten, indem sie das Individuum im Rahmen einer Ursachenlehre mit der Frage nach dem *Woher* und *Warum* zu erklären versuchen. Naturgemäß hat auch dieser Zugang folgenreiche Konsequenzen. Bezogen auf körperliche Krankheiten und psychische Störungen zum Beispiel beschränkt sich diese Anschauung mehr oder weniger auf die Entstehung der Defizite und zieht dem Augenmerk entsprechend die Bevorzugung von Behandlungsansätzen nach sich, die den Defekt im Sinn des damit verbundenen mechanistischen[11] Weltbildes in Form einer „Reparatur" des betroffenen Teiles oder auf der betroffenen Ebene – auf der physischen oder psychischen – zu beheben trachtet. Dahingegen eröffnet ein finales Denken die Möglichkeit, den Mangel des Menschen durch das Sichtbarmachen seiner Funktion einen Blick auf die Verbindung zu den anderen Teilen im System und somit auf das Ganze zu richten. Es ermöglicht eine ganzheitliche Betrachtungsweise des Lebewesens.

Eine solche Perspektive lassen die Neurowissenschaften im Allgemeinen vermissen, bis auf ganz wenige Ausnahmen. Joachim Bauer beispielsweise stellt neurobiologische Befunde in einen finalen Zusammenhang, indem er die Forschungsergebnisse über die

---

10   Ein Beispiel: Wenn sich jemand minderwertig fühlt, könnte er sein Gegenüber (unbewusst) im Sinn einer Entwertungstendenz als „klein", „schwach" und „unfähig" wahrnehmen, um sich selbst zum Zweck der (seelischen) Sicherung zu erhöhen. Das kann lebensstiltypisch sein.

11   Innerhalb der Naturwissenschaften haben die Neurowissenschaften für sich das mechanistische Weltbild zu einem digitalen umgeformt. Die kausale Herangehensweise bleibt aber die gleiche.

Motivationssysteme in Verbindung mit den (unbewussten) Zielsetzungen des Menschen interpretiert (Bauer, 2006). Seine Überlegungen haben zur Folge, dass er dem Faktor „Beziehung" in Abgrenzung zu biologischen Faktoren die größere Gewichtung attestiert. Generell wird in den Neurowissenschaften den Umwelterfahrungen im Sinn der neuronalen Plastizität ein Einfluss zugesprochen, oft scheint es aber, – bei genauerer Sichtung der Literatur – dass der Biologie erheblich mehr Wirkung zuerkannt wird. So konstatiert Wolf Singer zum Beispiel, dass die Verschaltungen im Gehirn den Menschen festlegen (Singer, 2004b). In diesem Sinn kann noch einmal hervorgehoben werden, dass auch innerhalb der Natur- und Neurowissenschaften in dem Verhältnis von Genetik/Biologie und Umwelt den jeweiligen Komponenten eine unterschiedliche Gewichtung zugeschrieben wird.

Spannt man den Bogen zurück zu Adler, kann festgehalten werden, dass sich der Individualpsychologe gegen eine biologische Festlegung des Menschen stellt, dass er aber der Genetik insofern Respekt zollt, als er die Basis, die sie dem Individuum bereit stellt, in seiner Lehre würdigt. Das zeigt sich insbesondere daran, indem er immer wieder von den (biologischen) „Bausteinen" des Menschen spricht, beispielsweise im Kontext mit dem „Gemeinschaftsgefühl". Er betont, dass er eine angeborene Anlage dazu als gegeben betrachtet, während er die Ausbildung desselben wiederum von den (frühen) Beziehungserfahrungen abhängig sieht (Adler, 1937b, S. 204). In diesem Sinn fasst er die genetische Ausstattung als Potenzial auf, wie in den weiteren Ausführungen genauer dargestellt wird. Hier kann vorweg genommen werden, dass die aktuellen (neuro-)wissenschaftlichen Erkenntnisse dieser Sichtweise Recht geben.

3 Das Gemeinschaftsgefühl im Spiegel der Neurowissenschaften

„In letzter Zeit kommt es immer häufiger bei mir vor, daß ich bis in meine kleinsten täglichen Verrichtungen und Empfindungen einen Anflug von Ewigkeit verspüre. Ich bin nicht die einzige, die müde oder krank oder traurig oder ängstlich ist, sondern ich teile das Los von Millionen anderer Menschen aus vielen Jahrhunderten. All das ist ein Teil des Lebens, und trotzdem ist das Leben schön und sinnvoll noch in seiner Sinnlosigkeit, wenn man nur allen Dingen einen Platz im Leben einräumt und das ganze Leben als Einheit in sich aufnimmt, so daß es dennoch zu einem geschlossenen Ganzen wird"
(Etty Hillesum, *Das denkende Herz*, 2005, S. 128)

Das Gemeinschaftsgefühl ist ein zentrales Konzept der Individualpsychologie.[12] 1918 führte es Adler als Fachterminus ein (Adler, 1918e, S. 111 ff.). Zunächst entwarf er es als korrigierendes Gegenmotiv zum Machtstreben. Später entwickelte er das Gemeinschaftsgefühl zur eigenständigen Kraft und Funktion, der ein evolutionäres Moment innewohnt: Durch sie soll eine als ewig gedachte, vollkommene Gemeinschaft – sub specie aeternitatis – heranwachsen (Adler, 1933b, S. 158). Zentrale Aspekte des Gemeinschaftsgefühls sind die Fähigkeiten zur Kooperation, Einfühlung und Verstehen (vgl. Ansbacher & Ansbacher, 2004, S. 105 ff.): „Wir müssen immer mit unseren Mitmenschen rechnen, uns an sie anpassen und an sie denken. Diese Aufgabe wird am besten gelöst durch Freundschaft, Gemeinschaftsgefühl und Zusammenarbeit" (Adler, 1931b, S. 188). Die mit dem Gemeinschaftsgefühl verbundenen Fähigkeiten müssen trainiert werden, das heißt das Individuum kann sie dann gut ausbilden, wenn es positive Beziehungserfahrungen macht. Aus dem Blickwinkel der Erkenntnisse der Neurowissenschaften betrachtet, hat das Konzept des Gemeinschaftsgefühls nichts an seiner Aktualität eingebüßt.

3.1 Eine angeborene Möglichkeit

Adler sieht das einzelne Individuum in ein großes Ganzes eingebettet. Unter diesem versteht er die soziale Situation, auf welche der Mensch mit dem Gemeinschaftsgefühl reagiert: „Was immer wir tun, unsere Handlungen sind unsere persönliche Antwort auf die Umstände des menschlichen Lebens [...]. Jede Antwort muss der Tatsache Rech-

---

12   Der Individualpsychologe Robert F. Antoch (1989, 1994) hat sich umfangreich mit diesem Konzept auseinandergesetzt.

nung tragen, dass wir zur Menschenfamilie gehören" (ebd., S. 14). In diesem Sinn ist es Anlage und Fähigkeit:

> „Wie bereits betont, haben all die Probleme des Lebens eine starke soziale Bedeutung. Der Mensch muss für eine richtige, normale, lohnende und erfolgreiche Lösung vorbereitet sein. Das heißt, er braucht ein ausreichendes Maß an Gemeinschaftsgefühl. Deshalb muss *der Baustein, den wir ‚angeborene Möglichkeit des Gemeinschaftsgefühls‘ nennen*, zum Leben erweckt und wirksam gemacht werden" (Adler, 1937b, S. 204, eigene Hervorhebung, S. R.).

2006 formuliert Joachim Bauer, der zahlreiche neurobiologische Forschungsarbeiten publiziert hat, in seinem Buch „Prinzip Menschlichkeit" (Bauer, 2006) die These, dass wir von Natur aus kooperieren bzw. dass wir – neurobiologisch betrachtet – auf Kooperation und soziale Resonanz ausgerichtet sind. Damit distanziert er sich deutlich von dem als allgemein gültig angesehenen naturwissenschaftlichen Standpunkt, dass das Prinzip der Konkurrenz die Antriebsfeder der Menschheit sei. Dieses – ursprünglich auf Darwin zurückgehende – Dogma hat insbesondere die Soziobiologie für sich vereinnahmt, die auch von einem Determinismus der Gene ausgeht.

Bauer schränkt allerdings ein:

> „Nichts wäre irriger als die Annahme, es gäbe eine genetische Ausstattung, die eine Art Garantie dafür darstelle, dass der Mensch sich im Hinblick auf seine Beziehungs- und Kooperationsfähigkeit gesund entwickelt. Die genetische Ausstattung kann lediglich garantieren, dass die neurobiologischen Werkzeuge dafür vorhanden sind" (ebd., S. 52).

Das erinnert an die angeborene Möglichkeit zur Entwicklung des Gemeinschaftsgefühls, die Adler als wesentlichen Baustein genannt hat. Er bekräftigt: „[...] Wir können keinem sogenannten sozialen Instinkt vertrauen, denn seine Ausdrucksform hängt davon ab, wie das Kind seine Umgebung begreift und sieht" (Adler, 1929c, S. 49). Für Adler beginnt diese Entwicklung mit der Geburt, vor allem dadurch geprägt, wie das Kind die Beziehung zur Mutter erlebt. Er bezeichnet diese Phase als „erste Kultivierung einer angeborenen Möglichkeit", bei der naturgemäß etwas schief laufen kann (Adler, 1935m, S. 98). Es handelt sich demnach um einen Lernprozess. Heute weiß man, dass sich Beziehungserfahrungen auf die Entwicklung des Kindes nicht erst niederschlagen, nachdem es geboren wurde. Gerald Hüther und Inge Krens zeigen in dem Buch „Das Geheimnis der ersten neun Monate" (2007) anschaulich die vorgeburtlichen Prägungen durch Beziehung auf. Darauf wird im Folgenden näher eingegangen (siehe auch Kapitel 3.2.3 „Neuronale Entwicklung").

In dieser Arbeit wird immer wieder auf Vorgänge Bezug genommen, bei denen Beziehungserfahrungen auf eine genetische Ausstattung (in Adlers Sinn auf „angeborene Möglichkeiten") treffen. Diese Vorgänge gehören zum Bereich der Epigenetik. Darunter versteht man allgemein die Einwirkung von Umwelteinflüssen auf die Genaktivität. Auch wenn der Träger der Erbinformation, die DNA (Desoxyribonukleinsäure), nicht verändert werden kann, so können Umwelteinwirkungen die Aktivität von Genen bis ins hohe Erwachsenenalter steuern, verstärken oder abschwächen, an- und abschalten.

Das heißt, sie können die Genregulation umgestalten und somit die Entwicklung einer Zelle „manipulieren", wie der Wissenschaftspublizist Bernhard Kegel, der selbst Biologie und Chemie studiert hat und in der Forschung tätig war, aufzeigt (Kegel, 2015). Denn neben den erforderlichen inneren „Programmen" der Zellentwicklung und ihrer Beeinflussung durch Nachbarzellen wird der innere Zellprozess auch mit der äußeren Umwelt abgestimmt und kann auf diesem Weg umgeformt werden, ohne dass die DNA davon betroffen wäre (ebd., S. 171):[13]

> „Epigenetische Programmierungen werden im Zuge der Entwicklung angelegt, sie stellen einen wesentlichen Teil des zellulären Regulationsapparates, sie steuern und manifestieren die Zelldifferenzierung, und sie können bis ins hohe Erwachsenenalter durch verschiedenste Umwelteinflüsse verändert werden. Epigenetische Markierungen tragen nicht nur zum Variantenreichtum der Organismenarten bei, Epiallele (also unterschiedliche Muster epigenetischer Markierungen) können sogar vererbt werden und sind damit Objekt der Selektion, genauso wie die klassischen genetischen Allele" (Kegel, 2015, S. 294).

Die enge Verflechtung von Genetik und Umweltprägung lässt konsequenterweise den alten Streit darum, was davon für die menschliche Entwicklung bedeutsamer ist, nicht mehr sinnvoll erscheinen. Nach dem Nobelpreisträger Eric Kandel ist die biologische Evolution genauso als kulturelle Evolution zu verstehen:

> „Die Regulation der Genexpression durch soziale Faktoren macht alle Körperfunktionen, einschließlich aller Gehirnfunktionen, für soziale Einflüsse empfänglich. Diese sozialen Einflüsse werden biologisch in veränderten Expressionen spezifischer Gene verkörpert […]. Bei Menschen ist die Veränderbarkeit der Genexpression durch Lernen besonders wirksam und hat zu einer neuen Art der Evolution geführt: der kulturellen Evolution" (Kandel, 2006a, S. 87).

3.1.1 Die Motivationssysteme

Was bedeutet nun die Schulung des Bausteins, die angeborene Möglichkeit zur Entwicklung des Gemeinschaftsgefühls, die Adler unterstrichen hat, neurobiologisch konkret? In der Hirnentwicklung gilt generell das Gesetz „use it or loose it": neurophysiologische Strukturen müssen durch Umweltreize angeregt und im Weiteren trainiert werden, um das ihnen innewohnende Leistungspotenzial hervorzubringen. Der Neurobiologe Hüther beglaubigt, dass bereits intrauterin durch das Einüben zum Beispiel von Körperfunktionen Lernen erfolgt, was wiederum die weitere Ausbildung der synaptischen Verschaltungsmuster determiniert. Diese Art von Lernen wird durch die im Mutterleib aufgenommenen Beziehungserfahrungen zentral mitbestimmt (Hüther & Krens, 2007, S. 86 ff.). Wenn die im Rahmen der Beziehung erlebten Reize in dieser frühen Phase des Lebens negativ sind und dadurch das neurobiologische System nicht jene neuronalen Verschaltungen vornehmen kann, die der Mensch für grundlegende Fertigkeiten benötigt, kann es sein, dass er diese Fähigkeiten, zum Beispiel Einfühlungsver-

---

13 Ein Großteil der epigenetischen Arbeit wird von Proteinen und von RNA (Ribonukleinsäure) geleistet, mit der Möglichkeit späterer Modifikationen (Kegel, 2015, S. 171).

mögen, nur eingeschränkt oder gar nicht entwickelt. Um dem entgegenzuwirken, muss die genetisch bereit gestellte physiologische Basis für diese Fertigkeiten durch positive Umweltsignale angestoßen und somit genutzt werden, damit sich die entsprechenden Hirnstrukturen beziehungsweise Verschaltungsmuster, die für die verschiedenen Funktionen und Fähigkeiten Voraussetzung sind, verfestigen können (Hüther & Krens, 2007, Bauer, 2006, S. 52). Es zeigt sich, dass die neurobiologische, physische und psychische beziehungsweise mentale „Funktionstüchtigkeit" des Individuums erheblich durch vorgeburtliche (Beziehungs-)Erfahrungen beeinflusst wird.

Bauer erläutert die biologische Grundlage für Gelingen oder Nichtgelingen von Beziehungen zunächst am Beispiel der Motivationssysteme, auch Belohnungssysteme genannt.[14] Er spricht in diesem Zusammenhang von den „Antriebsaggregaten" des Lebens, ausgehend von der Frage, was uns als Menschen antreibt, woher – körperlich – unser Lebenswille kommt, und auf welche Ziele wir zusteuern. Es geht demnach um das physische Substrat unseres Strebens (Bauer, 2006, S. 23). Dieser Ausgangspunkt erinnert an Adlers Begriff der Finalität, der Frage nach dem Zweck, dem *Wohin*, im Weiteren nach den (unbewussten) Zielen und damit verbunden nach dem Lebensstil einer Person.

Den Nachweis für das biologische Vorhandensein eines Motivationssystems fand man, als die Psychopharmakologie auf die Gruppe der Neuroleptika aufmerksam wurde, im Speziellen auf eine ihrer Wirkungen: jene, die den Menschen jeden Antrieb verlieren lässt (ebd., S. 24). Dies wurde auch in Tierversuchen gezeigt: Nagetiere, die mittels Konditionierung gelernt hatten, durch Tastendruck positiv stimuliert zu werden, etwa mit Futter oder Kontakt zu Artgenossen, unterließen diese zielgerichtete Handlung, sobald ihnen nur geringe Mengen eines Neuroleptikums verabreicht wurden. Das heißt, sie verloren die Motivation. Andererseits konnte Gegenteiliges beobachtet und ebenfalls durch Experimente mit Tieren genauer erforscht werden: die Verstärkung der Motivation durch die Belohnungssysteme bis hin zum unkontrollierbaren Verlangen im Rahmen der Suchterkrankungen. Naturgemäß geht damit eine pathologische Einengung des Antriebs einher, indem das Streben primär auf die Befriedigung der Sucht ausgerichtet ist (ebd., S. 24 ff.). Hüther und Krens halten bezüglich der Motivation fest, dass jedes Kind bereits pränatal durch positive Umwelt- und Beziehungserfahrungen stets Neues dazulernt und dadurch das Bestreben entwickelt, weiter zu wachsen. Mangelt es dem Kind schon vor seiner Geburt an positiven Reizen, schwindet das Interesse (Hüther & Krens, 2007, S. 113). Dem Herabsinken wie auch der Steigerung der Motivation liegt dasselbe biologische Antriebsaggregat zugrunde.

Panksepp betrachtet die Motivationssysteme, die er als SEEKING-System bezeichnet, als Teil von insgesamt sieben basisemotionalen Systemen[15] (Panksepp & Biven, 2012):

---

14 Diese wurden schon 1954 von Olds und Milner entdeckt (Olds & Milner, 1954).
15 Panksepp und Biven sprechen von „core emotional affects" bzw. „raw emotional feelings" (Panksepp & Biven, 2012, S. 13). Das Buch liegt bislang ausschließlich in der englischen

SEEKING (Expectancy), FEAR (anxiety), RAGE (anger), LUST (sexual excitement), CARE (nurturance), PANIC/GRIEF (sadness) und PLAY (social joy); übersetzt: ERKUNDEN (Erwartung), FURCHT (Angst), WUT (Ärger), LUST (sexuelle Erregung), FÜRSORGE (Pflege), PANIK/KUMMER (Trauer) und SPIEL (soziale Freude).[16] Diese erachtet er als genetisch angelegte Programme, die mit neurochemischen Achsen einhergehen und eine instinkthafte Grundlage für das menschliche Verhalten bilden. Er identifiziert drei Ebenen der Gehirnfunktionen, die wiederum mit drei emotionalen Ebenen übereinstimmen: sub-neokortikale, vom Hirnstamm herrührende, „Primärprozessemotionen" (Kernaffekte oder Basisemotionen), auf den Basalganglien (sub-kortikal) beruhende „Sekundärprozessemotionen" (emotionales Lernen und Gedächtnis) und kortikale, auf dem Frontalhirn basierende, „tertiäre Affekte" und neokortikale Bewusstseinsfunktionen (Kognition), wobei er den „Primärprozessemotionen" die größte Bedeutung zuspricht bzw. bekräftigt, dass die differenzierteren „höheren" „sekundären" und „tertiären" Affektmechanismen aus ihnen hervorgehen (ebd., S. 2 ff.).

Die sieben affektiven Regulationssysteme sieht Panksepp in einer starken Wechselbeziehung zueinander (ebd., S. 32 ff.), wobei er das SEEKING-System als essenzielle Infrastruktur für alle anderen Basisemotionen ausmacht und – wie Bauer – die Zielgerichtetheit auf positive Emotionen, auf Bedürfnisbefriedigung und seine Prägung durch soziale Erfahrungen betont (ebd., S. 34 ff., S. 95 ff.). Auch für ihn ergibt sich die besondere Bedeutung des Systems daraus, dass es die Basis jeden Antriebs ist. Im Zuge dessen attestiert er dem System die zentrale Funktion, die Ausrichtung der Individuen auf Ressourcen zum Überleben zu garantieren. Mit den Ressourcen sind Nahrung genauso wie Wissen oder Gemeinschaft gemeint. Ist die Versorgung mit den nötigen Ressourcen gewährleistet, ist eine Homöostase möglich. Im umgekehrten Fall zeigt das SEEKING-System die Inbalancen auf und treibt das Individuum dazu an, das Nötige dafür zu tun, um wieder – auch ein physiologisches - Gleichgewicht zu erlangen. Gerade ein Mangel an der Befriedigung komplexerer, beispielsweise sozialer Bedürfnisse, geht mit leidvollen, unangenehmen Affekten einher, die das SEEKING-System aktivieren, wobei die konkreten neurobiologischen Mechanismen nicht geklärt sind (ebd., S. 95 ff.). Das SEEKING-System wird somit aktiv, wenn Lösungen gefunden werden müssen. Das bedeutet: „Our SEEKING systems keep us in a general state of engagement with the world" (ebd., S. 102).

Originalfassung vor. Panksepp hat sich für diese Publikation die Psychoanalytikerin Lucy Biven an die Seite geholt; es wird leider nicht deklariert, was von ihr stammt. Der Ansatz der affektiven Neurowissenschaften, der im Eigentlichen eine Bewusstseinstheorie darstellt, indem ein primäres emotionales Bewusstsein vorausgesetzt wird, stammt von ihm. Diesbezüglich ist anzumerken, dass sich die ForscherInnen bisher nur hinsichtlich der Randbedingungen von Bewusstsein einig sind und es eine Vielzahl an Bewusstseinstheorien gibt (vgl. Wittmann, 2014, S. 121).

16 Die deutschsprachigen Bezeichnungen sind dem Beitrag von Otto Hofer-Moser (2015) in „Psychoanalyse und Körper" entlehnt.

Grundsätzlich soll dieser Teil der Regulationssysteme allerdings positive Gefühle erzeugen. Panksepp weist darauf hin, dass die über das SEEKING-System generierten positiven Gefühle vor allem im Rahmen von antizipatorischen Vorgängen hervorgerufen werden, demnach wenn etwas Lohnenswertes in Aussicht steht (die gewünschten Ressourcen), nicht so sehr bei der Befriedigung selbst. Im Kontext dieser Zielgerichtetheit spricht er von „intentions-in-action" (ebd., S. 96), die entstehen und potenziellen Handlungsbereitschaften vorausgehen. Sie haben eine intrinsische Grundlage (Einbeziehung des inneren Körpermilieus, innere Verarbeitung der Umweltreize) und werden dem Kernselbst zugeordnet, von dem noch – auch unter Bezugnahme auf andere ForscherInnen – die Rede sein wird (ebd., S. 98). Dabei erfährt sich der Mensch als Handelnder: „One of the manifestations of SEEKING arousal is an enhanced sense of oneself as an effective agent in the world" (ebd., S. 141), in der sozialen Welt, „Dopamine generates enhanced self-esteem" (ebd., S. 142).

Die zentrale Struktur der Motivationssysteme befindet sich im Mittelhirn und ist über Nervenbahnen an andere Regionen gekoppelt, mit denen es in einem regen Informationsaustausch steht. Der elementare Aufbau erklärt sich aus zwei miteinander vernetzten Neuronengruppen: die Basiskomponente, deren Neurone bei Aktivität des Systems feuern und dem so genannten Kopfteil der Motivations-Achse die Substanz Dopamin zuführen. Sie bewirkt, dass sich das Individuum auf Ziele ausrichtet, also Motivation erfährt. Der erzeugte Antrieb konstituiert sich aber nicht nur aus der hervorgebrachten geistigen Aktionsbereitschaft, sondern auch aus dem Bereitmachen für körperliche Bewegungsabläufe.[17] Dies verdeutlicht die Interdependenz zwischen physischer und psychischer Handlungsmotivation (Bauer, 2006, S. 27 ff.).

Die Dopamin-Abgabe geht mit der Produktion von zusätzlichen endogenen Opioiden (Endorphine, Enkephaline und Dynorphine) und des für Bindungen bedeutsamen Botenstoffs Oxytozin einher. Letzteren ordnet Panksepp nicht mehr dem SEEKING-System zu, sondern dem CARE-System (siehe 3.2.4), welches er davon unterscheidet, beiden Regelkreisen aber eine enge gegenseitige Beeinflussung attestiert (Panksepp & Biven, 2012, S. 283 ff., vgl. Roth, 2014, S. 149 ff.). Solms interpretiert diese neurobiologische Struktur der Motivationssysteme als physiologische Entsprechung des psychoanalytischen Triebbegriffes (Solms, 2007, S. 131 ff.).

Alle drei Substanzgruppen – Dopamin, endogene Opioide und Oxytozin – sorgen in einem gesunden Zustand für Wohlbefinden. Nur bei einer übermäßig starken Freisetzung der körpereigenen Opioide kommt es zu einer Art Anästhesierung, wie zum Beispiel im Zuge von dissoziativen Zuständen. Die Ausschüttung erfolgt in enger Verbin-

---

17   Der Zusammenhang zwischen Dopamin und Bewegung zeigt sich beispielsweise bei der Parkinsonerkrankung, bei der der mit der Krankheit verbundene Dopamin-Mangel auch die Bewegungsfähigkeit einschränkt, da Dopamin zugleich auf die Motivations- und auf die Bewegungsachse wirkt.

dung mit den Emotionszentren, denn diese signalisieren dem Belohnungssystem, wenn erstrebenswerte Ziele vorhanden sind. Diese sind die Vorbedingung dafür, dass die Glücksstoffe abgefeuert werden. Die emotionale Bewertung ist ausschlaggebend dafür, welchen Zielen sich der Mensch (auch unbewusst) zuwendet und welchen (emotionalen) Zweck die Bedürfnisbefriedigung erfüllen soll. Es geht in diesem Sinn um das *Wohin* und *Wozu* des Antriebs (Bauer, 2006, S. 30 ff.), um „intentions-in-action" (Panksepp & Biven, 2012, S. 96), was auf neurobiologische Weise an Adlers Prinzip der Finalität erinnert:

Die Theorie der Individualpsychologie ist nicht nur kausal, sondern auch final beziehungsweise teleologisch ausgerichtet. Der Mensch wird individuell aus seinen Motiven und Absichten heraus verstanden (Adler, 1927a, S. 72). Das ist kompatibel mit der grundlegenden Ursachenlehre aristotelisch-scholastischer Tradition (Aristoteles, 1999, I, V), in welcher sowohl die Wirkursache (causa efficiens) mit der Frage nach dem *Warum* und *Woher* als auch die Zweckursache (causa finalis) mit der Frage nach dem *Wohin* und *Wozu* berücksichtigt werden (vgl. Seidenfuß, 1995, S. 156–165, Rieken, 2010, S. 88–96).[18] Zusammen bilden sie den Kern der kausalen Auffassung. Im Jahr 1912 begann Adler, die causa finalis als hilfreiche therapeutische Arbeitshypothese zu nutzen, ab zirka 1927 erhob er sie zum Seinsprinzip (vgl. Seidenfuß, 1995, S. 160):

> „So entwickelt sich aus diesem Vorstellungskreis der Individualpsychologie eine *heuristische* Methode: das menschliche Seelenleben zunächst so zu betrachten und zu verstehen, als ob es *aus angeborenen Potenzen unter dem Einfluss einer Zielsetzung* zu seiner späteren Beschaffenheit herangewachsen wäre. Unsere Erfahrung und unsere Eindrücke festigen aber in uns die Überzeugung, dass die heuristische Methode mehr als ein Hilfsmittel der Forschung vorstellt, dass sie sich in ihren Grundlagen im weitesten Ausmaß mit wirklichen Vorgängen der seelischen Entwicklung deckt, die teils bewusst erlebt werden, teils aus dem Unbewussten zu erschließen sind. Die Zielstrebigkeit der Psyche ist demnach nicht bloß unsere Anschauungsform, sondern auch eine Grundtatsache" (Adler, 1927a, S. 74–75, Hervorhebungen durch die Autorin, S.R.).

Die „angeborenen Potenzen", welche „unter dem Einfluss einer Zielsetzung" heranwachsen, lassen sich mit Bauers Frage nach dem *Wohin* und *Wozu* der Motivation zusammenschließen. Konkret zeichnen sie sich in den von Bauer dargelegten neurobiologischen Grundlagen des Antriebs ab (Bauer, 2006, S. 30 ff.). Diesbezüglich scheinen die physiologischen Vorgänge einerseits das Streben zu bedingen, andererseits muss es aussichtsreiche Ziele geben, damit das System aktiv wird. Fehlen diese dauerhaft, kann es zum Erlahmen der Belohnungssysteme kommen (vgl. ebd., z.B. S. 36). Die seelische Entwicklung, die sich Adler aus dem bewussten wie dem unbewussten Erleben erschließt, spiegelt sich auch in der Zweckgebundenheit des körperlichen Geschehens wieder. Die von Adler als Grundtatsache proklamierte Zielstrebigkeit der Psyche findet somit auf der physischen Ebene Bestätigung:

---

18   Die Begriffe „causa efficiens" und „causa finalis" wurden später von Thomas von Aquin geprägt.

„Motivation ist auf lohnende Ziele gerichtet und soll den Organismus in die Lage versetzen, durch eigenes Verhalten möglichst günstige Bedingungen zum Erreichen dieser Ziele
zu schaffen. Dadurch erhält die Bezeichnung ‚Motivationssysteme' ihren eigentlichen
Sinn" (ebd., S. 33).

Adler äußert in seinem Werk „Wozu leben wir?" („What Life Should Mean to you")
Ähnliches:

„Man kann beobachten, wie der Geist fähig ist, mit Hilfe der Gefühle den Körper tätig-
keitsbereit zu machen. Die Gefühle und ihr körperlicher Ausdruck sagen uns, wie der
Geist in einer Lage, die er als günstig oder ungünstig beurteilt, handelt und antwortet"
(Adler, 1931b, S. 42).

Es fällt auf, dass Adler und Bauer zum Teil sogar mit den gleichen Ausdrücken operie-
ren, Bauer freilich bezieht sich auf den körperlichen Organismus, Adler auf den psychischen, wobei sie jeweils auf den engen Zusammenhang mit dem anderen Bereich verweisen. Bauer spricht von den „günstigen Bedingungen", die innerhalb des Körpermilieus geschaffen werden sollen, um Ziele zu erreichen. Adler wiederum argumentiert mit
dem „Geist", der die „günstige Lage" der Umwelt außerhalb des Organismus beurteilt
und dementsprechend mit Hilfe der Gefühle, also wiederum der inneren Befindlichkeit
des Leibes, den Körper handlungsbereit macht. Hier trifft sich Adler mit Bauer, der
erklärtermaßen die Motivationssysteme mit Gefühlen des Wohlbefindens durch die
Ausschüttung der dafür relevanten Botenstoffe in Verbindung bringt, die letztendlich
die Zielgerichtetheit gewährleisten (vgl. Panksepp & Biven, 2012, S. 95 ff.).

Dabei zeigt sich auch Adlers Affinität zur phänomenologischen Leibauffassung, wenn
er meint, dass körperliche und psychische Elemente letztlich nicht mehr zu trennen sind,
„weil alles Tun von diesem fundamentalen ‚Leibwissen' begleitet ist" (Heisterkamp &
Kühn, 1995, S. 292 ff.). Günter Heisterkamp und Rolf Kühn kommen zu folgendem
Schluss:

„Somit ist Adlers Individualitätsprinzip als Leibinkarnation ein Vorläufer der Subjektivi-
tätsphänomenologie, während Freud die ‚Komplex'-Problematik von Affekt/Vorstellung
weitgehend noch als ein aufzuklärendes (Un-)Bewusstheitsgeschehen jenseits der Leib-
realität betrachtete" (ebd., S. 293).

Dieser Betrachtungsweise folgend ist auch das *Wohin* und *Wozu* der Motivation nicht in
seelische und leibliche Komponenten zu zergliedern.

Das vorrangige Ziel allen menschlichen Seins, so interpretiert Bauer aus den neurobiologischen Zusammenhängen, ist gelingende Beziehung und soziale Gemeinschaft in all
ihren Facetten: „Kern aller Motivation ist es, zwischenmenschliche Anerkennung,
Wertschätzung, Zuwendung oder Zuneigung zu finden und zu geben. Wir sind – aus
neurobiologischer Sicht – auf soziale Resonanz und Kooperation angelegte Wesen"
(Bauer, 2006, S. 34). Hüther nennt als die basalen Grundbedürfnisse des Menschen „das
Bedürfnis nach Verbundenheit (Zugehörigkeit, Geborgenheit, Anerkennung und Wertschätzung) einerseits und das Bedürfnis nach Wachstum (Entfaltung, Autonomie, Freiheit) andererseits" (Hüther, o.J., Internet).

Diese Auffassungen stimmen mit Adlers Hypothese überein, dass der Sinn des Lebens zentral in der Gemeinschaft zu sehen ist, und dass der Ausbildung des Gemeinschaftsgefühls die Basis einer angeborenen Anlage zugrunde liegt – eine folgenreiche Denkweise. Denn das soziale Ausgerichtet-Sein avanciert somit in Adlers Lehre von einem sekundären zu einem primären Phänomen (vgl. Ansbacher & Ansbacher, 2004, S. 115), worin sie sich von Freuds Theorie unterscheidet. Darüber hinaus findet der von Adler formulierte „evolutionäre Zwang" des Gemeinschaftsgefühls in Bauers Postulat eine Entsprechung darin, dass das vorherrschende Prinzip der menschlichen Natur die Kooperation sei. Bauer ist bemüht, mithilfe neurobiologischer Erkenntnisse das darwinistische Gesetz des Daseinskampfes, nach welchem unser Streben primär auf Aggression aufbaue, zu entkräften und als sekundäre Erscheinung herauszuarbeiten (Bauer, 2006, S. 75, S. 95 ff., S. 128 ff., 2011). In Kapitel 4 wird noch ausführlich der Frage nach der Rolle der Aggression nachgegangen.

3.1.2   Das System der Spiegelneurone

Das Gemeinschaftsgefühl, das Adler als die Triebfeder allen menschlichen Seins festhält, geht eng mit einer Wertigkeit einher, die ihrerseits ihren zentralen Ausdruck im Einfühlungsvermögen findet. Adler meint damit nicht nur ein Gefühl, sondern vielmehr eine Lebensform, die er zunächst folgendermaßen definiert: „Mit den Augen eines anderen zu sehen, mit den Ohren eines anderen zu hören, mit dem Herzen eines anderen zu fühlen" (Adler, 1928f, S. 315). Der Begriff „Lebensform" wurde 1914 von Spranger (1921) im Rahmen einer geisteswissenschaftlichen Psychologie des Verstehens geprägt. Er ist gleichbedeutend mit „Wissensform" im Sinn eines individuellen Bewusstseins, das entsteht, wenn ein bestimmter Wert im Leben maßgebend ist. Dem Unbewussten kommt dabei – Adlers Linie entsprechend – eine wichtige Bedeutung zu (vgl. Ansbacher & Ansbacher, 2004, S. 113). Spranger unterstreicht das Eingebundensein des Menschen in vielgestaltige, überpersonale soziale Interaktionen und macht unter anderem einen Sozialwert geltend, der an Adlers Gemeinschaftsgefühl erinnert, weniger weit gefasst, aber konkreter ist (Spranger, 1921). Adler bezieht sich auf Herder, Novalis, Jean Paul, Dilthey, Müller-Freienfels und andere im Hinblick auf den Zusammenhang zwischen Einfühlung und Identifikation, zwischen Erleben und Verstehen. Er bezeichnet es als das Verdienst der Individualpsychologie, Einfühlung und Verstehen als Aspekte des Gemeinschaftsgefühls herausgearbeitet zu haben – im Weiteren des Verbundenseins mit einem transzendenten größeren Ganzen (Adler, 1928f, S. 314–320). Die „Lebensform" lässt an das Konzept des Lebensstils von Adler denken, der letztlich den individuellen Lebensvollzug darstellt, der – gemäß der eigenen Vorerfahrungen – von mehr oder weniger Gemeinschaftsgefühl geprägt sein kann.

Heute bezeichnet man die Fähigkeit zur Einfühlung oft als Empathie. Sie findet ihre neurobiologische Entsprechung wahrscheinlich zu einem wesentlichen Teil im System der Spiegelneurone. Das Spiegelneuronensystem lässt sich in folgenden Arealen lokalisieren: im rostralen (vorderen) Teil des unteren Parietallappens, in der unteren Region der Präzentralwindung und des hinteren Teilstücks des unteren Frontallappens. Die Beteiligung der genannten Areale bezieht sich nur auf Handlungen, nicht auf eine emotionale Konnotation. Für Letztere sind vor allem die so genannte Insel, der Mandelkern (Amygdala) und die somatosensorische (Wahrnehmungen aus dem eigenen Körper betreffend) Rinde von Bedeutung (Rizzolatti & Sinigaglia, 2008, S. 126 ff., S. 178–186).

Bauer beruft sich in seinem Buch „Warum ich fühle, was du fühlst" (Bauer, 2009) darauf, dass zahlreiche Untersuchungen ergeben haben, dass ein inneres, physiologisches Simulationsprogramm abgerufen wird, sobald eine Person die Handlung einer anderen beobachtet, so als würde sie die Handlung innerlich imitieren. Bei der/dem BeobachterIn entsteht die körperliche Bereitschaft, die Aktion selbst auszuführen. Diese Resonanzphänomene[19] erstrecken sich nicht nur auf Handlungen, sondern auch auf das Fühlen, indem Nervenzellen die Vorstellung evozieren, von welchen Empfindungen dieses Handeln begleitet würde. Gradmesser ist das eigene Körpergefühl, konkret die Befindlichkeit des eigenen Körpers, welche von Neurologen als „Propriozeption"[20] bezeichnet wird. Ihr Einbeziehen, demnach der gemeinsame Programmablauf der Handlungsneurone und jener des Empfindens, erfolgt implizit, unwillkürlich und automatisch (ebd., S. 39 ff.). Das Implizite entspricht dem Unbewussten, welches von Adlers Lebensform der Einfühlung mit eingeschlossen wird und konstituierend für sein Konzept des Lebensstils ist. In Kapitel 5 werden die Bezüge zwischen Lebensstil, impliziten Prozessen und Unbewusstem konkret ausgearbeitet. Über diese neurobiologischen Vorgänge wird dem Beobachter das intuitive Verstehen des anderen ermöglicht. Die Konnektivität zwischen Einfühlung und Verstehen, den Adler hervorgehoben hat, könnte hier ein physiologisches Äquivalent vorfinden.

Die Entdeckung der Spiegelneurone von Giacomo Rizzolatti Ende der 90er Jahre des letzten Jahrhunderts bedeutete eine wissenschaftliche Sensation. Der Professor für Physiologie an der Universität Parma fand in seinen Experimenten – zunächst mit Affen – heraus, dass bei diesen dieselben Handlungsneurone feuerten, wenn sie zum Beispiel nach Futter griffen oder wenn sie andere dabei beobachteten, ebenfalls diese Aktion durchzuführen. Das besondere Ergebnis war, dass Affen wie Menschen über eine neurobiologische Resonanz verfügen, welche durch die Spiegelnervenzellen ermöglicht wird. Die entsprechenden Areale werden aktiviert, wenn Menschen Handlungen – wie gesagt – entweder selbst ausführen (und diese müssen tatsächlich Lebewesen sein, um das Spiegelneuronensystem des anderen zu aktivieren), wenn sie das gleiche Vorgehen oder nur einen Teil davon bei anderen beobachten, oder jemanden darüber sprechen hören, wenn sie sich die Aktionen nur vorstellen, oder beispielsweise Geräusche vorhanden sind, die zur Handlung dazugehören – etwa das Rascheln des Futters. Das heißt,

---

19   Der Begriff der Resonanz kommt ursprünglich aus dem Bereich der Physik (Schwingungen).

20   Lat. proprius = eigen, recipere = erfassen, aufnehmen.

jede Wahrnehmung, die auf eine konkrete Aktion bei einer anderen Person verweist, ruft das eigene Programm auf, indem sie die eigenen Spiegelnervenzellen zur Resonanz bringt (Rizzolatti & Sinigaglia, 2008, S. 102 ff.).

Adler verweist, was die Fähigkeit der Identifizierung anbelangt, ebenfalls auf die Bereitschaft zur Mitbewegung:

> „Z.B. beim Billardspiel, beim Kegelschieben, wo der Spieler der Kugel nachschaut und jene Bewegung macht, von der er hofft, dass die Kugel sie auch machen wird. Im Theater fühlt und spielt jeder Zuschauer mit. Das ist Identifizierung in unserem Sinne" (Adler, 1928f, S. 318).

Er unterscheidet zwischen dem Mitfühlen und Eine-bestimmte-Rolle-übernehmen-Wollen, etwa wenn der Sohn sich mit dem Vater identifiziert. Damit grenzt er sich von Freud ab, der in der Identifikation des Sohnes mit dem Vater den Wunsch sieht, sich dessen Rolle zu bemächtigen (a.a.O.).

Die Mitbewegung umfasst unter anderem einen Antizipationsvorgang hinsichtlich der möglichen Ziele des anderen, dem ein motorisches Grundwissen vorausgeht. Über dieses verfügen sowohl der Beobachter als auch der Ausführende. Das ist deshalb für das Erfassen des Ziels der Handlung wichtig, weil es bereits im ersten motorischen Akt kodiert wird und somit das Ergebnis voraussehen lässt. Es wird folglich nicht nur die Aktion selbst, sondern auch das damit verbundene Ziel motorisch gespeichert. Durch die Aktivierung derselben Regionen, die für die eigene Durchführung der beobachteten Handlung zuständig sind, kann der wahrgenommene motorische Vorgang als Akt verständlich werden. Das Begreifen basiert auf dem motorischen Wissen und nicht auf kognitiven Prozessen, die wir generell im sozialen Umgang mit anderen benutzen. – Das körpereigene Resonanzsystem bildet die originäre Art zu verstehen (Rizzolatti & Sinigaglia, 2008, S. 113–136).

> „Der ‚Akt des Beobachters' ist ein potentieller Akt, hervorgerufen durch die Aktivierung der Spiegelneurone, die imstande sind, die sensorische Information motorisch zu kodieren und so jene ‚Wechselseitigkeit' von Akten und Intentionen zu ermöglichen, die unserem unmittelbaren Erkennen der Bedeutung der Gesten der anderen zugrunde liegt. Das Verstehen der Intentionen anderer hat hier nichts ‚Theoretisches', sondern stützt sich auf die automatische Selektion jener Handlungsstrategien, die sich gemäß unserem motorischen Wissen am ehesten mit der jeweils beobachteten Situation vereinbaren lassen" (ebd., S. 136).

Auf diese Weise entsteht ohne Denken oder Sprache als Mittler ein gemeinsamer Handlungsraum.

Auf der Ebene der Gefühle lässt sich Ähnliches feststellen. Auch hier schlägt sich etwa der emotionale Gesichtsausdruck einer anderen Person in den Hirnarealen nieder, die auch dann aktiv sind, wenn man diese Emotion selbst empfindet. Die Neurone der Inselrinde beispielsweise feuern bei Ekel ebenso wie bei der Beobachtung desselben bei einem anderen. Liegt eine Verletzung im Bereich der Insel vor, kann dies die Fähigkeit,

Ekel zu empfinden, herabsetzen, aber auch zum Unvermögen führen, den Ekel bei anderen abzulesen, ohne dass andere Emotionen davon betroffen wären. Das Verstehen von Ekel erscheint in diesem Zusammenhang ebenfalls nicht kognitiv gestützt. Rizzolatti schließt daraus, dass das Verstehen von Emotionen an eine Spiegelfunktion gebunden ist, in deren Rahmen die Sinneswahrnehmung direkt emotional übertragen wird (Rizzolatti & Sinigaglia, 2008, S. 174 ff.). Er bezieht sich auf Damasio (1995, 2009, 2011), der die Basis der Emotionen in der Aktivierung der Insel und der somatosensorischen Rinde sieht, also eines Bereichs, in welchem die inneren Zustände des eigenen Körpers abgebildet sind.

Durch die Veränderung der eigenen Körperkarten empfindet man die beobachteten Emotionen folglich so, „als ob" man sie selbst erleben würde. Konkret senden die Spiegelnervenzellen der prämotorischen Rinde eine Kopie ihrer Aktivierung an die zwei oben genannten Regionen. Das neuronale Duplikat gleicht der Aktivierung, die man bei eigenen Emotionen dieser Art hätte. Rizzolatti interpretiert den Vorgang als Simulation und nennt ihn „Als-ob-Körperschleife". Nicht nur die Wahrnehmungen aus dem eigenen Körper sind in der Insel repräsentiert. Sie evoziert auch viszerale beziehungsweise viszeromotorische Reaktionen, wie zum Beispiel die Erhöhung des Herzschlags, ein flaues Gefühl im Magen, Erweiterung der Pupillen usw. Solcherart neurobiologische Beantwortung des Beobachteten bewirkt die eigentliche Qualität der emotionalen Resonanz, die rein kognitiv nicht erreichbar wäre. Sie stellt den Kern der Empathie dar (Rizzolatti & Sinigaglia, 2008, S. 174–192).

Eine analoge Auffassung vertritt Antonio Damasio mit seinem Postulat der Als-Ob-Körperschleife, worunter er die Fähigkeit versteht, Gefühle nachzuahmen, indem das Gehirn Verknüpfungen zwischen Körpererfahrung und Gefühl etabliert, die später auch allein reaktiviert werden können. Nach dieser Sichtweise existieren neurale Mechanismen, die das Empfinden vermitteln, „als ob der Körper aktiviert und modifiziert würde. Derartige Mechanismen ermöglichen uns, den Körper zu umgehen und einen langsamen, energieaufwändigen Prozess zu vermeiden" (Damasio, 1997, S. 214, vgl. ders., 2009). Das erinnert auf psychologischer Ebene an Adlers Konzept des Fiktionalismus, das er in seinem Hauptwerk „Über den nervösen Charakter" (Adler, 1912a) auf der Grundlage von Vaihingers „Philosophie des Als Ob" entwickelt hat (Vaihinger, 1911).[21] Adler vertritt darin die Ansicht, dass die Ziele, welche wir in unserem Leben ansteuern, zwar fiktiv seien, dass wir aber, um handlungsfähig zu sein, so tun müssten, als ob sie real wären. Ähnlich wie neuronale Mechanismen, die so tun, als ob der Körper aktiviert würde, um energieaufwändige Prozesse zu unterlassen, regulieren psychische Mechanismen unser Handeln, die sich damit begnügen, die Wirklichkeit nur unzulänglich wahrzunehmen, weil das Anstreben einer gänzlichen Verwirklichung unserer Ziele eine

---

21   Vaihinger bezieht sich wiederum auf Kant und Nietzsche, was verständlich macht, warum auch Adler in seinen frühen Schriften immer wieder auf diese beiden Philosophen, besonders auf Nietzsche, verweist (Ansbacher & Ansbacher, 2004, S. 74).

Vergeudung von Ressourcen wäre und einem Perfektionsstreben gleichkäme, das uns überforderte.

Die neuronale Seite der Als-Ob-Problematik bedürfte allerdings noch einer genaueren Diskussion, denn die Interpretation des Spiegelneuronensystems von Rizzolatti und Bauer offenbaren, dass die neurobiologischen Ergebnisse dazu verleiten, Empathie und Intersubjektivität als vollständig erklärt zu betrachten, obwohl beide sich um komplexe Darstellungen bemühen. Sie haben die Ergebnisse als Theorie einer inneren Simulation gedeutet, um Handlungen und Ziele anderer zu verstehen, genauso wie Gallese und Goldman (1998). Der Psychiater und Philosoph Thomas Fuchs bezeichnet ihre Theorie als „Als-ob"-Imitation, in deren Rahmen der eigene Körper als biologischer Spiegel der anderen zum besseren Verständnis dient. Er spricht dieser Sichtweise zwar eine Weiterentwicklung gegenüber der „Theory of Mind" zu, welche das Verstehen des anderen noch auf kognitive Prozesse zurückführt (Fuchs, 2009, S. 198 ff.). Doch kritisiert er, dass die Simulationstheorie auch nicht über ein Repräsentationsmodell hinausgeht, indem „die primäre Intersubjektivität im Kern aus einer Projektion eigener mentaler Zustände auf Andere, nur mit dem Unterschied, dass der Inhalt des Projizierten aus einer Simulation statt aus einer Kognition besteht" (ebd., S. 199). Für Fuchs erschließt sich die Intersubjektivität nur zum Teil aus der motorisch-intentionalen Spiegelfunktion. Wesentlich ist für ihn auch der situative Kontext, in welchem eine Handlung eingebettet ist, und der sich nicht allein dadurch erfassen lässt, dass das eigenmotorische System zur inneren Mitreaktion bereit gemacht wird. Vielmehr stimmt er mit Tomasello (2002) überein, der als Bedingung für das Verstehen der Ziele anderer das Vermögen sieht, dass man sich selbst „als intentionales, wollendes und Ziele verfolgendes Selbst erfasst, um die Anderen als ihm ähnliche Wesen zu verstehen" (Fuchs, 2009, S. 197). Das erfordert die Differenzierung von Selbst und anderem.

3.1.3 „embodied practice" und Intersubjektivität

Diese Differenzierung ist an eine *perzeptiv-emotionale* Spiegelung gekoppelt, welche die Deutung der Empfindungen anderer ermöglicht, indem die eigenen Körpergefühle als Interpretationshilfe dienen und somit zu einem Vermittler zwischenleiblicher Resonanz werden (ebd., S. 197 ff.). Beobachten wir bei anderen Emotionen oder eine bestimmte Art, wie jemand berührt wird (z. B. liebevoll oder gewaltvoll),

> „[...] aktiviert das einen Teil unserer motorischen, somato-sensorischen und viszeral motorischen/limbischen Systeme, die normalerweise unser Verhalten steuern und einen Ort schaffen für unsere sensomotorischen, taktilen, nozizeptiven und interozeptiven Empfindungen, die wir auf subjektivem Niveau wahrnehmen. Nicht nur das Handeln, sondern *auch das Erleben eines gegebenen sensorischen oder affektiv-emotiven Status scheint im Innern einer wir-zentrierten Dimension vor sich zu gehen*" (Gallese, 2015, S. 101–102, eigene Hervorhebung, S. R.).

Das passt zunächst zu den Erläuterungen des Neurowissenschaftlers Julian Kiverstein, welcher der Rolle der „geteilten Affekte" eine wesentliche Bedeutung zuspricht. Allerdings meint er, dass gerade in der emotionalen Anteilnahme Selbst und anderer auch wieder verschwimmen: „In emotional contagion and motor mimicry, by contrast, the distinction between self and other becomes blurred. I share in your sadness so that there is no longer a clear difference between your sadness and mine" (Kiverstein, 2015a, S. 3). Kiverstein unterscheidet – vielen PhilosophInnen und PsychologInnen folgend – zwischen Empathie („empathy"), in deren Rahmen man die Gefühle der anderen Person zuordnet, wobei man aber mitschwingt, und emotionaler Ansteckung („contagion"), bei der die Gefühle, die ausgelöst werden, die eigene Person betreffen, demnach auch als zu einem selbst gehörend wahrgenommen werden (a.a.O.). Im Alltag finden wir uns beispielsweise in der Situation, jemanden traurig über eine Trennung erzählen zu hören, fühlen uns ein und schwingen mit. Haben wir selbst schon länger keine Trennung erleben müssen, erscheint uns das Mitfühlen mehr als Mitschwingen mit der anderen Person. Wir können die Traurigkeit nachempfinden, wir erleben sie aber nicht als unsere eigene Traurigkeit. Haben wir selbst gerade ebenfalls eine Trennung durchgemacht, werden auch die eigenen Gefühle hinsichtlich der persönlichen Situation berührt und vermischen sich mit dem Mitgefühl. Die Vermischung eigener emotionaler Anteile mit jenen des/r anderen zeigt, dass es nicht lediglich um eine Simulation gehen kann.

Das impliziert desgleichen, dass bei der Perspektivenübernahme des anderen der Kognition eine untergeordnete Dimension zukommt und keine Theory of Mind bzw. Mentalisierung vonnöten ist, um den (Gefühls-)Zustand des Gegenübers zu erfassen (Kiverstein, 2011, S. 41 ff.). Es wird deutlich, dass Empathie nicht automatisiert durch neurophysiologische Systeme abläuft, sondern kontextabhängig ist und Bewertungsprozessen unterliegt (Kiverstein, 2015a, S. 3 ff.). Kiverstein stellt der Theory of Mind (ToM), welche soziale Kognition als Bedingung für mentales Verstehen anderer sieht, die „direct perception theory" (DPT) nach zum Beispiel Gallagher (2008) oder Zahavi (2014) gegenüber (vgl. Fuchs' *perzeptiv-emotionale* Spiegelung), welche dem Individuum ein unmittelbares Erfassen der Befindlichkeit oder des Denkens von Mitmenschen durch ein „Hintergrund-Verstehen" attestiert, das auf Erfahrung gründet, die leiblich fundiert ist, die auf Basis geteilter Affekte bzw. Sensomotorik funktioniert und vor jeder Mentalisierung bzw. kognitiver Rekonstruktion des Zustandes des anderen verfügbar ist (Kiverstein, 2015a, S. 4 ff., 2011, S. 41 ff.). Wir nehmen den anderen – wie uns selbst – als verkörpertes Subjekt in der Welt wahr, in einer konkreten Situation, der wir eine Bedeutung zuschreiben. Das „Hintergrund-Verstehen" und die Betonung der geteilten Affekte in Bezug auf Empathie lassen sich wieder mit dem leiblichen Hintergrunderleben von Damasio verbinden. Er konstatiert, dass es im Rahmen des subjektiven Erlebens die emotionalen, körperlichen und kognitiven Prozesse mitgestaltet (Damasio, 1995, ders., 2009, 2011). Kiversteins Hinweis auf das „Hintergrund-Verstehen" folgend liegt es nahe, dass dieselben Aspekte auch beim Erleben des anderen wirksam sind, – Aspekte, die über das Spiegelneuronensystem, eine simple Simulationstheorie oder die Theory of

Mind hinausgehen und implizites Leib- und Gedächtniswissen einbinden (siehe 5.3).[22] Mentalisierung ist zumeist gar nicht erforderlich, um sich in jemanden hineinzuversetzen; vielmehr greift der Mensch auf die verkörperten Erfahrungen – „embodied practices" – zurück (Gallagher, 2008, S. 535 ff., Kiverstein, 2011, S. 43 ff.).

Das Körperwissen ist demnach konstituierend für das Selbsterleben wie für das Gemeinschaftsgefühl. Subjektivität wird verstanden „als *Werden dessen, der man ist, durch das Zusammentreffen mit anderen*" (Gallese, 2015, S. 103). Gallese fasst die dargelegte Multidimensionalität zusammen:

> „Denn es [das Körperwissen, S. R.] betrifft nicht nur die *Außenwelt*, in die der Körper sich entwirft, indem er ihre Konturen in seiner Wahrnehmung rekonstruiert, sein eigenes Handeln in sie überträgt und ihre Afferenzen in seiner Selbstwahrnehmung erfährt. Es betrifft auch die *Innenwelt* der interozeptiven Sphäre, die Welt der Atmung, des Herzschlags, der Schweißabsonderung und der Peristaltik. Eine dritte Dimension, die höchstwahrscheinlich die beiden anderen umfasst, wird von den Emotionen und Affekten konstituiert" (ebd., S. 103–104).

Gallese macht im Weiteren die Motorik als Basis dafür aus, die interozeptiven und die emotional-affektiven Aspekte auf das Körperselbst zu beziehen. Dadurch entsteht eine „Potenzialität" des Handelns, eine Auswahl potenzieller Handlungsmöglichkeiten, die zur Verfügung stehen und intrinsisch, motorisch und neurophysiologisch angelegt sind (ebd., S. 104, vgl. Fuchs, 2007, S. 52 ff.). Fuchs verweist dabei auf den Stellenwert des Gehirns: „Somit ist das Gehirn das ‚Organ der Möglichkeiten' – doch *realisieren* kann diese Möglichkeiten nur das Lebewesen, die Person als ganze" (Fuchs, 2007, S. 58). Werden die Potenzialitäten auf andere gerichtet, ergibt sich eine „primitive motorische Intentionalität" und somit ein „intentionales Körperselbst" (Gallese, 2015, S. 106). Hier liegen wichtige Bezüge zu Adlers Theorie vor: Zunächst lassen Galleses Ausführungen an den im Konzept des Gemeinschaftsgefühls enthaltenen Ansatz denken, dass der Einzelne sich in der Gemeinschaft erfährt und in der Interaktion seine Persönlichkeit und sein (Selbst-)Erleben ausbildet. Darüber hinaus verweisen die „Potenzialitäten" auf den Lebensstil mit seinen durch das Apperzeptionsschema vorgezeichneten Handlungsmöglichkeiten, die ihre Ausprägung ebenfalls durch die Beziehungserfahrungen erhalten. Nicht zuletzt ergibt sich ein Zusammenhang zu Adlers finalem Menschenbild, in dessen Rahmen er den Menschen aus seiner Intentionalität heraus verstanden hat.

Fuchs, Gallagher, Gallese und Kiverstein anerkennen die Grenzen der Neurowissenschaften bzw. der Kognitionswissenschaften und suchen daher die Nähe zur Phänomenologie, um beispielsweise Konzepte wie Subjektivität oder Intentionalität besser fassen zu können. Fuchs übernimmt von dem französischen Philosophen und Phäno-

---

22 Die Simulationstheorie geht von der Simulierung der mentalen Zustände des anderen in uns selbst aus, um diesen zu verstehen. Die Theory of Mind hingegen nimmt ein mentales Konzept als Basis beim Menschen an, mit dessen Hilfe er sodann die anderen verstehen kann (Kiverstein, 2011, S. 42).

menologen Merleau-Ponty den Begriff der Zwischenleiblichkeit: „Wir verstehen die intentionalen Bewegungen Anderer, indem unser Körper sie in eigene Handlungen ‚übersetzt'" (Fuchs, 2009, S. 197). Merleau-Ponty formuliert das folgendermaßen: „Dann ist es, als ob die Intentionen des Anderen meinem Leib innewohnten, und umgekehrt die meinigen seinem Leib" (Merleau-Ponty, 1966, S. 219). Auch Kiverstein stützt sich auf Merleau-Ponty und hält dessen Gedanken fest: „the social is already there when we come to know and judge it" (Merleau-Ponty, 1962, S. 362, zit. n. Kiverstein, 2011, S. 50). Zu einem ähnlichen Schluss – aus anderer Richtung hergeleitet – kommt der Individualpsychologe Thomas Stephenson, wenn er bekräftigt,

> „[…] wir befinden uns *immer schon* ‚in *Interaktion*', weil wir uns *immer schon* ‚in *Relation*' befinden. Das, was wir an Regungen, Motiven, Impulsen, Absichten etc. uns selbst zumessen, also als dem ‚Ich' zugehörig empfinden, ist Regung oder Impuls *zu einem ‚Du'* hin, ist Motiv und Absicht *in Hinblick auf ein ‚Wir*'" (Stephenson, 2011a, S. 124).

Er geht vom Konzept des „virtuellen Anderen" des Säuglingsforschers Stein Bråten (1992, S. 77 ff.) aus, der einen „Platzhalter" bzw. einen inneren „Erwartungsraum" für das menschliche Gegenüber im Neugeborenen annimmt. Stephenson interpretiert:

> „[…] [D]as, was als Selbst- und Objektrepräsentanzen durch im Außen stattfindende Interaktionen und im Innen entstehende Repräsentationen im innerpsychischen Raum aufgebaut wird, findet laut dieses Basistheorems *immer schon* in einem ‚vorkonfigurierten' Raum statt. Diese ‚Vorkonfiguration' unterlegt *allen* Wahrnehmungen und Handlungen a priori eine *Interaktionsstruktur*" (Stephenson, 2011a, S. 123).

Im Weiteren schließt er diese Einsicht mit dem Begriff des „Intermediären Raumes" von Winnicott (1973a) zusammen und konzediert, dass dieser als interaktioneller „Übergangsraum" verstanden werden müsse, in welchen die InteraktionspartnerInnen ihre jeweiligen inneren Anteile bzw. aus Vorerfahrung virtuellen internalisierten Positionen nach außen externalisiert einfließen lassen (Stephenson, 2011a, S. 124 ff.). Hier kann ein Konnex zu Merleau-Pontys „Zwischenleiblichkeit" hergestellt werden. Denn die „vorkonfigurierte Interaktionsstruktur" und der „Übergangs- bzw. Interaktionsraum" müssen leiblich – in der Verbindung zwischen Psychischem und Physischem – aufgefasst werden. Schließlich geht es immer um subjektive Bedeutungszuschreibungen in Beziehungskontexten, die ohne den Leib nicht möglich sind. Indem ich meinen Körper nicht nur als Objekt, sondern auch als Leib begreife, der mich als Subjekt mein Verhältnis zur Welt erleben lässt, finde ich durch den Leib – eingebettet in der (Um-)Welt – stets ein Bezogensein vor (Kiverstein, 2011, S. 51).[23] Diese Einbindung ist eine leibliche, somit eine „psycho-somatische". Die neueren Kognitionswissenschaften fassen dies mit dem Begriff des „Embodiments", der die sensomotorische Tätigkeit des Orga-

---

23   Der Gedanke erinnert an Plessners „unaufhebbaren Doppelaspekt", der die Parallelität von unmittelbarem Erleben und „distanziertem", reflektierendem Wahrnehmen in der Unterscheidung zwischen Leib Sein (Aspekt der Unmittelbarkeit) und Körper Haben (Aspekt der Distanziertheit) festschreibt (Plessner, 1975, S. 294). Plessner war neben Max Scheler ein Hauptvertreter der Philosophischen Anthropologie und setzte sich als solcher mit der Phänomenologie auseinander.

nismus in der Auseinandersetzung mit der Umwelt betont, und damit die Untrennbarkeit von Körper und Psyche, wie es Adler bereits vor über 100 Jahren gedacht hat. Auch sein Konzept des Gemeinschaftsgefühls passt in dieses Schema. Denn sein Verständnis der Einfühlung und Identifikation wird von Ansbacher unter dem Aspekt erläutert, „dass das Wesen des Gemeinschaftsgefühls ein nach außen gerichtetes Überschreiten der Grenzen des Ich und der physischen Individualität ist" (Ansbacher & Ansbacher, 2004, S. 114). Günter Heisterkamp und Rolf Kühn deklarieren Adlers Nähe zur phänomenologischen Leibauffassung, in welcher der Leib im Sinn von Husserl (1952), dem Begründer der Phänomenologie, ein Ausdrucksmittel der subjektiven Intentionalität darstellt. Nach Merleau-Ponty (1966) ist er ein intersubjektiver Austauschraum (Heisterkamp & Kühn, 1995, S. 292).

Thomas Fuchs orientiert sich, wie bereits angedeutet, ebenfalls an dieser phänomenologisch-philosophischen Leibauffassung. Letztere geht über eine bloße Simulation hinaus. Es handelt sich nach Fuchs um eine *intersubjektive Transparenz*, in deren Rahmen die Empfindungen des eigenen Körpers zum Mittler zwischenleiblicher Resonanz werden, wenn wir durch ihn „hindurchsehen" und die Wahrnehmung des anderen von den erwähnten Empfindungen im eigenen Körper begleitet wird. Die Spiegelneurone erzeugen in diesem Theorem keine Repräsentation als Zwischenschritt, sondern es handelt sich um eine direkte Inkorporation des Beobachteten, die Spiegelneurone sind somit „spezielle Träger einer *verkörperten sozialen Wahrnehmung*" (Fuchs, 2009, S. 200). Dem folgend schlägt Fuchs statt Simulation einen *neuronalen Resonanzbegriff* vor (a.a.O.). Die neuronale Resonanz geht mit der Resonanz des ganzen Organismus einher. Denn die erlebten wiederholten Beziehungserfahrungen führen zu „*emotional-interaktiven Schemata* im impliziten Gedächtnis", wodurch sich „vertraute Interaktionsmuster, entsprechende Verhaltensbereitschaften und -erwartungen" (Fuchs, 2007, S. 56) bilden, welche die InteraktionspartnerInnen in die soziale Situation einbringen und dadurch eine Beziehungsdynamik gestalten.

Diese Ausführungen erinnern an die relationale Psychoanalyse, welche durch das Anerkennen der Intersubjektivität zu einem Paradigmenwechsel die therapeutische bzw. analytische Situation betreffend geführt hat. Alle Phänomene in der Analyse werden nunmehr über Übertragung und Gegenübertragung hinausreichend als Interaktion gesehen, welche der/die TherapeutIn mitgestaltet und nicht aus seinem eigenen Erfahrungshintergrund herausgeschält „von oben" den/die PatientIn analysiert. Stephen Mitchell, einer der bedeutendsten Vertreter der relationalen Psychoanalyse, hat selbst Adler als den ersten „interpersonellen Psychoanalytiker" bezeichnet (Greenberg & Mitchell, 1983, S. 51, vgl. Stephenson, 2011d, S. 198). Vor allem Petra Heisterkamp (1996) hat aufgezeigt, dass der intersubjektive Ansatz in Adlers Lehre enthalten ist und die Individualpsychologie bereits über Formen von Intersubjektivität und Relationalität verfügt (vgl. Gasser-Steiner, 2011, S. 68 ff., vgl. Stephenson, 2011d, S. 198). Freilich ist in über 100 Jahren auch viel weiter gedacht worden. Die Einarbeitung des aktuellen Intersubjektivitätsbegriffs in die neuere Individualpsychologie hat Adlers Lehre auch Günter

Heisterkamp zu verdanken (z.B. Heisterkamp, 2008, vgl. Stephenson, 2011c, S. 198). Gabriela Pap hat in ihrer Dissertation speziell Adlers Konzept des Gemeinschaftsgefühls im Hinblick auf den Intersubjektivitätsbegriff untersucht (Pap, 2012).

Intersubjektivität geht also mit sensomotorischen Vorgängen im Organismus einher, welche die verkörperte Subjektivität entstehen lassen. Die subjektive Wahrnehmung betrifft das Erleben des Selbst genauso wie die Wahrnehmung der anderen, was im Lebensvollzug generiert wird. Das bedeutet, dass das Körperempfinden maßgeblich das Bewusstsein beeinflusst (Fuchs, 2007, S. 51 ff.). Dieser Ansatz lässt sich noch einmal mit Gallaghers „embodied practice" zusammenführen, womit er das Verstehen im sozialen Kontext ohne Mentalisieren herleitet:

> „We see, or more generally perceive in the other person's bodily movements, gestures, facial expressions, eye direction, vocal intonation, etc. what they intend and what they feel, and respond with our own bodily movements, gestures, facial expressions, gaze etc." (Gallagher, 2012, S. 189).

Kiverstein resümiert über Gallaghers Annahmen: „By embodied practices Gallagher means to refer to sensorimotor capacities and skills developmental psychologists have characterized in terms of ‚primary' and ‚secondary intersubjectivity'" (Kiverstein, 2011, S. 57). Mit primärer Intersubjektivität sind Prozesse, wie in Gallaghers Zitat beschrieben, gemeint, welche ein unmittelbares Verstehen des mentalen Zustandes bzw. der Intentionen des anderen aufgrund der Verkörperung derselben im anderen ermöglichen, indem die eigene verkörperte, sensomotorisch ausgerichtete Wahrnehmung angeregt wird. Sekundäre Intersubjektivität geht sodann mit geteilter Aufmerksamkeit einher (ebd., S. 58).[24]

> „Embodied practices are thus prior in relation to mentalizing, in the sense that they provide the context within which all attempts at understanding others take place. Embodied practices come before mentalizing not only developmentally. They are also the conditions of the possibility of understanding other people through mentalizing" (Kiverstein, 2011, S. 58).

Die *verkörperte soziale Wahrnehmung* lässt sich noch einmal mit Adlers Begriffsbestimmung der Einfühlung verknüpfen: „Mit den Augen eines anderen zu sehen, mit den

---

24   Die Unterscheidung zwischen primärer und sekundärer Intersubjektivität geht auf den Kinderpsychologen und Psychobiologen Colwyn Trevarthen zurück (Trevarthen & Hubley, 1978, Trevarthen, 1979) und lädt auch dazu ein, mit individualpsychologischem Gedankengut verbunden zu werden (vgl. Stephenson, 2011a, S. 132 ff.). Allgemein ist Intersubjektivität ein in Psychologie, Philosophie und Soziologie gebräuchliches Konzept, was nahelegt, dass der Begriff schwerlich konkret festgemacht werden kann. Es ist auch nicht immer klar, welchem Begriff von Intersubjektivität die Neurowissenschaften folgen, wenn davon die Rede ist. In der Psychoanalyse kennzeichnet er über alle psychoanalytischen Richtungen hinweg die Abkehr von der Ein-Personen-Psychologie und die Hinwendung zum Verständnis des Menschen aus seinem Bezogensein heraus, wie es Adler schon Anfang des 20. Jahrhunderts erstmals propagiert hat.

Ohren eines anderen zu hören, mit dem Herzen eines anderen zu fühlen" (Adler, 1928f, S. 315).

Embodiment, (leibliches) Hintergrunderleben, Identität und damit einhergehende relevante Aspekte werden unter 5.3 ausführlich erläutert. Nachdem aber schon angedeutet worden ist, dass Subjektivität und damit auch die Wahrnehmung der anderen verkörpert ist, ergibt sich bereits, dass Identität und Gemeinschaftsgefühl zum einen zusammenhängen und gleichzeitig nicht vom Leib losgelöst gedacht werden können. In diesem Sinn sind Adlers Konzepte „Gemeinschaftsgefühl" und „Lebensstil" eng verbunden, gerade über die vom Gründer der Individualpsychologie betonte Untrennbarkeit von Psyche und Soma, wie an späterer Stelle noch genauer ausgearbeitet wird. Überhaupt wird die intersubjektive Dimension der Individualpsychologie auch in den noch folgenden Kapiteln unter neurowissenschaftlichen Erkenntnissen deutlich. Zu ergänzen ist, dass Intersubjektivität neurobiologisch sicherlich nicht als geklärt angesehen werden kann. Die aufgezeigten Zusammenhänge mit dem Spiegelneuronensystem oder Embodiment erhellen das Verständnis in dieser Hinsicht, lassen aber viele Fragen offen.[25]

3.2 Gemeinschaftsgefühl, Bindung und Neurobiologie

Die Art und Weise, wie das Kind die soziale Umwelt erfährt, ist für Adler entscheidend für die Ausbildung des Gemeinschaftsgefühls, wobei er den frühen Erfahrungen, insbesondere mit der Mutter, eine wichtige Rolle zuerkennt: „Das neugeborene Kind seinerseits muß umsorgt, beachtet, verzärtelt werden wie alle Babys [...]" (Adler, 1929d, S. 47). Seiner Ansicht nach hat sich das Kind bereits nach dem Ende der Säuglingszeit seine Position in der Familie angeeignet, es agiert zielgerichtet, und das Handeln bildet eine Einheit. Dieses einheitliche Handeln sieht Adler in Verbindung mit einem ebenso einheitlichen Bezugpunkt, den das Kind außerhalb seiner selbst ausgemacht haben muss: der Leitlinie, später von Adler als Lebensstil bezeichnet (ebd., S. 54), der das Kind folgt, um seine Bedürfnisse erfüllt zu bekommen und um sich mit seiner Umwelt zu arrangieren. Zunächst tritt das Leitbild vor allem in Form des Zärtlichkeitsbedürfnisses zutage, durch dessen Ausdruck das Kind das Wohlwollen, die Unterstützung und Zuwendung der Eltern zu erreichen hofft, aber auch Erfahrungen der Selbstständigkeit und der Abgrenzung machen möchte (Adler, 1912a, S. 80).

---

25 Neben vielen weiteren Aspekten ist zum Beispiel die Berücksichtigung der Rolle des enterischen Nervensystems im Darm überlegenswert, das aus über 100 Millionen Nervenzellen besteht und als eigenständiges Nervensystem eng mit dem Gehirn verbunden ist, vor allem mit dem den Emotionen zugeordneten limbischen System. Es verfügt über zahlreiche Neurotransmitter, wird mit psychischen (neben psychosomatischen) Erkrankungen und mit Persönlichkeitsvariablen in Verbindung gebracht und als das „zweite Gehirn" des Menschen bezeichnet (Denjean, 2015).

Zu dieser Auffassung lassen sich Parallelen zur Bindungstheorie John Bowlbys (z.B. 1969, 1975) herstellen. Letzterer definiert Bindung als biologisch gesteuertes „Überlebensmuster" und natürliches System, welches er als eigenständig, vom Nahrungs- und Sexualtrieb getrennt, betrachtet. Zentral ist die Verfügbarkeit einer scheinbar kompetenteren Person, die dem vermeintlich oder tatsächlich Versorgungs- und Zuwendungsbedürftigen den erforderlichen Schutz bietet, zum Beispiel vor Trennung und Verlust (Bowlby, 2008, S. 21).

Adler beschreibt als „einheitliches Handeln" des Kindes: das Kind strebt unter der Leitlinie nach einer sicheren Bindung, wenn das Verhalten des Kindes auf die Liebe und Versorgung durch die Eltern abzielt, aber auch auf Eigenständigkeit innerhalb dieses Bezugsrahmens. Das entspricht dem, was Bowlby mit dem Terminus „Bindungsverhalten" benennt: Er unterscheidet zwischen Bindung und Bindungsverhalten. Als Bindung formuliert er ein dauerhaftes, situationsunabhängiges Kontaktbedürfnis, während er unter Bindungsverhalten alle auf „Nähe" abzielenden Handlungen verstanden wissen möchte (ebd., S. 22). Bowlby unterstreicht, dass die Eltern durch ihre Verfügbarkeit und Zuverlässigkeit eine sichere Basis für das Explorationsverhalten des Kindes ermöglichen (Bowlby, 2006). Die Reaktion der Umwelt auf das Bindungsverhalten des Kindes ist für dessen Wohlbefinden entscheidend (Grossmann u. a., 1997). Es liegt eine Übereinstimmung zu Adlers Begrifflichkeit der ausgebildeten Leitlinie am Ende der Säuglingszeit vor, wenn Bowlby Kindern im Alter von zirka einem Jahr „intentionales Handeln" zuspricht, mit dem sie aus ihren Bedürfnissen heraus Ziele, die mit angenehmen Gefühlen verbunden sind, erreichen möchten (Bowlby, 2008, S. 49).

In der ersten Lebenszeit bindet sich das Kind an seine nächsten Bezugspersonen, die ihm das physische und emotionale Überleben garantieren. In dieser Abhängigkeit sucht es Zuwendung, Nähe und Schutz. Das bringt es in seinem Verhalten zum Ausdruck: das Suchen nach Körperkontakt, Trennungsangst usw. Die Bindung soll somit für die Erfüllung der körperlichen und psychischen Bedürfnisse sorgen. Gleichzeitig bildet sie die Basis für den Sozialisierungsprozess des Kindes, indem es bestimmte Entwicklungserfahrungen machen kann (Bowlby, 2006). Auch dies erinnert daran, wie Adler die Ausbildung des Gemeinschaftsgefühls beschreibt.

Wenn man die Entwicklung des Begriffs „Gemeinschaftsgefühl" betrachtet, so muss man zunächst von Adlers Aufsatz „Das Zärtlichkeitsbedürfnis des Kindes" (Adler, 1908d) ausgehen. Auffallend ist, dass schon hier das Triebkonzept zugunsten einer sozialen Betrachtungsweise stark relativiert wird. Der Begriff, der später als „Gemeinschaftsgefühl" zentral wird, erhält in Form der „Gemeinschaftsgefühle" oder „sozialen Gefühle" ihre Vorläufer. Die primär-narzisstische Libido wird von einem nach dem Objekt ausgerichteten Streben abgelöst. Almuth Bruder-Bezzel stellt fest, dass Adler damit einen wesentlichen Gedanken der Objektbeziehungstheorie vorwegnimmt (Bruder-Bezzel, 2007a, S. 77). Adler selbst formuliert: „Das Ziel liegt in der Befriedigung dieser nach dem Objekt ringenden Regungen" (Adler, 1908d, S. 78–79). Unter diesen versteht er kein umgrenztes psychisches Gebilde, sondern die Verschränkung offener und unbewusster Wünsche mit Äußerungen von Instinkten als auch mit Teilen des Tast- und des Schautriebs. Das zeigt sich, wenn Kinder geherzt und gelobt werden wollen und die Nähe ihrer Bezugspersonen suchen. Adler schildert hier Bindungsverhalten, wenn er von Zärtlichkeitsbedürfnis spricht. Dieses erfährt allerdings als Ausformung des kindlichen Trieblebens über die Kultur die erwähnte Sozialisierung. Das Zärtlichkeitsbedürfnis muss in der Kindheit ausreichend befriedigt worden sein, einerseits, damit der Mensch später auch zärtlich mit sich selbst umgehen kann, andererseits, damit er liebevolle Beziehungen auf einen größeren Umkreis ausweiten kann: Verwandtschaft, Freundschaft, Ehe und Liebe (a.a.O.).

Die Sozialisierung des Zärtlichkeitsbedürfnisses betreffend, betont Adler den Aspekt, dass dieses zum „Hebel der Erziehung" wird: „Eine Umarmung, ein Kuss, eine freundliche Miene, ein liebevoll tönendes Wort sind nur zu erzielen, wenn sich das Kind dem Erzieher unterwirft, also auf dem Umweg über die Kultur" (ebd., S. 79). Gleiches attestieren Caroline Benz und Remo H. Largo, was die Bindung anbelangt:

> „Die emotionale Bindung des Kindes an die Bezugsperson ist die Grundlage für den Gehorsam. Ein Kind, das sich bei einer Bezugsperson geborgen und angenommen fühlt, ist innerlich bereit zu gehorchen, weil es sich nicht einem Liebesverlust aussetzen will. Erst auf der Grundlage dieser emotionalen Abhängigkeit bringen erzieherische Maßnahmen das Kind dazu, auf die Aufforderung der Bezugsperson einzugehen" (Benz & Largo, 2008, S. 291).

Die beiden Autoren unternehmen den Versuch, vier mögliche Teilbereiche des Sozialverhaltens zu definieren, nachdem man über dieses in der kindlichen Entwicklung am wenigsten weiß (im Vergleich zum Beispiel zur Kognition): Bindungsverhalten, die nonverbale Kommunikation, das soziale Lernen und die soziale Kognition. Zur Bindung wurde bereits einiges gesagt. Der Bereich der sozialen Kognition lässt wieder Adlers Gemeinschaftsgefühl hervorholen, in dessen Rahmen er das Einfühlungsvermögen als zentral postuliert. Die soziale Kognition wird in Intro- und Extrospektion unterteilt. Erstere meint die Gabe, emotional und kognitiv einen Zugang zum eigenen Befinden zu haben. Unter letzterer versteht man die Fähigkeit, sich in andere hineinversetzen zu können. Damit geht auch das Gewahrwerden und Beurteilen des Verhaltens, des Denkens, der Emotionen und der Absichten anderer einher (ebd., S. 289 ff.).

Einen wesentlichen Entwicklungsschritt bei der Extrospektion bildet die erwähnte „Theory of Mind" (Perner, 2000). Kinder im Alter von dreieinhalb bis vier Jahren beginnen, sich in andere hineinzuversetzen und zu verinnerlichen, dass der andere nicht so denkt und fühlt wie sie selbst. Die Bedeutung der sozialen Umwelt für die Ausbildung der kindlichen sozialen Kognition ist weitgehend ungeklärt. Die Ausprägung jeder der vier Teilbereiche kann beim Kind verschiedenartig weit entwickelt sein, und es gibt wenige gesicherte Erkenntnisse (Benz & Largo, 2008, S. 295–296).

Gisa Aschersleben führt Ergebnisse von Längsschnittstudien an, wonach sicher gebundene Kinder[26] hinsichtlich ihrer kognitiven, emotionalen und sozialen Entwicklung einen Vorteil gegenüber unsicher gebundenen Kindern verzeichnen können (Aschersleben, 2008, S. 300 ff.). Wurde im Alter von einem Jahr eine sichere Bindung festgestellt, ist bei diesen Kindern im Vorschulalter beobachtet worden, dass sie auf das Leid anderer Menschen einfühlsamer eingehen können (Kestenbaum, Farber, & Sroufe, 1989), sich anderen gegenüber offener und sozial kompetenter verhalten (z.B. Grossmann & Grossmann, 1991) und sich kooperativer zeigen (Main, 1983).

Mary Ainsworth hat nachgewiesen, dass die Feinfühligkeit der Mutter als wesentliches Element zur Ausprägung einer sicheren Bindung beiträgt. Damit ist gemeint, wie konkret die Mutter beziehungsweise die Bindungsperson die Bedürfnisäußerungen des Kindes registriert und wie sensibel und adäquat sie diese beantwortet (Ainsworth, Bell, & Stayton, 2003). Eine höhere mütterliche Feinfühligkeit im ersten Lebensjahr wirkt sich laut Studien ebenfalls förderlich auf die soziale, kognitive und emotionale Entwicklung von Kindern aus. Sie korreliert beispielsweise positiv mit dem Sprachvermögen und späteren Leistungen in der Schule (Stams, Juffer, & van IJzendoorn, 2002). Auch zeigen Kinder mit feinfühligen Müttern im Vorschulalter bessere Ergebnisse bei Theory of Mind-Aufgaben (Erkennen von Emotionen, Intentionen, Wünschen und Perspektiven anderer) (Meins u. a., 2002) und tendenziell eine höhere Kooperationsbereitschaft als Kinder mit nicht sensitiv agierenden Müttern (Aschersleben, 2008, S. 304). Bowlby selbst konzediert,

> „[...] wie schnell sensible Mütter den angeborenen Rhythmus ihres Kindes erfühlen und dessen Bedürfnissen in wachsendem Maße gerecht werden, indem sie bestimmte Verhaltensweisen verstärken, angemessen beantworten und sich so die Kooperationsbereitschaft des schon erstaunlich anpassungsfähigen Säuglings sichern. [...] [Ä]hnlich vielen Tierarten scheint Kindern kooperatives Verhalten somit angeboren, seine individuelle Ausformung jedoch erst durch den Umgang mit den Eltern zu erfahren" (Bowlby, 2008, S. 8).

---

26   Mary Ainsworth entwickelte zur Analyse des Bindungsverhaltens die bis heute angewandte Methode der *Fremden Situation*. In aneinandergereihten Kurz-Episoden werden die Bezugsperson, das Kleinkind und eine „fremde" Spielteilnehmerin beobachtet. Dabei steht das Verhältnis zwischen Bindungs- und Explorationsverhalten unter verschiedenen Bedingungen, wie z.B. Trennung von der Bezugsperson, im Mittelpunkt der Beobachtung. Kinder mit einer sicheren Bindung weisen ein Gleichgewicht zwischen Bindungs- und Explorationsverhalten auf. In der Fremden Situation drücken sie ihre negativen Gefühle aus und wenden sich nach der Trennung rasch wieder der Bezugsperson zu und lassen sich schnell beruhigen. Unsicher-vermeidend gebundene Kinder unterdrücken ihre negativen Gefühle, vermeiden den Kontakt zur Bindungsperson nach der Trennung und scheinen dadurch selbstständiger. Allerdings zeigen sie lediglich ihre Gefühle nicht, denn tatsächlich sind sie gestresst. Unsicher-ambivalent gebundene Kinder explorieren wenig und bemühen sich mehr um die Zuwendung der Bezugsperson. Die Trennung halten sie schwer aus und zeigen danach ein ambivalentes Gebaren, indem sie einerseits von der Bindungsperson getröstet werden wollen, gleichzeitig dagegen ankämpfen und sich nur schwer beruhigen lassen (Ainsworth & Wittig, 2003).

Das angeborene kooperative Verhalten, das Bowlby Kindern zuspricht, dürfte dem angeborenen Gemeinschaftsgefühl bei Adler gleichen. Auch die Feinfühligkeit der Mutter und die Entwicklung einer sicheren Bindung zu ihr führen zu Adler zurück, welcher den ersten Erfahrungen des Kindes mit der Mutter eine große Bedeutung für die spätere Entwicklung des Gemeinschaftsgefühls zuspricht:

> „Dieses Gemeinschaftsgefühl entwickelt sich an der Mutter, weil die Mutter die erste Person ist, mit der das Kind verbunden ist, sie ist das erste ‚Du‘, zu dem das Kind in soziale Stellung gerät, sie muss dem Kinde das Beispiel eines vertrauenswürdigen Mitmenschen sein. Das ist ihre erste wichtigste Funktion" (Adler, 1929b, S. 170).

Dass die Mutter dem Kind ein „vertrauenswürdiger Mitmensch" sein soll, impliziert die Wichtigkeit eines einfühlsamen Umgangs der Mutter mit dem Kind, damit dieses später selbst ein gutes Maß an Gemeinschaftsgefühl entwickeln kann: „Sie werden es im Laufe des Weiteren immer sehen können, dass es die beste Methode ist, sich in ein Kind einzufühlen, sich mit ihm zu identifizieren, um es dadurch besser verstehen zu können" (ebd., S. 169). Diese Zusammenhänge erinnern an die oben aufgezeigten Bezüge zwischen sicherer Bindung und der höheren Kooperations- und Theory of Mind-Fähigkeit von Kindern beziehungsweise allgemein der positiven Auswirkung auf den emotionalen, kognitiven und sozialen Bereich:

> „Das Gemeinschaftsgefühl ist mit der Entwicklung eines Menschen innig verbunden. Ein Kind, das Gemeinschaftsgefühl hat, hört und sieht besser, hat ein besseres Gedächtnis, kann bessere Leistungen aufweisen, hat die Fähigkeit, sich Freunde, Kameraden zu gewinnen, ist ein guter Mitspieler, Mitarbeiter und hat wohl auch mehr Verstand als die anderen, weil es durch sein Gemeinschaftsgefühl in der Lage versetzt ist, mit seinen Augen richtig sehen, mit seinen Ohren hören, mit seinem Herzen fühlen zu können" (ebd., S. 173).

Auch wenn hinsichtlich der Intelligenz zum Beispiel keine Befunde eines Zusammenspiels mit der Bindungsqualität vorliegen (Aschersleben, 2008, S. 301), so zeigt das Zitat doch, dass Adler bereits einige der günstigen Effekte des Gemeinschaftsgefühls und somit der Bindung auf die Entwicklung der kindlichen Fähigkeiten erkannt hat.

In ihrer Arbeit über Teilleistungsschwächen hat die Psychologin und Individualpsychologin Brigitte Sindelar ausführlich auf die Verbindung zwischen kognitiver, emotionaler und sozialer Entwicklung – unter Hinzuziehung neurowissenschaftlicher Erkenntnisse – hingewiesen (Sindelar, 2014, S. 32 ff., 2008, S. 195 ff.). Sie resümiert: „Die Umweltbedingungen der allerersten Lebenstage und -jahre formen Hirnstrukturen und damit sowohl kognitive als auch emotionale Entwicklung" (Sindelar, 2008, S. 197). Diese Entwicklung unterliegt einem stetigen Lernprozess, welcher von den damit einhergehenden Gefühlen wesentlich mit gesteuert wird. Die positiven wie negativen emotionalen (Beziehungs-)Erfahrungen wirken sich erheblich auf die Ausbildung der synaptischen Verschaltungen im Gehirn aus, und damit auf die Lernprozesse und Ausbildung von (kognitiven und anderen) Fähigkeiten (ebd., S. 196 ff., 2014, vgl. Hüther & Krens, 2007). Siehe dazu auch das Kapitel „Neuronale Entwicklung".

Sindelar war es auch, die schon 1983 einen Zusammenhang zwischen kognitiven Modellen der Wahrnehmung und des Gedächtnisses auf der einen Seite und Adlers Hypothesen über dieselben auf der anderen Seite hergestellt hat. Im Zuge dessen hat sie herausgearbeitet, dass die Individualpsychologie später von der Kognitionspsychologie experimentell gewonnene Erkenntnisse vorweg genommen hat. Das Gleiche betrifft den Konnex zwischen kognitivem Stil und Persönlichkeit des Individuums. In diesem Sinn zeigte Sindelar, dass Adler auch diesen Konnex bereits viel früher gesehen hat, indem er die tendenziöse Apperzeption (das von ihm konzipierte Wahrnehmungsmodell) als wichtigen Faktor bei der Ausgestaltung des Lebensstils eines Menschen definierte (Sindelar, 1983). Nach 30 Jahren Forschung und Praxis bekräftigt Sindelar, dass sie die Leib-Seele-Ganzheit, welche Adler in seinem Menschenbild propagiert hat, in den neurowissenschaftlichen Forschungsergebnissen, die eine Einheit zwischen Körperfunktionen, Emotionen und kognitiven Fähigkeiten belegen, bestätigt sieht. Sie folgert:

> „Seine vertiefte neurobiologische Entsprechung findet das individualpsychologische Menschenbild der untrennbaren Einheit in der neuronalen Vernetzung, therapeutischen Optimismus der individuellen Ausformung und Formbarkeit durch die erfahrens- und erlebensbestimmte neuronale Plastizität unterstützend" (Sindelar, 2014, S. 33).

3.2.1 Physiologische Grundlagen der Bindung

Zum einen handelt es sich bei Bowlbys Bindungstheorie um eine „Umwelttheorie", nachdem die differenten Bindungsstile von den unterschiedlichen Erfahrungen mit den Bezugspersonen hergeleitet werden (Gervai, S. 189). Gleichzeitig postuliert Bowlby

> „[...] das biologisch-funktionale Primat emotionaler Bindungen, deren Entstehung und Fortbestand ein im Zentralnervensystem lokalisierbarer kybernetischer Regelkreis steuert, der die Selbstrepräsentationen mit den inneren Arbeitsmodellen der jeweiligen Bindungsfigur(en) vergleicht" (Bowlby, 2008, S. 98).

Bowlby bezieht sich hier auf Young (1964), der davon ausgeht, dass der Mensch im Gehirn Arbeitsmodelle seiner Umwelt abspeichert. Die Umwelt- oder Organismusmodelle, auf die sich Bowlby bei der Entwicklung seiner Hypothese eines biologischen Steuerungssystems beruft, entsprechen für ihn den „inneren Welten" der klassischen psychoanalytischen Theorie (Bowlby, 2006, S. 88–89). In diesem Sinn kann das Bindungsbedürfnis als angeborener Trieb betrachtet werden.

Auch Adler weist den frühen Erfahrungen eine biologische Entsprechung zu, wenn er fordert: „[...] und man sperre dem Kinde nicht die Zugänge zur Befriedigung seiner Zärtlichkeit, wenn es sie auf kulturellen Bahnen erreichen kann, denn sein Zärtlichkeitstrieb wurzelt in organischem Boden" (Adler, 1908d, S. 81). Bowlby geht, was das anbelangt, von der Annahme aus, dass das Bindungssystem ein Verhaltenssystem beziehungsweise einen Regelkreis darstellt, der zum Beispiel jenem gleicht, welcher für die physiologische Steuerung von Körpertemperatur oder Blutdruck zuständig ist. Nähe und Distanz werden somit zum Gradmesser der Bindungen, die dann ausgeglichen sind, wenn sie innerhalb der Grenzen der physiologischen Normwerte ausgerichtet sind. Die Regulierung von Nähe und Distanz in den Beziehungen soll eine Umwelt-Homöostase ermöglichen (Bowlby, 2008, S. 100).

Diese Annahme lässt sich mit Adlers Gemeinschaftsgefühl vergleichen, das er – analog zur Bindung – als Gradmesser für die individuelle Entwicklung (und jener der Gesellschaft) festschreibt. In diesem Rahmen hängt die Ausbildung des Gemeinschaftsgefühls für ihn davon ab, inwieweit dem Kind durch die frühen Beziehungserfahrungen ermöglicht wird, sein Minderwertigkeitsgefühl zu überwinden und damit einhergehend den Mut zu entwickeln, die Lebensaufgaben zu meistern und das Gemeinschaftsgefühl in der Folge auf einen größeren Kreis auszuweiten. Das ruft Bowlbys sichere Bindung zu den Bezugspersonen als Voraussetzung für das Explorieren des Kindes ins Gedächtnis. Adler spricht vom „Aktionsradius":

> „Wenn wir feststellen, dass es möglich ist, den Aktionsradius eines Kindes zu entwickeln und zu unterdrücken, [...] verstehen wir auch, dass uns die Frage der Vererbung nicht interessiert, sondern dass das, was wir sehen, Produkt der schöpferischen Fähigkeiten des Kindes ist. *Die Körperlichkeit und die Einwirkung der Außenwelt sind Bausteine, die das Kind zum Aufbau seiner Persönlichkeit benützt*" (Adler, 1933b, S. 100, eigene Hervorhebung, S. R.).

Kann ein Kind keine sichere Bindung aufbauen, wird sein „Aktionsradius" in dem Sinn eingeschränkt sein, dass es nicht das nötige Vertrauen in sich und die Welt entwickeln kann, um die Herausforderungen des Lebens aktiv anzunehmen und um seinen Platz in der Familie, im Freundeskreis und im Weiteren in der Gesellschaft zu finden. Dabei nimmt Adler Körper- und Umwelterfahrungen als prägend an.

Dem folgend ist es zielführend, auch auf den Adler'schen Begriff der „Aktivität" beziehungsweise des „Aktivitätsgrades" hinzuweisen. Die Aktivität und das Gemeinschaftsgefühl bilden die zentrale Struktur des Lebensstils. Adler definiert das Gemeinschaftsgefühl als Richtungskomponente und den Aktivitätsgrad als energetische Komponente. Mit diesen beiden stellt sich der Mensch den Lebensaufgaben. Entsprechend dem Lebensstil wird der Aktivitätsgrad ebenfalls in der frühen Kindheit festgelegt und bleibt im weiteren Leben konstant (Adler, 1933k, S. 559–564).

Darüber hinaus kann ein Zusammenhang zwischen Bindung und Aktivität vermutet werden, der aber schwer konkret zu erschließen ist. Denn eine sichere Bindung muss nicht mit einem höheren Aktivitätsgrad einhergehen, nachdem manche psychische Störungen, wie zum Beispiel die Manie oder die narzisstische Persönlichkeitsstörung zwar mit größerer Aktivität verbunden sind, aber mit einer unsicheren Bindung einhergehen können. Umgekehrt gibt es neurotische Störungsbilder mit einem geringeren Aktivitätsgrad, wie beispielsweise Angststörungen oder Depressionen, die auch von einer unsicheren Bindung unterlegt sein könnten. Und letztendlich ist nicht anzunehmen, dass eine sichere Bindung in jedem Fall einen gesunden Aktivitätsgrad gewährleisten kann, nachdem sie nur ein Faktor ist. Aber sie könnte förderlich sein. Adler würde den gesunden Aktivitätsgrad an der Stellung zur Gemeinschaft, der erklärten Richtungskomponente, messen. Immer wieder betont er die physiologische Grundlage des Gemeinschaftsgefühls. Es ist daher schlüssig, auch dem Aktivitätsgrad als energetischem Aspekt eine solche zuzuerkennen.

„Die Körperlichkeit und die Einwirkung der Außenwelt", welche Adler – wie oben erwähnt – als Bausteine der Persönlichkeit nennt und welche Bindung miteinschließen, lassen Parallelen zu Lorenzers Ausführung des Begriffs des „szenischen Verstehens"[27] ziehen. Der Psychoanalytiker, der als einer der ersten den Dialog zu den Naturwissenschaften suchte, meint damit die Verleiblichung früher Interaktionsformen. Er postuliert, dass ein Kind von Anfang an die sozialen Sequenzen, die es zum Beispiel mit der Mutter gemeinsam erlebt, abspeichert. Der szenisch-soziale Charakter der Erinnerungen schlägt sich auch körperlich nieder und wirkt in der Folge unbewusst über die Triebstruktur weiter (Lorenzer, 2002).

Marianne Leuzinger-Bohleber erläutert in der Einführung zu Lorenzers Buch, dass sich die Verleiblichung der frühen Interaktionserfahrungen konkret „in sensomotorische Reaktionsweisen des Körpers einprägen und – unbewußt – spätere Informationsverarbeitungsprozesse in adäquater oder inadäquater (‚neurotischer') Weise determinieren" (Leuzinger-Bohleber, 2002, S. 24).

> „Die Inhalte, die mittels Körpersensorik, der Körpermotorik, nervöser und zentralnervöser Registrierungen aufgenommen werden, sind soziale Inhalte, denn es sind Szenen dieser von Menschen hergestellten Welt. Die Erinnerungsspuren sind mithin Abbildungen von sozialen Verhältnissen, von Szenen einer Lebenswelt" (Lorenzer, 2002, S. 125).

Lorenzer unterstreicht bereits die intrauterine Entwicklung des Fötus als physisch-sozialen Prozess und weist aufgrund des Zusammenspiels von sozialer und leiblicher Einwirkung die Unterscheidung zwischen „angeboren und sozial determiniert" von sich. Sowohl der Körper als auch die Triebstruktur des Babys entstehen seiner Ansicht nach unter dem Einfluss des pränatalen Wechselspiels im Rahmen der Mutter-Kind-Einheit. Das psychoanalytische Triebkonzept bewertet er als leicht biologistisch missverständlich, weil für ihn „im Triebbegriff die Sozialität der menschlichen Persönlichkeit in der Tiefe des Körpers verankert wird" (ebd., S. 128 ff.). Die Triebstruktur wird damit zu unbewussten Interaktionsformen uminterpretiert (ebd., S. 174), was eine beträchtliche Aufweichung des Freud'schen Triebbegriffs bedeutet.

Lorenzers Hervorhebung des Sozialen in Bezug auf die Bildung der Persönlichkeit, dessen Verbindung zum Organischen und Weiterwirken im Unbewussten ruft Adlers Konzepte des Gemeinschaftsgefühls und des Lebensstils sowie deren organischen Boden stärker ins Gedächtnis als Freuds Triebbegriff. Immerhin hat Freud dem sozialen

---

27   Ursprünglich war der Begriff von Hermann Argelander geprägt worden.

Aspekt keine besondere Rolle zugesprochen, während ihn Adler als zentral festsetzte, ausformulierte und durch sein ganzes Schaffen hindurch weiter entwickelte.

3.2.2 Bindung und Genetik

Das Zusammenwirken von Physiologie und Umwelt wird sowohl von Bowlby als auch von Adler angenommen. Wie sieht nun die Rolle der ersteren genauer betrachtet aus?

Adler hat zwar die Genetik weitgehend ausgeschlossen, was aber unter der Einbeziehung des Körperlichen aus heutiger Sicht nicht sinnvoll erscheint. Judit Gervai weist auf den Konnex zwischen genetischen Einflüssen und Bindungsverhalten hin, auch wenn die neuronale Wirkungsweise dahinter noch unklar ist und nicht alle Ergebnisse der genetischen Assoziationsstudien in weiteren wiederholt werden konnten. Das ist allerdings nicht ungewöhnlich, da bei der Konstituierung eines Verhaltensmerkmals einerseits immer mehrere Gene Anteil haben, und nicht nur das untersuchte Gen, und andererseits, da die genetischen Einflüsse nicht sichtbar werden müssen, wenn sie mit verschiedenen Umweltaspekten, die ebenfalls wirksam sind, interagieren (Gervai, 2008, S. 185–206). Kegel weist darauf hin, dass es sich bei den Umweltreizen, die epigenetische Veränderungen nach sich ziehen, welche in der Folge auch vererbt werden können, nicht nur um Chemikalien, Bakterien, Strahlung etc. handelt, sondern genauso um Beziehungserfahrungen, allem voran das mütterliche Fürsorgeverhalten: „Umweltreize der besonderen Art, nämlich das Fürsorgeverhalten der Mütter, in dem sich eigene Prägungen und die Umwelt auswirken, führen dazu, dass in den weiblichen Nachkommen der eigene epigenetische Status reproduziert wird" (Kegel, 2015, S. 298). Ähnlich argumentiert Panksepp auf Basis von Tierexperimenten: „In short, abundant maternal care sets in motion a series of epigenetic changes in gene expression patterns that make ‚well-loved‘ animals more resilient with robust, life-long resistance against various stressors" (Panksepp & Biven, 2012, S. 308).

Nach Gervai können die Verhaltensorganisation des Neugeborenen und spezifische Gen-Einflüsse die Entstehung eines bestimmten Bindungsmusters fördern oder hemmen. Einige Studien beispielsweise ergaben einen Zusammenhang zwischen dem D4-Dopamin-Rezeptor-(DRD4-)Gen und kindlicher Desorganisation, unter Bedacht der Auswirkung dieser genetischen Ausstattung auf die Empfindsamkeit des Kindes gegenüber untypischem, gestörtem Beziehungsverhalten der Mutter. Manchmal unterstützte der DRD4-Genotyp eine sichere und in anderen Fällen eine desorganisierte[28] Bindung.

---

28 Mary Main ergänzte die von Ainsworth und Bowlby beschriebenen Bindungsmuster um diesen Bindungstyp, da nicht alle Kinder in den drei erwähnten Hauptschemata einordenbar waren. Hauptmerkmale sind Desorientierung und widersprüchliche Verhaltensweisen, wie zum Beispiel zunächst das Suchen nach Nähe und die Vermeidung dieser kurz vor der Nähesituation. Aber auch Stereotypien und Erstarren sind zu beobachten.

Generell scheint dieser Genotyp auf die Empfänglichkeit des Kindes für Bindungserfahrungen einzuwirken (Gervai, 2008, S. 185 ff.).

Das DRD4-Gen ist im präfrontalen Kortex zu finden, der mit Dopamin angereichert ist und gemeinsam mit diesem Botenstoff die Aufmerksamkeit, das Arbeitsgedächtnis, Lernen durch Belohnung, negative Gefühle, sozialen Rückzug und Übersensibilität gegenüber Stress maßgeblich mit steuert. Im Alter zwischen einem halben und einem Jahr steigert sich die Fülle an Dopamin und der dazugehörenden Rezeptoren. Diese Phase geht mit der Ausbildung der oben genannten Funktionen beim Kind einher (Diamond, 2001). Gervai betont, wie erwähnt, dass man über die konkreten Mechanismen nur spekulieren kann. Sie nimmt aber eine Wechselbeziehung zwischen Pflegeverhalten und Neurotransmittern an:

> „Dopamin kann für die Bildung einer Mutter-Kind-Bindung wesentlich sein, indem es den emotionalen Wert und die Bedeutung von Stimuli in Verbindung mit der Mutter erhöht, vielleicht besonders durch emotionale Signale in der Kommunikation. Man kann annehmen, dass funktionelle Variationen des DRD4-Gens, die sich vorwiegend in Gehirnregionen des Belohnungskreislaufs auswirken, die Empfänglichkeit für mütterliche Stimuli modulieren, was wiederum zu unterschiedlicher Feinfühligkeit in den Verhaltensweisen der Pflegeperson führt" (Gervai, 2008, S. 199).

Die Autorin zeigt eine Wechselwirkung zwischen den biologisch basierenden Eigenschaften des Säuglings, die sie als Temperament zusammenfasst, und der Bindungsqualität auf. Gervai bezieht sich auf mehrere Studien, die zum Beispiel eine Beeinträchtigung der Fähigkeit des Neugeborenen, sich bei Stress selbst zu regulieren, mit der Ausbildung einer desorganisierten Bindung in Zusammenhang bringen (ebd., S. 192). In dieser Hinsicht stellt sich allerdings die Frage, ob die „angeborene" Gabe des Babys, seine Erregungszustände zu vermindern in ihrer Ausprägung bereits auf pränatale Bindungserfahrungen zurückzuführen ist. In diesem Sinn könnten auch die als biologisch angenommenen Faktoren teilweise schon Ergebnis (vorgeburtlicher) Beziehungserfahrung sein (vgl. Hüther & Krens, 2007).

3.2.3   Neuronale Entwicklung

Das Selbstregulationspotenzial ist bei Frühgeborenen reduziert, nachdem die neuronale Entwicklung bei diesen Kindern nicht in dem gleichen Ausmaß fortgeschritten ist wie bei Säuglingen mit vollständiger Gestationszeit. Durch die Verminderung von Erregung, Überreizung, Schmerz und Einsamkeit beispielsweise wird die neurologische Reifung bei Frühgeborenen gefördert, wobei auch sie bereits über komplexe Fertigkeiten verfügen und sich aktiv nach Stimulation ausrichten. Die Interaktion zwischen Gehirn und Umgebung spielt eine große Rolle für die frühe Hirnentwicklung, und zwar bereits im Mutterleib (Als & Butler, 2008, S. 44 ff.). Im Sinn der Bindungstheorie zeigen schon junge Föten das Verhalten beziehungsweise Bewegungen von Annäherung und Vermeidung, vor allem bei der Ausbildung des motorischen Systems. Sie explorieren ihre intrauterine Umgebung über die verschiedenen Sinne sowie über propriozeptive

Reize, indem sie zum Beispiel ihre Körperteile oder die Nabelschnur abtasten, halten oder daran saugen. Die entstehenden neurologischen Muster werden dadurch immer komplexer. Parallel dazu verläuft die neurochemische Entwicklung über die Neurotransmitter (ebd., S. 50 ff.): „Erfahrung beeinflusst die Rezeptorentwicklung. Die strukturelle und die funktionelle Entwicklung von Gehirn und Sinnesorganen verlaufen interaktiv und sind voneinander abhängig" (ebd., S. 53). Auf diese vorgeburtlichen Zusammenhänge verweisen auch Hüther und Krens (2007).

Außerhalb des Mutterleibs bleibt die Verhaltensorganisation von Exploration und Vermeidung für das Baby weiterhin bedeutsam, vor allem für die Reifung seines Nervensystems, für alle körperlichen und psychischen Funktionen. Wird der Säugling angemessen stimuliert, kann er mit den „Inputs" in Interaktion treten. Findet aber eine Überreizung des neuronalen Regelkreises des Kindes statt, dann wird es sich der Interaktion entziehen (Als & Butler, 2008, S. 62 ff.).

Diese Wirkungsweisen führen auf der einen Seite zu Bowlbys biologisch-funktionalem Regelkreis zurück, – unter dem Postulat eines ausgewogenen Wechsels zwischen Bindung und Exploration. Auf der anderen Seite lassen sie den organischen Boden und die Körperlichkeit von Adlers Zärtlichkeitsbedürfnis und Gemeinschaftsgefühl wiedererkennen, das eben dieser angemessenen „Inputs" der Umgebung oder Bezugspersonen bedarf, um sich gut ausbilden zu können. Im anderen Fall, der Überreizung durch Stimulation, sei es durch Verzärtelung oder Vernachlässigung oder Organminderwertigkeit, erfolgt Entmutigung.

Braun u. a. (2002) weisen ebenfalls auf die Zusammenhänge zwischen Bindung und der Plastizität des Gehirns hin. Denn: „Ähnlich wie bei der psychischen Entwicklung lassen sich auch bei der Hirnentwicklung sensible Phasen, d. h. Zeitfenster erhöhter neuronaler Plastizität identifizieren" (ebd., S. 123). Das bedeutet, dass das kindliche Gehirn in diesen Zeiträumen durch Umwelterfahrungen besonders beeinflussbar ist. Nur der Zeitpunkt dieser prägenden Phasen ist hauptsächlich genetisch bestimmt (ebd., S. 121). Die Ausformung des Gehirns erfolgt auf der Basis der Erfahrungs- und Lernprozesse, die mit einer synaptischen Reorganisation einhergehen. Das heißt, dass in einem synaptischen Selektionsverfahren die bei den entsprechenden Umwelterfahrungen wenig gebrauchten Synapsen deaktiviert werden und die Übertragung der oft gebrauchten Synapsen in der Verschaltung des neuronalen Netzwerks verstärkt wird. Dabei sind nicht nur sensorische, sondern vor allem auch emotionale Impulse für die Entwicklung wichtig, da diese auf das limbische System einwirken, das u. a. zur Steuerung der emotionalen Verhaltensweisen beiträgt (ebd., S. 123 ff.):

> „Da bei der erfahrungsinduzierten Synapsenselektion selektiv nur diejenigen synaptischen Verbindungen gefestigt und aufrechterhalten werden, die durch Umweltreize und durch die damit verbundenen emotionalen Assoziationen aktiviert und verstärkt werden, scheint es fundamental wichtig, während der entsprechenden sensiblen Phasen ein adäquates und ausgewogenes sensorisches und emotionales Reizangebot zu schaffen, um einen gerichteten Verlauf dieser synaptischen Reorganisationsprozesse zu gewährleisten" (ebd., S. 125).

Das auf diese Weise entstehende Synapsen-Netzwerk stellt die Grundlage für das zukünftige Verhaltenssystem dar (ebd., S. 123).

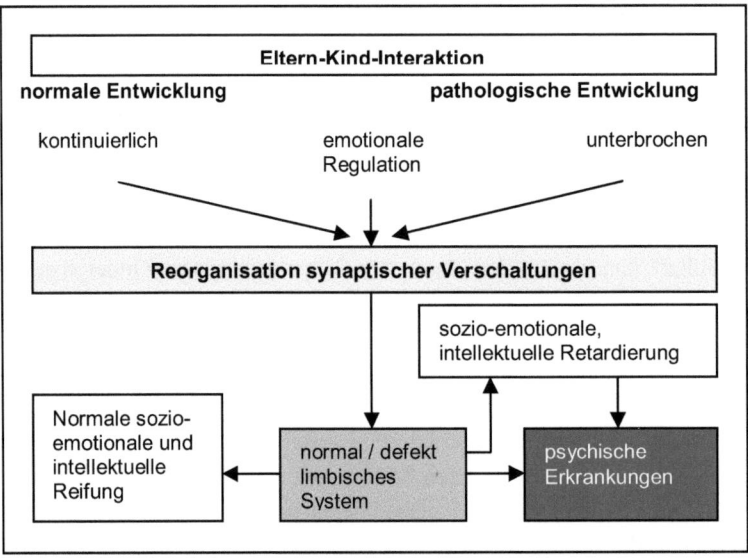

Abb. 1: Die Interaktion zwischen Kind und Eltern „prägt" die Entwicklung des limbischen Systems und das Verhalten (Braun u.a., 2002, S. 124)

Traumatische beziehungsweise deprivierende Erfahrungen in den sensiblen Phasen können die Synapsenselektion beeinträchtigen und in Fehlverschaltungen münden, die sich wiederum in Verhaltensweisen äußern können, die einer schlechten Umweltanpassung entsprechen. Daraus können Lern- und Verhaltensstörungen sowie psychische Erkrankungen resultieren.

Die Individualpsychologin Sindelar hat – auf diesen Erkenntnissen aufbauend – Teilleistungsschwächen bei Kindern im Sinn von Adlers Konzept der Organminderwertigkeit[29] interpretiert. Indem sie Lernstörungen bei teilleistungsschwachen Kindern als Organminderwertigkeit auffasst und in diesem Zusammenhang konkret das Gehirn als das „anfällige" Organ identifiziert, trägt sie den oben beschriebenen Forschungsbefunden Rechnung: „Im weitesten Sinne sind Teilleistungsschwächen auf physiologischer Ebene als Schwächen funktioneller Hirnorgane bzw. als Reifungsverzögerungen der funktionellen Hirnorgane zu verstehen" (Sindelar, 2008, S. 234). Sie betont gleichzeitig

---

29 Adler vertrat die Theorie, dass jeder Mensch auf seelischen Stress auch körperlich reagiert, und zwar in dem Sinn, dass jeder ein „sensibles" Organ hat, das Belastungen zum Beispiel mit Schmerz beantwortet (wie Kopfschmerzen, Gastritis, Verspannungen etc.). Das besonders „anfällige" Organ kann bei jedem ein anderes sein (siehe Kapitel 6).

in einer ganzheitlichen Sicht die multifaktorelle Genese von Teilleistungsschwächen und den Einfluss des Erziehungsstils darauf (ebd., S. 235). Später ergänzt sie die zentrale Bedeutung des Selbstwertes des Kindes in diesem Kontext, da dieser wiederum in der Interaktion mit den Bezugspersonen geformt wird und auf die emotional-kognitive Entwicklung einwirkt. Sie bezieht sich auf neurowissenschaftliche Erkenntnisse und Adlers frühe Ansicht, dass Ermutigung Kinder fördert, sodass sie ihre Aufgaben gut erfüllen können. Das betrifft die schulischen Aufgaben genauso wie die Lebensaufgaben (Sindelar, 2014, S. 42 ff.).

Wie gesagt disponieren negative Erfahrungen Fehlverschaltungen. Ein Nachholen von förderlichen Erlebnissen zu einem späteren Zeitpunkt ist zwar möglich, eine positive Veränderung der Verschaltung der neuronalen Strukturen scheint dadurch allerdings nur bis zu einem gewissen Grad realistisch, auch wenn das erwachsene Gehirn in einem gewissen Rahmen plastisch bleibt (Braun u. a., 2002, S. 124 ff.). Dieser zwar begrenzte Rahmen stellt somit den potenziellen Gestaltungsraum für eine wirksame Psychotherapie dar.

Auch Gerald Hüther unterstreicht, dass die Ausformungen des (kindlichen) Gehirns nicht genetisch definiert sind: „Wodurch sie bedingt werden, sind die Mangelbedingungen, die Kinder in ihren Beziehungskulturen vorfinden und die Kinder zwingen, ihr Gehirn in einer bestimmten Art und Weise in diesen Mangelbeziehungen zu nutzen" (Hüther, 2008a, CD). Das erinnert an Adlers schöpferische Kraft, die er den Kindern zuspricht, und damit einhergehend an die Entwicklung der Leitlinie beziehungsweise des Lebensstils. Auf den Konnex zwischen Bowlbys Bindungs- und Adlers Lebensstil hat Gabriela Pap in ihrer Diplomarbeit hingewiesen (Pap, 2010).

3.2.4   Das „Bindungshormon" Oxytozin

Wird den Kindern eine förderliche Lebenswelt bereitgestellt, so ist die Basis der positiven Bindungen immer Vertrauen. Der Grad der Vertrautheit oder des Fremdseins entscheidet darüber, ob Bekanntschaften auch zu Bindungen werden. Die Kenntnis über die eigene Zugehörigkeit beziehungsweise Verbundenheit mit anderen, und wie weit reichend man diesen Menschen vertraut, hat nicht nur in unserem Gemeinschaftsleben eine große Bedeutung, sondern auch ein neurophysiologisches Substrat. Dabei handelt es sich beispielsweise um den Neurotransmitter Oxytozin (Bauer, 2006, S. 44 ff., Panksepp & Biven, 2012, S. 303). Seine Relevanz wurde im Zuge einer Entdeckung im Tierreich erkannt: Man fand in Nordamerika zwei Arten von Wühlmäusen, die sich sehr ähnelten. Zum einen handelte es sich um Präriewühlmäuse, die auch nach der Paarung eine dauerhafte Bindung aufrechterhielten, und zum anderen um Bergwühlmäuse, die nach der Paarung nicht zusammenblieben. Der entscheidende Unterschied zwischen den beiden Arten war, dass die Bergwühlmäuse keine Oxytozin-Rezeptoren aufwiesen, wodurch die Substanz keine Auswirkung mehr erzielen konnte, da die dafür erforderlichen Empfangsstellen fehlten (Bauer, 2006, S. 48).

Oxytozin ist gleichzeitig Auslöser und Effekt. Es wird auf der einen Seite vermehrt ausgeschüttet, wenn eine Bindung oder vertrauensvolle Beziehung entsteht. Auf der anderen Seite führt es dazu, dass die entstandenen Bindungen, die seine Herstellung bewirkt haben, nachträglich gefestigt werden, indem das Vertrauen dem anderen gegenüber ansteigt (ebd., S. 45). Es ist allerdings unerlässlich zu unterstreichen, dass Bindung nicht allein über diesen Botenstoff erklärt werden kann. Dennoch ist er an diesem psychischen Geschehen maßgeblich beteiligt. Oxytozin spielt schon bei der Geburt eine bemerkenswerte Rolle, nachdem es für die Kontraktionen der Gebärmutter verantwortlich ist und dafür sorgt, dass sich diese nach der Geburt wieder zusammenzieht. Darüber hinaus lässt der Neurotransmitter die Muttermilch in die Milchgänge der Brust transportieren. Das Trinken des Säuglings hat wiederum die Entstehung von mehr Oxytozin zur Folge, was nicht nur eine neurobiologische Wirkung, sondern auch eine psychische begründet (a.a.O.).

Adler beschreibt bereits 1935 die psychische und soziale Bedeutung der Interaktion zwischen Mutter und Säugling:

> „Mutter und Kind sind auf einander angewiesen, ihr Bezugskreis ist von Natur nicht nur gegeben, sondern auch begünstigt. […] Die Mutter mit ihrer gefüllten Brust, und mit allen anderen geänderten Funktionen des Körpers bedarf des Kindes ebenso, wie das Kind der Mutter bedarf. Da fällt die Möglichkeit des sozialen Interesses hinein, wird Leben greifbar als Beziehung zur Mutter" (Adler, 1935m, S. 98).

Neurobiologisch bedingt die Anregung der Laktation beim Stillen, dass sich das Kind ganz auf die Mutter konzentriert. Es werden dabei im Gehirn Netzwerke stimuliert, die für die Beziehungsgestaltung wichtig sind, so dass das Kind, wenn es trinkt, eine besondere (Hirn-)Bereitschaft aufweist, sich auf die Mutter einzulassen, und umgekehrt der gleiche Effekt bei der Mutter, bezogen auf das Kind, erzeugt wird. Das Muster, welches das Bindungshormon im Gehirn hervorruft, wird mit dem Gefühl des Vertrauens verbunden. Oxytozin aktiviert somit diese Bindungsnetzwerke (Hüther, 2008a, CD).

Die Wirkung von Oxytozin bestätigte sich in zahlreichen Experimenten. Otto Fehr und MitarbeiterInnen von der ETH Zürich beispielsweise konnten belegen, dass Oxytozin das Vertrauen zu anderen Menschen steigert. Dies zeigte sich, indem Versuchspersonen, denen vorher der Botenstoff zugeführt worden war, zu höheren Investitionen bereit waren als TeilnehmerInnen ohne künstliche Beigabe des Neurotransmitters (Kosfeld, Heinrichs, Zak, Fischbacher, & Fehr, 2005).

Hüther betont, dass die Annahme, dass Oxytozin die Bindungsnetzwerke aktiviert, kurzsichtig ist, denn auch das Netzwerk für die Bindung ist Ergebnis eines Lernprozesses, weil es auf eine frühe Kopplung zurückgeht. Das Individuum hat eingeprägt, dass es beim Trinken an der warmen Mutterbrust auch das Netzwerk für Vertrauen und jenes für Oxytozin angeregt hat. Wird einem Menschen die Substanz verabreicht, wird durch das Erlernte auch das Vertrauensnetzwerk wieder aktiviert, und man denkt dadurch, dass man zu jemandem Vertrauen haben könnte (Hüther, 2008a, CD). Bauer hält diesbezüglich fest: „Bewusst oder unbewusst tendieren wir dazu, unser Verhalten so zu organisieren, dass es in uns zu einer Ausschüttung dieser Substanz kommen möge" (Bauer, 2006, S. 46), – weil wir auf Beziehung hin ausgerichtet sind.

Die Wechselwirkung zwischen dem physiologisch begründeten Zuwendungsbedürfnis, dem Verhalten und den Beziehungen ist bereits bei Adler zu finden:

> „Was sich in der Seele des Kindes entwickelt, wird immer mehr von den Beziehungen der Gesellschaft zum Kinde durchdrungen. Es kommt zu den ersten Anzeichen des angeborenen Gemeinschaftsgefühls, zum Aufblühen organisch bedingter Zärtlichkeitsregungen, die so weit gehen, dass das Kind die Nähe der Erwachsenen sucht. Man kann immer beobachten, dass das Kind Zärtlichkeitsbestrebungen auf andere richten will" (Adler, 1927a, S. 54).

Nach Bauer wird die Produktion von Oxytozin im Rahmen von jeglichen positiven Beziehungserfahrungen, aber vor allem durch Zärtlichkeit, hervorgerufen. Hier ist das Zusammenspiel von Dopamin und Oxytozin wichtig. Denn auch der für Motivation zuständige Botenstoff Dopamin ist am Zustandekommen langfristiger Bindungen beteiligt. Das dopaminerge System stellt die Grundmotivation bereit, Beziehungen einzugehen. Der Neurotransmitter Oxytozin wiederum, der im Hypothalamus gebildet wird, sorgt für das Festhalten im emotionalen beziehungsweise sozialen Gedächtnis (Bauer, 2006, S. 46–47):

> „Personen, die durch ihre Zuwendung, durch ihre Anerkennung oder Liebe unsere Oxytozin-Produktion stimuliert haben, werden *zusammen mit der Erinnerung an die mit ihnen erlebten guten Gefühle* in den Emotionszentren unseres Gehirns abgespeichert. […] Was sich hier abspielt, ist das neurobiologische Substrat eines Phänomens, das wir im Alltag als Vertrauen und in der Psychologie als Bindung bezeichnen" (ebd., S. 51).

Auch Panksepp stellt einen Zusammenhang zwischen Oxytozin – neben Vasopressin – und „sozialen Erinnerungen" her, wenn er proklamiert, „that these same chemistries help promote friendly social bonds and also participate in the creation of memories about those bonds" (Panksepp & Biven, 2012, S. 303). Er bezeichnet das Bindungssystem als CARE-System (ebd., S. 283 ff.) und zeigt dessen Abhängigkeit vom erläuterten SEEKING-System auf, welches über Dopamin die Mutter bzw. Bezugsperson dazu motiviert, im Hinblick auf die psychische wie physische Versorgung des Kindes aktiv zu werden. Denn das CARE-System ist an das Dopamin produzierende ventrale Tegmentum des SEEKING-Systems gebunden, was die Förderung des Fürsorgeverhaltens mitbedingt (ebd., S. 291). Die Emotionszentren im Gehirn melden der Dopamin-Achse, dem Zentrum des Belohnungssystems, wenn es in der äußeren Umgebung Objekte gibt, die einen Anreiz darstellen, die Tätigkeit anzukurbeln – wenn beispielsweise Aufmerksamkeit oder Zuneigung in Aussicht stehen. Gleichzeitig wirkt Oxytozin direkt in den Emotionszentren, weil es sich an den entsprechenden Rezeptoren festsetzt. Darüber hinaus kann es unmittelbar im Dopamin-System sein Potenzial entwickeln. Dieser Fall tritt bei positiven Beziehungen und sozialen Erlebnissen ein, denn neurobiologisch wird auf diese Weise die Motivation weiter erhöht (Bauer, 2006, S. 47, Panksepp & Biven, 2012, S. 300). Roth argumentiert ähnlich, wenn er Vasopressin als ein für das Fürsorgeverhalten der Bezugspersonen verantwortliches Neuropeptid identifiziert, insbesondere verstärkt es das elterliche protektive Verhalten (Roth, 2014, S. 150). Oxytozin, meint er, hebt die Kompetenz, soziale und emotionale Signale in der Mutter-Kind-Interaktion zu erkennen, an und forciert die soziale Motivation (ebd., S. 149).

Wie Dopamin und die endogenen Opioide soll auch Oxytozin, über den Weg befriedigender Interaktionen, Wohlbefinden erzeugen. Der Neurotransmitter senkt die Angstbereitschaft, entspannt und vermindert die Aktivität der Stresssysteme (Bauer, 2006, S. 50). Die beschriebenen Prozesse spielen bei Mutter und Kind zunächst in den Situationen eine besondere Rolle, in welchen das Baby (Trennungs-)Stress erlebt, beispielsweise wenn es schreit und dadurch bei der Mutter die entsprechenden (neuralen und emotionalen) Systeme angeregt werden und sie aktiv werden lassen:

> „This evidence is significant for two reasons. First, it appears to be an example of primal empathy between bonded individuals. Second, it strongly suggests that GRIEF (separation distress) arousal activates CARE (maternal-type nurturance). Thus, we begin to see the outlines of neural pathways in which the primal roots of human empathy find their origins in the CARE and GRIEF networks oft he brain" (Panksepp & Biven, 2012, S. 288).

Diese biologische Ebene erinnert an Bowlbys Schutzfunktion, die er Bindung im Besonderen zuspricht, wodurch der Säugling körperlich und seelisch überleben kann, und die den Menschen im Weiteren sein Leben lang stabilisierend begleitet. Dem anschließend lässt es an den physiologischen Regelkreis, den Bowlby als Hypothese formuliert hat, denken, in dessen Rahmen eine Homöostase erreicht werden soll (Bowlby, 2008, z.B. S. 48, S. 100).

Entwickelt der Mensch aufgrund – vor allem früher – fehlender Zuwendung einen unsicheren Bindungsstil, dann fehlt ihm in seinem weiteren Leben in Beziehungen das nötige Vertrauen, und er reagiert rasch mit Stress und Angst, was sich auch neurobiologisch niederschlägt: „Frühe Erfahrungen von mangelnder Fürsorge hinterlassen eine Art biologischen Fingerabdruck, indem sie das Muster verändern, nach dem Gene in späterer Zeit auf Umweltreize reagieren" (Bauer, 2006, S. 66). Dass Deprivationserlebnisse dramatische Veränderungen in der synaptischen Struktur des Nervensystems hinterlassen, wurde bereits erklärt. Auch der Bindungsforscher Bernhard Strauß weist darauf hin. Diese sind seiner Ansicht nach – abhängig von der Dauer der Deprivation – im Sinn der neuronalen Plastizität reversibel (Strauß, 2002, DVD). Dieser Umstand ist, wie bereits erwähnt, für die Möglichkeiten der Psychotherapie bedeutsam.

Das oben Dargelegte stellt somit auch ein Erklärungsmodell im Sinn einer neurophysiologischen Grundlage für die von Adler geschilderten Neurosen dar, die beispielsweise durch Vernachlässigung oder Verzärtelung entstehen. Nach Adler kann sowohl das „verzärtelte" als auch das „verwahrloste" Individuum kein ausreichendes Maß an Gemeinschaftsgefühl entwickeln, nach Bowlby kein sicheres Bindungsmuster. Allgemein gesprochen ist seine Beziehungsfähigkeit beeinträchtigt, was sich auch – wie oben beschrieben – in neurobiologischen Veränderungen, zum Beispiel in den Motivationssystemen, abbildet.

Hinzu kommt, dass es eine nicht genetische Weitergabe von Erziehungsstilen gibt. Der Neurobiologe Manfred Spitzer erläutert, dass sich beispielsweise ein abweisender Erziehungsstil gegenüber der Adoptivtochter insofern negativ auswirken kann, als dass die Adoptivtochter, falls sie ursprünglich eine sichere Bindung zur leiblichen Mutter hatte, ihren Bindungsstil von einem sicheren zu einem unsicheren verändern kann. Das heißt, die transgenerationale Weitergabe beruht nicht nur auf Biologie (Spitzer, 2002, DVD).

3.2.5   Ergänzende bedeutsame Phänomene

Bauer bekräftigt immer wieder, dass der Mensch seiner Ansicht nach auf gelingende Beziehungen hin konstruiert ist, und dass er dies in der Funktionsweise der Belohnungszentren beziehungsweise in den Neurotransmittern wie Dopamin und Oxytozin begründet sieht (Bauer, 2006, z.B. S. 34, S. 49). Diese Auffassung ist – zumindest in ihrer Radikalität – zu hinterfragen, einerseits weil die Botenstoffe nur einen Wirkfaktor darstellen, und andererseits weil man die neurobiologischen Befunde auch anders – zumindest nicht so radikal – interpretieren könnte. Die Auslegung, auch empirischer Untersuchungen, ist immer auch von der Persönlichkeit und den inneren Haltungen des/der Wissenschaftlers/erin abhängig.

Es wurde bereits gezeigt, dass es eine ganze Reihe an neurobiologischen Vorgängen gibt, die zu dem Themenkreis Bindung passen. Auch Manfred Spitzer hält dies fest und ergänzt, dass diese Vorgänge weit über das Bindungshormon Oxytozin hinausgehen. Außerdem spielen in Bezug auf Bindung viele andere Phänomene eine wichtige Rolle, deren neurophysiologischen Hintergründe bis heute nicht tief gehend geklärt sind. Die nicht genetische transgenerationale Weitergabe von Erziehungs- und Bindungsstilen wurde bereits erwähnt.

Als weiteres Beispiel nennt Spitzer das Aufmerksamkeitssystem: das Phänomen der selektiven Aufmerksamkeit und die Engagement- und Disengagementfunktion. Mittels der selektiven Aufmerksamkeit werden nur solche Reize aus allen gebotenen – im Rahmen der Wahrnehmung und des Bewusstseins – ausgewählt, die potenziell von Bedeutung sind. Im Rahmen der sozialen Interaktion werden die vom Gegenüber gesetzten Stimuli mit einem Zuwenden (Engagement) oder einem Abwenden (Disengagement) beantwortet. Ein Kind im Alter von drei Monaten allerdings sieht die Mutter beispielsweise immer an, da es sich erst mit sechs Monaten abwenden kann. Dies bewirkt wiederum normalerweise die positive Zuwendung der Mutter. Werden dem Kind vorwiegend unangenehme Reize geboten, auf die es nur mit Abwenden reagieren kann, fördert dies die Entwicklung einer negativen Haltung der Umgebung gegenüber bzw. einen Rückzug von sozialen Kontakten, weil die frühe Auseinandersetzung mit der sozialen Umwelt mit negativen Erfahrungen verbunden ist. Die Reizverarbeitung geht naturgemäß mit neurobiologischen Prozessen einher (Spitzer, 2002, DVD). Wie Spitzer betont auch Bernhard Strauß, dass die neurophysiologische Ebene nur ein Aspekt ist, und dass man über diesen im Grunde wenig weiß (Strauß, 2002, DVD). Wenn man das Phänomen Bindung zu erklären versucht, sind daher noch andere bedeutsame Erscheinungen in diesem Zusammenhang wert, zumindest kurz betrachtet zu werden.

Bischof-Köhler etwa erklärt anhand des „Zürcher Modells der sozialen Motivation" Bindungsgeschehen auf einer anderen Ebene. Folgende drei Bereiche werden als die wesentlichen Motivationssysteme für das Sozialverhalten im Rahmen von Bowlbys Regelkreis angenommen: das Sicherheits-, das Erregungs- und das Autonomiesystem. Wie bei einem Reservoir muss ein gewisser Pegel an Sicherheit gegeben sein, damit das Bedürfnis befriedigt beziehungsweise das optimale Füllungsniveau erreicht ist, welches sich emotional in Geborgenheit und Vertrauen äußert. Dies erlaubt in der Folge Autonomieansprüche. Die Gefühle bilden die Basis der Bewertung, an der sich das weitere Verhalten orientiert, solange noch kein rationales Abwägen von der Entwicklung her möglich ist (Bischof-Köhler, 2008, S. 225 ff.). Beispielsweise nimmt das Kind während des Explorierens ab einem Alter von zirka neun Monaten Blickkontakt zur Bezugsperson auf, um sich des Schutzes zu vergewissern. Je nachdem, ob die Bindungsfigur im Zuge dieses „social referencing" in ihrem Blick wiederum Sicherheit oder Ängstlichkeit vermittelt, reagiert das Kind mit dem weiteren Stillen seiner Neugier oder dem Suchen nach Nähe (ebd., S. 227–228). Dies wurde unter dem Gesichtspunkt der Intersubjektivität erörtert, wobei eine Position ist, dass bereits Säuglinge die individuelle Befindlichkeit anderer begreifen könnten (Meltzoff, Gopnik, & Repacholi, 1999). Allerdings spiegeln Kinder bis eineinhalb Jahre zwar die Traurigkeit des anderen, benötigen aber selbst Trost. Naheliegender scheint daher die Vorstellung, dass sich so kleine Kinder von den Gefühlen der Erwachsenen anstecken lassen und nicht verstehen, warum sie jetzt traurig sind, weil sie auch nicht verstehen, dass es um die Traurigkeit des anderen geht (z.B. Bischof-Köhler, 1998). Es fehlt demnach noch die Differenzierung zwischen den eigenen Gefühlen und jenen des anderen. Das von den Gefühlen anderer „Ansteckenlassen" ruft neurobiologisch das Spiegelneuronensystem in Erinnerung, welches an anderer Stelle bereits diskutiert wurde.

Die Grundlage für Empathie, das Einfühlungsvermögen, das, wie erwähnt, auch für Adlers Gemeinschaftsgefühl zentral ist, bildet das Ich-Bewusstsein, welches in der Mitte des zweiten Lebensjahres entsteht. Die psychische Abgrenzung vom Ich zum anderen ermöglicht sodann die Erkenntnis, dass es sich beim emotionalen Ausdruck des Gegenübers um dessen Gefühle handelt und nicht um die eigenen (Bischof-Köhler, 2008, S. 231). Das Modell der sozialen Motivationssysteme macht ein Zusammenspiel der drei Systeme geltend (Sicherheit, Erregung, Autonomie): Je kleiner das Kind ist, desto größer ist sein Schutz- und Nähebedürfnis, desto geringer fallen die Autonomiebestrebungen aus und desto niedriger ist die Erregungstoleranz beziehungsweise Unternehmenslust. Mit zunehmendem Alter kehrt sich das Verhältnis um (ebd., S. 232).

Die *Theory of Mind* ist ein wichtiger Aspekt im Rahmen von Intersubjektivität und gehört zu den für die Bindung relevanten Phänomenen. Es wurde an früherer Stelle bereits gezeigt – im Rahmen der Betrachtung des Einfühlungsvermögens beziehungsweise des Spiegelneuronensystems –, dass sie nicht allein über die neurobiologische Ebene erklärbar ist und auch nicht alleine das Verstehen anderer bedingt.[30] Legerstee beschäftigte sich mit der Entwicklung der *Theory of Min*d und fasste Befunde von Laborstudien und Langzeit-Spielbeobachtungen zusammen, die zeigen, welche Kriterien die Ausbildung des Bewusstseins mentaler Zustände bei Kindern unterstützen. Im Alter von drei bis vier Jahren können Kinder die Gedanken, Einstellungen, Empfindungen und Absichten eines anderen von ihrer eigenen Perspektive wie ein Erwachsener unterscheiden (Legerstee, 2008, S. 266 ff.). Schon im zweiten Lebensjahr weisen sie ein diesbezügliches Verständnis auf, indem sie beim Sprechen oder in der präverbalen Phase im Verhalten, zum Beispiel mittels Gesten, darauf Bezug nehmen (Bretherton & Beeghly, 1982). Bereits in der vorsprachlichen Interaktion werden innere Repräsentationen des mentalen Zustands des anderen erzeugt. Beispielsweise führen schon zehn Monate alte Kinder die fehlgeschlagene Handlung einer Person korrigierend zu Ende. Fällt etwa ein Ball neben eine Schüssel, in welche er hineingelegt hätte werden sollen, erledigt dies in der Folge das Kind helfend, sofern es sich um einen lebendigen Urheber handelt, – im anderen Fall nicht (Legerstee & Markova, 2008).

Legerstee stellt ein Bewusstsein mentaler Zustände schon mit der Geburt fest. Die Basis dafür sieht sie in den mitfühlenden Emotionen innerhalb der frühesten affektiven Beziehungen der Säuglinge: Ihre Untersuchungen ergaben, dass das Miteinander-Teilen von Affekten von Anfang an dafür entscheidend ist, dass das Kind sein Bewusstsein mentaler Zustände mit der sozialen Welt verbinden kann beziehungsweise dass sein Verständnis für die soziale Welt vertieft wird. Dies schafft wiederum die Voraussetzung für komplexere Repräsentationen, wie zum Beispiel für die geteilte Aufmerksamkeit für Objekte. In diesem Rahmen wirken sich die interaktiven Kompetenzen der Mutter auf die Entwicklung des Kindes aus, nachdem der affektive Austausch feinfühliger Mütter positiver geprägt ist als jener nicht feinfühliger Mütter. Die Wissenschaftlerin zeigt, dass die mütterliche Einstimmung dem Entwicklungsschritt des Kindes von der dyadischen zur triadischen Kommunikation förderlich ist, das heißt vom Teilen emotionaler Erfahrungen zum Teilen von Erfahrungen über die (Um-)Welt (Legerstee, 2008, S. 270 ff.).

Die Feinfühligkeit, die Affekte, das Sprechen über mentale Zustände und die Kooperation beziehungsweise das Zusammenspiel der Mutter mit den Äußerungen des Kindes betreffs mentaler Zustände erwiesen sich auch als beeinflussende Faktoren auf das spätere moralische Verhalten des Kindes. Eine gute Mutter-Kind-Interaktion, welche den freien Ausdruck von Gefühlen zulässt, von einem wechselseitigen Austausch gekenn-

---

30 Die *Theory of Mind* erfordert bereits höhere mentale Prozesse (Kognition miteinschließend) als die beschriebene „verkörperte Intersubjektivität" beim Verstehen anderer.

zeichnet ist und in deren Rahmen eine warme Atmosphäre vermittelt wird, begünstigt die Bereitschaft des Kindes zu teilen (ebd., S. 281 ff.). Legerstee schließt:

> „Diese Verhaltensweisen der Mutter können Kinder dazu motivieren, moralische Regeln zu verstehen und entsprechend zu handeln. Des Weiteren gibt es Hinweise, dass Mütter, welche die Autonomie ihrer Kinder respektieren, das Gefühl für selbsterzeugte Werte fördern können, was für die Motivation der Kinder zum Teilen verantwortlich sein könnte. Folglich mögen individuelle Unterschiede bei der Neigung von Kindern, moralisch zu handeln, von ihrer Vorgeschichte mit einer engen Beziehung zu ihrer Pflegeperson herstammen, die feinfühlig auf ihre Signale geantwortet hat" (ebd., S. 283).

Diese durch die jüngere Forschung zutage gebrachten Erklärungsmodelle lassen Adlers Konzept des Gemeinschaftsgefühls von einem neuen Standpunkt aus betrachten. Denn sie erschließen Hintergründe, welche zur Zeit Adlers noch nicht bekannt waren. Und in diesem Sinn geben sie seiner Gewichtung der frühen Beziehungserfahrungen und der zentralen Rolle des Einfühlungsvermögens Recht, auch unter dem neurobiologischen Blickwinkel.

Hüthers Resümee in diesem Zusammenhang lautet: „Deshalb brauchen Kinder Geborgenheit, Gemeinschaften, zu denen sie sich zugehörig fühlen können. Sie brauchen Aufgaben, an denen sie wachsen können, und sie brauchen Vorbilder, an denen sie sich orientieren können" (Hüther, 2008a, CD).

3.3 Gleichwertigkeitsstreben

Abschließend sei zum Thema „Gemeinschaftsgefühl" noch das Gleichwertigkeitsstreben erwähnt. Adler sieht den Menschen von Beginn des Lebens an aufgrund seiner Kleinheit und des Angewiesenseins auf andere mit Minderwertigkeitsgefühlen konfrontiert (Adler, 1927a, S. 72). Als Kompensation setzt das Individuum das Geltungsstreben ein (Adler, 1927a, S. 73), welches in einer Überkompensation in ein Machtstreben münden kann (Adler, 1927a, S. 76, vgl. Rieken, 2011c, S. 57). Das Gemeinschaftsgefühl wiederum ernennt der Gründer der Individualpsychologie zum Regulator des Machtstrebens. Ein ideales Verhältnis zwischen Gemeinschaftsgefühl und Geltungsstreben zeichnet sich dadurch aus, dass sich das Individuum gleichwertig fühlt, wobei es sich um eine „dynamische Balance" und nie um einen statischen Zustand handeln kann. Adler selbst hat ab den 30er Jahren den Menschen aus seiner (individuellen) Dynamik heraus betrachtet (Adler, 1933b).

Die menschlichen Kompensationsbestrebungen legen einen Konnex zu den (Selbst-)Regulationsfähigkeiten nahe[31]. Der Grundstein dafür wird schon intrauterin gelegt, indem

---

31 Dieter Tenbrink hat die individualpsychologische Lehre als Selbstregulationstheorie (zurückgehend auf die Selbstpsychologie von Heinz Kohut) interpretiert; zentral ist dabei die Regulation und Kompensation von (innerpsychischen) Selbstzuständen (Tenbrink 1996, vgl. Gasser-Steiner, 2011, S. 66 ff., vgl. Stephenson, 2011d, S. 191-193).

die Ausbildung des Nervensystems beispielsweise unter dem Einfluss früher, vorgeburtlicher Beziehungserfahrungen steht (Hüther & Krens, 2007). Die Kompetenz zur Selbstregulation ist demnach erheblich beziehungsabhängig. Bereits in der frühen Dyade zwischen Mutter und Säugling hilft die Mutter dem Kind durch ein einfühlsames Wechselspiel in der Interaktion, sich zu regulieren (Stern, 2007, S. 112), und zwar psychisch wie auch somatisch, nachdem Psyche und Soma nicht zu trennen sind und psychisches Befinden immer von entsprechenden physiologischen Abläufen begleitet ist. Das Ziel für das Baby ist es, ein optimales Erregungsniveau zu erlangen (a.a.O.), einen Zustand der Homöostase, der Ausgeglichenheit; allerdings ist eine dynamische Homöostase gemeint. Lebende Organismen – so auch die Menschen – sind eben nicht konstant, wobei „zwischen dynamischer Stabilität und Variabilität von dynamischen Prozessen im Organismus unterschieden werden kann" (Schubert, 2015, S. 423). Die „dynamische Stabilität" kann als Entsprechung des Gleichwertigkeitsstrebens angesehen werden. Da die Herstellung der Stabilität zunächst der Unterstützung der ersten Bezugspersonen bedarf, liegt in diesen Interaktionserfahrungen bereits das Potenzial, sich gleichwertig (optimales Erregungsniveau in einer positiv erlebten Abhängigkeit) oder minderwertig (uneinfühlsames Verhalten der Bezugspersonen, damit verbunden unangenehme Gefühle, Hilflosigkeit, Unterlegenheit) zu fühlen. Letzteres kann die Entwicklung psychischer, psychosomatischer bzw. körperlicher Erkrankungen zur Folge haben, wobei die Übergänge fließend sind, wie in Kapitel 6 gezeigt wird.

In diesem Sinn fasst Josef Egger, Professor für biopsychosoziale Medizin, Krankheit dynamisch auf und erläutert aus seiner Sicht die Bedeutung von „Gesundheit" und „Krankheit" im biopsychosozialen Modell". Unter Gesundheit versteht er

> „[…] die *ausreichende Kompetenz* des Systems ‚Mensch', beliebige Störungen auf beliebigen Systemebenen *autoregulativ* zu bewältigen. Nicht das Fehlen von pathogenen Keimen (Viren, Bakterien etc.) oder das Nichtvorhandensein von Störungen auf der psychosozialen Ebene bedeuten demach *Gesundheit*, sondern die Fähigkeit, diese pathogenen Faktoren ausreichend wirksam kontrollieren und bewältigen zu können" (Egger, 2008, S. 15).

Krankheit

> „[…] stellt sich dann ein, wenn der Organismus die *autoregulative Kompetenz* zur Bewältigung von auftretenden Störungen nicht ausreichend zur Verfügung stellen kann und relevante Regelkreise für die Funktionstüchtigkeit des Individuums überfordert sind bzw. ausfallen" (a.a.O.).

Naturgemäß reichen diese Definitionen über das Gleichwertigkeitsstreben hinaus. Dennoch stehen sie in einem eindeutigen Bezug zu ihm, nachdem das Erleben von Krankheit und Gesundheit immer mit Subjektivität und Bewertung einhergeht und bekannt ist, dass beispielsweise psychische Störungen oft mit einem niedrigen Selbstwert – einem misslungenen Gleichwertigkeitsstreben – verbunden sind.

Stavros Mentzos beispielsweise formuliert in seinem „Bipolaritätsmodell", dass im Sinn einer Psychodynamik, bei der innere Kräfte (Motivationen, Emotionen, Bedürfnisse etc.) entgegengesetzt wirken und eine Spannung im Menschen erzeugen, zu einer pathogenen Bipolarität werden können, wenn die Gegensätzlichkeit nicht überwunden werden kann (Mentzos, 2015, S. 255 ff.). Das erinnert an Adlers Postulat, dass das Gleichwertigkeitsstreben zum Machtstreben mutieren kann, wenn kein adäquater Ausgleich zu den Minderwertigkeitsgefühlen in der Kompensation geschaffen werden kann. Mentzos differenziert zwischen „selbstbezogenen" psychischen Kräften („das Selbst fördernde oder ihm dienende") und „objektbezogenen" („nach dem Objekt gerichtete, nach ihm orientierte oder die Bindung zu ihm anstrebende" Tendenzen) (ebd., S. 256). Diese Aufgliederung lässt an Adlers Zusammenwirken von Geltungsstreben (auf das Selbst gerichtet) und Gemeinschaftsgefühl (auf Beziehung ausgerichtet) denken, die im Gleichwertigkeitsstreben zusammenfinden, indem ein Gleichwertigkeitsgefühl einen positiven Selbstwert bezogen auf sich und bezogen auf den gefühlten Wert im Vergleich zu anderen und in der Gemeinschaft impliziert. Selbst und Gemeinschaft, Selbst- und Objektbezogenheit, können dabei nicht getrennt bzw. unabhängig voneinander gesehen werden, denn das Bezogensein des Menschen wirkt immer auch auf das Selbsterleben zurück und umgekehrt, wie im Zuge der Gedanken über (Inter-)Subjektivität im Zusammenhang mit Verkörperung bereits angedeutet worden ist. Wenn Mentzos der „Polarität zwischen Selbstbezogenheit und Objektbezogenheit" einen zentralen Stellenwert zuspricht, so ist hier Adlers Gleichwertigkeitsstreben einzuordnen, in der Polarität zwischen Geltungs-/Machtstreben und Gemeinschaftsgefühl. Alle genannten Adler'schen Konzepte sind eng mit dem Lebensstil verknüpft, dem das fünfte Kapitel dieser Arbeit gewidmet ist. Das Gleichwertigkeitsstreben ist außerdem, durch die damit verbundene psychophysische (Selbst-)Regulation, wie dargelegt, in einem psychosomatischen Sinn zu verstehen. Weiterführendes zur Psychosomatik ist in Kapitel 6 zu lesen.

4 Die Rolle der Aggression

„Ist es ein allgemeines Gesetz, daß etwas in uns ist, das stärker, größer, schöner, leidenschaftlicher, dunkler ist als wir? Worüber wir so wenig Macht haben, daß wir nur ziellos tausend Samenkörner streuen können, bis aus einem plötzlich eine Saat wie eine dunkle Flamme schießt, die weit über uns hinauswächst? … Und in jedem Nerv seines Körpers bebte ein ungeduldiges Ja als Antwort"
(Robert Musil, *Die Verwirrungen des Zöglings Törleß*, 2006, S. 130)

4.1 Überblick: Definitionen und Aggressionstheorien

Beginnt man die Literatur zum Thema Aggression zu sichten, fällt schnell auf, dass sich viele Publikationen zu pathologischer Aggression finden. Möchte man sich mit „alltäglicher" Aggression wissenschaftlich auseinandersetzen, stößt man auf eine im Vergleich deutlich kleinere Landschaft von Forschungsarbeiten, sowohl aus psychosozialer als auch aus neurowissenschaftlicher Perspektive. Im Zusammenhang mit der Neurobiologie wird zurzeit auch immer wieder gerne die Frage des freien Willens und damit einhergehend jene der Schuld diskutiert. Auf diese Aspekte soll hier nicht näher eingegangen werden. Allgemein trifft in diesem Rahmen wiederum eine größere Anzahl psychosozial ausgerichteter Studien auf eine kleinere von neurowissenschaftlichen Arbeiten.

Eine weitere Hürde erwächst aus der Begrifflichkeit der Aggression, da man unweigerlich mit verschiedenen Definitionen konfrontiert wird. Die Bandbreite reicht von einer eng gefassten Begriffsbestimmung, welche Aggression ausschließlich mit Gewalt verbunden sieht, bis hin zu einem sehr weit gefassten Aggressionsbegriff am anderen Ende, der jede Aktivität darin enthalten wissen möchte:

> „Krieg, Rebellion, Gewaltverbrechen, kindliche Trotzreaktionen, Affekthandlungen, Raufereien werden ebenso als Aggressionen eingestuft wie der wirtschaftliche Konkurrenzkampf, Sportwettkämpfe und das freundschaftliche Kartenspiel" (Kaiser, 1980, S. 44).

„Aggression" stellt somit einen Allgemeinbegriff dar, dessen Verwendung auch in der Wissenschaft durch eine gewisse Unschärfe gekennzeichnet ist.

Hinsichtlich der Herleitung von Aggression und Gewalt findet man ebenfalls verschiedene Theorien vor. Lück, Strüber, und Roth (2005) fassen fünf Entstehungsmodelle als die wichtigsten zusammen, welche die diesbezügliche Fachliteratur widerspiegeln:

1. Aggression ist biologisch im Menschen verankert, hat aber seinen eigentlichen Zweck, das Sichern des Überlebens in der Urzeit, verloren. Nach wie vor ist eine Abfuhr des „Triebes" unausweichlich, kann aber auf harmlosen Wegen erfolgen.

2. Aggression und Gewalt stellen in jedem Fall eine Pathologie dar, die entweder auf erblich bedingten, später erworbenen Defekten oder negativen Umwelterfahrungen beruht.

3. Aggression und Gewalt entstehen im Zuge fehlerhafter Sozialisation. Dabei spielt die frühkindliche Prägung eine bedeutsame Rolle: Bindung, Empathie, Akzeptanz u. v. m. Entwicklungsdefizite in diesen Bereichen fördern somit Aggression.

4. Aggression und Gewalt sind ein Auswuchs der Ungleichheit in der Gesellschaft. Ein sozialer Ausgleich würde die Aggression und Gewalt eliminieren.

5. Aggression und Gewalt werden erlernt und können demnach auch wieder verlernt werden. Aggression wird instrumentell konditioniert und zur Zielerreichung eingesetzt.

In der vorliegenden Arbeit wird das Hauptaugenmerk auf die nicht-pathologische Aggression gerichtet. Ihre Entstehung wird aus einer multifaktoriellen Sichtweise betrachtet, welche die Komplexität des Zusammenwirkens von genetischen, neurobiologischen und sozialen Komponenten betont wissen möchte. Auf dieser Auffassung basierend sollen die einzelnen Aspekte näher beleuchtet werden. Schließlich führt dieser Standpunkt naturgemäß zu der „traditionellen" Diskussion über den Aggressionstrieb, der als ein tiefenpsychologischer Meilenstein nicht ausgeklammert werden soll.

4.1.1 Entwicklungspsychologische Aspekte der Aggression

Die folgenden Überlegungen, welche die entwicklungspsychologischen Gesichtspunkte der Aggression ins Zentrum rücken, orientieren sich an den Ausführungen von Martin Dornes (2009).

Betrachtet man die Neugier und das Interesse von Säuglingen in Zusammenhang mit Freuds Postulat eines angeborenen Aggressionstriebes, der spontan-endogen von einer primären Destruktivität hergeleitet wird, so gerät man in einen Erklärungsnotstand. Denn: Da Neugeborene noch nicht über ein Ich verfügen, das eine Sublimierung oder Neutralisierung leisten könnte, kann ihre Exploration auch nicht als Umkehrung der Libido gedeutet werden. Gleichzeitig ist sie ebenso wenig als Ausdruck des Aggressionstriebes zu verstehen, da ihr der destruktive Charakter fehlt (Dornes, 2009, S. 247).

Aufgrund dieses Problems der Triebtheorie haben einige Forscher den Aggressionstrieb in ihrer Perspektive um eine konstruktive Komponente erweitert, welche somit Regungen wie Neugier, Exploration, Bewegung etc. im Sinn einer Aggression als Antrieb erklärbar macht: Winnicott (1950), Spitz (1974), Parens (1979) u. a. Während Winnicott, Spitz u. a. weiterhin am Konstrukt einer primären Destruktivität festhalten, weicht Parens davon erstmals ab, indem er aggressive Äußerungsformen von Kindern – jedenfalls bis zu einem Alter zwischen zwölf und sechzehn Monaten – nunmehr als reaktiv einstuft. Nach seinen Beobachtungen gehen den destruktiven Impulsen immer extreme Unlustgefühle voraus, entstanden in der Interaktion mit der Umwelt. Trotzdem lässt auch er nicht vom Konzept eines primären Triebes ab und denkt ihn nun als „reaktiven Trieb" (Parens, 1979, S. 122 ff.). Dieser stimmt nicht mehr mit dem Freud'schen Triebbegriff als einer somatisch entstehenden Kraft, die regelmäßig nach Abfuhr verlangt und keiner Außenreize bedarf, überein (Dornes, 2009, S. 249).

Auch Adler plädierte zunächst für einen angeborenen Aggressionstrieb, dem er eine destruktive Komponente zusprach: „Nun finden wir schon im frühen Kindesalter, wir können sagen vom ersten Tage an (erster Schrei) eine Stellung des Kindes zur Außenwelt, die nicht anders denn als *feindselig* bezeichnet werden kann" (Adler, 1908b, S. 71–72). Seine Konzeption lässt sich – zumindest noch 1908 in seinem Aufsatz über den Aggressionstrieb – als ein „reaktives Triebmodell" beschreiben. Einerseits sieht er den Aggressionstrieb aus dem Organischen heraus gespeist, andererseits misst er dem Einfluss der Umwelt eine große Bedeutung bei:

> „Dabei soll uns ‚der Trieb' nichts mehr als eine Abstraktion bedeuten, eine Summe von Elementarfunktionen des entsprechenden Organs und seiner zugehörigen Nervenbahnen, *deren Entstehung und Entwicklung aus dem Zwang der Außenwelt* und ihrer Anforderungen abzuleiten sind, *deren Ziel durch die Befriedigung der Organbedürfnisse* und durch den Lusterwerb *aus der Umgebung bestimmt* ist" (ebd., S. 66, eigene Hervorhebungen, S. R.).

Der Trieb wird als der Außenwelt untergeordnet definiert, da sowohl seine Entstehung als auch seine Befriedigung in einer starken Abhängigkeit von dieser gesehen werden. Rogner kommt zu dem Schluss, dass Adler „den Triebbegriff somit eher im Sinne eines Reflex- oder Funktionsbegriffes" gebraucht (Rogner, 1995b, S. 16); Schmidbauer spricht Adler zu, dass er die erste „Frustrations-Aggressions-Theorie" formuliert hat, in welcher die Trieb- und die Frustrations-Konzeption noch eine Einheit bilden (Schmidbauer, 1980, S. 375). Adler selbst empfindet die Aggressionstheorie bald als zu biologisch determiniert. Da er die Erweiterung der psychologischen Ebene für erforderlich hält, führt er anstelle des Aggressionstriebes den männlichen Protest (Adler, 1910c, S. 103 ff.) und in den späten 1920er Jahren das Machtstreben, das er 1912 erstmals als „Wille zur Macht" in Anlehnung an Nietzsche erwähnt, ein (Adler, 1912a, S. 62).

Auch im Rahmen der Entwicklungspsychologie wandten sich einige WissenschaftlerInnen von der Triebtheorie ab, – wie gesagt als Konsequenz der Schwierigkeiten hinsichtlich des Versuchs, einen Aggressionstrieb mit dem explorativen Verhalten von Säuglingen in Einklang zu bringen. Stechler (1987, 1990) und Lichtenberg (1992, 2000) zum Beispiel sehen in dem kindlichen Gebaren, das sich durch Neugier auszeichnet, weder einen destruktiven noch einen konstruktiven Aggressionstrieb wirken.

Vielmehr stellen sich diese Erscheinungen für sie als Ausdruck eines Motivationssystems dar, das einen assertiven/selbstbehauptenden Charakter hat (Lichtenberg, 2000, S. 13 ff., S. 61 ff., Stechler, 1987, S. 821 ff.): „Exploration und Neugier sind in dieser Sicht biopsychologisch fundierte Aktivitäten, die *nicht* vom Aggressionstrieb abstammen, sondern aus einer qualitativ verschiedenen Quelle" (Dornes, 2009, S. 250). Demgemäß wird auch die reaktive Aggression nicht als aus einem Trieb heraus entstanden betrachtet, sondern als aus einem Subsystem kommend. Stechler bezeichnet die Subkomponente als aggressiv (Stechler, 1987, S. 821 ff.), Lichtenberg als aversiv[32] (Lichtenberg, 1992, z.B. S. 53, S. 74), wobei die wesentliche Abgrenzung zum Triebkonzept darin besteht, dass die Aktivierung des Motivationssystems nur unter bestimmten (Umwelt-)Bedingungen erfolgt. Es kommt vor allem dann zum Tragen, wenn eine subjektiv erlebte oder tatsächliche Bedrohung vorliegt (Lichtenberg, 1992, z.B. S. 53, S. 74, Stechler, 1987, S. 821 ff.).

Lichtenberg und Stechler ersetzen somit das Konzept der konstruktiven Aggression durch das der Assertion, da in ihren Augen Selbstbehauptung nicht das Gleiche wie Aggression ist (Lichtenberg, 2000, S. 61 ff., S. 84 ff., Stechler, 1987, S. 821 ff.). Dornes schließt daraus:

> „Das Konzept einer ‚konstruktiven' Aggression wird als unzweckmäßig betrachtet, weil es die grundlegenden Unterschiede zwischen Aggression und Selbstbehauptung verdunkelt und verschiedene Phänomene unter denselben Begriff subsumiert, womit die Triebtheorie nur rein semantisch gerettet wird" (Dornes, 2009, S. 251).

Aggression und Destruktivität werden aus einem Entwicklungsprozess heraus erklärt, in dessen Verlauf das Kind in der Interaktion mit der Umwelt auf frustrierende Situationen zunächst im Rahmen einer Anpassung mit Ärger reagiert, der sich aber in der Folge verselbstständigen kann, indem eine stete latente Bereitschaft, (schon bei geringen Anlässen) aggressiv zu reagieren, entsteht. Diese wird von den ursprünglichen Auslösern abgekoppelt und erwächst im Wesentlichen durch inadäquate Reaktionen der Eltern auf ihre Kinder (Stechler, 1987, S. 821 ff.).

Dornes nennt das Beispiel eines Kleinkindes, das mit einem Besteck fasziniert einen schönen Holztisch im Zuge seiner Exploration zerkratzt. Wird ihm das Besteck weggenommen, kann es reaktiv zum Zweck der Überwindung, beziehungsweise, um das Be-

---

32   Lichtenberg differenziert bewusst zwischen Aggression und Aversion. Er zieht die Bezeichnung Aversion vor, da Aggression nur eine mögliche Reaktion im Rahmen des aversiven Systems darstellt (Lichtenberg, 1992, S. 53).

steck für eine Wiederaufnahme seiner Tätigkeit zurückzuerhalten, ärgerlich werden.[33] Es bedeutet einen großen Unterschied, ob die Bezugsperson nun dem Kind beispielsweise ein harmloses Plastikbesteck aushändigt, mit dem es sein Spiel fortführen kann, oder ob sie das Kind schimpft und ihm eine zerstörerische Absicht oder gar Bösartigkeit unterstellt. Erfährt das Kind in seiner Erziehung wiederholt einen uneinfühlsamen Umgang dieser Art, so kann dies, wie oben erläutert, durch die stete Hemmung der Selbstkompetenz – und die damit verbundene andauernde Frustration – zu einem Automatismus der Aktivierung der Aggression führen, welche anfänglich reaktiv dem Selbstschutz dienen sollte (Dornes, 2009, S. 253): *„Auf diese Weise wird Selbstbehauptung mit Aggression kontaminiert"* (ebd., S. 254). Dadurch entsteht ein neues System, welches durch die Verschränkung von Aggression und Assertion gekennzeichnet ist und wie ein Trieb erscheint, tatsächlich aber das Ergebnis eines durch die Reaktionen der Bezugspersonen auf die Aktivität des Kindes gestalteten Entwicklungsprozesses ist (Stechler, 1990, S. 27 f.).

Adler lässt sich der Tradition dieser Betrachtungsweise voranstellen, nachdem er sich bereits 1912 von einem biologisch determinierten Aggressionstrieb, der angeboren wäre, distanziert. Gleichzeitig führen die vorangehenden Darlegungen an das von ihm postulierte Minderwertigkeitsgefühl heran, welches auch durch fortwährende Hemmung der Selbstkompetenz genährt wird, insbesondere beim verwöhnten, nach Adler „verzärtelten", Kind, das der Gelegenheit beraubt wird, die Herausforderungen des Lebens selbst zu meistern. Aus der daraus resultierenden Aggression erwächst das Machtstreben, das sich an einem fiktiven Ideal, einem unbewussten Leitbild, orientiert:

> „Form und Inhalt der neurotischen Leitlinie stammen aus den Eindrücken des Kindes, das sich zurückgesetzt fühlt. Diese Eindrücke, die sich aus einem ursprünglichen Gefühl der Minderwertigkeit mit Notwendigkeit herausheben, rufen eine *Aggressionsstellung* ins Leben, deren Zweck die Überwindung der Unsicherheit ist. In dieser Aggressionsstellung finden alle Versuche des Kindes ihren Platz, die eine Erhöhung seines Persönlichkeitsgefühls versprechen [...]" (Adler, 1912a, S. 58–59).

Adler interpretiert von da an Aggression als reaktives Geschehen im Kontext mit Umwelterfahrungen, in dessen Zentrum das Ziel der Überwindung der Minderwertigkeit steht. Im Weiteren wird bei ihm die Selbstbehauptung – konzeptionell in den Minderwertigkeitsgefühlen und deren Kompensation ausgearbeitet – zu einem der Angelpunkte seiner Neurosenlehre, in welcher Aggression vor allem im Machtstreben aufgeht.

Bei Kindern kann experimentell bereits mit zwei Monaten der Affekt des Ärgers nachgewiesen werden. Lewis ließ Säuglinge in diesem Alter an einer Schnur ziehen, wodurch den Babys ein lustvoller Reiz geboten wurde, zum Beispiel eine angenehme Melodie, die das Foto eines lächelnden Kindes untermalte. Ab dem Zeitpunkt, als sich dieser Reiz trotz des Ziehens an der Schnur nicht mehr einstellte, konnte man eine Re-

---

33 Das Kind kann die Situation naturgemäß auch anders, zum Beispiel mit Rückzug, beantworten.

aktion von Ärger an den Kindern beobachten.[34] Gleichzeitig begannen sie stärker an der Schnur zu ziehen. Dies verdeutlicht, dass der Affekt nicht feindselig-aggressiv geprägt ist, sondern aus der Frustration heraus erwächst und im Dienst der Überwindung und somit der Selbstwirksamkeit steht (Lewis, 1993, S. 148 ff.). In einer anderen Versuchsanordnung wurde sieben Monate alten Kindern ein Keks, den sie aßen, weggenommen. Im Zuge dessen zeigte sich, dass das Ausmaß des Ärgers mit der Anzahl der Wiederholungen steigt und auch dann größer ist, wenn der Akt des Wegnehmens durch eine vertraute Person, zum Beispiel die Mutter, erfolgt (Stenberg, Campos, & Emde, 1983, S. 178 ff.). Man kann sich vorstellen, dass ständige Erlebnisse dieser Art über einen längeren Zeitraum jemanden in einen dauerhaften Zustand der Gereiztheit versetzen.

Dass die „Überempfindlichkeit" – wie Adler die 1909 noch aus dem Aggressionstrieb heraus erklärte und fortwährende Sensibilität bezeichnete – gegenüber den vertrautesten Personen am stärksten ausgeprägt ist, stellte er bereits damals fest:

> „Andererseits bringen es die Überempfindlichkeit sowie die verstärkte Triebintensität und -extensität mit sich, dass sich die gereizte Aggressionstendenz des Kindes gegen Personen richtet, die ihm die allernächsten, zuweilen auch die allerliebsten sind, gegen Vater, Mutter oder Geschwister" (Adler, 1909a, S. 90).

Sobald Kinder sich fortzubewegen beginnen (Krabbeln, Gehen), erhöhen sich ihre Autonomiebestrebungen und damit die (oft erforderlichen) Einschränkungen der Bezugspersonen, welche wiederum Ärgerreaktionen hervorrufen, die in diesem Alter, ab zirka neun Monaten, bereits einen objektgerichteten Charakter aufweisen. Das ist daran zu erkennen, dass Kleinkinder ihre Mutter oder andere Kinder ziehen, schlagen, umstoßen etc. oder sich des Spielzeugs eines anderen bemächtigen (Dornes, 2009, S. 263). Nach McDevitt handelt es sich dabei um eine instrumentelle Aggression, welche der Zielerreichung untergeordnet ist, nicht mit dem Zweck jemanden anderen zu verletzen, sondern um etwa an das begehrte Spielobjekt heranzukommen (McDevitt, 1995, S. 291). „Sie [die Handlungen, S. R.] richten sich mehr *auf* einen Gegenstand als *gegen* ein Objekt, können also insgesamt eher der Assertion zugerechnet werden", resümiert Dornes (Dornes, 2009, S. 264). Dafür spricht auch, dass Kleinkinder oft überrascht sind, wenn sie erkennen, dass sie bei diesen Handlungen, zum Beispiel beim Hinlaufen zu einem Spielzeug, ein anderes Kind umgestoßen haben (McDevitt, 1995, S. 278). Das zielgerichtete, absichtliche Verletzen anderer setzt nach McDevitt mit ungefähr sechzehn Monaten ein (ebd., S. 292, S. 294), nach Parens schon mit etwa zwölf Monaten (Parens, 1979, S. 118). Dornes schließt daraus:

> „Es gibt also keine von innen kommende spontan auftretende, sich akkumulierende ärgerliche oder ‚aggressive' Energie, die abgeführt werden muß, sondern eine Affektdisposition – d. h. die Fähigkeit und Neigung, auf unangenehme Umstände mit Ärger zu reagieren – wird unter bestimmten Bedingungen, insbesondere denen der Einschränkung der Selbstbehauptung, aktiviert" (Dornes, 2009, S. 265).

---

34 Kinder können diese Nichtbeeinflussbarkeit auch als Ohnmacht erleben und mit Traurigkeit und Rückzug reagieren, was an das klinische Störungsbild der Depression erinnert.

Adler sieht Aggression ebenfalls nicht nur in seiner negativen Ausformung, sondern auch als aktive Selbstbehauptung (vgl. Montagu, 1970, S. 19), was in seinem Aufsatz zur seelischen Aktivität, in welchem er sich explizit auf den Aggressionstrieb bezieht, zum Ausdruck kommt (Adler, 1933k, S. 559 ff.). Darüber hinaus fügt er 1922 folgende bezeichnende Ergänzung in seine Abhandlung über den Aggressionstrieb ein:

> „Nach mancherlei tastenden Versuchen gelangte ich zur Anschauung, das Entscheidende [*Änd. 1928:* Entscheidenste] im Leben des Kindes und des Erwachsenen sei seine Stellung zu den vor ihm liegenden Aufgaben. Wie einer diese Aufgaben anpackt, daran kann man ihn erkennen. Diese seine Haltung hat immer etwas Angreifendes. Erst in weiterer Entwicklung können Züge des Zuwartens oder des Ausweichens hinzutreten. Ich nannte die Summe dieser Erscheinungen den ‚Aggressionstrieb‘, um zu bezeichnen, dass der Versuch einer Bemächtigung, einer Auseinandersetzung damit zur Sprache käme" (Adler, 1908b, S. 65–66).

Ab einem Alter von zirka eineinhalb Jahren kann die Aggression, inzwischen mit Lustempfinden versetzt, zur Feindseligkeit werden, und zwar als fester Bestandteil der Persönlichkeitsstruktur. Färbte man diesen Umstand mit Adlers Begrifflichkeit ein, könnte man in seinem Sinn sagen: Das Ziel der Überwindung kann (mittels der schöpferischen Kraft des Kindes) unter ungünstigen Bedingungen zum neurotischen Machtstreben entarten. In dieser Entwicklungsperiode entsteht auch erstmals Hass. Dornes führt dies darauf zurück, dass die Kinder inzwischen gelernt haben, Emotionen mit ihrer Vorstellungskraft zu verbinden und somit Erlebtes gedanklich immer wieder abrufen, aber auch Fantasien durchspielen können, wodurch die negativen Affekte über die Anlässe hinaus bestehen bleiben können (Dornes, 2009, S. 266). In Studien wurde beobachtet, dass aggressives Verhalten bei Mädchen wie auch Buben über die Jahre hinweg beständig ist und darüber hinaus bis in das Erwachsenenalter erhalten bleibt. Personen beispielsweise, die als Kinder mit acht Jahren als feindselig eingestuft wurden, wurden oft auch noch mit dreißig Jahren als aggressiv oder gar gewalttätig beurteilt. U. a. kamen Eron und Huesmann im Rahmen einer Langzeitstudie von zweiundzwanzig Jahren zu dieser Einschätzung (Eron & Huesmann, 1990, S. 147 ff.). Umgekehrt konnte diese Untersuchung auch zeigen, dass die Haltung der Kinder, die sozial eingestellt sind, die gleiche Stabilität aufweist. Die Achtjährigen, die sich durch Hilfsbereitschaft und schwach ausgeprägtes aggressives Verhalten auszeichneten, wurden mit dreißig Jahren immer noch als prosozial bewertet (a.a.O.). Diese Ergebnisse erinnern an Adlers Ausführungen zum Gemeinschaftsgefühl, das er – wie an früherer Stelle erläutert – als Disposition beschreibt, welche aber erst durch positive Beziehungserfahrungen ausgebildet und zu einem internalisierten Persönlichkeitsmerkmal gefestigt werden kann.

In gleicher Weise betont Adler, dass Kinder, die aufgrund ungünstiger Umweltprägung (Verzärtelung, Vernachlässigung) kein ausreichendes Gemeinschaftsgefühl entwickeln konnten, an dessen Stelle eine psychische Struktur aufbauen können, die von Feindseligkeit durchzogen ist. Diese Sicht verdeutlicht seinen 1933 längst vollzogenen Abschied vom Aggressionstrieb. In diesem Sinn zeigt er, dass einer aggressiven Persönlichkeit gleichermaßen wie einer sozial ausgerichteten eine potenzielle Anlage zugrunde liegt, aber keine genetisch verankerte Vorherbestimmung:

> „Denn häufig ist der Kontakt zwischen Mutter und Kind zu schwach, noch häufiger zu stark. Im ersteren Falle kann das Kind vom Beginne seines Lebens den Eindruck der Feindlichkeit des Lebens bekommen und durch weitere Erfahrungen ähnlicher Art diese *Meinung* zur Richtschnur seines Lebens machen" (Adler, 1933b, S. 131).

Das vernachlässigte Kind leidet unter der vorenthaltenen Liebe und der Aggressivität der Bezugspersonen. Dem verwöhnten Kind wiederum erscheint die Außenwelt als feindselig, weil ihm zum einen alle Aufgaben abgenommen und es dadurch in seiner Möglichkeit zur Selbstentfaltung behindert wird. Zum anderen stößt es im Zuge der Ausweitung des sozialen Umkreises irgendwann unweigerlich auf Menschen, die ihm die gewohnte Sonderbehandlung, die ihm zu Hause zugestanden wurde, verweigern (ebd., S. 41 ff.). Beide Varianten rufen die von Dornes viel zitierte gescheiterte Selbstbehauptung ins Gedächtnis und damit verbunden die beschriebene – zunächst reaktive – Aggression, die sich bei Chronifizierung als Charakterzug festlegen kann.

Letzterer weist darauf hin, dass sich die psychoanalytischen VertreterInnen der letzten dreißig Jahre trotz der Triebtheorie darauf geeinigt haben, dass die aggressive Komponente eines Menschen nicht einem Trieb entspringt, der von Geburt an existiert, sondern dass sie vielmehr auf unempathisches Verhalten und einen restriktiven Erziehungsstil der Bezugspersonen zurückgeht (Dornes, 2009, S. 271). Auch Adler unterstreicht, dass das Kind sein Bild von der Welt nach der Vorgabe seiner Umgebung entwirft, je nachdem, wie sie ihm begegnet. Darauf aufbauend entwickelt es seinen Lebensstil und seine Zielsetzung, die es bei der Überwindung seiner Minderwertigkeitsgefühle unterstützen sollen. Seine (Ausdrucks-)Bewegung – von welchem Denken, Empfinden und Handeln es geleitet wird – schafft eine Angriffsbereitschaft, die eine Bewältigung der Lebensaufgaben gewährleisten soll (Adler, 1933b, S. 70 ff.). Adler kommt ebenfalls zu dem Schluss, „dass die Art dieser im Zwange der Evolution entstandenen Angriffsbereitschaft aus dem Lebensstil erwächst, ein Teil des Ganzen ist. Sie als radikal böse aufzufassen, sie aus einem angeborenen sadistischen Trieb zu erklären, dazu fehlt jeder Vorwand" (ebd., S. 71). In diesem Sinn erscheint Adlers Auffassung mit dem anthropologischen Menschenbild vereinbar, das davon ausgeht, dass der Mensch nicht von Natur aus gut oder böse ist, sondern die Möglichkeit zu beidem in sich trägt und die darauf gründende Entwicklung letztlich von seinen (Umwelt-)Erfahrungen abhängt.

Sind diese Erfahrungen negativ, und bauen Kinder in der Folge eine aggressive Haltung gegenüber der Umgebung auf, so neigen sie dazu, auch nicht eindeutige Situationen als gegen sich oder andere gerichtet, somit als bedrohlich und aggressiv, zu interpretieren (Dodge, 1980, S. 162 ff.). Dieser Umstand führt an Adlers Begriff der tendenziösen Apperzeption heran, nach welcher der Mensch in seiner subjektiven Wahrnehmung die Welt so konstruiert, dass seine Minderwertigkeitsgefühle und seine Schwäche möglichst gering oder als nicht vorhanden erscheinen. Er beurteilt seine Position nach dem Schema *oben – unten* beziehungsweise *mächtig – minderwertig*. Adler sieht darin auch den

Antagonismus *männlich – weiblich* (Adler, z.B. 1912a, S. 63 ff., S. 92 ff.). Auf diesem Gegensatz basiert

> „[...] die Verzerrung des Weltbildes, wodurch es dem Neurotiker immer möglich ist, durch Arrangement, durch Unterstreichung und Willkürlichkeiten, seinen Standpunkt als den eines zurückgesetzten Menschen festzuhalten. Es liegt in der Natur der Dinge, dass ihm dabei seine konstitutionelle Minderwertigkeit zu Hilfe kommt, und ebenso die stetig zunehmende Aggression seiner Umgebung, die durch nervöses Betragen des Patienten fortwährend aufgestachelt wird" (ebd., S. 63).

In Anbetracht dessen wird zum Beispiel ein Kind zum Schöpfer einer feindseligen Umwelt, auf die es selbst wiederum destruktiv reagiert, um sich ihrer als mächtig zu erweisen. Dahinter herrscht aber im Unbewussten das Gefühl der Unterlegenheit vor, dem ein fiktives Persönlichkeitsideal, beispielsweise das des Siegers, entgegengesetzt wird. Die Grundlage der Projektion des Bösen in seine Mitmenschen stellt die einst tatsächlich erfahrene Aggression in den ersten Beziehungen dar, die später zur vermeintlich erlebten wird. Gleichzeitig können eigene aggressive Anteile in den anderen ausgelagert werden.

Dadurch kann ein Teufelskreis entstehen: Kinder werden irgendwann nicht mehr „nur" aggressiv, weil sie schlecht behandelt werden, sondern sie erfahren von den Bezugspersonen oft psychische und/oder körperliche Gewalt, *weil* sie aggressiv sind (Perry, Perry, & Boldizar, 1990, S. 135 ff.).

Dornes weist im Weiteren auf die Frage der Aggressionslust hin, denn ab zirka eineinhalb Jahren können aggressive Handlungen von Lustempfinden begleitet sein. Klassisch psychoanalytisch könnte sie als Trieblust gesehen und damit als Argument für einen Aggressionstrieb herangezogen werden (Dornes, 2009, S. 276 ff.). Mentzos hingegen vertritt die These, dass diese Art von Lust narzisstisch geprägt ist. Zunächst erfüllt Aggression – wie erläutert – den Zweck der Selbstbehauptung, was bei Gelingen mit einer Steigerung des Selbstwertgefühls *belohnt* wird. Feindselige Aggression kann im Fall der Zielerreichung gleichermaßen Lust erzeugen, aber nicht im Sinn einer Triebentladung, sondern weil sie ebenfalls eine Erhöhung des Selbstwertgefühls nach sich zieht. Sie kann aber auch außer Kontrolle geraten, indem das Leiden des anderen und der damit verbundene Lustgewinn zum eigentlichen Ziel der Aggression wird – und zum Substitut –, wenn die ursprünglich gewünschten Befriedigungen versagt bleiben (Mentzos, 1993, S. 88 ff.). Die ihr innewohnende reaktive Qualität wird dadurch unkenntlich gemacht. Dornes schließt daraus:

> „Aggressionslust ist die Lust der anderweitig ‚Zu-kurz-Gekommenen', ihr letzter Versuch, sich an den unerreichbar fernen Peinigern der Vergangenheit oder Gegenwart zu rächen. Die Ubiquität von Haß ist kein Beleg für die Existenz eines destruktiven Aggressionstriebs, sondern zeigt nur, daß unter bestimmten Bedingungen, die leider allzu häufig auftreten, biologisch sinnvolle Reaktionsmuster entgleisen können" (Dornes, 2009, S. 279).

In diesem Zusammenhang ist das Phänomen „Rache" einer kurzen Betrachtung wert, das ebenfalls – wenn auch nur kurzfristig – Lustgefühle hervorruft und das im Eigentlichen mit einem evolutionäreren Nutzen verknüpft ist, der oft fehlgeleitet erscheint, wenn man beispielsweise an die seit Jahrhunderten praktizierte Blutrache in Albanien denkt. Bei dem Gedanken an Vergeltung geht es u. a. um die Wiedergewinnung der Selbstkompetenz und des Selbstwertgefühls, nachdem man vom Peiniger erniedrigt, gedemütigt und in eine hilflose Position gedrängt worden ist. Das Verlangen nach „Rache" – der Wunsch, „das Gefühl, das Gesicht verloren zu haben", zu kompensieren – ist auch ein Wunsch nach „Strafe". Rache als Sanktionsmittel hat es Sippen ermöglicht, erfolgreicher zu kooperieren als Gesellschaften ohne Strafe, in denen einzelne Egoisten den Zusammenhalt aller gefährden. In diesem Sinn folgt sie ursprünglich einer sozialen Logik und hält die Gemeinschaft zusammen (Rigos, 2010, S. 68 ff.).

4.2 Die Neurobiologie der Aggression

4.2.1   Die Motivationssysteme

In Lichtenbergs und Stechlers Konzept finden sich, wie vorangehend erwähnt, von Geburt an u. a. zwei biopsychologische Grundsysteme, welche sie als Motivationssysteme definieren: das der Assertion/Selbstbehauptung und jenes der Aggression/Aversion. Dem assertiven System kann man insofern noch Triebeigenschaften zusprechen, als dass es aus sich selbst heraus tätig wird. Dies drückt sich beispielsweise im spontanen explorativen Verhalten oder Bindungsverhalten des Kindes aus.[35] Im Gegensatz dazu wird das aggressive/aversive System erst dann aktiv, wenn eine unlustvolle Situation, entstanden durch äußere Einflüsse, gegeben ist. Der dadurch erwachsene Ärger zielt auf Überwindung beziehungsweise Lösung des Problems ab und soll somit die Selbstkompetenz steigern. Dahingegen sind die Exploration oder gute Bindungserfahrungen mit positiven Emotionen verbunden (Lichtenberg, 2000, S. 84 ff., Stechler, 1987, S. 821 ff.).

Die Annahme psychischer Motivationssysteme von Lichtenberg und Stechler lassen sich gut mit den neurobiologischen Motivationssystemen zusammenschließen, welche bereits unter 3.1.1 im Zusammenhang mit Adlers Begriff des „Gemeinschaftsgefühls" erklärt wurden. Sie stellen, wie beschrieben, die biologische Basis für den menschlichen Antrieb dar. Dieser Antrieb wird von lohnenswerten Zielen aus der Umwelt genährt. Die Ziele sind immer in einen Beziehungskontext eingebettet. Es geht um das Streben nach Anerkennung, Zuwendung und Wertschätzung, das in jedem Menschen angelegt ist. Positive Beziehungserfahrungen führen einen Zustand des Wohlbefindens herbei, was wiederum eine Steigerung der Motivation nach sich zieht und uns weiter Kontakt suchen lässt, der uns Vertrauen, Geborgenheit und Aufmerksamkeit verspricht (Bauer, 2006, z.B. S. 36 ff., Panksepp & Biven, 2012, S. 95 ff.).

---

35   Dies erinnert an das früher beschriebene von Bowlby postulierte „biologisch-funktionale Primat emotionaler Bindungen" (Bowlby, 2008, S. 98).

Die Befriedigung der Bindungsbedürfnisse hat ein physiologisches Substrat, indem sie mit der Produktion von Neurotransmittern einhergeht. Dabei handelt es sich zunächst um Dopamin, welches der Ausrichtung auf Ziele dient und in diesem Sinn handlungsbereit macht. Darüber hinaus sind endogene Opioide beteiligt sowie das Bindungshormon Oxytozin, wodurch Vertrauen und angenehme Gefühle hervorgebracht werden. Die Ausschüttung der Botenstoffe ist an die Emotionszentren geknüpft, über die bewertet wird, ob sich ein Ziel lohnt. Die biochemischen Prozesse sind die Grundlage für das Streben, gleichzeitig sind für ihre Aktivierung die Inputs von außen nötig (siehe Bauer, 2006).

Von Bauers Ausführungen kann erneut – wie schon im Kapitel über das Gemeinschaftgefühl – eine Linie zu Panksepps sieben basisemotionalen Systemen gezogen werden (Panksepp & Biven, 2012). Im aktuellen Kontext sind speziell die Zusammenhänge zwischen dem SEEKING-System, das nach Panksepp dem in den Neurowissenschaften allgemein unter Motivationssystem/Belohnungssystem bekannten „Apparat" entspricht (ebd., S. 95 ff.), und dem RAGE-System (ebd., S. 145 ff.) von Interesse. Panksepp sieht das SEEKING-System, wie gesagt, als essenzielle Infrastruktur für alle anderen Basisemotionen, somit auch als Grundlage für das RAGE-System. Und er hebt – wie Bauer – die Zielgerichtetheit auf positive Emotionen, auf Bedürfnisbefriedigung und seine Prägung durch soziale Erfahrungen hervor (ebd., S. 34 ff., S. 95 ff.).

An dieser Stelle kann man zu der Sichtweise gelangen, dass die neurobiologischen Motivationssysteme, wie sie Bauer ausführt, und das SEEKING-System von Panksepp dem biopsychologischen Grundsystem der Assertion von Lichtenberg und Stechler entsprechen. Beide Perspektiven lassen die Aufrechterhaltung von zumindest Aspekten eines triebhaften Charakters der Motivationssysteme zu: Denn das assertive und explorative System wird „von sich aus" spontan aktiv. Das Streben nach Bedürfnisbefriedigung scheint in jedem Menschen psychophysisch angelegt zu sein, wobei die Ausrichtung auf Bindung ein menschliches Grundbedürfnis darstellt. Der Antrieb erfährt bei entsprechender Erfüllung eine Verstärkung. Der Steigerung der Motivation, dem Verlangen nach *mehr*, kann man ebenfalls einen Triebcharakter attestieren. Allerdings befindet man sich in einem Abstand zum Freud'schen Triebbegriff, der als spontan auftretende, nach Entladung drängende Energie definiert wurde. Vor allem sah ihn Freud – im Gegensatz zu Adler – unabhängig von der Persönlichkeit.

Lassen sich hier neurobiologische Anhaltspunkte finden, die für einen Aggressionstrieb sprechen, um der unter 4.2.6 folgenden Diskussion „Was vom Aggressionstrieb bleibt" vorweg schon einmal ein Holz ins Feuer zu werfen? Bauer verneint dies mit dem Argument, dass Aggression unter dem Blickwinkel der Motivationssysteme für den Menschen offensichtlich kein erstrebenswertes Ziel darstellt, da sie die biologischen „Antriebsaggregate" nicht aktiviert. Es werden keine Botenstoffe abgegeben, die positive Gefühle erzeugen, jedenfalls nicht, solange im Vorfeld keine „Provokation" stattgefunden hat, wodurch das spontane Moment fehlt. Das Streben nach sozialer Akzeptanz hingegen schreibt er als „Trieb" im Sinn einer menschlichen Grundmotivation fest, was wiederum mit dem nach Adler angeborenen Gemeinschaftsgefühl übereinstimmt. Aggression dagegen wird von Bauer auch biophysisch als reaktiv eingestuft, worin der Neurobiologe mit den meisten PsychologInnen der heutigen Zeit übereinstimmt (Bauer, 2011, S. 34). Panksepp argumentiert ähnlich, wenn er betont, dass die das RAGE-System begleitenden Emotionen grundsätzlich negativ sind und erst mit einem „sekundären" Nutzen kurzgeschlossen zu einem positiven Empfinden werden, wenn beispielsweise bei Dominanzverhalten das Gefühl, jemanden besiegt zu haben, erwächst. So kommt auch er zu dem Schluss: „However, we do not think that the urge for social dominance reflects the existence of a single primary-process system. Dominance behaviors probably result from learning that occurs when a number of emotional systems are aroused" (Panksepp & Biven, 2012, S. 172). Das Zitat hebt nicht nur das Interagieren der Systeme hervor, sondern spricht auch gegen einen eigenständigen Aggressionstrieb.

Wenn wir zur Assertion und Aggression zurückkehren, ist zu bemerken, dass neurowissenschaftlich gesehen auf den ersten Blick und auch nach Bauer – je nach Erscheinungsform – unterschiedliche Systeme aktiv sind. Wird das Grundbedürfnis nach sozialer Zuwendung nicht befriedigt, hat dies zur Folge, dass die Motivationssysteme gehemmt oder gar inaktiv werden. Die dadurch hervorgerufene Verminderung der für das menschliche Gleichgewicht wichtigen Neurotransmitter kann zu Missbefinden und im Weiteren zu Krankheiten führen. Dabei reicht das Spektrum von Aggression bis hin zu Depression. Das bedeutet auch, dass das Herabsinken der Aktivität der Motivationssysteme mit dem Hochfahren der biologischen Stresssysteme einhergeht (Bauer, 2006, S. 65 ff.):

> „Denn dauerhaft verweigerte Akzeptanz kann einen kritischen Abfall von gesund erhaltenden Botenstoffen und psychische und körperliche Erkrankungen zur Folge haben. Wer einen Menschen unfair behandelt, tangiert die neurobiologische *Schmerzgrenze* und muss mit Aggression rechnen" (Bauer, 2011, S. 41).

Dass Aggression in enger Verbindung mit Interaktion zu betrachten ist, wurde auch neurobiologisch experimentell gezeigt, zum Beispiel von Paul Zak. In seinem Untersuchungsdesign wurde einer Testperson ein Geldbetrag zur Verfügung gestellt. Von diesem konnte sie nach eigenem Ermessen bei einer weiteren Versuchsperson investieren, denn der Investitionsbetrag wurde von den VersuchsleiterInnen in der Folge verdreifacht. Allerdings konnte die zweite Testperson nach Belieben bestimmen, wie viel sie der ersten von dem Gewinn zukommen lassen würde. Vertraute die erste Versuchsperson der zweiten viel Geld an, erhöhte sich bei dieser das für Vertrauen und Bindung bedeutsame Hormon Oxytozin. Im umgekehrten Fall, wenn die erste Versuchsperson der zweiten misstraute und nur einen kleinen Betrag überantwortete, stieg das mit Aggression in Zusammenhang stehende Stresshormon DHT (Dihydrotestosteron)[36] an,

---

36   Bei 5α-Dihydro-Testosteron (DHT) handelt es sich um die aktive Form des Sexualhormons Testosteron.

wobei der Effekt bei Männern signifikanter ausfiel als bei Frauen (Zak, 2005a, S. 360, ders., 2005b, S. 522).

Bauer zieht solche Untersuchungen heran, um das etablierte darwinistische Denken, dass der Mensch auf einen ständigen Daseinskampf ausgelegt sei, zu hinterfragen (Bauer, 2006, z.B. S. 75). In diesem Kontext verweist er darauf, dass die Motivationssysteme des Menschen nicht nur dann mittels wohltuender Botenstoffe „Belohnung" produzieren, wenn ein tatsächlicher Gewinn in Aussicht steht, sondern auch, wenn ein positives Gemeinschaftserleben (Verbundenheit, Gerechtigkeit, Zusammenarbeit usw.) registriert wird (Bauer, 2011, S. 37). Bleibt dieses menschliche Grundbedürfnis aber unerfüllt, schalten sich die für Aggression zuständigen Zentren ein:

> „Der Aggressionsapparat erweist sich [...] als ein Hilfssystem des Motivationssystems: Bindung, Akzeptanz und Zugehörigkeit sind überlebenswichtig. Sind sie bedroht, reagieren die Alarmsysteme des menschlichen Gehirns. Als unmittelbare Folgen zeigen sich Angst und Aggression" (ebd., S. 61).

4.2.2 Schmerz und Aggression

Aggression erfüllt somit wichtige Funktionen und hat einen elementaren Stellenwert im Leben. Bauer sieht ihren neurobiologischen Sinn vorrangig im Schutz vor Schmerz begründet. Das betrifft sowohl körperlichen als auch seelischen Schmerz, da bei psychischen Verletzungen, wie zum Beispiel Ausgrenzung oder Trennung, die Aktivierung der Hirnregionen ähnlich ausfällt wie bei physischen. Darauf hat auch Jaak Panksepp hingewiesen. Das Gehirn differenziert demnach nur marginal zwischen subjektiv mental oder physiologisch empfundenen Schmerzen (Panksepp, 2003, S. 4). Daraus folgt für Bauer, dass Aggression im Dienst von Beziehungen steht und im Fall von Dysfunktionalität diese aufzeigen soll, um einem drohenden Verlust vorzubeugen (Bauer, 2006, S. 91 ff.):

> „Sie hat – neben der Abwehr von physischem Schmerz – nun auch die Aufgabe, Beziehungen zu schützen, den Verlust von Bindungen zu vermeiden und Störungen in Beziehungen zu regulieren. Dort, wo die Gestaltung von Beziehungen für Menschen – aus welchen Gründen auch immer – gänzlich unmöglich ist, kommt es zu einem massiven Anstieg der Gefahr aggressiver Verhaltensweisen" (ebd., S. 91).

Dass Schmerz Aggression hervorruft, bewiesen Dollard und Kollegen schon 1939, als sie die von ihnen postulierte „Frustrations-Aggressions-Hypothese" experimentell überprüften. Ronald Wiegand sieht darin den empirischen Beleg für Adlers Aggressionstrieb (Wiegand, 1977, S. 32–33). Die Hypothese impliziert: „Aggression ist immer die Folge einer Frustration" (Dollard, Doob, Miller, Mowrer, & Sears, 1970, S. 9). Frustration entsteht unter zwei Bedingungen: „(1) Der Organismus würde bestimmte Handlungen vollzogen haben; (2) Diese Handlungen sind an ihrem Auftreten gehindert worden" (ebd., S. 16). Aggression wird „definiert als *eine Handlung, deren Zielreaktion die Verletzung eines Organismus (oder Organismus-Ersatzes) ist*" (ebd., S. 19). In diesem Sinn führt unter Bedachtnahme auf psychologische Faktoren jede Blockade des Antriebs zu Frustrationen, welche wiederum in Aggression münden. Dabei ist das Einüben von aggressiven Verhaltensweisen im Rahmen von Lernprozessen bedeutsam. Die Störung des Antriebs durch Schmerz/Frustration bedeutet gleichzeitig eine Störung der Zielgerichtetheit des Organismus, der in seiner Vitalität gehemmt wird (ebd., S. 9 ff.).

Auf den Konnex zwischen Adlers Finalität und der Zielgerichtetheit der biologischen Motivationssysteme wurde bereits an früherer Stelle eingegangen, genauso wie auf die Entstehung von Aggression als Anpassungsleistung, wenn andere Lösungsmöglichkeiten verwehrt sind und Selbstbehauptung dadurch verhindert wird. Adler hätte zugestimmt, wenn Bauer formuliert: „Jede aggressive Tat, und sei sie noch so unmenschlich, folgt einer verborgenen Logik" (Bauer, 2011, S. 45). Schließlich erinnert diese Schlussfolgerung an Adlers Lebensstilkonzept, damit einhergehend an die Finalität und Leitlinie. Die „verborgene Logik" führt auch wieder an den bereits unter den entwicklungspsychologischen Faktoren erläuterten Aspekt der Verschiebung von Aggression – einerseits auf andere Objekte, andererseits in der Zeitdimension – heran, wenn die Ursprünge der aktuellen Aggression auch „verdeckt" in der Vergangenheit zu suchen sind. Dadurch können aggressive Phänomene unverständlich erscheinen und als eine von vornherein im Menschen verankerte destruktive Kraft missinterpretiert werden, wenn die einstigen Auslöser unkenntlich geworden sind (ebd., S. 76 ff.). Dass frühe Erfahrungen von Misshandlung dafür förderlich sind, ist nachvollziehbar. Aber auch Babys beispielsweise, die nach der Geburt im Zuge einer stationären Behandlung verstärkt Schmerz (zum Beispiel durch Injektionen) erleben mussten, weisen noch viel später eine niedrigere Schmerzschwelle auf (physischen und psychischen Schmerz betreffend), eine reduzierte Empfänglichkeit für die Beruhigung durch die Mutter und eine erhöhte Sensibilität jener Hirnareale (u. a. im anterioren cingulären Cortex (ACC) und in der Insulae), die bei der Schmerzwahrnehmung aktiv sind (z.B. Hermann & Kollegen, 2006, S. 278 ff.).

Adler vermutet bereits 1908 eine Verbindung zwischen Aggression und Schmerz:

> „Abgesehen von den Primärtrieben ist auch *der Schmerz* imstande, den Aggressionstrieb zu erregen, sowie auch, was aus dem Zusammenhang der Erscheinungen hervorgeht, der auf die eigene Person gerichtete Aggressionstrieb *sich der Schmerzbahnen bemächtigen kann*, um je nach Maßgabe der Organminderwertigkeit Migräne, Clavus, Trigeminusneuralgie, nervöse Schmerzen in Magen-, Leber-, Nieren- und Appendixgegend [...] zu erzeugen. In der Psychoanalyse lässt sich als auslösende Ursache stets eine Triebhemmung nachweisen, und ebenso geht dem Schmerzanfall voraus oder folgt ihm nach ein *Aggressionstraum* mit oder ohne Angst" (Adler, 1908b, S. 75).

Noch stark geprägt von der Triebtheorie erkennt Adler Schmerz schon als Aggressionsursache, gleichsam wie die weiter oben erklärte Verwobenheit zwischen Schmerz, Aggression und Krankheit. Darüber hinaus nimmt er das Verhältnis von Angst und Aggression vorweg, die in der Folge in der Kompensation der Minderwertigkeitsgefühle durch das Machtstreben wieder zum Vorschein kommt. Auf die Verbindung zwischen

Lebensangst und Minderwertigkeitsgefühlen auf der einen Seite und Aggression und Machtstreben auf der anderen hat später Josef Rattner ausführlich hingewiesen (Rattner, 1999, S. 69 ff.). Freilich muss man einräumen, dass für Adler zu dieser Zeit die physiologische Herleitung („Triebhemmung") und nicht die psychologische Komponente im Vordergrund steht, welcher er erst später verstärkt sein Augenmerk widmet.

Roger Ulrich zeigte in Experimenten mit Ratten, dass Schmerz tatsächlich Aggression fördert. Er beobachtete zwei Ratten in einem Käfig, wobei einem Tier Stromschläge verabreicht wurden. In der Folge griff dieses die zweite Laborratte an, und zwar umso vehementer, je näher die zweite zu ihr positioniert war. Die Ratte bevorzugte auch dann ihren Artgenossen zu attackieren, wenn sie durch Tastendruck lernen hätte können, die elektrischen Stöße abzuschalten. Das heißt sie verweigerte die Intelligenzleistung zugunsten der aggressiven Antwort (Ulrich, 1966, S. 124 ff.). Die Übertragung der Aggression auf andere oder auf Dinge, weil eine direkte Abfuhr auf den Urheber nicht möglich ist, ist auch beim Menschen bekannt. Einen besonderen Fall stellt die gegen sich selbst gerichtete Aggression dar, die sich in autoaggressivem Verhalten und Depression äußern kann.

Ob der Mensch, wie Bauer ihm attestiert, tatsächlich von vornherein neurobiologisch primär für glückende Beziehungen angelegt ist, bleibt eine offene Frage, auch wenn sich dieser Gedanke gut mit dem metaphysischen Ansatz des späten Adler verknüpfen ließe, konkret mit dem Streben nach der idealen, ewig zu denkenden Gemeinschaft – sub specie aeternitatis –, die eben durch das Gemeinschaftsgefühl zur Vollendung gelangen würde. Jedenfalls spielen die Motivationssysteme gemeinsam mit anderen Hirnzentren (präfrontaler Cortex, limbisches System) sowohl bei positivem als auch bei negativem Beziehungsgeschehen eine bedeutsame Rolle. Dahingehend kann zumindest festgehalten werden, dass der Mensch auch aus neurowissenschaftlicher Perspektive sowohl die Anlage zum „Gut"-Sein als auch zum „Böse"-Sein in sich trägt, was auch Adler aus psychologischer Sicht vertrat, wie weiter oben erwähnt. Diesbezüglich ist die Wechselwirkung zwischen Interaktion und biologischen Vorgängen relevant. Hinzu kommt, dass die komplexen Abläufe zwischen den verschiedenen Hirnregionen, welche Aggressionsphänomene bestimmen, von ebenso komplizierten neurochemischen Prozessen beeinflusst werden, die heute noch nicht gänzlich erhellt sind. Letztendlich verhält es sich auch hier so, dass der aktuelle Forschungsstand bei weitem nicht alles erklären kann, auch wenn er bereits wichtige Hinweise bereithält.

4.2.3 Aggression im menschlichen Gehirn

Liegen Frustrations- beziehungsweise Schmerzreize vor, so werden diese im Gehirn zunächst als solche bewertet. Das erfolgt über das limbische System, indem dort jene Areale aktiviert werden, die für Ekel und Angst zuständig sind. Dabei handelt es sich zum einen um die Insel und zum anderen um den Mandelkern, die so genannte Amygdala. Beide Bereiche sind parallel zu den Schläfen weit im Inneren des Gehirns angelegt. Wird die „Gefahr" als schwerwiegend eingestuft, werden die Impulse in noch tiefer liegende Regionen weitergeleitet, und zwar zum Hypothalamus (dem Stresszentrum) und zum Hirnstamm (dem vegetativen Erregungszentrum), welche als „Alarmzentrale" fungieren. Wäre der Mensch ausschließlich instinktgesteuert, würde er an dieser Stelle seine aggressive Antwort „loslassen". Da er aber über die Fähigkeit zum Nachdenken und Abwägen verfügt, durchläuft der Input vor der endgültigen Reaktion noch eine berprüfung. Diese geht vom präfrontalen Cortex (einem Teil des Stirnhirns) aus. In diesem Zentrum wird ein Antizipationsvorgang zwischengeschaltet, in dessen Rahmen die möglichen Konsequenzen für sich und die Umwelt ins Kalkül gezogen werden. Das Ergebnis der frontolimbischen Schleife (die Verbindung zwischen Amygdala und präfrontalem Cortex) kann eine Verringerung („top down control") oder eine Steigerung („bottom up drive") der aggressiven Impulse sein. Im cingulären Cortex (Gürtelwindung), wo das „Ich" beziehungsweise das „Selbst" emotional „beheimatet" ist, und der bei Schmerzerleben beteiligt ist, werden die Ab- und Aufwärtstendenzen zusammengeführt. Auffallend ist, dass die Aktivierung des präfrontalen Cortex erlischt, sobald sich eine Person mittels dieser sowohl bewussten als auch unbewussten Vorgänge „entschieden" hat, ob und wie intensiv eine aggressive Reaktion erfolgen soll (Bauer, 2011, S. 53 ff.).

Hinsichtlich der erläuterten Funktionsweise sind geschlechtsspezifische Unterschiede relevant. So lässt sich feststellen, dass das Volumen des orbitofrontalen Cortex bei Frauen größer ausfällt als bei Männern. Da diese Region u. a. für die Regulierung der von der Amygdala kommenden („aggressiven") Signale zuständig ist, scheint es, dass Frauen neuroanatomisch für eine effektivere Impulskontrolle ausgestattet sind (Gur, Gunning-Dixon, Bilker, & Gur, 2002, S. 998 ff.). Das könnte auch einen Erklärungsansatz dafür liefern, dass Frauen eher zu instrumenteller Aggression neigen (Lück, Strüber, & Roth, 2005, S. 117). Auch in Bezug auf pathologische Gewalt spielt das Frontalhirn eine besondere Rolle. Ursache sind u. a. Störungen im präfrontalen Cortex (Damasio, 2000, S. 128 ff.) beziehungsweise auch reduzierte Volumina desselben beispielsweise bei Personen mit antisozialer Persönlichkeitsstörung (Raine, Lencz, Bihrle, LaCasse, & Colletti, 2000, S. 119 ff.). Darüber hinaus sind Defizite in der Amygdala und in anderen limbischen Strukturen ausschlaggebend (Lück u. a., 2005, S. 122).

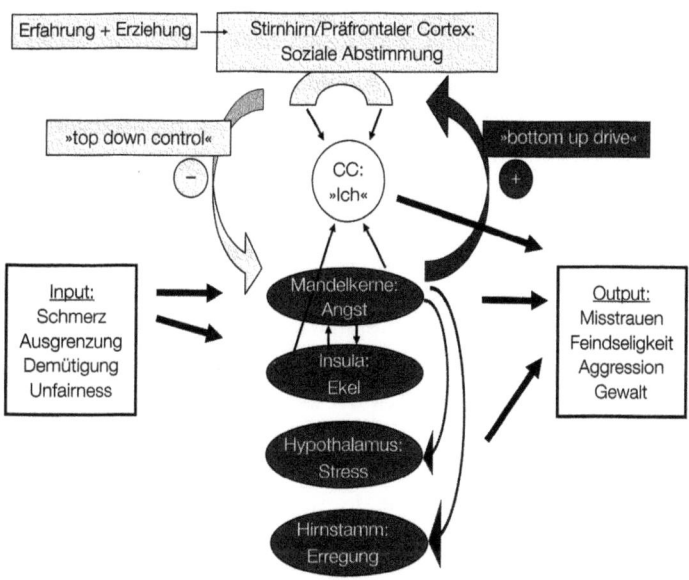

Abb. 2: Die Funktionsweise des „Aggressionsapparates" im menschlichen Gehirn (Bauer, 2011, S. 54)

Die Geschlechterdifferenz zeigt sich auch darin, dass Frauen über mehr Serotonin-Rezeptoren verfügen, sodass das serotonerge System für sie – unter dem Aspekt der Aggression – eine geringere Bedeutung als für Männer hat, beziehungsweise scheint ihnen die modulierende Wirkung von Serotonin zusätzlich die bereits erwähnte bessere Impulskontrolle zu ermöglichen. Hinzu kommt eine noch relativ unklare Wechselwirkung mit Geschlechtshormonen (ebd., S. 112 ff.). Die neurobiologischen Befunde bestätigen die psychosozial untersuchten Geschlechtsunterschiede. Frauen sind nicht das weniger aggressive Geschlecht, sondern tendieren mehr zu indirekten Formen von Aggression, wie zum Beispiel „über andere schlecht reden", „Intrigen spinnen" etc. Dies erfordert planerische Fähigkeiten und ein hohes Maß an Impulskontrolle, wofür wiederum die frühere und größere Ausbildung des präfrontalen Cortex als bei Männern spricht. Allerdings gibt es noch kaum Studien zu dieser Art von Aggression. Gleichzeitig erleben Frauen Aggression eher als Kontrollverlust, während Männer schneller physisch und verbal aggressiv werden und dies als kontrolliertes und rationales Erleben beschreiben. Für impulsive Aggression liegen – im Norm- wie im pathologischen Bereich – auch neurobiologisch weit mehr Ergebnisse als für instrumentelle Aggression vor (ebd., S. 106 ff.).

Generell weisen die Studien über die Normalbevölkerung starke Ähnlichkeiten zu jenen der Forensik auf. Sie zeigen, „dass impulsiv-gewalttätiges Verhalten bei Männern den

Extrempol eines in der Normalpopulation existierenden Kontinuums von geringer Aggression bis hin zu extrem impulsiv-gewalttätigen Verhaltensweisen darstellt" (ebd., S. 125), wofür die dargestellten neurowissenschaftlichen Ansätze zur Verfügung stehen.

In diesem Kontext steht fest, dass im Sinn der neuronalen Plastizität – ungeachtet des Geschlechts – die (frühen) Beziehungserfahrungen sowohl für die Ausbildung des Frontalhirns als auch für die Funktionsweise des serotonergen Systems (und anderer Neurotransmitter-Systeme) von enormer Bedeutung sind (z.B. Bauer, 2011, S. 108, Lück u. a., 2005, S. 115). Auf die genetische Komponente wird hier nicht näher eingegangen. Allgemein hat sich aber gezeigt, dass bestimmte Gen-Varianten Aggression fördern können, indem sie zum Beispiel Einfluss auf das serotonerge und noradrenerge System nehmen und eine höhere Empfindsamkeit der Angstzentren bewirken können. Wichtig ist dabei, dass – wie der Hirnforscher Gerhard Roth deutlich macht – die genetische Disposition allein nie Gewalt erzeugt, sondern dass sie in der Verschränkung mit Stress (Misshandlung, Vernachlässigung etc.) in der Kindheit später in eine größere Aggressionsbereitschaft münden kann (Strüber, Lück, & Roth, 2008, S. 93 ff.).

Die beschriebenen Prozesse in den genannten Hirnarealen, welche die Aggression betreffend eine bedeutsame Rolle spielen, unterliegen – wie gesagt – maßgeblich der Modulation durch neurochemische Prozesse, im Besonderen durch das serotonerge System, das im Folgenden näher betrachtet werden soll.

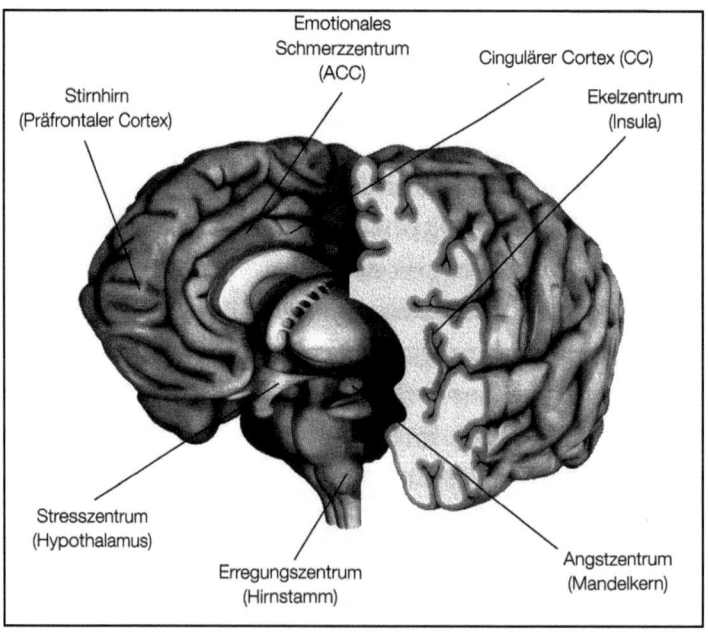

Abb. 3: Anatomische Darstellung der Komponenten des „Aggressionsapparates" (Bauer, 2011, S. 55)

4.2.4 Serotonin und Aggression

Der Botenstoff Serotonin (5-Hydroxytryptamin, 5-HT) wird im dorsalen Raphe-Kern des Mittelhirns, einem Teil der Formatio reticularis – einem limbischen Zentrum – hergestellt. Dieses ist wiederum an die anderen Zentren des limbischen Systems gekoppelt. Das serotonerge System ist genauso wie das noradrenerge mit dem Cerebellum, der Amygdala, dem Hippocampus und mit dem ganzen Neocortex verbunden, demnach mit Regionen, die u. a. ebenfalls an dem Phänomen Aggression beteiligt sind (Roth, 1996, S. 205 ff.).

SEROTONERGES SYSTEM

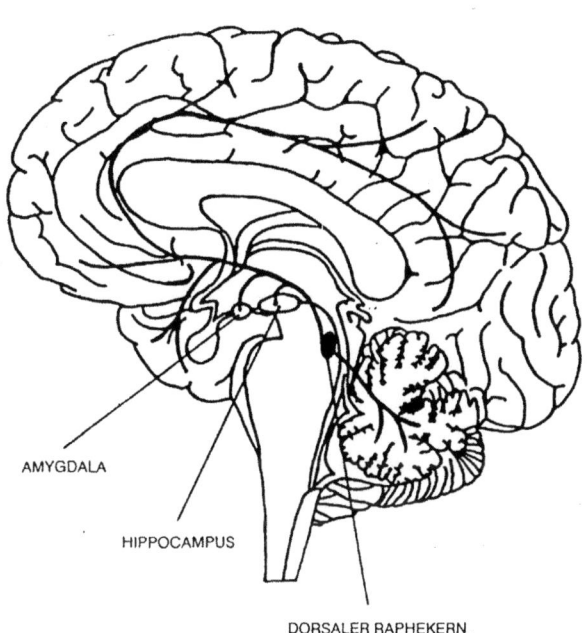

AMYGDALA

HIPPOCAMPUS

DORSALER RAPHEKERN

Abb. 4: Das serotonerge System (Roth, 1996, S. 206)

Serotonin wirkt inhibitorisch und modulierend. Das heißt, es hemmt die Erregung im Cortex. Nach Roth wird vermutet,

> „[…] dass die Bahnen des aufsteigenden aktivierenden Systems über den Transmitter Acetylcholin die Zellen des Thalamus und des Cortex allgemein *erregen*, und daß die Raphekerne und der Locus coeruleus über die Transmitter Serotonin und Noradrenalin diese Erregung wieder *herunterdrücken* (inhibieren) und damit so *einengen*, daß nur an ganz bestimmten Stellen der Großhirnrinde starke Aktivität herrscht […]" (ebd., S. 208).

In diesem Rahmen grenzt Serotonin den Effekt anderer Neurotransmitter wie Glutamat, Glycin und Gammaaminobuttersäure (GABA) ein. Auf diese Weise soll eine übertriebene Reaktion auf Umweltreize verhindert und eine „adäquate" Antwort auf kognitiver und affektiver Ebene gewährleistet werden (Berman, Tracy, & Coccaro, 1997, S. 651 ff.).

Lück u. a. verweisen auf Studien, die belegen, dass eine verminderte Funktion des serotonergen Systems mit einer erhöhten Impulsivität einhergeht, die wiederum eine Zunahme von Gewalt zur Folge haben kann. Es zeigt sich eine Korrelation zwischen antisozialem Verhalten und einem niedrigen Serotonin- beziehungsweise 5-HIAA-Spiegel (z.B. Moore, Scarpa, & Raine, 2002, S. 299 ff., Moffitt u. a., 1998, S. 446 ff.).[37] Daraus erschließt sich eine nachgewiesene Bedeutung einer eingeschränkten Serotoninfunktion für psychische Störungsbilder, die einen Verlust der Impulskontrolle nach sich ziehen. Der herabgesetzte Serotonin-Spiegel betrifft Areale des präfrontalen Cortex und scheint sowohl genetisch als auch durch die Umwelt verursacht zu sein, wobei der konkrete Wirkmechanismus des genannten Konnex im Gehirn nicht klar ist (Lück u. a., 2005, S. 90 ff.).

Die Aussagen beziehen sich auf impulsive Gewalt. Für instrumentelle Gewalt[38] und vor allem für nicht-pathologische Aggression sind die neurowissenschaftlichen Befunde weniger eindeutig. Die Korrelation zwischen Aggression und Serotonin fällt je nach Methodenwahl unterschiedlich aus. Nimmt man den Tryptophan-Spiegel[39] im Blut als Maß, ergibt sich ein positiver Zusammenhang mit Aggression: Ein größerer Tryptophan-Anteil im Blut scheint mit erhöhter Aggressionsbereitschaft einherzugehen (z.B. Wingrove, Bond, Cleare, & Sherwood, 1999a, S. 235 ff.). Wird hingegen mittels dl-Fenfluramin[40] ein Serotoninanstieg im Gehirn provoziert und die Hormonantwort von Prolactin oder Cortisol im Blut ausgewertet, zeigt sich eine negative Korrelation: Hohe Aggressionswerte korrespondieren lediglich mit geringen Hormonantworten (z.B. Wingrove, Bond, Cleare, & Sherwood, 1999b, S. 202 ff.).

Angesichts der Vermutung, dass Aggression durch einen niedrigen Serotonin-Spiegel mitbestimmt wird, wären über beide Methoden ähnliche Ergebnisse zu erwarten gewesen. Allerdings weiß man nicht, wie genau indirekte Maße die Serotonin-Menge im

---

37   Bei 5-HIAA handelt es sich um das Abbauprodukt von Serotonin.
38   Damit ist planerische Gewalt gemeint, die eingesetzt wird, um bestimmte Ziele zu erreichen.
39   Tryptophan ist eine Aminosäure, aus der im Gehirn mittels Synthese Serotonin hergestellt wird. Im Zuge des Serotonin-Abbaus durch das Enzym Monoamin-Oxidase (MAO) findet sich das Abbauprodukt 5-Hydroxyndolessigsäure (5-HIAA), das direkt über den Liquor im Rückenmark und indirekt im Blut und Urin gemessen werden kann.
40   dl-Fenfluramin provoziert eine Serotonin-Ausschüttung, wirkt aber gleichermaßen als Wiederaufnahmehemmer im synaptischen Spalt und ist für die direkte und indirekte postsynaptische Stimulierung der Serotonin-Rezeptoren verantwortlich.

Gehirn reflektieren. Gleichzeitig zeichnet sich der Prozess, in welchem Serotonin synthetisiert wird, durch komplexe Vorgänge aus, die durch mehrere Mechanismen beeinflusst werden. Darüber hinaus besitzen die Ergebnisse im Allgemeinen eine stärkere Aussagekraft für Männer als für Frauen, da bei letzteren die Aggression weniger durch das Serotoninsystem determiniert wird. Hinsichtlich des Geschlechtsunterschieds spielen beispielsweise der Einfluss von Testosteron und Östrogen auf den Serotonin-Haushalt als auch die unterschiedliche Bindungskapazität der Serotonin-Rezeptoren bei Männern und Frauen eine Rolle. Die differente geschlechterspezifische Funktionsweise des serotonergen Systems ist noch weitgehend ungeklärt. Als bewiesen gilt aber, dass Plasma-Tryptophan eine Wirkung auf die Serotonin-Synthese hat, da ein Tryptophan-Entzug sowohl bei Männern wie auch bei Frauen vermehrt eine aggressive Reaktionsweise hervorruft. Und es wurde gezeigt, dass sich neben genetischen und hormonellen Kriterien auch Umwelterfahrungen auf den Serotonin-Stoffwechsel niederschlagen (Lück u. a., 2005, S. 110 ff.).

4.2.5   Bindung und Aggression

In dem Kapitel „Gemeinschaftsgefühl, Bindung und Neurobiologie" wurden bereits Linien zwischen Bindungsforschung, individualpsychologischen Konzepten und neurowissenschaftlichen Erkenntnissen gezogen. Dies bedarf einer Ergänzung um den Aspekt der Aggression.

Martin Dornes und Monika Lück u. a. verweisen auf Studien, die Bezüge zwischen Aggressionsentstehung und Bindungsstil erkennen lassen (Dornes, 2009, S. 273 ff., Lück u. a., 2005, S. 42 ff.). Zimmermann und Grossmann erschließt sich dieser Zusammenhang bei Kindern und Jugendlichen über eine Zeitspanne von 16 Jahren. So zeigen ein- bis eineinhalbjährige Kinder mit einem unsicheren Bindungsmuster innerfamiliär verstärkt Ärger, der als nicht situationsadäquat bezeichnet werden kann, das heißt der nicht im Dienst der Wiederherstellung von Nähe steht, sondern einer „allgemeinen" Unzufriedenheit Ausdruck verleiht, die auf schon früh entstandene Mangelerfahrungen in der Beziehung mit den Bezugspersonen zurückzuführen ist. Mit viereinhalb, zehn und sechzehn Jahren manifestiert sich bei den untersuchten Risikogruppen im Vergleich zu sicher gebundenen Kindern vermehrt feindseliges und impulsives Verhalten (Zimmermann & Grossmann, 1994, S. 92 ff.). Kinder mit einem desorganisierten Bindungsstil sind eher gefährdet, eine feindselige Haltung gegenüber der Umwelt zu entwickeln (Lyons-Ruth, 1996, S. 67 ff.).

In diesem Rahmen sind wiederum im besonderen Maß diejenigen Kinder für die Ausbildung von antisozialem Verhalten anfällig, bei denen eine Dysfunktion der Sicherheitsbasis (nach der Klassifizierung der Bindungsstörungen von Zeanah und Mitarbeitern, 2000) auf selbstgefährdendes Agieren trifft. Das bedeutet, dass diese Kinder bei der Exploration nicht den Sicherheit spendenden Kontakt zur Bezugsperson (der „sicheren Basis") suchen, um beispielsweise anhand eines ermutigenden oder ängstlichen

Blicks der Mutter beurteilen zu können, ob Gefahr in Verzug ist oder ob die Erkundigung fortgesetzt werden kann. Dieses Risikoverhalten geht mit einer tiefen Störung der emotionalen Sicherheit, mit Aggressivität und Autoaggressivität einher. Faktoren der familiären Beziehungen wie Gewalt gegenüber den Kindern, aber auch in der Paarbeziehung der Eltern, ein rigider Erziehungsstil sowie mangelndes Einfühlungsvermögen der Bezugspersonen und Nichtvorhersagbarkeit der elterlichen Reaktionen erweisen sich dabei als extrem störungsfördernd (Papoušek, 2004a, Vortrag).

Was die Regulationsstörungen von Kindern im emotionalen Bereich anbelangt, wirken die genetische Veranlagung, frühe Beziehungserfahrungen, die kognitive und emotionale Prägung sowie neurobiologische Elemente zusammen. Wie bei der Entwicklung des Gemeinschaftsgefühls schlagen sich umgekehrt auch bei der Entstehung einer feindseligen Haltung (negative) Umweltaspekte physiologisch nieder. Im Kapitel über Bindung wurde darauf hingewiesen, dass ein schwieriges Temperament, ein unausgereiftes Zentralnervensystem oder eine verminderte Selbstregulationsfähigkeit schon bei Neugeborenen zusammen mit bestimmten Persönlichkeitsmerkmalen der Bezugspersonen (beispielsweise einer überforderten oder depressiven, nicht responsiven Mutter) einen unsicheren Bindungsstil fördern. Gleichzeitig stellen die genannten Risikofaktoren ebenso Kriterien für die spätere Ausbildung von aggressivem und antisozialem Verhalten dar (Lück u. a., 2005, S. 58). Im Sinn der Neuroplastizität beeinflussen diese Aspekte die Qualität der Interaktion, was wiederum neurobiologisch verankert wird. Die Ausformung des kindlichen Gehirns mit all seinen Verschaltungen erfolgt von der pränatalen Phase bis zum sechsten Lebensjahr am intensivsten im Leben eines Menschen (vgl. z.B. Braus, 2004).

Defizite in der Informationsverarbeitung in Bezug auf die Interpretation von Situationen, in denen es um Beziehung geht, sind ebenfalls bedeutsam. Die Tendenz aggressiver Kinder aus neutralen oder zweideutigen sozialen Szenen einen Angriff herauszulesen, wurde schon festgehalten, auch dass die dadurch „falsch" gesetzten feindseligen Reaktionen wiederum zu aggressiven Antworten der Bindungsfiguren und somit zu einem Teufelskreis führen können (vgl. Crick & Dodge, 1994, Lemerise & Arsenio, 2000, Papoušek, 2004b). Solche und andere frühe Beziehungserfahrungen wirken sich negativ auf die Ausprägung jener Hirnareale aus, die für die kognitive und emotionale Signalverarbeitung in sozialen Situationen zuständig sind, demnach für das Erkennen und Bewerten. Nach Teicher u. a. stellen vor allem die Amygdala, der Hippocampus und der präfrontale Cortex sensible Bereiche dar. Diese Strukturen sind bei Stress in der Kindheit besonders anfällig für eine Dysfunktionalität hinsichtlich der Reizverarbeitung. Es handelt sich eben um jene Regionen im Gehirn, die später bei der Aggression von Erwachsenen eine veränderte Funktionsweise aufweisen (Teicher, Andersen, Polcari, Anderson, & Navalta, 2002, S. 397 ff.). Darauf wurde bereits eingegangen. Die fehlerhafte Signalverarbeitung zeigt sich beispielsweise bei aggressiven Kindern mit dysfunktionalem Sozialverhalten in einer geringen Aktivierung der linken Amygdala bei Negativreizen. Dies ist angesichts der Tatsache, dass dieses Phänomen normalerweise positiven Informationsreizen zugeschrieben wird, auffällig (Stadler, 2004, Vortrag).

Darüber hinaus sind im Zusammenhang mit aggressiven Verhaltensauffälligkeiten auch schon bei Kindern Veränderungen bezüglich des chemischen Stoffwechsels von Serotonin, Testosteron und Cortisol festgestellt worden. Mit der *Mannheimer Risikokinderstudie* liegt erstmals eine Längsschnittstudie vor, die neurophysiologische Faktoren in Verbindung mit externalisierendem Verhalten untersucht. Es zeigte sich bei der Population von insgesamt 87 acht-, elf- und vierzehnjährigen Buben und Mädchen, dass bei den Buben ein erhöhtes Testosteron- beziehungsweise Dihydrotestosteronniveau mit erhöhter Aggressionsbereitschaft respektive mit verstärktem externalisierenden Verhalten einhergeht (Maras u. a., 2003, S. 932 ff.).

In welchem Ausmaß Serotonin bei der Aggression von Erwachsenen beteiligt ist, ist schon seit längerem immer wieder Untersuchungsgegenstand diverser Studien, wie weiter oben beschrieben. So konnte nachgewiesen werden, dass aggressive und gewaltbereite Erwachsene, vor allem Männer, über einen niedrigen Serotoninspiegel verfügen. Für Kinder liegen noch keine umfangreichen Ergebnisse vor. Halperin, Schulz, McKay, Sharma, und Newcorn machten die Bezüge zwischen aggressivem/antisozialem Verhalten in der Familie, der Aggressivität der Kinder und dem Serotonin-Haushalt zum Thema ihrer Forschungsarbeit. Dabei wurde dl-Fenfluramin, welches den Serotoninspiegel anhebt, zugeführt, um die Prolaktin-Antwort zu messen. Eine Anreicherung von Serotonin zieht wiederum eine Erhöhung des Prolaktin-Spiegels im Plasma nach sich. Die Ergebnisse ähneln jenen bei männlichen Erwachsenen. Denn sie machen evident, dass ein niedriges Prolaktin-Responding bei aggressiven Kindern mit aggressivem/ antisozialem Verhalten in der Familie korreliert (Halperin, Schulz, McKay, Sharma, & Newcorn, 2003, S. 205 ff.).

Ein anderer wichtiger Neurotransmitter ist das Stresshormon Cortisol. Bei unsicher gebundenen Kindern (Spangler, Grossmann, & Schieche, 2002, S. 102 ff.) und Kindern, die schon früh misshandelt worden sind, als auch bei Kindern, deren Mutter physisch/psychisch nicht präsent ist (Bugental, Martorell, & Barraza, 2003, S. 237 ff.), kann ein deutlicher Anstieg der Cortisol-Werte verzeichnet werden. Dieser Umstand ist auch im Hinblick auf die spätere Entwicklung von psychosomatischen und Autoimmunerkrankungen aussagekräftig (siehe Kapitel 6).

Trotz vorhandener Forschungsdefizite kann daraus bereits abgeleitet werden, dass ein veränderter neurobiologischer Funktionsapparat an Kindheitserfahrungen, insbesondere im Verhältnis mit Bindung und den damit verbundenen emotionalen Erlebnissen, gekoppelt ist. Neurophysiologische Auffälligkeiten und Verhaltensauffälligkeiten greifen hierbei ineinander (Lück u. a., 2005, S. 57ff.):

„Insgesamt wird deutlich, dass aggressives Verhalten am besten als Resultat eines *Teufelskreises* verstanden werden kann. Dieser Teufelskreis konstituiert sich durch das Zusammenwirken von genetischen, psychologischen und neurobiologisch-neurophysiologischen Faktoren des Kindes einerseits und verschiedenen Merkmalen seiner Umwelt andererseits, insbesondere durch Eigenschaften seiner Bezugspersonen. Defizite auf der Seite des Kindes oder der Bezugsperson führen zu negativen Reaktionen auf der jeweils anderen Seite, was einen sich selbst verstärkenden Prozess mit wachsenden Problemen in Gang zu setzen vermag" (ebd., S. 60).

4.2.6   Was vom Aggressionstrieb bleibt

„Die Grundfrage lautet: Ist Aggression ein Trieb, d. h. eine sich aus einer somatisch verankerten Reizquelle speisende und ständig fließende Kraft, die nach Abfuhr und Entladung drängt; oder ist sie eine angeborene Affekt- und Handlungsdisposition, die dann ausgelöst und eingesetzt wird, wenn das Subjekt sich bedroht, gekränkt, beleidigt etc. fühlt, d. h. als Reaktion auf Frustrationen im weitesten Sinn" (Dornes, 2009, S. 244).

Die Streitfrage, die Dornes auf den Punkt bringt, ist eine alte und viel diskutierte. Der Schatten, den sie auf die Psychoanalyse wirft, ist schon daran erkennbar, dass die Triebtheorie als Fundament der Freud'schen Lehre durch die Entstehung bestimmter Strömungen innerhalb der Psychoanalyse in den letzten Jahrzehnten zu wanken begonnen hat. Richtungen wie die Ich-, Selbst- und Objektbeziehungspsychologie, die relationale Psychoanalyse, oder die Bindungstheorie, belegen diese Entwicklung. Auch Müller-Pozzi (2008), der sich in bemerkenswerter Weise mit dem Freud'schen (Aggressions-)Trieb auseinandersetzt und sich um eine Reform der Triebtheorie bemüht, um sie für die heutige Zeit zuzurüsten, stößt dabei auf zentrale Schwierigkeiten, auch die Aggression betreffend.

Freud selbst scheint es nicht leicht gefallen zu sein, die Aggression in sein Konzept einzuordnen. Zunächst entwickelte er eine Triebtheorie, in welcher er die Primärtriebe in dem Dualismus von Sexual- und Selbsterhaltungs-/Ichtrieben postulierte (Freud, 1905–1915). Lange Zeit wehrte er sich dagegen, einen eigenständigen Aggressionstrieb zuzulassen. Das Problem der Aggression löste er, indem er den Primärtrieben aggressive Tendenzen zusprach (Freud, 1909b, S. 371). Inwieweit sein Widerstand auf die Trennung von Alfred Adler zurückzuführen ist, sei dahingestellt. Tatsache ist, dass Adler mit der Einführung seines Aggressionstriebes 1908 der Libido ihre tragende Rolle raubte und sie somit entmachtete (Adler, 1908b). Dies lag sicher nicht im Sinn Freuds.

Tatsache ist aber auch, dass es nicht einfach ist, einen Aggressionstrieb entsprechend der Libido zu entwerfen, weil es strukturelle Probleme mit sich bringt, auf die hier jetzt nicht näher eingegangen werden soll (Müller-Pozzi, 2008, S. 157 ff.). 1920 revidiert Freud in „Jenseits des Lustprinzips" den ersten Dualismus, indem er nun Lebens- und Todestrieb gegenüberstellt (Eros und Thanatos). Während er Sexualität als Äußerung des Lebenstriebes definiert, legt er Aggression als Ausdruck des Todestriebes fest (Freud, 1920g). Darauf aufbauend konzipiert er schließlich 1923 doch einen Aggressionstrieb (Freud, 1923a, 1923b).

Müller-Pozzi betont, dass sich die Libido – das Lust- und Lebensprinzip – ohne die Bindung des Aggressionstriebes in eine psychische Struktur gar nicht ausbilden kann. Damit spricht er die Triebmischung (Freud, 1920g) in dem Sinn an, als dass eine Integration der Aggression in die Libido nötig ist, um sich die Welt zu eigen machen, sich ihrer bemächtigen zu können:

> „Unversehens erhält der Dualismus der ersten Triebtheorie Freuds ihre volle psychoanalytische Relevanz, wenn wir bloß an die Stelle des Selbsterhaltungstriebes die Aggression setzen, die in der frühzeitigen Geburt des Menschen freigesetzt wird und des Bemutterns, der spezifischen Aktion des Nebenmenschen, des Anderen, bedarf, sie zu binden" (Müller-Pozzi, 2008, S. 165).

Der psychoanalytische Begriff „Bindung" ist nicht mit Bowlbys Bindungsbegriff zu verwechseln und meint die Bindung von Erregung zur Bildung psychischer Struktur, obgleich das Zitat implizit deutlich macht, dass die Qualität der Bindung in Bowlbys Sinn maßgeblich Einfluss darauf hat.

In Anlehnung an Freud geht Müller-Pozzi davon aus, dass der Mensch die nachgeburtliche Reizüberflutung mit einem „primären Hass" als Unlustreaktion im Dienst der Selbsterhaltung beantwortet. Dieser muss in der Folge mithilfe der Objektbeziehung gebunden werden und sei somit älter als die Liebe (ebd., S. 177 ff.). Es gibt allerdings nichts, was die Annahme dieses primären Hasses nahelegen würde. Die Bedeutung der vorgeburtlichen Beziehungserfahrungen wurde bereits des Öfteren angesprochen. Die Liebe, gleichermaßen wie die Ablehnung der Mutter, oder realistischerweise ihre „Affektmischung", sind demnach schon intrauterin für die psychische und physische Entwicklung des Fötus relevant (vgl. z.B. Hüther & Krens, 2007).

Dementsprechend ist das, was Müller-Pozzi auf metapsychologischer Ebene beschreibt, um den Aggressionstrieb umzuformulieren, zentral von der Beziehungsebene abhängig. Das bestätigt er u. a., wenn er konstatiert: „Eine präambivalente oder nicht ambivalente Liebe gibt es nicht. Es gehört zum Wesen der Liebe, Ambivalenz, d. h. die libidinöse und aggressive Besetzung ein und derselben Objektimago, ertragen und fruchtbar machen zu können" (Müller-Pozzi, 2008, S. 177). Dem ist beizupflichten. Aber: Müller-Pozzi entledigt sich der Energiequalität des Triebes und rückt an ihre Stelle die affektive Besetzung. Gleichzeitig nimmt er dem Trieb seine biologische Substanz und leitet seine Ausformung intersubjektiv her. In diesem Arrangement ist die Entstehung des Triebes an ein Gegenüber, an das Objekt, gekoppelt (ebd., S. 22–23). Damit richtet Müller-Pozzi seinen Blick weg von einem Aggressionstrieb hin zu einem Beziehungsgeschehen, das ohne Aggression nicht auskommt, allerdings ohne dass er dabei auf den Trieb verzichten würde. Es drängt sich die Frage auf, was dann überhaupt noch als Trieb festgemacht werden kann.

Es scheint so, dass auch Müller-Pozzis Versuch in ein reaktives Triebmodell mündet, was – wie im Zusammenhang mit Parens bereits festgehalten wurde – problematisch ist. Es ist offen, was von dem spezifisch Triebhaften vom (Aggressions-)Trieb übrig bleibt.

Muss weiter mit dem Begriff operiert werden, wenn seine ureigenen Qualitäten von Konzept zu Konzept verworfen werden und der Aggressionstrieb letztlich ohne den Beziehungsaspekt doch immer wieder verkümmert? Wird der Trieb hier nicht auf ein metapsychologisches Abstrakt reduziert, in welchem der Begriff aufrechterhalten, aber mit anderen Inhalten befüllt wird? Oder liegt gerade in einer Neudefinition und in der Auflösung der künstlich geschaffenen Grenzen zwischen psychologischer und somatischer Ebene die Chance des Aggressionstriebes? Denn auf der Basis der Kritik einen Triebverzicht auszurufen, wäre verfrüht. Auch wenn ein reaktiver Triebbegriff nicht vor Problemen schützt, so beugt er zumindest einer einseitigen psychologischen Sichtweise vor.

Und auch Alfred Adler folgt, wie gesagt, zuerst einer reaktiven Triebkonzeption, in welcher der Trieb dem „Zwang der Außenwelt" unterliegt (Adler, 1908b, S. 66). Bereits 1908 entwirft er neben dem Sexualtrieb einen eigenständigen Aggressionstrieb, den er allerdings explizit als sekundäre Erscheinung festlegt (ebd., S. 64 ff.). Er bezeichnet die Aggression als „Trieb zur Erkämpfung einer Befriedigung" (ebd., S. 72). Damit meint er, dass die Aggression dann erwächst, wenn die anderen Triebe beziehungsweise die grundlegenden Bedürfnisse, die organisch verankert sind, nicht gesättigt werden können, das heißt wenn eine Behinderung der Bedürfnisbefriedigung vorliegt und keine Beseitigung möglich ist. Der Aggressionstrieb „bedeutet uns eine Summe von Empfindungen, Erregungen und deren Entladungen [...], deren organisches und funktionelles Substrat dem Menschen angeboren ist" (a.a.O.). Er ist „ein übergeordnetes, die Triebe verbindendes psychisches Feld" (a.a.O.); dementsprechend ist er als Teil des Gesamtüberbaus der *Link* der Primärtriebe. Als solcher lässt er den Organismus hochfahren, in eine „höhere Betriebsweise zur Befriedigung seiner Bedürfnisse" (ebd., S. 70) umschalten, um ihn für eine Überwindung zu mobilisieren, wenn Hindernisse auftauchen beziehungsweise wenn der Normalbetrieb nicht zum Ziel führt.

Wie erwähnt findet sich dieser Ansatz in der „Frustrations-Aggressions-Hypothese" wieder, nach der jede Aggression auf Frustrationserlebnisse zurückzuführen ist (Dollard u. a., 1970). Umgekehrt muss nach Miller (Miller & Dollard, 1941), der das Konzept später aufgeweicht hat, nicht jede Frustration Aggressionen evozieren, sondern kann auch anders verarbeitet werden (beispielsweise mittels Ersatzbefriedigungen oder Problemlösungen).

In Adlers Modell des Aggressionstriebes wird bereits die Relevanz des Beziehungsaspekts deutlich, wenn er die Stellung des Kindes zur Außenwelt und deren Anforderungen mit den Trieben und ihrer Stärke verknüpft (Adler, 1908b, S. 71 ff.):

> „Seine [des Kindes, S. R.] ganze psychische Welt und seine psychischen Leistungen gehen aus dieser gegenseitigen Relation hervor, und wir können die höheren psychischen Phänomene der Kindesseele sehr bald im Zusammenhang mit dieser Anspannung aufsprießen sehen" (ebd., S. 71).

Analog zum „primären Hass" von Freud sieht Adler im Menschen zunächst eine „angeborene Feindseligkeit" verankert (ebd., S. 71–72). Dennoch stößt er bald an die Grenzen des Biologismus und ist aus diesem Grund bestrebt, der psychologischen Ebene den höheren Stellenwert zu geben, indem er 1912 die Wandlung vom Aggressionstrieb zum männlichen Protest und zum Machtstreben (zunächst als Wille zur Macht nach Nietzsche) vollzieht (Adler, 1912a). 1922 ernennt Adler in einer Ergänzung das Gemeinschaftsgefühl zum wichtigsten Regulator des Aggressionstriebes (Adler, 1908b, S. 76). Das Macht- und Geltungsstreben ermöglicht als Sicherungsversuch das Ausweichen vor den Lebensaufgaben, wenn der Mensch nicht ausreichend darauf vorbereitet worden ist, indem er zuwenig Gemeinschaftsgefühl erfahren hat und er somit auch selbst nur ein mangelhaftes entwickeln kann. Dadurch „[...] setzt dann das dergestalt irritierte Menschenkind die *ängstliche und aggressive Distanz* zum Du, wobei Angst und Aggression sich wechselseitig bedingen" (Rattner, 1999, S. 50). Aggression wird zur „nervösen Lebensäußerung", die der fiktiven Erhöhung des Persönlichkeitsgefühls dient (ebd., S. 82 ff.):

> „Aus der resultierenden Haltung eines Angreifers oder Angegriffenen erwächst dem Nervösen der Eindruck einer besonderen Feindseligkeit des Lebens. Seine Einfügung in die Gemeinschaft ist fortan gehindert, Beruf, Gesellschaft und Liebe fügen sich nicht seiner Kampfstellung, werden meist scheu umgangen oder bilden bestenfalls den Tummelplatz seines ehrgeizigen Machtrausches" (Adler, 1912a, S. 69).

Rattner resümiert: „[...] die erkrankte schöpferische Kraft wird zur Aggression gegen sich selbst und die Welt" (Rattner, 1999, S. 96).

Bernd Rieken betont, dass der Mensch „auch ein Produkt der biologischen Evolution ist" (Rieken, 2011a, S. 156 ff.). Auch er warnt vor der Gefahr der Einseitigkeit eines reinen Psychologismus (a.a.O.). Dieser Sicht ist einiges abzugewinnen, auch wenn sie, wie er selbst einräumt, nicht die Diskussion über die Triebhaftigkeit des Menschen beseitigt. Er selbst spricht sich für die Erhaltung des Aggressionstriebes aus (a.a.O.).

Die biologistisch-evolutionäre Betrachtungsweise des Menschen geht vor allem auf den bekannten Ethologen Konrad Lorenz zurück, der seine Beobachtungen aus dem Tierreich auf den Menschen übertrug. Er postulierte – unter dem Einfluss von Darwin und Freud – einen destruktiven Aggressionstrieb als den „*auf den Artgenossen* gerichteten Kampftrieb von Tier und Mensch" (Lorenz, 2007, S. 7). Die Aggression ist für ihn „ein echter, primär arterhaltender Instinkt", dessen Gefährlichkeit gerade in dessen Spontaneität begründet ist (ebd., S. 55). Die unkritische Annahme, dass die Verhaltensweisen des Menschen „1:1" jenen der Tiere gleichen, erzeugt natürlich Zweifel. Für die Beweisführung seiner Interpretationen zieht der Verhaltensforscher beispielsweise das Aufeinanderstoßen von Tieren im Zuge der Ausweitung der Reviergrenzen heran, das er mit „Angriffslust", von einem „Aggressionsdrang" herrührend verbindet (ebd., S. 42), und den Tieren dabei menschliche Emotionen wie „Zorn", „Wut" und „Hass" zuschreibt (ebd., S. 65). An anderer Stelle muss Lorenz' Tante als Beleg für den behaupteten menschlichen Aggressionsinstinkt herhalten, da sie ihre Dienstmädchen spätestens nach zehn Monaten vertrieb (ebd., S. 60). Die neurotische Grundlage wird ausgeklammert (vgl. Kaiser, 1980, S. 55).

Ein Instinkt ist durch seinen genetisch determinierten stereotypen Ablauf gekennzeichnet; aber keine menschliche Verhaltensweise unterliegt einer solchen Stereotypie (a.a.O.). Auch Spontaneität ist kein Kriterium für einen Trieb. Selbst ein Zwang erscheint spontan (Plack, 1980a, S. 93). Wie bereits erläutert erweckt Aggression oft den Eindruck von Spontaneität, weil die oft lang zurückliegenden Ursprünge nicht mehr ersichtlich sind. Das heißt, dass in einer aktuellen Situation Aggression auch deshalb auftreten kann, weil die Situation (bewusst oder unbewusst) an vergangene Erfahrungen erinnert, die ebenfalls mit Aggression verbunden waren, und in deren Rahmen die Aggression nicht abgeführt werden konnte bzw. nicht an das Objekt gerichtet werden konnte, auf das sich die Aggression damals bezogen hatte. Daher muss die Frage unbeantwortet bleiben, ob es auch „reine" spontan auftretende Aggression gibt. Immer wieder verweist Lorenz auf die intraspezifische, zerstörerische Ausrichtung von Aggression (Lorenz, 2007, z.B. S. 30 ff.), hält aber die eigene Linie nicht durch und attestiert dann doch auch dem „Anpacken einer Aufgabe oder eines Problems" einen aggressiven Charakter (ebd., S. 248).

> „Zusammenfassend läßt sich die Beweisführung von Lorenz so charakterisieren, dass er ein menschliches, emotionales Faktum (die Aggressivität) auf andere Tiere überträgt, dort mit dem Instinktbegriff amalgamiert und als Aggressionsinstinkt wieder auf den Menschen zurücküberträgt. Die Kritik richtet sich einerseits gegen die Übertragung des Aggressionsbegriffs auf tierisches Verhalten, andererseits auf die Rückübertragung auf den Menschen, dessen Verhalten nicht instinktiv ist" (Kaiser, 1980, S. 55–56).

Aspekte wie die Lernfähigkeit des Menschen, damit einhergehend seine neuronale Plastizität, seine Neurotik, der Zusammenhang zwischen Frustration und Aggression als auch jener zwischen sexueller Frustration und Sadismus und Gewalt wie auch zwischen Sexualität und Aggression allgemein werden von Lorenz ignoriert (vgl. Plack, 1980b). Respektiert man aber diese Kausalzusammenhänge, „besteht kein logischer Zwang mehr, dafür noch eine zweite Ursache in Form eines eigenständigen Aggressionstriebes anzunehmen" (Plack, 1980a, S. 115), meint Plack. Das Ziel des Aggressionstriebes sei, bekräftigt Lorenz, nicht die Vernichtung, sondern die Unterwerfung des Artgenossen (Lorenz, 2007, S. 53–54). Das impliziert aber eine finale Qualität des Aggressionstriebes, in dessen Rahmen der Sinn der Aggression im Erreichen anderer (Trieb-)Bedürfnisse liegt und nicht in einem „Selbstzweck" eines eigenständigen Aggressionstriebes (vgl. Plack, 1980a, S. 95–96, S. 107). Lorenz' eigene Argumentation für seine Hypothese eines energetischen Aggressionstriebes, der spontan nach Entladung drängt, erweist sich als nicht plausibel.

Rieken bezieht sich u. a. auf den Lorenz-Schüler Eibl-Eibesfeldt, der die Schwankungen, denen unsere Stimmungen unterliegen, ins Treffen führt. Diese erzeugen bestimmte Handlungspotenziale und können nicht immer als Reaktion auf die Umgebung gewertet werden. Darüber hinaus sind diese Vorgänge von hormonellen Einflüssen abhängig

(Eibl-Eibesfeldt, 1995, S. 105, S. 535 ff., Rieken, 2011a, S. 157). Die Argumentation verleitet zunächst zu der Ergänzung, dass die Handlungsbereitschaften nicht immer als Reaktion auf die *aktuelle* Umwelterfahrung gesehen werden können, weil das in der Vergangenheit Erlebte mitwirkt und sich auch physiologisch verankert hat, wie weiter oben bereits erklärt. Tatsächlich unterliegt die Aggressionsbereitschaft hormonellen Einflüssen, wie die erwähnten neurowissenschaftlichen Studien gezeigt haben. Dennoch beantworten diese Ergebnisse nicht die Frage nach einer biologischen Fundierung des Aggressionstriebes. Nach Josef Rattner können wir keine physische Basis desselben ausmachen,

> „[...] wie wir etwa beim Sexualtrieb Organkomplexe nennen können, die via hormonale Beeinflussung ein periodisch auftretendes Bedürfnis zu ganz bestimmten Handlungsabläufen erzeugen. Eine solche Ausgangssituation ist für die ‚Aggression' nirgends gegeben" (Rattner, 1999, S. 39).

Darüber hinaus ist es fraglich, ob die biologisch-motivationalen Systeme überhaupt unabhängig von der Umwelt betrachtet werden können. Schließlich gilt es bereits als empirisch gesichert, dass auch die Funktionsweise der Hormone beziehungsweise (Gehirn-)Botenstoffe an Umwelteinflüsse gebunden sind (z.B. Lück u. a., 2005, Bauer, 2011).

Wie moderne Genetik und neurowissenschaftliche Befunde zeigen, beginnt das Zusammenwirken bereits intrauterin, was bedeutet, dass eine spezifische genetische Veranlagung schon auf vorgeburtliche Beziehungserfahrungen stößt, die sich wiederum auf die Ausbildung der physiologischen Strukturen, inklusive der Systeme des Hirnstoffwechsels, niederschlägt. Gleichzeitig schalten Beziehungserfahrungen im Laufe eines Lebens die Aktivität mancher Gene an und ab. Auf diese epigenetischen Phänomene wurde bereits hingewiesen. In diesem Sinn erübrigt sich die alte Frage, ob die biologischen oder die psychischen Strukturen primär sind, welche Ebene die Basis der anderen sei, weil das Ineinandergreifen von einer steten Wechselwirkung geprägt ist. In unseren Betrachtungsweisen dividieren wir sie künstlich auseinander, was auch unerlässlich und sinnvoll ist, um aus den verschiedenen Perspektiven erst Zusammenhänge sichtbar machen zu können.

Das legt gleichzeitig nahe, dass der „Aggressionstrieb", sofern er vorhanden sein soll, lediglich ein Theoriebegriff sein kann, ein Abstrakt, das in der Realität keine objektiv abgrenzbare und fassbare Entsprechung hat. Eine ähnliche Sicht vertritt schon Alexander Mitscherlich, der zwar einen eigenständigen Aggressionstrieb – „Destrudo" – als gegeben wissen möchte, ihm letztlich aber auch nur den Status eines „Ordnungsbegriffs" einräumt (Mitscherlich, 1969, S. 82 ff.).

Im Sinn der Ganzheitlichkeit bilden Körper, Psyche und Geist eine hochkomplexe Einheit, die durch vielfältiges Interagieren der einzelnen Aspekte untereinander gekennzeichnet ist. Somit muss der Mensch aus einer biologisch-psychologischen Perspektive betrachtet werden (vgl. Rieken, 2011a, S. 156 ff.). Gleichzeitig ist es schwer, den Menschen in seinem Verhältnis zwischen Biologie und Psychologie zu orten. Wir assoziieren zu Genen und Hormonen normalerweise keine psychologische Unterfütterung. Tatsächlich unterliegt – wie gesagt – die Genregulation genauso wie die anderen physiologischen Vorgänge auch Umwelteinflüssen, Beziehungserfahrungen nachgewiesenermaßen inbegriffen. Letztere, die veränderte körperliche Abläufe zur Folge haben können, können somit über Generationen hinweg „vererbt" werden. Insofern ist auch der Begriff der Genetik und Vererbung in unserem heutigen Verständnis zu relativieren. Es zeigt sich, dass die Zusammenhänge zwischen Biologie und Psychologie weit enger sind als bisher gedacht. Daraus kann man folgern, dass wir genauso das Produkt einer sozialen und psychologischen Evolution sind, von der die biologische nicht losgelöst gedacht werden kann.

Adler räumt der engen Verflechtung dieser Ebenen in seinem Aufsatz über den Aggressionstrieb 1908 bereits den ihr gebührenden Platz ein, indem er zwei Wissenschaftsbereiche vereinigt,

> „[...] und zwar den biologisch-medizinischen Ansatz und den psychologisch-psychoanalytischen: Zunächst definiert er den Trieb in diesem Sinn als die Abstraktion der Summe aller Elementarfunktionen eines ihm entsprechenden Organs und der zu ihm gehörenden Nervenbahnen" (Prandstetter, 2011, S. 101, vgl. Adler, 1908b, S. 66).

Gleichzeitig konstruiert er um den Trieb einen „psychischen Überbau". Dadurch, so Prandstetters Verweis, führt Adler zwei weitere Entitäten zusammen: „[...] die ontogenetische und die phylogenetische, welche nun im Begriff der Heredität zu einem die Neurosenlehre in wesentlicher Weise bestimmenden Moment wird" (Prandstetter, 2011, S. 102). Eben aus dieser Verschränkung heraus, die ihren Anfang in der „Studie über die Minderwertigkeit von Organen" (Adler, 1907a) nimmt, konstituiert sich für Adler der „psychische Überbau". – Wenn den Organen der Lustgewinn versagt bleibt, mündet dies psychologisch in Aggression und Feindseligkeit:

> „Dieser Umstand sowie die weiteren Beziehungen der feindseligen, kämpferischen Stellung des Individuums zur Umgebung lassen erkennen, dass der Trieb zur Erkämpfung einer Befriedigung, den ich ‚Aggressionstrieb' nennen will, nicht mehr unmittelbar dem Organ und seiner Tendenz zur Lustgewinnung anhaftet, sondern dass er dem Gesamtüberbau angehört und ein übergeordnetes, die Triebe verbindendes psychisches Feld darstellt, in das – *der einfachste und häufigste Fall von Affektverschiebung* – die unerledigte Erregung einströmt, sobald einem der Primärtriebe die Befriedigung verwehrt ist" (Adler, 1908b, S. 72).

Für Freud hingegen ist der Trieb „einer der Begriffe der Abgrenzung des Seelischen vom Körperlichen" (Freud, 1905d, S. 76). Will man aber den Aggressionstrieb für das Heute bewahren, so kann dies nur geschehen, wenn man ihn wieder zu einem Begriff der Verbindung zwischen Seelischem und Körperlichen macht und ihn von dieser vom frühen Adler propagierten Sichtweise ausgehend neu definiert. Neu zum einen deshalb, weil in Adlers Konzeption „[...] die Unvereinbarkeit einer antagonistischen Begrifflichkeit unter dem Zugeständnis ihrer Hypostasierung in Gestalt eines ‚*psychischen Feldes*', in das die unerledigte Erregung des Organs ‚*einströme*'" (Prandstetter, 2011, S. 106), zutage tritt. Diese abstrakte Dichotomie fordert ihre Überwindung hin zur Anerkennung der realen Verwobenheit von Physischem und Psychischem. Zum anderen muss der Begriff des Aggressionstriebes auch deshalb neu gefasst werden, weil es unerlässlich ist, seine psychologische Entsprechung im Zusammenhang mit den aktuellen neurowissenschaftlichen und genetischen Erkenntnissen zu sehen. Dabei muss dem Ineinanderfließen der einzelnen Ebenen Respekt gezollt werden, um zu einem klareren Verständnis zu gelangen – unter der Absage an das Dogma einer fiktiven Abgrenzbarkeit. Schließlich gewinnt die psychologische Begrifflichkeit an Schärfe, wenn man sie nicht von den somatischen Komponenten trennt.

Ein Beispiel: Eine werdende Mutter erlebt Stress in der Schwangerschaft, weil sie Probleme in der Partnerschaft hat. Sie fühlt über einen längeren Zeitraum verstärkt Wut und Angst. Die Emotionen wirken sich auf ihren Hormonhaushalt aus, auch auf den Stoffwechsel ihrer Hirnbotenstoffe. Dies geht wiederum auf den Fötus über und beeinflusst dessen Genese der biologischen Systeme. Das Baby kommt, da es während der Schwangerschaft einem erhöhten Erregungsniveau ausgesetzt war, mit einer schlechten Selbstregulationsfähigkeit auf die Welt. Gleichzeitig sucht es vielleicht immer wieder das erhöhte Erregungsniveau zu erreichen, da es dieses im Mutterbauch als das normale erlernt hat (mögliche Basis für ADHS!). Die Mutter ist nach der Geburt weiterhin mit ihrer eigenen belastenden Situation beschäftigt, nicht ausreichend responsiv für ein Schreibaby, das sie nun auch ablehnend und aggressiv behandelt. Das Kind entwickelt seinerseits vermehrt Aggressionen, einhergehend mit einem veränderten Hirnstoffwechsel. Hier zeigen sich der mütterliche Stress und das Fürsorgeverhalten als Umgebungseinflüsse, die im Sinn der Epigenetik ganz spezielle Effekte hervorrufen, die von der Verschlungenheit zwischen Genetik und Umweltprägung determiniert sind.

Ein ganz anderes Beispiel liefert das Ergebnis von Studien, die dokumentieren, dass ein Polymorphismus im MAOA-Gen[41] aggressives Verhalten fördert, aber nur wenn die Person in der Kindheit Misshandlungen erlebt hat (z.B. Caspi u. a., 2002, S. 851 ff.). Gleichzeitig liegen hinsichtlich dessen, ob aggressives Verhalten mit einer erhöhten oder herabgesetzten MAOA-Aktivität korreliert, nicht einheitliche Resultate vor. Auch dieser Umstand könnte gerade auf die nicht zu unterschätzende Rolle der individuellen äußeren Einflüsse zurückzuführen sein (Lück u. a., 2005, S. 96).

Die Beispiele sollen die dichte Verwobenheit zwischen einer genetisch determinierten Sensibilität der biophysischen Modulation der Stresssysteme auf der einen Seite und der dabei wirkenden Umwelterfahrungen auf der anderen Seite aufzeigen. In diesem Kontext verliert auch die Frage, ob Aggression ausschließlich reaktiv sei, an Brisanz. Eben diese Komplexität könnte sowohl für als auch gegen einen eigenständigen Aggressionstrieb interpretiert werden. Glaubwürdig erscheinen jedenfalls die neurobiologischen Befunde, die – wie gesagt – dafür sprechen, dass es keinen erblich bedingten Aggressi-

---

41 *Monoamin-Oxidase A* ist ein Enzym, das für den Abbau von Serotonin verantwortlich ist.

onstrieb, sondern allenfalls eine genetische Ausstattung gibt, die unter bestimmten Bedingungen eine gesteigerte Aggressionsbereitschaft zur Folge haben kann (Strüber u. a., 2008, S. 93 ff.). Es bleibt die Frage, ob diese als Trieb beschrieben werden soll.

Der Blickwinkel der dauerhaften komplexen Verschränkung leitet in logischer Konsequenz dazu über, die herkömmliche Definition des Aggressionstriebes – zurückgehend auf Freud – als rein somatisch genährte Kraft, die entladen werden muss, in Zweifel zu ziehen. Es ergibt sich die „Gretchenfrage", ob aus der Vermischung der körperlichen und seelischen Ebenen überhaupt ein eigenständiger Aggressionstrieb hervorgeht, oder ob die Aggression in dieser Verschränkung immanent ist und keine eigene psychophysische Substanz besitzt. In dieser Arbeit wird – nach Abwägen der entwicklungspsychologischen und neurowissenschaftlichen Erkenntnisse – davon ausgegangen, dass der Aggression eine individuelle seelisch-körperliche Beschaffenheit zugesprochen, und dass diese als Aggressionstrieb gefasst werden kann. Allerdings muss man sich dafür von der ursprünglichen Begrifflichkeit des Triebes nach Freud verabschieden. Der Aggressionstrieb kann nicht mehr „eigenständig" in dem Sinn gedacht werden, dass er rein somatisch – losgelöst von der psychologischen „Stofflichkeit" des Menschen – existieren würde.[42] Er kann aber als „eigenständig" gesehen werden, indem ein aus Umwelterfahrung und biologischer Verankerung entstandenes Aggressionspotenzial – im Normal- wie im pathologischen Bereich – stetig nach Abfuhr sucht. Daher kann ihm eine Triebhaftigkeit als einem psychophysisch aufgekeimten, unterschiedlich starken Drang, dessen Entwicklung bereits pränatal begonnen hat, attestiert werden. In diesem Verständnis wird die Problematik eines reaktiven Triebes, auf die Dornes immer wieder verweist, nicht verdrängt, aber die Anerkennung der engen Verflechtung zwischen Psyche und Physis bedeutet auch, dass die Aggression nicht nur reaktiv gedeutet werden kann, wenn man der Beteiligung des biologischen Bodens von Anfang an Rechnung zollt.

In diesem Zusammenhang verhält es sich natürlich so, dass der Anteil der Einwirkung der Außenwelt an der Entstehung des Aggressionstriebes unterschiedlich groß sein kann. Entwickelt ein Mensch aufgrund kumulativer negativer Umwelterfahrungen ein ausgeprägtes Aggressionsverhalten, so tritt der Aggressionsdrang hier massiver zutage, ist aber in seinem Ursprung äußerst beziehungsbedingt. Das zeigt: Beharrt man einseitig auf einem Aggressionstrieb mit ausschließlich destruktiver Ausrichtung, kann er nicht als angeboren betrachtet werden, denn gerade die zerstörerische Qualität ist schwerlich aus einem (reaktiven) Beziehungsgeschehen herauszuschälen. Bauer zum Beispiel argumentiert aus neurobiologischen Überlegungen heraus, dass Aggression dann destruk-

---

42   Diesem Gedanken sind – wie erwähnt – bereits viele WissenschaftlerInnen gefolgt, allerdings auf der Basis eines reaktiven Triebbegriffes und nicht auf der Grundlage des neurobiologischen Ineinandergreifens von Psyche und Physis, die auf die Trennung bis zu einem gewissen Grad verzichtet.

tiv wird, wenn ein Verlust ihrer kommunikativen Funktion zur Sicherung einer guten Beziehungsqualität vorliegt (Bauer, 2011, S. 63).

Sieht man vom destruktiven Aspekt, wie es viele getan haben (z.B. Dornes, 2009, Müller-Pozzi, 2008, Rieken, 2011a, u. a.), einmal ab, kann man sich der konstruktiven Seite der Aggression zuwenden, die im Dienst des Lebenswillens und der Selbstbehauptung steht. Dieses Umdenken beruft sich auf den lateinischen Ursprung des Wortes „aggredere", das nicht nur „angreifen", sondern auch „herangehen", „unternehmen", „versuchen" oder „beginnen" bedeutet und in der Redewendung „etwas in Angriff nehmen" wiederzufinden ist. Von einer Bemächtigung des Objekts ist schon bei Freud die Rede, ohne eine besondere Rolle einzunehmen (Freud, 1915c). Aufgrund der Relevanz sei noch einmal darauf hingewiesen, dass Adler diesem Gedanken eine große Bedeutung zuerkannt hat, wenn er 1922 in seinem Aufsatz über den Aggressionstrieb folgende Ergänzung einfügt:

> „Wie einer diese Aufgaben [die Lebensaufgaben, S. R.] anpackt, daran kann man ihn erkennen. Diese seine Haltung hat immer etwas Angreifendes. [...] Ich nannte die Summe dieser Erscheinungen den Aggressionstrieb, um zu bezeichnen, dass der Versuch einer Bemächtigung, einer Auseinandersetzung damit zur Sprache käme" (Adler, 1908b, S. 65–66).

Das Konzept der Selbstbehauptung systematisiert er im Rahmen des Gemeinschaftsgefühls und des Machtstrebens beziehungsweise der Kompensation.

Es herrscht bei den PsychologInnen Einigkeit darüber, dass der „Bemächtigungsdrang", das Leben „anzupacken", jedem Menschen innewohnt. Allerdings gibt es kein Übereinkommen, dieses Phänomen als Aggressionstrieb fassen zu wollen. Manche meinen, dass in jeder Aktivität eine aggressive Komponente enthalten ist. Dafür lässt sich allerdings keine wissenschaftliche Basis finden. Darüber hinaus existiert auch kein Beleg dafür, dass jeder Regung, die im Dienst von Selbstbehauptung und Überwindung steht, ein aggressives Moment innewohnt. In Anbetracht der „konstruktiven" Aggression drängt sich naturgemäß die Frage auf, ob diese auf denselben Grundtrieb zurückgeht wie destruktive oder andere aggressive Phänomene (vgl. Plack, 1980c, S. 12 ff.). Lichtenberg (1992, 2000) und Stechler (1987) beispielsweise differenzieren, wie weiter oben dargelegt, zwischen konstruktiver Aggression und Assertion beziehungsweise ersetzen sie in ihrem Konzept Erstere durch das assertive System, da sie essenzielle Unterscheidungsmerkmale zwischen beiden beachtet wissen wollen.

Neurowissenschaftlich gesehen sind auf den ersten Blick und nach Bauer auch – je nach Erscheinungsform – unterschiedliche Systeme aktiv. Denn die Motivationssysteme als die zielorientiert justierten „Antriebsaggregate" des Lebens sind bei Assertion, Exploration, Neugier usw. „von sich aus" aktiv, bei aggressiven Verhaltensweisen im originären Sinn aber nicht. Nach Bauer springt der Aggressionsapparat erst dann an, wenn Beziehung nicht gelingt:

„Aggressivität ohne vorherige Provokation führt bei psychisch durchschnittlich gesunden Menschen weder zu einer Aktivierung des Motivationssystems noch zu einer Ausschüttung von Glücksbotenstoffen. Aggression ist daher eindeutig keine spontan auftretende Grundmotivation im Sinne des ‚Aggressionstriebes'" (Bauer, 2011, S. 35).

Und auch Panksepp und Biven unterstreichen, dass das RAGE-System hauptsächlich dann angeregt wird, wenn das SEEKING-Systems „frustriert" worden ist, – das heißt, wenn sich das Individuum bedrängt fühlt, es in seinem Streben behindert wird oder seine Grundbedürfnisse nicht erfüllt werden können (Panksepp & Biven, 2012, S. 149, vgl. Hofer-Moser, 2015, S. 28). Sie sprechen in diesem Hinblick von frustrationsinduzierter Wut/Aggression, „frustration induced RAGE" (Panksepp & Biven, 2012, S. 149) und arbeiten ebenfalls die Bedeutung negativer sozialer Erfahrungen heraus (ebd., S. 158). Dennoch kann aus Panksepps Konzeption eine Nähe zu einem „allgemeinen" Triebverständnis herausgelesen werden, da er die basisemotionalen Systeme als instinkthaft präzisiert.

Insofern spricht die neuroanatomische Funktionsweise für die an früherer Stelle erläuterte Unterscheidung zwischen Assertion und Aggression nach Lichtenberg und Stechler wie auch für den ebenfalls bereits zitierten Schluss von Dornes, dass Aktivität nicht einem Aggressionstrieb (zumindest nicht nach dem Triebverständnis von Freud) entspringt, sondern einer anderen (organischen) Quelle. Aber: Es ist in Zweifel zu ziehen, ob Aggression nur bei Störungen im Beziehungsgeschehen entsteht, wie Bauer behauptet. Gelingt es einem Kleinkind etwa nicht gleich, seinen voll beladenen Spielzeuglastwagen über den Hang zu schieben, weil dieser einmal umkippt, bevor es das Kind doch schafft, kann dies auch eine aggressive Reaktion hervorrufen, was hier im anfänglichen Scheitern der Überwindung eines Hindernisses begründet liegt. Das Scheitern würde dann der Provokation entsprechen. Aus der Provokation und dem damit verbundenem Ärger folgt wiederum die Motivation, den Hügel doch noch zu meistern und mündet in ein Erfolgserlebnis. Solche Frustrationen und deren Bewältigung sind für die Entwicklung unerlässlich. Das impliziert allerdings, dass die darin enthaltene vitale aggressive Komponente ebenso unverzichtbar ist. Neurobiologisch spiegelt sich dieser Umstand in der Synergie zwischen den Motivationssystemen und dem Aggressionsapparat wider. Wenn man – wie das Beispiel nahelegt – die konstruktive (wie auch die destruktive) Aggression eben aus diesem Zusammenwirken heraus versteht, und nicht – wie Bauer – danach urteilt, welches System zuerst oder „von sich aus" aktiv wird, ergibt sich eine andere Sichtweise: dass es sich nicht um verschiedene organische Quellen handelt, die getrennt voneinander zu betrachten sind, sondern um organische Quellen, die gemeinsam synergetische Effekte erzeugen, aus denen heraus ein konstruktiver oder destruktiver (Aggressions-)Mechanismus generiert wird.

Nach Bauer stellt sich die Synergie, die aus dem Aggressions- und dem Motivationssystem erwächst, wie folgt, dar:

„Der Aggressionsapparat hat [...] das Potenzial, soziale Beziehungen zu gefährden. Da er jedoch – dem Gesetz der Schmerzgrenze folgend – vorzugsweise nur dann in Aktion tritt, wenn Bindungen und Zugehörigkeit bedroht sind, ergibt sich zwischen beiden neurobiologischen Systemen [zwischen dem Aggressionsapparat und dem Motivationssystem, S. R.] eine Synergie. Unter Bedingungen eines verschärften Ressourcenmangels steigt allerdings die Wahrscheinlichkeit, dass beide Systeme eine gegeneinander gerichtete Dynamik entwickeln. Die für den Menschen (über)lebenswichtigen Ressourcen, die einer Verknappung unterliegen können, sind nicht nur materieller Art. Auch Bindungen sind eine von Mangel bedrohte (emotionale) Ressource" (Bauer, 2011, S. 62).

Bauers Argumentation mag zum Teil einseitig und populärwissenschaftlich wirken und muss sicherlich an mancher Stelle hinterfragt werden. Dennoch muss man ihm zugutehalten, dass er den mit Schwierigkeiten gepflasterten Brückenschlag zwischen Natur- und Humanwissenschaften nicht scheut und in diesem Rahmen gekonnt Zusammenhänge zwischen Neurobiologie und Psychologie herausarbeitet, die noch dazu fundiert an dem lange als bewiesen geltenden (darwinistischen) Menschenbild rütteln. Im Zuge dessen ist er einer der wenigen NaturwissenschaftlerInnen, die den Menschen auch aus seiner Finalität heraus verstehen, wenn er beispielsweise die Zielorientiertheit der biologischen Motivationssysteme mit der psychologischen Ebene des Menschen verbindet. Viele NeurowissenschaftlerInnen deuten ihre aktuellen Befunde weiter in der herkömmlichen Tradition der Naturwissenschaften, indem sie die Ergebnisse kausal herleiten. Durch die Betonung der Plastizität wird höchstens verschleiert, dass diese Interpretationen letztlich immer wieder im „alten" Menschenbild münden, das von körperlich verankerten Naturanlagen charakterisiert ist (wenn auch mit dem Zugeständnis des prägenden Umwelteinflusses), was mitunter soweit führt, dass dem Menschen sein freier Wille abgesprochen wird. Denn das naturwissenschaftliche Kausalmodell, in welchem die Welt als deterministisches Ganzes erscheint, erlaubt keine Willensfreiheit (z.B. Singer, 2004b, S. 30 ff., Roth, 1996, S. 303 ff.). Würde man dem Ineinandergreifen von körperlicher und psychischer Zweckgebundenheit – einer psychophysischen Finalität – Rechnung tragen, könnte der Mensch womöglich nicht so einfach aus seiner Eigenverantwortung entlassen werden. Allerdings soll hier nicht die Diskussion über den freien Willen vertieft werden. Sie soll lediglich als Beispiel dafür dienen, dass eine kausale und finale Herangehensweise jeweils zu sehr unterschiedlichen Auslegungen führt.

Im Zuge von Bauers Betrachtungen fällt die Problematik ins Auge, allein den Drang nach gelingender Beziehung als Trieb anzuerkennen. Selbst wenn man – wie er – ins Kalkül zieht, dass die Motivationssysteme „von sich aus" aktiv werden, der Aggressionsapparat aber nicht, so stellt dies, wie anhand des Beispiels mit dem Spielzeuglastwagen gezeigt wurde, keine schlüssige Argumentationslinie dar. Denn wenn man die Aggression eben aus der von ihm konstatierten Synergie der Systeme heraus versteht, so kann man sie nicht einfach als Grundmotivation eliminieren. Denn dann *ist* sie ein psychophysischer Baustein der menschlichen Basis, ohne den der Mensch in seiner Entwicklung nicht auskommt und auf dessen Grundlage das Entstehen von konstruktiver bis hin zu destruktiver Aggression beziehungsweise von pathologischer Aggression am anderen Ende möglich ist.

Und schließlich bedeutet die Aufrechterhaltung des Konzepts eines Aggressionstriebes nicht zwangsläufig, dass der Mensch als von Natur aus böse gesehen werden muss, wie die Ausführungen gezeigt haben (vgl. Rieken, 2011b). Letztendlich gibt es auch unter der Einbeziehung der biologischen Unterfütterung keine Charaktere ohne Außenwelt:

> „Es ist nicht schwer einzusehen, dass alle Charakterzüge, entgegen der Auffassung der sogenannten Charakterologen, soziale Bezogenheiten bedeuten und aus dem vom Kinde gefertigten Lebensstil entspringen. So löst sich auch die alte Streitfrage auf, ob der Mensch von Natur aus gut oder böse sei" (Adler, 1933b, S. 43).

5 Der Lebensstil

„Alles will eine Matrix bilden. Jede Zelle, jedes Konglomerat
von Zellen vom Pantoffeltierchen bis zum Menschen […]
tendiert, nein: drängt dazu, um sich herum ihm entsprechende
Lebewesen zu schaffen oder vorhandene Strukturen entsprechend dem eigenen Bild umzustempeln. Die Matrize ist das
Geheimnis des Lebens"
(Herbert Rosendorfer, *Großes Solo für Anton*, 2012, S. 182–
183)

„Wann wird es endlich wieder so, wie es nie war"
(Joachim Meyerhoff, Romantitel, 2014)

Der vom Kind auf dem Nährboden der sozialen Bezogenheiten gefertigte Lebensstil
stellt einen weiteren Meilenstein in Adlers Lehre dar. Er führt das Konzept zunächst
1912 in „Über den nervösen Charakter" (Adler, 1912a) mit dem Begriff „Leitbild" ein
und bezeichnet es in der Folge als „Leitlinie", später als „Lebensplan". 1926 verwendet
er in seiner Vorrede zum „Handbuch der Individualpsychologie" (Adler, 1926n) erstmals den Ausdruck „Lebensstil", höchstwahrscheinlich in Anlehnung an die Soziologen
Weber und Wilken.[43] Um die 30er Jahre fallen Adlers bildhafte Vergleiche mit der Welt
der Musik auf; so spricht er vom Lebensstil als „Grundmelodie" (Adler, 1931m) des
Individuums (Ansbacher & Ansbacher, 1995, S. 281 ff.). Schließlich liest man von der
„Bewegung", dem „Bewegungsgesetz" und der „Bewegungslinie" (Adler, 1933b).

Stephenson sieht in den einzelnen Benennungen unterschiedliche Aspekte des Lebensstils, die dabei helfen können, den Begriff in seiner Ausdifferenzierung besser zu verstehen: In der „Leitlinie" findet er den „‚roten Faden' einer bestimmten Art von Min-
derwertigkeitskompensation", der sich in der Art der Wahrnehmung und Interpretation,
in den Handlungsstrategien sowie in den Rollen, die sich eine Person wählt, zeigt. So
bilden sie zusammen die „Leitlinie" und streben einem Zielpunkt zu, einem nie ganz
erreichbaren Ideal, welches sich der Mensch setzt, damit seine Minderwertigkeitsgefühle darin vollkommen aufgehoben würden, – dem „Leitbild". „Leitlinie" und „Leitbild"
folgen einem „Gesamtplan", dem „Lebensplan", der letztlich das Konzept darstellt, was
man im Einzelnen alles tun muss, um das Ziel und damit das Gefühl der Gleichwertigkeit oder Überlegenheit zu erreichen. Und die „Grundmelodie" entspricht nach Stephenson dem individuellen Apperzeptionsstil – der Art und Weise, wie man sich und die

---

43   Adler richtet sein Augenmerk allerdings auf den „individuellen Lebensstil", im Gegensatz
     zu den Soziologen, welche den „kollektiven Lebensstil" betrachten (Ansbacher & Ansba-
     cher, 1995, S. 286).

Welt sieht –, der sich wiederum an der „Leitlinie" und dem Ziel orientiert (Stephenson, 2011b, S. 68). Ansbacher und Ansbacher erläutern die Abgrenzung zwischen Apperzeption und Lebensstil, indem sie festhalten,

> „[...] daß das Apperzeptionsschema zum Wahrnehmungs- und Ideenbereich gehört – als das Äquivalent zur Meinung oder Anschauung des Individuums von sich und der Welt –, während der Lebensstil – als die fortwährende Bewegung des Individuums auf sein Ziel – das Gegenstück im Verhaltensbereich ist. Allerdings benutzt Adler Lebensstil häufig als übergeordneten Begriff" (Ansbacher & Ansbacher, 2004, S. 151).

Ein Beispiel: Einem Buben fehlt es in seiner Kindheit an Zuwendung. Durch die fehlende emotionale Wärme kann er nicht das Bewusstsein entwickeln, dass er gewollt, angenommen und wertvoll ist; er fühlt sich durch den Mangel minderwertig. Um dem unangenehmen Empfinden und dem negativen Selbstbild zu entgehen bzw. um den Selbstwert zu regulieren, beginnt er früh mit einer ausgeprägten Leistungsorientierung eine Kompensationsstrategie zu entwickeln. Seine (teils bewusste, teils unbewusste) Zielsetzung könnte lauten: „Ich muss immer der Erste sein und alle übertrumpfen, dann bin ich vollwertig und geliebt". Diese „nach oben" strebende Haltung ist mit dem „Leitbild" oder dem fiktiven Ziel gleichzusetzen. In der Schule übernimmt er schon bald die Rolle des „Strebers", glänzt durch gute Noten und meldet sich immer freiwillig, um bei jeder Gelegenheit zu zeigen, dass er viel weiß. In der Freizeit versucht er ebenfalls immer wieder zu beweisen, dass er alles besser als die anderen Kinder kann. Diese Handlungen, Strategien und seine Rollenpräferenz ergeben die „Leitlinie". Das Gesamtkonzept, um das fiktive Ideal zu erreichen, entspricht dem „Lebensplan". In Anlehnung an Stephenson kann man sagen, dass hier von den verschiedenen Aspekten des Lebensstils die Rede ist. Die Zielsetzung ist real nicht zu erlangen, da man nie in allen Bereichen am besten sein kann. Außerdem wird er dann allenfalls für seine Leistung bewundert, aber nicht um seiner selbst willen geliebt. Die Apperzeption des Buben komponiert die „Grundmelodie"; sie ist stark davon geprägt, dass er die anderen kleiner als sich selbst wahrnimmt. Aber diese Interpretation ist brüchig bzw. stets auf dem Prüfstand. Ist er zum Beispiel einmal nicht der Beste in der Schule, dann meint er zu erkennen, dass der Lehrer ihn nicht mag. Dabei überträgt er natürlich das Gefühl, von den Eltern abgelehnt zu werden, auf den Lehrer und arbeitet in das Erleben die Fiktion bzw. Annahme ein, dass es daran liegen muss, dass er nicht gut genug ist und die Erwartungen der Erwachsenen enttäuscht. Und gleichzeitig erzeugt er bei den anderen Kindern tatsächlich auch eine ablehnende Haltung, da sein Übereifer nicht immer Sympathie hervorruft. Mit dieser „Inszenierung" bestätigt er sich dann, dass er doch ungeliebt und wertlos ist. Das „bewusste Ziel", alle immer hinter sich zu lassen, läuft dem „unbewussten Ziel", sich zu bestätigen, doch ungeliebt zu sein, zuwider und nährt in der Psychodynamik des Buben seinen innerpsychischen Konflikt, sein individuelles Bewegungsgesetz, wie Adler den Lebensstil in den 30er Jahren immer öfter nennt.

5.1 Entstehung und Ursprung des Lebensstils

5.1.1 Neurobiologische Grundlagen

Für Adler generiert der Mensch seinen individuellen Lebensstil aus dem Umstand heraus, dass er bereits mit Minderwertigkeitsgefühlen auf die Welt kommt und in der Kindheit lange Zeit mit seiner Kleinheit und seiner Hilfsbedürftigkeit konfrontiert ist. Daher

> „[…] muss man annehmen, dass am Beginn jedes seelischen Lebens ein mehr oder weniger tiefes *Minderwertigkeitsgefühl* steht. Dies ist die treibende Kraft, von der alle Bestrebungen des Kindes ausgehen und sich entwickeln, die ein Ziel erfordert, von dem das Kind alle Beruhigung und Sicherstellung seines Lebens für die Zukunft erwartet und die einen Weg einzuschlagen zwingt, der zur Erreichung dieses Zieles geeignet erscheint" (Adler, 1927a, S. 72).

Nach Adler ist das Kind bestrebt, Kompensationsmechanismen zu finden, mittels derer seine Minderwertigkeitsgefühle aufgehoben werden sollen bzw. mittels derer es das Ziel, sich gleichwertig zu fühlen, erreichen kann, – er bezeichnet dies auch als das Geltungsstreben (Adler, 1927a, S. 73). Letzteres kann – wenn die Kompensation zur „Überkompensation" wird – in ein Machtstreben umschlagen (ebd., S. 76, vgl. Rieken, 2011, S. 57).[44] Das Herausbilden der Bewältigungsstrategien erfolgt im Lauf eines Anpassungsprozesses zwischen dem Kind und seiner Umwelt. Dabei wirken die Reaktionen der wichtigsten Bezugspersonen mitgestaltend, indem das Kind je nach Antwort der anderen und damit zusammenhängend je nach Erfolg bei der Erprobung seiner individuellen Strategien diese verwirft oder sich diese verstärkt zu eigen macht. Ob ein Gleichwertigkeitsempfinden entsteht, oder, im neurotischen Fall eine „Überkompensation", die sich sodann in einem Machtstreben manifestiert, ist auch davon abhängig, inwieweit die Eltern „gesund" oder „neurotisch" agieren, das heißt, wie diese wiederum mit ihren eigenen Minderwertigkeitsgefühlen umgehen (vgl. Stephenson, 2011b, S. 65–66).

Konstituierend für die Entwicklung des Lebensstils sind für Adler aber nicht nur die Umwelt, sondern auch die körperlichen Voraussetzungen, die ein Kind mitbringt:

> „Der Lebensstil wird nach unseren Erfahrungen in der frühesten Kindheit ausgestaltet. Der angeborene körperliche Bestand hat dabei den größten Einfluss. Das Kind erlebt in seinen anfänglichen Bewegungen und Leistungen die Validität seiner körperlichen Organe. Erlebt sie, hat aber noch lange weder Worte noch Begriffe dafür. Da auch das Entge-

---

44   Pongratz erläutert den Unterschied zwischen dem Streben nach Macht und dem Streben nach Geltung, indem er darauf verweist, dass Geltungswille geliebt, be- und geachtet und bewundert werden zu wollen bedeutet, während das Ausstrecken nach Macht andere zu entmachten impliziert: „Gelten will jemand *vor* anderen, Macht ausüben *über* andere" (Pongratz, 1995a, S. 308).

genkommen der Umgebung durchaus verschieden ist, bleibt dauernd unbekannt, was das Kind etwa von seiner Leistungsfähigkeit verspürt" (Adler, 1933b, S. 56).

Adlers Worte legen eine Affinität zu neurowissenschaftlichen Erkenntnissen nahe, die an früherer Stelle in Zusammenhang mit den Themen „Gemeinschaftsgefühl" und „Bindung" bereits herausgestellt worden sind. Es lohnt sich, diese Einsichten auch anhand des Konzepts des Lebensstils zu betrachten. Das obige Zitat erinnert beispielsweise an Als und Butler, auf deren Arbeiten schon Bezug genommen wurde (Als & Butler, 2008, S. 44 ff.), und die festgestellt haben, dass Frühgeborene mit schlechteren Selbstregulationsfähigkeiten ausgestattet auf die Welt kommen als Babys, welche die vollständige Gestationszeit intrauterin verbringen können. Hier kann man den Einfluss des „angeborenen körperlichen Bestandes" identifizieren, wie auch die „Validität der körperlichen Organe", die das Kind in seinen anfänglichen Bewegungen erlebt (dass es seine organischen Anlagen als nicht „valide" bzw. verlässlich erlebt, da es sich psychophysisch nicht regulieren kann), wie Adler geltend macht. Die Nachreifung außerhalb des Mutterleibes ist in einem starken Maß von der Qualität der Interaktion mit den Bezugspersonen abhängig. Hat ein Frühgeborenes mit geringen Selbstregulationsfähigkeiten zum Beispiel eine Mutter, der es an Feinfühligkeitsvermögen gegenüber ihrem Baby mangelt, die es nicht beruhigt, sondern in einer Überforderung ablehnend, verweigernd oder aggressiv reagiert, wird es für das Kind schwer, die Selbstregulationsfähigkeit zu steigern. Das „durchaus verschiedenartige Entgegenkommen der Umgebung", das schon Adler als entscheidend gesehen hat, zieht nach sich, dass Kinder unterschiedliche Leistungsfähigkeiten entwickeln, die aber nicht ausschließlich objektive, sondern vor allem auch subjektiv erlebte sind. Und die Subjektivität ist ein wesentlicher Aspekt in Adlers Verständnis des Lebensstils, wie später noch ausgeführt wird. „Körper-Umwelt-Konstellationen" wie die oben beschriebene – zum Beispiel: ein Kind mit (neuro-)biologischen Defiziten, das auf eine Mutter trifft, der es an Einfühlungsvermögen fehlt – können zu kognitiven Fehlentwicklungen, Lernstörungen sowie zu psychischen Störungen führen, wie unter 3.2.3 gezeigt worden ist.

Das Selbstberuhigungssystem ist im Übrigen eng an das serotonerge System gekoppelt (Roth, 2014, S. 191), das wiederum mit dem Stressverarbeitungssystem einhergeht, das der Neurowissenschaftler Gerhard Roth als „das wichtigste der persönlichkeitsrelevanten Systeme" (ebd., S. 190) nennt. Der Säuglingsforscher Daniel Stern hat aus seinen Beobachtungen geschlossen, dass Babys das für sie optimale Erregungsniveau suchen, und zwar in wechselseitiger Regulierung mit der Mutter bzw. Bezugsperson. „Dies läuft auf eine frühe Form der Bewältigungsmechanismen (Coping) hinaus" (Stern, 2007, S. 112). In den stereotypen Spielen mit der Mutter erlebt sie der Säugling als „Regulator" seines eigenen Erregungslevels und macht so die Erfahrung, in der Gemeinschaft mit jemandem eine Unterstützung für seine Selbstregulation zu erhalten. Es geht vorrangig um die Regulierung von Affekt und Erregung, wobei die Wahrnehmungs-, Kognitions- und Gedächtnisleistungen dabei bereits sehr bedeutungsvoll und auf die Affekte und die Erregung bezogen sind (a.a.O.). Roth macht sechs psychoneuronale Grundsysteme als die für die Persönlichkeit eines Menschen konstituierenden aus: Stressverarbeitung, Selbstberuhigung, Belohnung und Belohnungserwartung (Motivation), Bindung, Impulskontrolle und Realitätssinn-Risikowahrnehmung, welche von beständigen Wechselwirkungen gekennzeichnet sind und nicht klar voneinander getrennt betrachtet werden können (Roth, 2014, S. 189).[45] Diese Systeme sind im Großen und Ganzen bereits in dieser Arbeit in Bezug auf Adlers Theorie besprochen worden (Gemeinschaftsgefühl, Motivation, Bindung, Aggression im Vorangegangenen, dem Realitätssinn wird im Folgenden die Aufmerksamkeit gewidmet). In diesem Sinn lässt sich folgern, dass auch Adlers Konzepte ein System bilden („ein Ganzes und seine Teile"), miteinander vernetzt sind und sich einander wechselseitig bedingen. Die individuell unterschiedliche Ausprägung der von Roth für die Persönlichkeit ausschlaggebenden identifizierten neurobiologischen Systeme legt die Vermutung nahe, mit einer unterschiedlichen Ausformung des individuellen Lebensstils einherzugehen.[46] Er weist darauf hin, dass die sechs psychoneuronalen Systeme sozusagen „quer" mit den limbischen Ebenen und der kognitiv-sprachlichen Ebene verbunden sind, was u.a. die Verflechtung von Emotion und Kognition zur Folge hat und somit einen großen Einfluss auf die Persönlichkeit hat (ebd., S. 151). Die psychoneuronalen Systeme stehen in einer unmittelbaren Relation zu dem neurobiologischen „Lernen", das Hüther dargelegt hat, worauf im Folgenden der Fokus gerichtet wird.

Die Individualpsychologin und Psychologin Brigitte Sindelar hat, wie ebenfalls bereits erwähnt worden ist, die Entstehung von Teilleistungsschwächen bei Kindern in einen Kontext mit sowohl neurowissenschaftlichen Ergebnissen als auch mit der individualpsychologischen Theorie gesetzt. Auch sie kommt zu dem Schluss, dass die Art und Weise, wie das Kind seine (Primär-)Beziehungen erlebt und mit welchen Emotionen es diese bewertet, sich beträchtlich auf seine Lernprozesse und damit verbunden auf seine Entwicklung von kognitiven und anderen Fähigkeiten auswirkt. Sie bezieht sich auf neurobiologische Befunde, die einen Konnex zwischen der Umwelterfahrung und der Ausgestaltung der synaptischen (Fehl-)Verschaltungen im Gehirn zeigen. Der Neurobiologe Hüther hält beispielsweise fest, dass das Einüben von Körperfunktionen im Mutterleib schon Lernen darstellt, indem diese wiederholten Vorgänge wiederum die damit verbundene Ausformung der synaptischen Verschaltungsmuster mitbestimmt. Dieses „Lernen" wird durch die intrauterinen Beziehungserfahrungen angestoßen. Die so geprägten Verschaltungen sind ihrerseits maßgebend für die Ausbildung weiterer Fähigkeiten, wie zum Beispiel Einfühlungsvermögen. Insofern ist davon auszugehen, dass die

---

45 Roths psychneuronale Grundsysteme erinnern an die sieben basalen affektiven Regulationssysteme von Jaak Pankseep und Lucy Biven (2012), welche im Kapitel über das Gemeinschaftsgefühl besprochen worden sind und im Rahmen des Lebensstilkapitels noch einmal unter dem Blickwinkel „Emotion und Gedächtnis" eine Erwähnung finden.

46 Die Systeme werden durch Neuromodulatoren, Neuropeptide und Neurohormone organisiert (auch diese wurden in den früheren Kapiteln immer wieder behandelt, sie seien hier um des Überblicks willen vollständig genannt): Dopamin, Serotonin, Noradrenalin, Acetylcholin, endogene Opioide, Oxytozin, Vasopressin und Glucocorticoide (Roth, 2014, S. 95 ff.).

Entwicklung in physischer, kognitiver, emotionaler und sozialer Hinsicht in einer gegenseitiger Verbundenheit geschieht (Sindelar, 2014, 2008, S. 195 ff., Hüther & Krens, 2007). In diesem Sinn stellt Lernen einen „ganzheitlichen" Vorgang dar, der auf allen Ebenen wechselseitig greift.

Dem späteren kognitiven Lernen geht auf physiologischer Ebene zunächst intrauterin die Bildung der körperlichen Strukturen (zum Beispiel des Nervensystems oder des Gehirns) auf zellulärer Ebene voraus, indem bereits durch die stetige Teilung von Nervenzellen und das Bilden von Fortsätzen wie beim Lernen bzw. wie bei der (Lebens-)Erfahrung immer etwas Neues zu etwas schon Vorhandenem hinzukommt und darauf aufbaut:

> „Die jeweils neu gebildeten Zellen werden in das bereits entstandene Gefüge der bisher gebildeten Nervenzellen eingebettet und eingefügt. Das bisher entwickelte Strukturmuster aus Nervenzellen und Fortsätzen wird so zur Matrix, an der sich alle nun noch weiter hinzukommenden Nervenzellen und Fortsätze ausrichten" (Hüther, 2008b, S. 25–26).

Im Gehirn bildet sich der innere Zustand des Körpers ab, wobei es umgekehrt auch selbst auf die Entwicklung physischer Strukturen und Funktionen einwirkt – beispielsweise durch Neurohormone, die es ins Blut leitet, oder mittels peripherer Nervensignale. In dieser Wechselbeziehung werden die im Gehirn geschaffenen Muster fortlaufend angeglichen. In entsprechender Art und Weise wird – wie in Bezug auf das innere Körpermilieu – auch ein Abbild der Verhältnisse der äußeren Umwelt erzeugt, verstärkt, sobald die Sinnesorgane entstehen. Was der Fötus schmeckt, riecht, tastet und hört, wird über sensorische Nervenbahnen an das Gehirn übermittelt:

> „Die in den sensorischen Arealen der Hirnrinde regelmäßig und immer wieder ankommenden Erregungsmuster führen zur Stabilisierung der dabei aktivierten synaptischen Verschaltungen und werden auf diese Weise als innere Bilder im Gehirn des ungeborenen Kindes verankert" (ebd., S. 27).

Man könnte dies als eine der physiologischen Grundlagen – als „Vorläufer" der ersten Repräsentationen – ansehen, auch wenn noch andere neurobiologischen Aspekte dabei eine Rolle spielen.[47] In diesem Zusammenhang fällt auch Hüthers Definition des Begriffs des „inneren Bildes" auf: „Ich benutze ihn zur Beschreibung all dessen, was sich hinter den äußeren, sichtbaren und messbaren lebendigen Phänomenen verbirgt und die Reaktionen und Handlungen eines Lebewesens lenkt und steuert" (ebd., S. 17).[48]

---

47 Es ist hier der Begriff der „Repräsentation" in der Psychologie bzw. Psychotherapie gemeint, welche die mentale Vorstellung der Außenwelt darunter verstehen. Hüther macht die (neuro-)biologische Basis dafür deutlich. Man muss allerdings eine Differenzierung zu dem Begriff der „Repräsentation" in den Neurowissenschaften treffen, welche damit zum Ausdruck bringen, dass die vielfältigen Areale des Gehirns für unterschiedliche Körperfunktionen oder mentale Prozesse zuständig sind (wobei sie hoch vernetzt agieren).

48 Hüther entscheidet sich bewusst für den Begriff des „inneren Bildes", obwohl dieser nicht ganz klar gefasst werden kann, „um über den Tellerrand verschiedener Einzeldisziplinen hinausschauen und nach Gemeinsamkeiten auf allen Ebenen der Organisation des Lebendigen suchen zu können" (Hüther, 2008b, S. 17).

5.1.2   Das grundlegende Konzept: Einheit und Ganzheit

Das lässt sich gut mit Adlers Lebensstilkonzept zusammenführen: Die inneren Bilder Hüthers, die neurobiologisch auf Erregungsmustern basieren, tragen all das Verborgene in sich, alle inneren und äußeren Einflüsse, die Hüther als den Menschen lenkend auszumachen meint. Das entspricht Adlers Lebensstil bzw. dem Bewegungsgesetz[49], das nach Adler „in einer Zeit aufgebaut wird, wo es [das Kind, S. R.] weder eine zureichende Sprache noch zureichende Begriffe hat" (Adler, 1933b, S. 27). Daher wächst die Bewegung weiter, ohne jemals in Worte gefasst worden zu sein, sie ist „daher unangreifbar für Kritik, auch der Kritik der Erfahrung entzogen […]. Man kann hier nicht von einem etwa gar verdrängtem Unbewussten reden, vielmehr von Unverstandenem, dem Verstehen Entzogenem" (a.a.O.). Diese Aussage unterstreicht auch die zentrale Bedeutung des Unbewussten im Lebensstil, wovon später noch zu lesen sein wird.

Hüthers Gedanke verweist gleichzeitig auf die „Einheit der Persönlichkeit". Adler sieht es als dringendste Aufgabe der Individualpsychologie an,

> „[…] diese Einheit in jedem Menschen zu beweisen – in seinem Denken, Fühlen und Handeln, in seinem sogenannten Bewußtsein wie Unbewußtsein, in jedem Ausdruck seiner Persönlichkeit. Diese Einheitlichkeit nennen wir den Lebensstil des Individuums" (Adler, 1935e, S. 72).[50]

Wenn von der Einheit der Persönlichkeit in Adlers Sinn die Rede ist, so muss sie in einen Kontext zum Holismus gestellt werden (Kretschmer, 1995, S. 102). Denn Adlers Lehre ist gekennzeichnet durch eine ganzheitliche Sichtweise des Menschen. Das bedeutet, dass der Mensch nur aus dieser Einheit heraus, in seiner Totalität, verstanden werden kann, und somit auch sein „Leitbild": „Sein Inhalt ist durch eine einzelne Weise seines Ausdrucks nicht zu erschöpfen, aber wir können es in allen seinen Äußerungen erkennen" (Adler, 1931b, S. 56). Das Ganze findet demnach seinen Ausdruck in den Teilen, und die Teile reflektieren sich umgekehrt im Ganzen. Hinzu kommt die individuelle Gestaltung und Zielsetzung der einheitlichen Persönlichkeit durch die „schöpferische Kraft", wovon im Weiteren noch die Rede sein wird: „Auf diese Weise ist jeder Mensch Bild und Künstler zugleich" (Adler, 1930a, S. 206). Wie bedeutsam diese Perspektive für Adler war, zeigt sich auch an seiner Begriffswahl „Individualpsychologie"; denn „Individuum" hat seinen sprachlichen Ursprung im Lateinischen und bedeutet „das Ungeteilte".

---

49   Der von Adler ab den 30er Jahren verwendete Begriff „Bewegungsgesetz" erfolgt oft synonym bzw. anstelle des Ausdrucks „Lebensstil", wahrscheinlich um das Dynamische in der Einheit der Persönlichkeit, im Lebensstil, zu betonen (Adler, 1933b, vgl. Heisterkamp, 1995, S. 63 ff.).

50   Hier setzt Adler den Lebensstil im weiteren Text mit dem Ich gleich. Diese Auffassung unterliegt allerdings beträchtlichen Veränderungen. Der Lebensstil begegnet uns in Adlers Werk beispielsweise auch als der individuellen Form der schöpferischen Aktivität (Adler, 1935e) oder der Meinung von sich selbst und den Lebensproblemen (Adler, 1933b, S. 39 ff., vgl. Ansbacher & Ansbacher, 2004, S. 143).

Es bieten sich Nahtstellen zwischen Hüthers Befunden und Adlers ganzheitlichem Aspekt an. Zunächst betont der Gründer der Individualpsychologie, wie schon weiter oben anhand eines anderen Zitats gezeigt, dass sich der Lebensstil des Kindes auch aus dem „Erlebnis seiner Organe" (Adler, 1933b, S. 116) generiert. Wenn man Hüthers differenzierten Ausführungen Rechnung trägt, kann man diese Hypothese als belegt betrachten. Des Weiteren bekräftigt Adler, dass

> „[…] man *Einzelerscheinungen im Seelenleben nie als ein für sich abgeschlossenes Ganzes betrachten* dürfe, sondern nur dann für sie ein Verständnis gewinnen konnte, wenn man alle Erscheinungen eines Seelenlebens als Teile eines untrennbaren Ganzen versteht […]" (Adler, 1927a, S. 29).

Das „nie für sich abgeschlossene und untrennbare Ganze" der Psyche spiegelt sich ebenfalls in den von Hüther erläuterten physiologischen Vorgängen wider, indem – wie gesagt – immer etwas Neues zu etwas bereits Vorhandenem hinzukommt und indem auch die neurobiologisch entstandenen „inneren Bilder" nie abgeschlossen sind, sondern fortlaufend mit neuen eingehenden Impulsen abgeglichen werden müssen. Das passt zu dem Hinweis des Individualpsychologen Günter Heisterkamp, der aufzeigt, was Adler wohl mit dem Begriff „Bewegungsgesetz" ausdrücken wollte: „daß der Lebensstil nicht als eine geronnene oder abstrakte Kategorie verstanden werden dürfe, sondern als ein sich entwickelndes Bewegungsmuster, das sich aktualgenetisch immer wieder neu herausbilden muß" (Heisterkamp, 1995, S. 65).

Gleichzeitig bilden die neurobiologischen „Einzelerscheinungen" ebenfalls eine untrennbare Einheit, indem die Verschaltungen zusammen bestimmte Erregungsmuster bzw. eine Matrix ergeben. Hüthers Darlegungen verdeutlichen auf mikrobiologischer und zellulärer Ebene bis zur Formierung der daraus resultierenden Matrix der körperlichen Strukturen als neurobiologische Basis „innerer Bilder" das von Adler konzedierte „untrennbare Ganze" mit all seinen Ausprägungen, das er als Grundlage des Verständnisses der Psyche voraussetzt. Deneke bestätigt, „daß das Gehirn in der Lage ist, Sinnesreize aus der Außenwelt und unserem Körper so zu verarbeiten und zu repräsentieren, daß die resultierende Wirklichkeitserfahrung, das Erleben, ganzheitlich organisiert ist" (Deneke, 2001, S. 144).[51] Und schlussendlich ergeben auch das Zusammenwirken von Psyche und Physis ein Ganzes, das untrennbar miteinander verbunden ist. „Ausschlaggebend sind demnach nicht die absoluten Werte seiner Organe [bei der Entwicklung des Lebensstils des Kindes, S. R.] und Organfunktionen, sondern ihre relativen, deren Verhältnis zur Umgebung" (Adler, 1926m, S. 271). Zur inneren wie äußeren Umgebung, könnte man in Anlehnung an Hüther ergänzen.

---

51 Die resultierenden Repräsentationen sind für Deneke (2001) der Ausgangspunkt seiner genetisch-dynamischen Strukturtheorie, die starke Ähnlichkeiten zu Adlers Denken aufweist (siehe Kapitel 5.3.1).

Die Adler'sche ganzheitliche Betrachtung des Menschen legt auch Bezüge zu Luc Ciompis „fraktaler Affektlogik" nahe, die gleichermaßen auf neurowissenschaftlichen Erkenntnissen gründet:

> „Letztlich muss vermutlich sogar die ganze Persönlichkeitsorganisation und Lebensführung, der permanente ‚persönliche Stil' eines Menschen als große ‚fraktale Gestalt' verstanden werden, in welcher *das große Ganze schon im kleinsten und einzelnen angelegt und* dem Kundigen auch durchaus *erkennbar* ist" (Ciompi, 1997, S. 165–166; eigene Hervorhebung, S. R.).

Diesen Bezug hat bereits Rainer Schmidt herausgearbeitet (Schmidt, 2002, S. 37). Auf Luc Ciompis „fraktale Affektlogik" wird im nächsten Kapitel genauer eingegangen. Adlers ganzheitlicher und dynamischer Ansatz scheint somit mit (neuro-)wissenschaftlichen Erkenntnissen vereinbar.

Hüthers Definition des Begriffs der „inneren Bildern" lässt sich auch deshalb mit Adlers Lebensstil verknüpfen, weil der Neurobiologe darin alles Wirksame sieht, das die „Reaktionen und Handlungen eines Lebewesens lenkt und steuert". Hüther wird noch konkreter:

> „Es sind in den Gehirnen dieser Menschen in Form hochkomplexer Nervenzellverschaltungen herausgeformte, ihr Denken, Fühlen und Handeln bestimmende Muster, also im Lauf des Lebens erworbene und im Gehirn verankerte Verschaltungsmuster zwischen den Nervenzellen. Immer dann, wenn eine solche Verschaltung aktiviert wird, entsteht ein bestimmtes Erregungsmuster, das sich auf andere Bereiche ausbreiten und auf diese Weise das Denken, Fühlen und Handeln eines Menschen in eine bestimmte Richtung lenken kann" (Hüther, 2008b, S. 16).

„Rückgriff auf handlungsleitende, Orientierung bietende innere Muster" (a.a.O.) ist für ihn die treffende Bezeichnung dessen, was das Denken, Fühlen und Verhalten des Menschen bedingt.

Adler meint, dass

> „[…] wir es im körperlichen Prozess mit einem Streben zu tun haben, das den Körper in Beziehung zu seinen Leistungen ungefähr im Gleichgewicht zu halten hat, um den Anforderungen der Außenwelt, ihren Förderungen und Nachteilen, siegreich entgegentreten zu können" (Adler, 1933b, S. 55).

Als Äquivalent sieht er im seelischen Prozess das Streben nach Überwindung, das sich in der Herausbildung des Lebensstils, des Bewegungsgesetzes des Einzelnen zeigt (a.a.O.). Letztere sind für ihn auch der einheitliche Stil des Handelns, Denkens und Wahrnehmens, was sich auch im Apperzeptionsschema (Adler, 1912a) – der Art und Weise, sich und die Welt wahrzunehmen – niederschlägt. Kognition, Emotion und Aktivität fungieren als Einheit, um das Ziel der Sicherung zu gewährleisten.[52]

---

52 Betrachten wir das eingangs erwähnte Beispiel des Buben, so kann man feststellen, dass sein Denken („Ich will besser als die anderen sein.") mit seinen Handlungen (z.B. immer als Erster in der Schule aufzuzeigen) und seinem Gefühl (z.B. ein gutes, kompensierendes

Das von Adler attestierte „Streben im körperlichen Prozess", um ein Gleichgewicht zwischen dem Körper und den Umwelteinflüssen herzustellen (das im Psychischem dem Gleichwertigkeitsstreben entspricht), bildet sich neurobiologisch in den Nervenzellverschaltungen ab, die – wie von Hüther beschrieben – bei sich wiederholenden Erfahrungen im Positiven wie im Negativen verstärkt werden und so bestimmte Erregungsmuster ergeben. Diese können in neuen Situationen, die früheren ähnlich sind, wieder abgerufen werden und auf psychischer Ebene handlungsleitend (Lebensstil!) sein. Adler konstatiert:

> „Gegen Ende der Säuglingszeit, wo das Kind selbständige, zielsichere Handlungen vollbringt, die nicht bloß auf Triebbefriedigung gerichtet sind, wo es seinen Platz in der Familie einnimmt und sich in seiner Umgebung einrichtet, besitzt es bereits Fertigkeiten, psychische Gesten und Bereitschaften. Zudem ist sein Handeln ein einheitliches geworden, und man sieht es auf dem Wege, sich einen Platz in der Welt zu erobern. Ein derartig einheitliches Handeln kann nur verstanden werden, wenn man annimmt, dass das Kind *einen einheitlichen, fixen Punkt außerhalb seiner selbst* gefunden hat, dem es mit seinen Wachstumsenergien nachstrebt. Das Kind muss also eine Leitlinie, *ein Leitbild* gestaltet haben, offenbar in der Erwartung, sich so in seiner Umgebung am besten zu orientieren" (Adler, 1912a, S. 80).

Das Zitat markiert wieder die Einheit der Person, eingeprägt in ihrem Lebensstil, auszumachen in ihren psychischen Gesten, Bereitschaften und in ihrem Handeln, die im Lauf der kindlichen Entwicklung ein „Leitbild" gestalten. Das erinnert deutlich an die „Orientierung bietenden inneren Bilder" Hüthers. Adler weist darauf hin, dass der Lebensstil mit einer individuellen Zielsetzung einhergeht, die im Dienst der Sicherung, der Überwindung der Minderwertigkeitsgefühle steht (Adler, 1912a). „Der einheitliche, fixe Punkt außerhalb seiner selbst", den das Kind sucht, ist wesentlich geprägt von der Art, wie es sich und seine Umwelt erlebt und interpretiert und führt somit zu Adlers Konzept der „Apperzeption" (Adler, 1933b).

Die individuelle Eigenart des Menschen manifestiert sich, wie gezeigt wurde, in seinem Lebensstil, seinem Bewegungsgesetz. Daran knüpft seine Apperzeption an. Darunter versteht Adler, „wie der Mensch sich und die Außenwelt sieht" (Adler, 1933b, S. 27). Hinter dieser „Meinung" – der Individualpsychologe verwendet auch oft diesen Allgemeinbegriff – steht das Streben nach Überwindung einer subjektiv erlebten Minderwertigkeit: „Für unser Erkenntnisvermögen stellt sich deshalb jede seelische Ausdrucksform als Bewegung dar, die von einer Minussituation zu einer Plussituation führt" (ebd., S. 37). Aktuelle VertreterInnen der Individualpsychologie sind sich heute darüber einig, dass die Apperzeption der Welt nicht nur einen pathologischen Modus umfasst, sondern auch die gesunde, „normale", schlichtweg „die individuell-spezifische Weise, in der ein

---

Gefühl, wenn er jemanden übertrumpfen kann oder ein negatives, als Ablehnung vom Lehrer empfundenes, wenn er einmal eine Leistung nicht bringen konnte) in Übereinstimmung ist. Sein Denken, Handeln und Fühlen entsprechen in diesem Sinn der Einheit der Persönlichkeit und zielen auf die Überwindung der Minderwertigkeitsgefühle und somit auf Überlegenheit (im „gesunden" Fall auf ein Gleichwertigkeitsempfinden) ab.

Mensch sich und Welt erlebt, sieht, wahrnimmt etc." (Datler, 1995, S. 37), wobei dies auch von Adler selbst schon angedeutet worden ist, wenn er feststellt, dass das „Schema" alle betrifft, „den Neurotiker, der nicht zur Wirklichkeit zurückfindet und an seine Fiktion glaubt, den Gesunden, der es benützt, um ein reales Ziel zu erreichen" (Adler, 1912a, S. 71).

Es wurde bereits auf die in diesem Kontext sinnvolle Differenzierung von Ansbacher und Ansbacher hingewiesen: Sie rechnen das Apperzeptionsschema (die Sicht von sich und der Welt) dem Wahrnehmungs- und Ideenbereich zu, und den Lebensstil (die daraus resultierende Bewegung) dem Verhaltensbereich (Ansbacher & Ansbacher, 2004, S. 151). Dies findet sich in Adlers „Sinn des Lebens" dokumentiert, wenn er schreibt, *„dass sein* [eines jeden, S. R.] *Verhalten seiner Meinung entspringt"* (Adler, 1933b, S. 28). Auf die Unterscheidung wird hier noch einmal bewusst Bezug genommen, um auch zu zeigen, wie eng diese Bereiche miteinander verwoben sind. Ein Konzept, das diese Komplexität nach Meinung der Autorin sehr gut greifbar macht und Verbindungen mit Adler nahelegt, ist das der „fraktalen Affektlogik" des Schweizer Psychiaters Luc Ciompi (1997), der seine Hypothesen maßgeblich auf der Basis neurowissenschaftlicher Erkenntnisse und der Chaostheorie gebildet hat. Ciompis Ansatz wird um die Arbeiten von Günter Schiepek und Guido Strunk (2014) erweitert, welche die chaostheoretische Betrachtung des Menschen in den umfassenderen Bereich der Synergetik überführen.

5.2 Adlers Bewegungsgesetz und das „therapeutische Chaos"

5.2.1 Das Apperzeptionsschema – ein „affektiv-kognitives Bezugssystem"

In seinem Buch mit dem vielsagenden Titel „Die emotionalen Grundlagen des Denkens – Entwurf einer fraktalen Affektlogik" (1997) plädiert Ciompi für einen integrativen Zugang zur Erklärung psychischer Störungen, indem er psychologische, soziale und biologische Zusammenhänge herausarbeitet. Im Speziellen beschäftigt er sich dabei intensiv mit den Wechselwirkungen zwischen Fühlen und Denken, wobei er die Unteilbarkeit der beiden Entitäten betont. „Affektlogik" bedeutet demnach, dass „emotionale Komponenten – oder Fühlen und Denken –, Affekte[53] und Logik – in sämtlichen psychischen Leistungen untrennbar miteinander verbunden sind und gesetzmäßig zusammenwirken" (ebd., S. 46).

Schon allein diese Grundannahme Ciompis lässt an mehrere Aspekte des Lebensstilkonzepts von Adler heranführen, konkret an die „Einheit der Persönlichkeit" bzw. die

---

53 Ciompi definiert Affekte folgendermaßen: „Ein Affekt ist eine von inneren oder äußeren Reizen ausgelöste, ganzheitliche psycho-physische Gestimmtheit von unterschiedlicher Qualität, Dauer und Bewusstseinsnähe" (Ciompi, 1997, S. 67).

Ganzheitlichkeit und Unteilbarkeit des Individuums, dessen Lebensstil das gesamte Denken, Fühlen und Handeln konstituiert, wobei alle „seelischen Einzelerscheinungen", wie weiter oben erwähnt, „das große Ganze" ergeben und nicht ohne ihr Zusammenwirken verstanden werden können: „In jedem Falle ist es klar, dass die ‚Meinung‘[54] dem Weltbild eines Menschen zugrunde liegt und sein Denken, Fühlen, Wollen und Handeln bestimmt" (Adler, 1933b, S. 34). Dieses „gesetzmäßige Zusammenwirken", das auch Ciompi proklamiert, findet sich bei Adler in der „privaten Logik" wie in seinem „Bewegungsgesetz", das letztlich die Dynamik des Lebensstils zum Ausdruck bringt. Wie diese Gesetzmäßigkeiten begriffen werden können, soll in diesem Kapitel einer genaueren Betrachtung unterzogen werden.

Zunächst unterstreicht Ciompi, dass sämtliche Kognitionen[55], die aus „Aktivitäten" – darunter versteht er Erfahrungen – hervorgehen, immer von emotionalen Komponenten begleitet sind, die bei der Bildung von Kognitions- und Gedächtnisstrukturen mit eingehen. Dadurch formen sich „*affektiv*-kognitive Bezugssysteme" oder Schemata[56] heraus (und eben nicht „rein" kognitive). Er versteht darunter „integrierte Fühl-, Denk- und Verhaltensprogramme", die bestimmte psychische Verfassungen, Verhaltens- und körperliche Bereitschaften entsprechend der jeweiligen Situationen abrufen können, vor allem, wenn die aktuelle Erfahrung zu alten Schemata passt:

> „In den beschriebenen affektiv-kognitiven Bezugssystemen ist also die relevante diachrone Erfahrung zu einem synchronen ‚Programm‘ kondensiert, das für künftige Aktionen immer wieder zur Verfügung steht und sich, mobilisiert von geeigneten Auslösern, in ähnlichem Kontext jeweils neu aktualisiert oder gewissermaßen diachron ‚entrollt‘" (Ciompi, 1997, S. 47).

Diese Auffassung weist eine deutliche Affinität zu Adlers Lebensstil bzw. dem Apperzeptionsschema auf. Der Gründer der Individualpsychologie hält fest, dass die prägenden Erfahrungen, die das Kind aus seinen körperlichen und den von außen generierten Eindrücken gewinnt, einem Training gleichen, in dessen Verlauf sich das Apperzeptionsschema ausgestaltet – wie das Kind sich und die Welt sieht –, an dem sich der Lebensstil orientiert und das somit auch das zukünftige Erleben und Verhalten steuert:

> „Diesen Gesetzen [des Lebensstils, S. R.] gehorchen nunmehr durch das ganze Leben hindurch das Interesse, das Fühlen, die Affekte, das Denken und das Handeln. Die schöpferische Tätigkeit beginnt ihr Werk. Um diese zu erleichtern, werden Regeln, Prinzipien, Charakterzüge und Weltanschauung gefertigt. Ein ganz bestimmtes Schema der Apperzeption setzt sich durch, Schlussfolgerungen und Aktionen werden in voller Übereinstimmung mit der idealen Endform, die erstrebt wird, eingeleitet" (Adler, 1930e, S. 300).

---

54   Adler verwendet den Begriff „Meinung" oft synonym für „Apperzeption".
55   Kognition definiert Ciompi folgendermaßen: „Unter Kognition ist das Erfassen und weitere emotionale Verarbeiten von sensorischen Unterschieden und Gemeinsamkeiten beziehungsweise von Varianzen und Invarianzen zu verstehen" (Ciompi, 1997, S. 72).
56   Der Begriff des Schemas, aber auch jener der Apperzeption, wurden ursprünglich von Kant geprägt (Kant, 1968, S. 98 ff.).

Mit der „idealen Endform, die erstrebt wird", meint Adler wieder das Ziel der Überwindung, wonach die Art und Weise der Apperzeption gemäß der dahinterliegenden Absicht, die Minderwertigkeitsgefühle zu (über-)kompensieren, erwächst. Zur Konzeptualisierung des Schemabegriffs hat im Übrigen bereits Piaget Nennenswertes beigetragen, indem er erheben konnte, „dass das Kind im Zuge seiner ‚sensu-motorischen' Auseinandersetzung mit den Gegenständen seiner Umwelt auf aktive Weise zur Strukturierung seines ‚Wissensrepertoires' beiträgt" (Titze, 1995, S. 41, Piaget, 1976), indem es die Schemata dieses „Wissensrepertoires" fortwährend differenziert, abstrahiert, generalisiert und erweitert; das heißt, dass die neuen Erfahrungen im Rahmen der bereits vorhandenen Schemata „assimiliert" werden (a.a.O., vgl. auch Steiner, 1978). Das ruft zum einen wieder Hüthers „innere Bilder" auf den Plan, die dadurch gekennzeichnet sind, dass die durch neue Impulse gefertigten neurobiologischen Erregungsmuster stets mit bereits gefestigten Verschaltungen abgeglichen werden. Renommierte NeurowissenschaftlerInnen bekräftigen immer wieder, wie sehr die „viel genützten" Verschaltungen im Gehirn den Menschen „lenken", – man rufe sich den oft gehörten und gelesenen Vergleich der neuronalen Verschaltungen mit einem viel oder wenig befahrenen Straßennetz in Erinnerung. Bestimmte Fähigkeiten und Funktionen können nicht ohne die intensive Nutzung und Stimulierung der Verschaltungen (durch positive Beziehungserfahrungen) ausgebildet werden (z.B. Hüther & Krens, 2007, Bauer, 2006, Singer, 2004b). Und gleichzeitig sind wieder Adlers „Einzelerscheinungen des Seelenlebens" erkennbar, die nie abgeschlossen betrachtet werden können, die von sich wiederholenden ähnlichen Erfahrungen geprägt werden und das Apperzeptionsschema, das dem Lebensstil zugrunde liegt, ergeben. Wir sehen auch – wie weiter vorne erwähnt – den von Stephenson herausgearbeiteten Anpassungs- und Selektionsprozess des Kindes mit seiner Umwelt abgebildet, den der Lebensstilbegriff von Adler impliziert:

„Was sich im Bewusstsein als störungslos und gleichlautend erweist, wird dort festgehalten. Anderes wird vergessen, entkräftet oder wirkt als unbewusste Schablone, mehr als sonst der Kritik und dem Verständnis entzogen. Seine Endwirkung, ob es bewusste Kraftlinien verstärkt, sie verhindert oder durch Gegenwirkung lähmt, zu hemmenden Konflikten führt, ist immer durch den Lebensstil vorherbestimmt" (Adler, 1930e, S. 300).

Und auch Ciompi bestätigt, „dass unser Denken – sinnvollerweise – bevorzugt immer wieder in bestimmten Bahnen oder Schienen kreist, die sich in der Vergangenheit als besonders zweckmäßig (oder ‚variabel') erwiesen haben" (Ciompi, 1997, S. 49).

Der psychoanalytische Begriff des „Wiederholungszwanges" (Freud, 1914g, S. 126 ff.) kann ebenfalls gut in die wiederkehrende Aktualisierung alter Muster von Ciompis Bezugssystemen bzw. von Adlers Apperzeptionsschema eingeordnet werden. Freud definiert den Wiederholungszwang als menschliches Agens, unangenehme Erfahrungen stetig zu „re-inszenieren".[57] Allerdings können wir heute davon ausgehen, dass das

---

57   Die „Re-Inszenierung ist auch ein wesentliches Moment der Übertragung im psychotherapeutischen Setting, indem der Patient, entsprechend seiner Prägungen auch in der Bezie-

Individuum im Gesunden wie im Kranken, im „Normalen" wie im Pathologischen, also nicht aus einem destruktiven Antrieb heraus, seinen innerlich etablierten Mustern folgt. Außerdem hat Freud dem „Wiederholungszwang" etwas Triebhaftes attestiert; denn für ihn manifestiert sich darin der Todestrieb, da die Wiedererweckung negativen Erlebens für ihn lebensfeindliche Züge trägt. In Ciompis und Adlers Perspektive wird die bedeutsame Rolle der Sozialisation greifbar, die auf die Bildung der kognitiv-emotionalen Strukturen Einfluss nimmt. Ein Trieb im energetischen Sinn kann hier nicht erkannt werden, wenn auch eingeräumt werden muss, dass das Denken, Fühlen und Verhalten, welche die Schemata bedingen, vor allem im Pathologischen einen Aspekt des Drängenden aufweisen können, wenn ein entsprechend starker Mangel bzw. Traumata im Hintergrund wirken. Darüber hinaus lässt der „Wiederholungszwang" als „Re-Inszenierung" wieder Lorenzers „szenisches Verstehen" in den Fokus nehmen, auf das im Kapitel über die Bindung bereits hingewiesen wurde. Lorenzer meint die Verleiblichung früher Interaktionsformen. Er konstatiert, dass ein Kind von Anfang an die sozialen Sequenzen, die es mit seinen unmittelbaren Bezugspersonen erlebt, abspeichert. Der szenisch-soziale Charakter der Erinnerungen wird auch von der körperlichen Ebene aufgenommen und wirkt unbewusst – bei Lorenzer über die Triebstruktur – weiter (Lorenzer, 2002). Der Säuglingsforscher und Psychoanalytiker Daniel Stern, postuliert in diesem Sinn, dass schon Babys ihre ersten (Interaktions-)Erfahrungen als „Episoden" internalisieren (Stern, 2007, S. 71, S. 160). Diese affektiv und sensomotorisch geprägten Episoden werden im Gedächtnis niedergelegt, generalisiert und dienen sodann als Grundlage für das Erleben neuer Situationen. Der Säuglingsforscher spricht von „Repräsentationen generalisierter Interaktionen", so genannten „RIGs" (ebd., S. 160 ff.), die an Ciompis affektiv-kognitives Bezugssystem und Adlers Lebensstil mit seinem Apperzeptionsschema heranführen. Die Erfahrungen konstituieren nach Stern auch die Ausbildung des Selbst(-erlebens), wobei er zwischen vier Arten des Selbst unterscheidet, was an dieser Stelle nicht vertieft wird (Stern, 2007).[58]

Ciompi stellt eine Verbindung zwischen den von ihm georteten „Fühl-, Denk- und Verhaltensprogrammen" und den Selbst- und Objektrepräsentanzen der Psychoanalyse her. Er bezieht sich auf Kernberg (1992) und resümiert:

> „In solchen Repräsentanzen sind relevante affektiv-kognitive Erlebnisse mit den Eltern und anderen emotional wichtigen Bezugspersonen aus frühkindlichen Prägephasen gespeichert und zu zentralen Leitvorstellungen über sich selbst und andere Menschen verdichtet" (Ciompi, 1997, S. 48).

---

hung zum/r TherapeutIn alten Mustern folgt und diese mit ihm (unbewusst) (wiederbe-) lebt.

58   Stern differenziert entsprechend verschiedener Entwicklungsphasen des Säuglings zwischen der Entstehung des „auftauchenden Selbst", des „Kern-Selbst", des „subjektiven Selbst" und des „verbalen Selbst", wobei diese elementaren Selbsterfahrungen ein Leben lang parallel aufrecht bleiben (Stern, 2007).

Auch hier lässt sich unschwer das Gedankengut Adlers herauslesen: der Mensch, der aus seinen sozialen Beziehungen heraus verstanden wird, und der auf der Grundlage seiner Kindheitserfahrungen den Lebensstil, die Leitlinie, auf Basis seiner Weltsicht, „Apperzeption", formt, ist maßgeblich abhängig davon, wie gut seinem Zärtlichkeitsbedürfnis, seinem Ausrichten nach guten emotionalen Erfahrungen, entgegengekommen wird oder eben nicht. Abgesehen davon weist die Objektbeziehungstheorie der Psychoanalyse per se viele Bezüge zur Individualpsychologie auf, ohne dass von den ObjektbeziehungstheoretikerInnen dabei Adler erwähnt worden wäre.

Nach Ciompi haben die Fühl-, Denk- und Verhaltensprogramme integratives Potenzial, das heißt eine organisierende und strukturierende Funktion, indem sie „von angeborenen Grundlagen aus selbstorganisatorisch in der Aktion durch operationale Zuordnung bestimmter Affekte zu bestimmten Kognitions- und Verhaltenssequenzen [entstehen, S. R.]" (ebd., S. 52). Dem folgt die Verfestigung im Lauf des Entwicklungsprozesses und die Reaktivierung in ähnlichen Situationen. Das bedeutet:

> „Zwischen der individuellen Struktur von affektiv-kognitiven Bezugssystemen sowie dem familiären und sozialen Geschehen bestehen demnach zirkuläre Wechselbeziehungen. Des weiteren besitzen die systematisch in alles Denken und Verhalten einbezogenen Affekte […] immer auch eine spezifisch somatische Dimension" (a.a.O.).

Ciompis integrative Funktion, die in der Wechselwirkung und immer auch im (psycho-) somatischen Kontext gesehen werden muss, spiegelt sich in Daniel Sterns Säuglingsforschung wider, da die erwähnten „Episoden" in der Lebenswelt der Babys zunächst aus einzelnen, unverbundenen Ereignissen zu diesen „Episoden" integriert werden und diese durch entsprechende Wiederholungen zu „generalisierten Episoden" werden (Stern, 2007, S. 160). Der Körper stellt in diesem Organisationsprozess die erste „Bezugsgröße" dar, da er das Fundament für das Erleben und Konservieren der Erfahrungen ist. In dem (Selbst-)Empfinden – das die Basis für die weitere Entwicklung des „Selbst" und Bewusstsein bildet (vgl. Damasio, 1997, 2009, 2011), ist für den Säugling das Erleben zentral, sich (und) die Umwelt zu organisieren. Im präverbalen Stadium meint Stern mit „Empfinden" ein noch stark auf den Körperzustand basierendes „Gewahrsein", in dessen Verlauf der Säugling bereits Invarianzen verarbeitet: „Ein invariantes Gewahrseinsmuster ist eine Organisationsform. Es ist das organisierende, subjektive Erleben dessen, was wir später verbal als ‚das Selbst' bezeichnen – wie auch immer es in den präverbalen Phasen beschaffen sein mag" (Stern, 2007, S. 20). Bzw.: „Das Selbstempfinden ist die primäre subjektive Perspektive, unter der das soziale Erleben organisiert wird" (ebd., S. 25). Stern nennt das Wahrnehmen einer erscheinenden Organisation sodann das „*auftauchende Selbstempfinden*" (ebd., S. 72). Er meint, dass in diesem Sinn das Baby gleichzeitig einen Prozess und dessen Ergebnis erlebt; und bereits das Baby ist ein aktives Subjekt, das „organisierend tätig" ist (a.a.O.). Dass die sich entwickelnde (Selbst-)Organisation gleichermaßen Prozess und Resultat ist, gilt auch für Adlers Apperzeption.

Es kann der Bogen zu Adler zurück gespannt werden. Denn: Ciompis „angeborene Grundlagen", die in der Wechselwirkung mit der Umwelt und dem Körper, den Menschen „selbstorganisatorisch in der Aktion durch operationale Zuordnung bestimmter Affekte" bestimmte „Kognitions- und Verhaltenssequenzen" herstellen lassen, und Sterns Annahme vom sich über sein (Selbst-)Empfinden schon aktiv organisierenden Säugling provozieren Querverbindungen zur individualpsychologischen Theorie. Zunächst erinnern Ciompis „angeborene Grundlagen" an die im Kapitel über das Gemeinschaftsgefühl schon dargelegten „biologischen Bausteine" Adlers, der ebenfalls bekräftigt, dass sie in der Auseinandersetzung mit der Umwelt die Persönlichkeit des Individuums und seine Beziehung zu eben dieser Umwelt prägen. Die „Kognitions- und Verhaltenssequenzen" – maßgeblich beeinflusst durch die Affekte – Ciompis sowie Sterns Selbstorganisation des Säuglings im Rahmen seines (Selbst-)Empfindens führen wiederum Adlers Apperzeption und den Lebensstil ins Treffen bzw. das Herausbilden der Einheit der Persönlichkeit, wenn das Individuum die Einzelteile (einzelne Erfahrungen, Körpererleben, genetische Ausstattung etc.) zum Ganzen formt, dem subjektiv kreierten Lebensstil. Darüber hinaus finden wir bereits bei dem Gründer der Individualpsychologie eine starke Betonung des (Psycho-)Somatischen, am ausführlichsten formuliert in seinen Konzepten über die Organminderwertigkeit (Adler, 1907a) und den Organdialekt (Adler, 1912c).[59] Und schlussendlich dringt im – durch affektiv-kognitive Prozesse organisierenden – aktiven Subjekt „Baby" Adlers Idee der „schöpferischen Kraft" durch, auch wenn der Begriff zugegebenermaßen nicht ganz einfach zu fassen ist.[60] Günter Heisterkamp bezieht sich auf Daniel Sterns Säuglingsforschung und fasst zusammen: „Das Kleinkind kann bereits unmittelbar nach der Geburt aus sich heraus eine hochdifferenzierte präverbale Kommunikation einleiten, es kann sie *selbstaktiv* aufrechterhalten, *schöpferisch* auf ihren Ablauf einwirken und aus sich heraus abschließen" (Heisterkamp, 1991, S. 25, Stern, 1979, S. 96 f., eigene Hervorhebung, S. R.). Auch Gerd und Ulrike Lehmkuhl ziehen aus der Säuglingsforschung, welche dem Baby eine (inter-)aktive Rolle zuspricht, den Schluss: „Individualpsychologische Konzepte der schöpferischen Kraft des Kindes mit der Ausgestaltung seines Lebensstils finden hier ihre empirische Bestätigung" (Lehmkuhl & Lehmkuhl, 1991, S. 106).

Eife führt aus, dass Adler in der schöpferischen Kraft das Agens sieht, das die Einheit der Persönlichkeit zusammenfügt, den Lebensstil prägt, wir haben es mit „einer Einheit stiftenden Kraft" (Eife, 2010, S. 40) zu tun, „die alle diese Einflüsse, die alle Möglichkeiten ordnet, um eine Bewegung zu gestalten, die zur Überwindung führt" (Adler, 1932i, S. 535, vgl. Eife, 2010, S. 40). Einerseits ist es nach Adler die „schöpferische Kraft", die den Menschen die Strategien aus dem Material der inneren und äußeren

---

59   Adler schenkt dem Körper sein ganzes Werk hindurch im Rahmen aller Konzepte Beachtung. Weitere Beispiele seiner Publikationen sind hierfür: „Das organische Substrat der Psychoneurosen" (1912h), „Körperform, Bewegung und Charakter" als Kapitel im „Sinn des Lebens" (1933b) oder „Körperliche Auswirkungen seelischer Störungen" (1934h).

60   Der Begriff der „schöpferischen Kraft" wird von Adler erstmals 1926 eingeführt (Adler, 1926m).

Einflüsse kreieren lässt. Andererseits scheint der Lebensstil immer wieder durch eben diese Einflüsse und Prägungen bis zu einem gewissen Grad vorherbestimmt. In diesem Sinn kann es verstanden werden, dass wir 1931 bei Adler eine Abgrenzung zwischen einer freien und einer vom Lebensstil determinierten schöpferischen Kraft finden (Adler, 1931n, S. 483 ff., vgl. Eife, 2010, S. 40). Die schöpferische Kraft bewirkt zum einen die Entfaltung der lebensstiltypischen Muster, die sodann den (Erlebens-) und (Handlungs-)Freiraum des Individuums einschränken. Darüber hinaus ist bei der Nutzung der Möglichkeiten innerhalb dieses (nunmehr durch seine entstandene Form begrenzten) Freiraums ebenfalls schöpferische Kraft am Werk, jetzt als „kompensatorische Bewegung" (Adler, 1926m, S. 273) der Einschränkung entgegengesetzt, während sie sich im Vorfeld als „Schöpferin der individuellen Bewegung" manifestiert hat. Es stellt sich die Frage, wie die „schöpferische Freiheit" mit der „Macht der alten Muster" zu vereinbaren ist, und damit einhergehend, wie sich die Parallelen in den Reaktionen von Menschen auf ähnliche Lebensereignisse erklären lassen, unter dem Aspekt, dass eben diese Reaktionen umgekehrt doch wieder individuell voneinander deutlich abweichen können und daher nicht konkret vorhersehbar sind? Auch hier hilft eine Betrachtung der „fraktalen Affektlogik" Ciompis weiter, der Bezüge zwischen psychischen Vorgängen und der Chaostheorie herstellt, die erhellende Erkenntnisse erschließen.

5.2.2 Freiheit und Gebundenheit: Das „deterministische Chaos" der Individualpsychologie

Ciompi weist darauf hin, dass gerade in der Natur viele Vorgänge nicht voraussagbar sind; in der Chaostheorie nennt man das „Nichtlinearität". Der Chaosbegriff selbst bezeichnet in der Wissenschaft keine Unordnung, sondern ein „deterministisches Chaos". Es ergibt

> „[...] eine eigenartige Mischung von Ordnung und Unordnung im Übergangsbereich zwischen den linearen Gesetzmäßigkeiten der klassischen Physik auf der einen und einer stochastischen Zufallsdynamik – einem ‚Chaos' im üblichen Sinn – auf der anderen Seite" (Ciompi, 1997, S. 132).

Als Beispiel nennt er das Wetter, das aufgrund von Gesetzmäßigkeiten der Natur relativ gut vorhersehbar ist, aber bei Weitem nicht immer konkret, weil es sehr variiert. Im Bereich der Psyche und der sozialen Begebenheiten vermutet er eine noch viel stärker ausgeprägte Nichtlinearität und somit Nichtvorhersagbarkeit, was nachvollziehbar erscheint (ebd., S. 133). In diesem „Zusammenspiel von Freiheit und Gebundenheit" (a.a.O.), wie Ciompi es nennt, lässt sich auch Adlers „schöpferische Kraft" und der bis zu einem gewissen Grad durch die Apperzeption determinierend erscheinende Lebensstil einordnen. Wir können den Lebensstil eines Menschen analysieren und typische Grundmuster herausfinden, aber wir können nicht genau voraussagen, wie die Person in einer bestimmten Situation reagieren wird, wir können allenfalls eine Einschätzung abgeben; Adler spricht immer wieder von Wahrscheinlichkeiten.

In diesem Zusammenhang sind auch die Erkenntnisse von Guido Strunk und Günter Schiepek erwähnenswert, die in ihrem Buch „Therapeutisches Chaos" (2014) Verbindungen zwischen der Chaostheorie und den Komplexitätswissenschaften auf der einen Seite und (zwischen-)menschlichen beziehungsweise psychotherapeutischen Phänomenen auf der anderen Seite herstellen. Sie betrachten – entsprechend den Systemtheorien respektive den Komplexitätswissenschaften – den Menschen als System und untersuchen dieses hinsichtlich dessen, inwieweit Aspekte der Chaostheorie und der Synergetik auf das System Mensch übertragbar sind. Und es gelingt ihnen nach Meinung der Autorin sehr differenziert, nachvollziehbar zu machen, dass diese Mechanismen auch im komplexen System Mensch erkennbar sind, und kommen zu dem Schluss: „Ein System ist nämlich nichts anderes als Elemente und Beziehungen zwischen den Elementen" (Strunk & Schiepek, 2006, S. 5 ff.). Hier spielt Emergenz eine wichtige Rolle, indem das Ganze nie ausschließlich die Summe seiner Teile ist, sondern indem durch das Zusammenwirken der einzelnen Elemente wieder etwas Neues mit einer eigenen Qualität entsteht. Komplexität bedeutet dabei nicht zwangsläufig kompliziert oder nur auf große Systeme zutreffend (wie im allgemeinen Sprachgebrauch oft suggeriert wird), sondern sie ist bereits in einfachen Systemen zu beobachten und liegt per definitionem dann vor, wenn Wechselwirkungen zwischen den Elementen in einem System bestehen (ebd., S. 12 ff.). Insofern stellt Komplexität selbst ebenfalls eine eigene Qualität dar. Diese Komplexität – die Beziehung der Elemente untereinander – lässt die Vermutung zu, dass komplexe Systeme chaosfähig sind, das heißt, dass eine Grundstruktur oder Ordnung erkennbar ist, dass diese aber gleichzeitig von Abweichungen und daraus resultierender Unordnung und nur bedingter Vorhersehbarkeit geprägt sind. Es ist konkret von der Nichtlinearität und dem Schmetterlingseffekt in einem dynamischen System die Rede (ebd., S. 67 ff.), was noch genauer dargelegt wird.

Strunk und Schiepek weisen darauf hin, dass es zunächst gemäß eines Anspruchs auf Differenziertheit und Genauigkeit sinnvoll ist, zu präzisieren, dass es nicht „die eine" Systemtheorie gibt, was sogar einschlägige Lehrbücher glauben machen, indem manches Mal nicht explizit genannt wird, auf welche Systemtheorie sich der/die AutorIn bezieht. Hinzu kommt, dass es eine Wende gab, welche die Systemtheorien in „alte" und „neue" aufgliederte, und dass zwischen qualitativen und quantitativen Systemtheorien unterschieden werden muss. In Bezug auf die quantitativen Systemtheorien wurde die Wende durch die Entdeckung, oder besser gesagt durch die Wiederentdeckung, des Chaos in den 60er Jahren des vorigen Jahrhunderts eingeleitet. Strunk und Schiepek haben in einer Tabelle einen Überblick zusammengestellt (s. Abb. 5).

	Qualitativ	Quantitativ
Vor der Wende	*Verbale Systembeschreibungen* Verbale Systembeschreibungen über Systemelemente und deren Beziehungen; anekdotische Beschreibung von Abläufen. *Grundaussage:* Die Geschichte eines Systems kann verstanden werden. *Beispielhafte therapeutische Anwendung/Übertragung:* Etwa die Beschreibung der Entstehung psychischer Probleme mit den Instanzen Ich, Es und Über-Ich sowie den Vorgängen während der psychosexuellen Entwicklung (Freud, 1994/1940).	*Kybernetik* Klassische Kybernetik (Wiener, 1948), Systemdenken (z. B. Senge, 1996; Vester, 1999), lineare Kausalmodelle (Jöreskog, 1973) *Grundaussage:* Systeme sind plan- und steuerbar, wenn ihre Wechselwirkungsbeziehungen (mathematisch) vollständig verstanden sind. *Beispielhafte therapeutische Anwendung/Übertragung:* Die Familie verhält sich wie ein Regelkreis. Familienmitglieder versuchen kommunikative Störungen auszugleichen und können dabei zu Symptomträgern werden.
Nach der Wende	*Kybernetik 2. Ordnung* Sogenannte kopernikanische Wende der Erkenntnistheorie, die zur Kybernetik 2. Ordnung (von Foerster, 1981) führte. Theorien: Kontruktivismus (von Glasersfeld, 1981), Sozialer Konstruktionismus (Gergen, 1994), Autopoiese (Maturana & Varela, 1987), Theorie Sozialer Systeme (Luhmann, 1984) *Grundaussage:* Aussagen über die Wirklichkeit sind immer subjektabhängig. Ihr Wahrheitsgehalt kann objektiv nicht geprüft werden. *Beispielhafte therapeutische Anwendung/Übertragung:* Problemsysteme sind soziale Systeme, deren Mitglieder etwas als veränderungsbedürftig und -fähig kommunizieren: „ein Sachverhalt wird kommunikativ als ‚Problem' und damit als unerwünscht bewertet" (Ludewig, 1992, S. 114).	*Theorien Nichtlinearer Dynamischer Systeme* Theorien: Chaosforschung (Lorenz, 1963; Poincaré, 1890), Synergetik (Haken, 1977; Haken & Schiepek, 2006), Theorie Dissipativer Strukturen (Prigogine, 1955, 1987; Prigogine & Stengers, 1993), Fraktale Geometrie (Mandelbrot, 1982) *Grundaussage:* Bestimmte Systeme sind nicht detailliert vorhersagbar, plan- und steuerbar. *Beispielhafte therapeutische Anwendung/Übertragung:* Umgang mit dem therapeutischen Chaos durch Nutzung von Selbstorganisation und Phasenübergängen (vgl. Haken & Schiepek, 2006; Schiepek & Strunk, 1994; Strunk & Schiepek, 2006).

Abb. 5:   Vier Arten von Systemtheorien (Strunk & Schiepek, 2014, S. 15)

Entsprechend der Übersicht kann davon ausgegangen werden, dass Ciompi in seiner Konzeptualisierung nach den Theorien nichtlinearer dynamischer Systeme vorgegangen ist. Seine Gedanken über das „Zusammenspiel von Freiheit und Gebundenheit" in Verbindung mit Adlers Ansatz über das Verhältnis zwischen „schöpferischer Kraft" und „Bewegungsgesetz" sind unter einem chaostheoretischen Blickwinkel skizziert worden. Die menschliche Psychodynamik ist gekennzeichnet von der Gegensätzlichkeit und doch gleichzeitigem und sich sogar gegenseitig beeinflussendem Bestehen von Konsistenz und Veränderung. Die Synergetik ist jene Theorie, welche sich hinsichtlich der Systemtheorien zentral mit der „Dialektik von Stabilität und Wandel" (ebd., S. 85) widmet. Sie ist von Hermann Haken 1969 ursprünglich auf dem Gebiet der Quantenoptik (Laserphysik) entwickelt worden (Haken, 1969, vgl. Strunk & Schiepek, 2014, S. 85); später wurde sie auf viele andere Bereiche, wie menschliche Vorgänge, das Gehirn oder Wirtschaftssysteme übertragen (Strunk & Schiepek, 2014, S. 85). Verglichen mit der Synergetik ist die Chaostheorie „lediglich" ein möglicher Zugang, Systeme zu verstehen:

> „Anders als die Chaosforschung bleibt sie [die Synergetik, S.R.] jedoch nicht auf ein spezifisches Verhalten (Chaos) beschränkt, sondern interessiert sich allgemeiner für Prozesse der Ordnungsbildung in Systemen (Selbstorganisation) und für Phänomene im Umfeld von qualitativen Veränderungen der Systemdynamik (Phasenübergänge oder Ordnungsübergänge)" (a.a.O.).

Oder: „Man könnte die Synergetik auch als ausgefeiltes mathematisches Analysewerkzeug für Strukturbildung und Strukturveränderung bezeichnen" (a.a.O.).

Die „Strukturbildung" und „Selbstorganisation" ruft, wenn man wieder den Menschen als System ins Bild rückt, Ciompis affektiv-kognitive Bezugssysteme wieder in Erinnerung. Und sie lassen erneut an Adlers zentralen Begriff „Lebensstil" als Entwicklung der je individuellen psychischen Struktur des Menschen denken, handelt es sich doch um das Herausbilden einer individuellen und subjektiven Art, sich und die Welt zu sehen, zu erleben und damit (auch zwischenmenschlich) umzugehen, geprägt von den (insbesondere frühen) Beziehungserfahrungen. Damit geht das Entstehen einer tendenziösen Apperzeption einher, – der individuellen Wahrnehmung und Interpretation von sich und der Welt, deren „Tendenz", also die Ausrichtung, nach eben diesen Beziehungserfahrungen eingefärbt erscheint und einer individuellen emotionalen Bewertung unterliegt. Das beeinflusst wiederum das Verhalten *in* und das Gestalten *von* bestimmten sozialen Konstellationen im aktuellen Kontext, indem ähnliche (alte) Situationen „re"-inszeniert oder umgekehrt betrachtet, indem neue Situationen, die auch nur im Kleinsten an alte erinnern, ähnlich den alten erlebt werden und deshalb auch wieder in ähnlicher Weise darauf reagiert wird. Insofern hat Adler sein Menschenbild bereits als „dissipatives", ordnungsbildendes System konzipiert.

In diesem Zusammenhang misst die Chaostheorie so genannten „iterativen Prozessen" eine besondere Bedeutung zu; damit sind sich ständig wiederholende Vorgänge gemeint, bei denen Rückkoppelungsprozesse eine große Rolle spielen. Das heißt, dass sich jede Phase auf die nachfolgende auswirkt (Ciompi, 1997, S. 134). Ein Beispiel sind die Jahreszeiten: Ein sehr frostiger Winter beeinflusst das Gedeihen der Pflanzen im kommenden Frühjahr. Somit gestaltet sich der Frühling nicht jedes Jahr unabhängig und mechanisch in einer automatischen Abfolge nach dem Winter, sondern ist durch Letzteren mitbestimmt. Strunk und Schiepek beleuchten dabei – übertragen auf menschliche Beziehungen – die so genannten Feedbackschleifen, die eine Verstärkung der Dynamik bewirken. Einführend bringen sie das Beispiel eines einfachen menschlichen Regelkreises, ursprünglich nach Schulz von Thun (1989): ein/e abhängige/r PartnerIn fühlt sich vom/von der anderen, distanzierten PartnerIn alleine gelassen, appelliert in seinem Verhalten folglich nach mehr Nähe; das erlebt der/die distanzierte/r PartnerIn als Druck und zu viel Nähe und geht daraufhin noch mehr auf Distanz, worauf sich der/die abhängige PartnerIn noch mehr alleine gelassen fühlt, noch fordernder wird usw. (Strunk & Schiepek, 2014, S. 24). An diesem Beispiel werden das Feedback und die Verstärkung deutlich.

Psychoanalytisch gesehen könnte es sich um zwei Personen handeln, deren Psychodynamik jeweils von einem „Nähe-Distanz-Konflikt" geprägt ist, das heißt, dass zum Teil bewusst und zum größten Teil unbewusst auf der einen Seite eine Sehnsucht nach Nähe da ist und gleichzeitig auf der anderen Seite die Angst davor (ggf. Verlustangst). Der/Die eine hat als „Lösungsstrategie" oder „lebensstiltypisch" die Tendenz ausgebildet, sich eine/n PartnerIn zu suchen, der/die distanziert ist, – als „Schutz", weil sie/er mit so einer/m PartnerIn verhindern kann, dass die unbewusst doch Angst machende Nähe, die bewusst gewünscht wird, entstehen kann. Die/der andere PartnerIn sichert sich, indem sie/er immer wieder jemanden wählt, der von ihr/ihm abhängig erscheint und die Nähe sucht, denn dann kann er/sie sich vermeintlich gewiss sein, den anderen ohnehin nicht zu verlieren und auch nicht allzu viel „hergeben" zu müssen. Die zwei Beteiligten tragen einen ähnlichen Konflikt in sich und haben jeweils zwei unterschiedliche intraindividuelle Muster entwickelt, um diesen zu bewältigen; die Muster der beiden ergeben zusammen wiederum ein interindividuelles Muster. Das innere Muster einer Person, dominiert von Nähe und Distanz, wird in der Beziehung nach außen transformiert, wobei ein/e PartnerIn die Nähe-Position einnimmt und der andere die Distanz-Position. Wenn jemand so ein lebensstiltypisches Muster entfaltet hat, fällt manches Mal auf, dass die Person in unterschiedlichen Beziehungen die Rolle wechselt, also in einer Beziehung mehr den Nähe-Pol innehaben und in einer neuen Beziehung den Distanz-Pol ausleben kann.

Zurück zur Synergetik: Bei den in solchen Beziehungsmustern vorhandenen Rückkoppelungsprozessen sind sowohl positive als auch negative Verstärkungen festzumachen, wobei die positiven zu exponentiellem Wachstum führen (ebd., S. 50–51). Bezogen auf das obige Beispiel erhöht die/der eine PartnerIn den Druck auf den anderen und wird sehr fordernd.

> „Gleichzeitig versucht das negative Feedback, das System an der ‚Explosion' zu hindern.
> Es führt die auseinanderdriftenden Entwicklungen beständig wieder zusammen. Dies ge-

neriert in Kombination eine extrem effiziente Rührmaschine, in der winzige Unterschiede erst dramatisch verstärkt und dann wieder rückreguliert werden" (ebd., S. 51).

Dem negativen Feedback könnte dann die/der PartnerIn entsprechen, die/der auf das „Klammern" der/des anderen mit Zurückweisung und Distanzierung reagiert. Vielleicht zieht sich aber auch einmal die/der Nähesuchende gekränkt zurück usw. Es gibt also unzählige Variationen und keine Beziehungssituation gleicht trotz dem Grundkonflikt oder -muster der anderen. Die in dem Zitat erwähnten winzigen Unterschiede führen zum Schmetterlingseffekt, einem der Grundbausteine der Chaostheorie, der sich – wie es scheint – sehr gut auf menschliche Strukturen übertragen lässt.[61] Unter diesem versteht man, dass mikroskopische Unterschiede sich exponentiell verstärken und daher zu völlig anderen Entwicklungen führen (ebd., S. 53). Betrachtet man den Menschen (individualpsychologisch und chaostheoretsich), kann man sagen, dass das Individuum entsprechend seiner ausgebildeten Regelhaftigkeit (Lebensstil, Apperzeptionsschema) eingeschätzt werden kann, dass sein konkretes Verhalten und seine weitere Entwicklung aber nie genau vorausgesagt oder berechnet werden kann bzw., dass es auch nie etwas exakt gleich wiederholt. Strunk und Schiepek bekräftigen die komplexen Wechselwirkungen in Systemen betreffend: „Während die Musterhaftigkeit auf Ordnung und Organisation verweist, produziert die sensible Abhängigkeit der Entwicklungsdynamik von kleinen Abweichungen (Schmetterlingseffekt) die Komplexität dieser Systeme [...]" (ebd., S. 67). Dieser Effekt scheint neurowissenschaftlich betrachtet u.a. damit zusammenzuhängen, dass das Gehirn des Menschen zum Zeitpunkt der Erinnerung nicht mehr das gleiche, also bereits verändert, ist und die Erinnerung somit immer durch das veränderte Jetzt-Erleben (um-)gestaltet wird. Dazu kommen wir später noch ausführlicher. Eife bemerkt, dass Adler bezüglich der schöpferischen Kraft, welche das individuelle Schema zutage treten lässt, von Tendenzen spricht, in denen sich alle Formen und Strukturen auflösen (Eife, 2010, S. 41), „in Bewegung" auflösen, könnte man ergänzen. Es kann vermutet werden, dass Adler damit meinte, dass der Mensch zwar ein lebensstiltypisches Schema herausbildet, eine individuelle „Struktur", dass diese aber aufgrund der Dynamik fließend zu verstehen ist, dass sich damit fixe Strukturen auflösen und in bewegte bzw. in Bewegung per se übergehen. Daher versucht die Individualpsychologie den Menschen aus seiner „Lebensbewegung" heraus zu verstehen.

Der Gründer der Synergetik, Haken (1979, S. 8), sieht in der Entstehung von Musterhaftigkeit in Systemen ein „Versklavungsprinzip". Als Beispiel nennt er das Scrabble-Spiel, bei dem man mit Buchstaben Wörter bilden muss, bzw. die zur Verfügung stehenden Buchstaben so verwenden muss, sodass sie einen Sinn ergeben. Je mehr Buchstaben in einer Reihe bereits auf dem Brett liegen, desto eingeschränkter werden die

---

61   Die Entdeckung des Schmetterlingseffekts geht auf den Meteorologen Edward N. Lorenz zurück, der in den 60er Jahren des vorigen Jahrhunderts bei der Berechnung von Wetterprognosen feststellte, dass kleinste Unterschiede („der Flügelschlag eines Schmetterlings") ein ganz anderes Wetter anstoßen können und somit eine exakte Vorhersagbarkeit unmöglich machen (Lorenz, 1963, vgl. Strunk & Schiepek 2014, S. 52–53).

Möglichkeiten, welche Wörter aus dieser Buchstabenreihe noch gebildet werden können. Die Bewertung, welche Kombination sinnvoll ist, nehmen die SpielerInnen vor. Das „Versklavungsprinzip" der Synergetik manifestiert sich in den aufgrund der bereits geformten Ordnung schrumpfenden Möglichkeiten (Strunk & Schiepek, 2014, S. 88). Auch dieses erinnert an Adlers Lebensbewegung, wobei es an seine Ausdrücke der „geronnene[n] Bewegung" (Adler, 1932h, S. 529) und der „gefrorene[n] Bewegung" (Adler, 1933i, S. 552) denken lässt. Eife konstatiert: „Aders Ich ist die Stilisierung der eigenen Lebensbewegung, deren überdauernde Formen als gefrorene Bewegung definiert werden" (Eife, 2010, S. 41). Der Gründer der Individualpsychologie betont, wie gesagt, dass das Kind im Rahmen seiner (frühen) Beziehungserfahrungen Strategien ausprobiert bzw. im Wechselspiel mit der Umwelt erfährt, welche sich als subjektiv sinnvoll erweisen, um diese sodann zu verfestigen (Adler, 1933b, S. 56, vgl. Stephenson, 2011b, S. 65–66). Subjektiv sinnvoll heißt nicht zwangsläufig einer „gesunden" Psyche oder dem Wohlbefinden dienlich; denn es können sich genau auf diese Art dysfunktionale Muster und leidvolle Strukturen einspielen.

Wir können wieder das Beispiel des zu Beginn des Kapitels vorgestellten Buben heranziehen: Er sehnt sich nach Liebe, erfährt sie subjektiv nicht, bildet als Strategie eine extreme Leistungsorientierung aus, um seinen Selbstwert zu regulieren, die Anerkennung der Leistung kann das Manko an Liebe nicht zufriedenstellend kompensieren. Der Bub verstärkt somit sein Leistungsbestreben, nachdem diese Strategie irgendwann „eingefahren" ist und vordergründig zu Erfolg (Lob für die Leistungen) führt. Genau betrachtet bleibt das Liebesbedürfnis weiterhin auf der Strecke, und der Mangel wirkt zumindest unbewusst weiter, beeinflusst und verstärkt fortlaufend seine lebensstiltypische Dynamik, das „Bewegungsgesetz". Diesem bzw. dem „Versklavungsprinzip" entsprechend ist es dem Buben nicht mehr „einfach" möglich, aus dem Muster auszusteigen, ohne vom Ehrgeiz getrieben leben zu können, da er sich immer so verhält, dass die „Spirale" aufrechterhalten wird (was durch die Verstärkung bestimmter Synapsenverschaltungen bei ähnlichem Erleben seine neurobiologische Entsprechung hat). Durch die negativen Rückkoppelungen kann es sein, dass der Bub zum Beispiel als junger Mann an seine Belastungsgrenze kommt und Panikattacken oder Depressionen entwickelt, weil unbewusst die Angst vor dem Versagen exponentiell negativ gegenläufig zum exponentiell positiv ansteigendem Leistungsstreben entgegengewirkt hat. Diese in unterschiedliche Richtungen strebenden und sich in ihrer Wechselwirkung bedingenden Kräfte, die eine immense Spannung erzeugen, sind – wie bekannt – die Grundlage des Begriffs des „Konflikts" im Rahmen der „Psychodynamik" in der Tiefenpsychologie.

5.2.3 Das Ganze und seine Teile – eine „fraktale Gestalt"

Wie gesagt spielen die erläuterten Rückkoppelungen bei den „iterativen Prozessen" eine große Rolle, indem sie den Einfluss einer Phase auf die nächste geltend machen und die (unzählig variierte) Wiederholung anstoßen. Ganz im Sinn der „iterativen Prozesse" sagt Adler: „Alles, was wir bei einem Menschen im Seelenleben beobachten können, ist

Vorbereitung für eine Weiterbewegung" (Adler, 1926k, S. 254), die dann aber auch wieder dem Lebensstil, also dem Grundmuster entspricht, das abgewandelt wiederholt wird. In den Einzelteilen scheint die ganze Bewegungslinie durch und im Ganzen sind die Teile erkennbar,

> „[…] in dem jedes Element dieser Bewegung Schluss einer vorhergegangenen Bewegung und Beginn einer neuen ist, etwa wie auch in einem Film, der sich vor unserem Auge ab-rollt, jedes Bild nur verständlich wird, wenn wir das Ganze im Auge haben, wenn wir die Bewegungslinie weiter ausziehen […]" (ebd., S. 252).

Für den „späten" Adler wird „Bewegung, das Grundgesetz des Lebens, […] auch zum Grundgesetz des Seelischen" (Heisterkamp, 1995, S. 63). Die „iterativen Prozesse" sind in psychischen Vorgängen immer wieder auffindbar: Jede Erfahrung hat einen Effekt darauf, wie wir künftige Erlebnisse wahrnehmen, eben durch die affektiv-kognitive Zuordnung zu den bereits vorhandenen Schemata nach Ciompi, oder durch das Abglei-chen der neu entstehenden neurobiologischen Erregungsmuster mit den alten nach Hüther, der darin handlungsleitende, Orientierung bietende, innere Muster sieht, oder durch das Apperzipieren aktueller Erlebnisse gemäß des anhand früherer Erfahrungen geformten Lebensstils nach Adler.

In den sich immer wiederholenden Grundformen in den „iterativen Prozessen" kann unschwer das Bewegungsgesetz Adlers eingepasst werden. Dieses unterliegt wie in der Chaostheorie die Systemdynamik beständigen Abweichungen von der Determiniertheit. Die sich wiederholenden Grundformen – „Struktur in Struktur in Struktur" – werden in der Chaosforschung unter dem Begriff der „Selbstähnlichkeit" oder „Fraktalität" ge-fasst. In diesem Sinn könnte man der Individualpsychologie durch die von Adler beton-te fortlaufende Weiterbewegung und durch die Spiegelung des Ganzen in den Teilen und umgekehrt eine „fraktale Gestalt" attestieren. Ciompi bringt als Beispiel Land-schaftsformationen (Gebirgszüge, Sanddünen etc.), deren Form im Detail – die Einzel-teile in der Nähe betrachtet – der Ansicht des Ganzen, zum Beispiel bei Luftaufnah-men, gleicht. Die Chaostheorie macht diese Grundformen als die Attraktoren aus, wel-che die Triebfeder in einem dynamischen System für die (wiederholte) iterative Bewe-gung sind, diese anregen und über den determinierten Rahmen hinaus immer wieder neue Variationen hervorbringen (Ciompi, 1997, S. 147, vgl. Strunk & Schiepek, 2014, S. 64 ff.).

Der Bezug zu Adlers Überlegungen über das Verhältnis des Ganzen zu seinen Teilen im psychischen Bereich verdient eine nähere Betrachtung:

> „Adlers Blickrichtung geht auf das Verstehen ‚des Ganzen' der Person in einem subjekti-ven Hinblick, auf das ‚unbewusste' Selbstverstehen des Individuums in seiner Intentiona-lität. Die Ganzheit wird also nicht als Gestalt im Draufblick gesehen, sondern als eine Bewegung, die von Anfang an in Beziehung steht und in der Bezogenheit ihre Dynamik und Gestalt bildet" (Eife, 2010, S. 39–40).

Er geht, wie schon oft geäußert, davon aus, dass alle seelischen Einzelerscheinungen zusammen die Einheit der Persönlichkeit konstituieren, in einer Relation zueinander stehen, und dass das Ganze nur über das Erfassen der Bewegung der Einzelphänomene untereinander verstanden werden kann. In dieser Hinsicht kritisiert er auch Freuds Psychoanalyse: „Was bei der Psychoanalyse fehlt, ist das allererste Erfordernis einer wissenschaftlichen Psychologie – die Anerkennung des Zusammenhangs der Persönlichkeit und der Einheit des Menschen in allen seinen Ausdrucksformen" (Adler, 1931b, S. 83).[62] Adler geht davon aus, dass sich – entsprechend der Selbstähnlichkeit (Struktur in Struktur in Struktur) der Chaostheorie – alle seelischen Ausdrucksbewegungen in der Gesamtpersönlichkeit und im Lebensstil des Menschen spiegeln und umgekehrt, dass sich die ganze Persönlichkeit des Menschen in jeder Einzelerscheinung zeigt. So kann man sehen, „[…] was hinter und zwischen den Ausdrucksbewegungen steckt: das Bewegungsgesetz des Einzelnen" (Adler, 1933b, S. 35). Denn „Der Lebensstil verfügt über alle Ausdrucksformen, das Ganze über die Teile. Ist ein Fehler vorhanden, so steckt er im Bewegungsgesetz, im Endziel des Lebensstils, und nicht im Teilausdruck" (ebd., S. 26). Und:

> „Man darf wohl mit einer aus großer Erfahrung gewonnenen Wahrscheinlichkeit rechnen, wenn man erst einige Teile des Seelenlebens in der Hand hat, mit einer Wahrscheinlichkeit, die wohl Schlüsse ziehen lässt. Letztere aber müssen immer streng überprüft werden, ob sie auch dem ganzen Gefüge eines Seelenlebens entsprechen" (Adler, 1930e, S. 301).

Der/Die MedizinerIn (heutzutage TherapeutIn) beurteilt, so meint er, mittels Interpretation: „Dieses kann sich nur rechtfertigen durch den Beweis, wie alle Teilerscheinungen mit dem Ganzen in klarem Zusammenhang stehen und die gleichen Bewegungen erkennen lassen" (a.a.O.). Und das bereits erläuterte und von Adler als nie abgeschlossen betrachtete Ganze scheint sich in die iterativen Vorgänge der Chaostheorie einzubetten, indem auch im Psychischen jede Bewegung zum Impulsgeber für die nächste wird, weil jede Erfahrung auf Vorerfahrungen trifft, die das Erleben der folgenden beeinflusst, – und indem das Bewegungsgesetz des Lebensstils sich eben durch diese Dynamik auszeichnet. Nachdem das Erleben subjektiv erfahren wird, ergeben sich daraus die individuellen Variationen. Die Relation zwischen „schöpferischer Kraft" und der Macht des einmal gebildeten Bewegungsgesetzes – in Anlehnung an das Verhältnis zwischen „zufälliger" Varianten und gebundener Gesetzmäßigkeiten in der Chaostheorie – tritt in Adlers Überzeugung „von der freien schöpferischen Kraft des Individuums in der Kindheit und seiner gebundenen Kraft später im Leben, sobald das Kind sich ein festes Bewegungsgesetz für sein Leben gegeben hat" (Adler, 1933b, S. 25), zutage. Dieses Verhältnis orten Strunk und Schiepek – bezogen auf die Synergetik –, wie erwähnt, in der Spannung zwischen „Selbstorganisation und (Selbst-)Versklavung", denn in diesem Sinn

---

62 Im Gegensatz dazu liegen Parallelen zur Gestaltpsychologie, auf die sich Adler manchmal auch bezieht, vor (vgl. Ansbacher & Ansbacher, 2004, z.B. S. 158). Allerdings ist Adlers Auffassung von der Persönlichkeit des Menschen durch sein Bewegungskonzept viel dynamischer konzipiert und geht weit über eine „statische (figürliche)" „Ganzheit" oder „Gestalt" hinaus (Heisterkamp, 1995, S. 63).

„[…] zeigt die Synergetik, wie Feedbackprozesse einige Freiheitsgrade ausweiten und andere beschneiden. Sie betont die Selbstorganisationskraft von Systemen und bezeichnet die Zwänge der sich herausbildenden Ordnung als ‚Versklavungsprinzip'. Dramatischer kann man es kaum sagen. Systeme bilden sehr schnell Ordnungsstrukturen aus, die starr und kaum beeinflussbar erscheinen. Diese Muster werden mitunter als ungerecht und als unangenehmer Zwang erlebt, der von außen zu kommen scheint. Das Verständnis von Selbstorganisationsprozessen macht aber nachvollziehbar, wie es Systeme selbst anstellen, eben das hervorzubringen, was sie später einschränkt" (Strunk & Schiepek, 2014, S. 90).

Die Textstelle liest sich fast wie eine Komprimierung des Adler'schen Menschenbildes, übersetzt in die Sprache der Systemtheorien. Denn die Individualpsychologie würdigt mit ihrem Lebensstilkonzept die individuelle Strukturausbildung und -aufrechterhaltung sowie Selbstorganisation (z.B. Adler, 1912a, 1926n, 1931m). Adler unterstreicht auch die Entwicklung des Individuums in einem Beziehungsgefüge unter dem „Zwang der Außenwelt" und deren Anforderungen (Adler, 1908b, S. 66). Insofern verliert bei ihm der Trieb bald das eigentlich Triebhafte im Sinn der Freud'schen Psychoanalyse, was im Kapitel über die Aggression bereits herausgearbeitet wurde. Der „Zwang der Außenwelt" trifft auf die „schöpferische Kraft" des Menschen und lässt ihn selbst seinen ganz persönlichen Lebensstil und seine Apperzeption gestalten, die ihn mehr oder weniger einschränkt. Der daraus oft resultierende enge Erlebens- und Verhaltensspielraum kann mitunter selbst als Zwang empfunden werden. Ein Beispiel: Eine Patientin befindet sich in der Ausbildung zur diplomierten Krankenschwester. Sie ist in ihrer Kindheit über lange Zeit von der Großmutter aufgezogen und betreut worden. Letztere hat die Patientin äußerst abwertend und lieblos behandelt. In der Folge berichtet die Patientin von ihren Praktika im Zuge der Ausbildung und beschreibt, wie sie wiederholt bei unterschiedlichen Praktikumsstellen jeweils mit den PraktikumsanleiterInnen ähnliche Konflikte erlebt. Unter anderem empfindet sie Feedback und Kritik in jedem Fall wie die Entwertung der Großmutter, also vernichtend, ihr ganzes Sein betreffend. Im Verlauf der Therapie gelingt es, herauszuarbeiten, dass sich die Patientin mit Autoritätspersonen immer wieder gleichartige Situationen inszeniert, wie es dem ursprünglichen Grundmuster mit der Großmutter entspricht. Nach der ersten Einsicht bringt sie zunächst ihre Frustration und ein Gefühl der Hoffnungslosigkeit zum Ausdruck. Dieses ist für uns PsychotherapeutInnen völlig nachvollziehbar, nachdem die Patientin in einem Bewusstwerdungsprozess erkannt hat, welches Muster sie „zwanghaft" immer wieder generiert und im ersten Moment keinen Weg aus der Enge der Dynamik sehen kann.

Das Bewegungsgesetz unterliegt nach Adler keinen kausalen Wirkzusammenhängen. Er bevorzugt eine finale Betrachtungsweise des Menschen, wie in Kapitel 3 schon ausgeführt wurde. Es wurde deutlich gemacht, dass die Theorie der Individualpsychologie nicht nur kausal, sondern auch final beziehungsweise teleologisch angelegt ist. Der Mensch wird individuell aus seinen Motiven und Absichten heraus verstanden (Adler, 1927a, S. 72). Es wurde auch gezeigt, dass dies mit der grundlegenden Ursachenlehre aristotelisch-scholastischer Tradition (Aristoteles, 1999, I, V) kompatibel ist, in welcher sowohl die Wirkursache (causa efficiens) mit der Frage nach dem *Warum* und *Woher* als auch die Zweckursache (causa finalis) mit der Frage nach dem *Wohin* und *Wozu* berücksichtigt werden (vgl. Seidenfuß, 1995, S. 156–165, Rieken, 2010, S. 88–96). Zusammen bilden sie den Kern der kausalen Auffassung. Wie bereits erwähnt, begann Adler im Jahr 1912, die causa finalis als hilfreiche therapeutische Arbeitshypothese zu nutzen, ab zirka 1927 erhob er sie zum Seinsprinzip (vgl. Seidenfuß, 1995, S. 160). Auch die Synergetik ist von der Ursachenlehre geprägt:

> „Im Modell der Synergetik […] generieren die Systeme selbst ihre Sollwerte, oder allgemeiner: die Verhaltens- und Strukturvorgaben (Ordner), die für ihr Verhalten kurz-, mittel- oder langfristig bestimmend sein sollen. Aristotelisch ausgedrückt: *causa efficiens* und *causa finalis* verbinden sich in der Synergetik" (Strunk & Schiepek, 2014, S. 90).

In Kapitel 2.2 wurde darauf hingewiesen, dass Adler eine „Gebrauchspsychologie" (Adler, 1932i, S. 535) entwirft, indem er die „schöpferische Kraft" im individuellen „Gebrauch" der Erbanlagen und der Beziehungserfahrungen sieht (vgl. Kausen, 1995, S. 176), auf ein Ziel hin gerichtet, also final. Der Mensch erscheint zwar stark unter dem „Zwang" des Lebensstils, aber es wird dem Einfluss der Umgebung nur eine „relative" Wirkmächtigkeit zugestanden, indem die subjektive (emotional geprägte) Bewertung der (Umwelt-)Erfahrungen des Individuums ausschlaggebend dafür ist, welche Stellung der Mensch sodann im Leben und zur Außenwelt bezieht (vgl. Rogner, 1995a, S. 325). Strunk und Schiepek betonen parallel dazu, dass *Energie* maßgeblich daran beteiligt ist, dass die Feedback- und Bewertungssysteme des Systems zur vollen Entfaltung kommen. Ein Energiebegriff im Psychischen ist naturgemäß nach wie vor schwierig. Die Autoren meinen damit die Antriebe psychischer Systeme (Strunk & Schiepek, 2014, S. 90). Zu den Bewertungssystemen passt in Adlers Lehre die Betonung der subjektiven Einschätzung mit dem Begriff der (tendenziösen) Apperzeption, da diese in der Folge konstituierend für die (unbewussten) Ziele ist, die sich das Lebewesen zur Sicherung setzt und danach (unbewusst) seinen Lebensstil entwickelt (Adler, 1912a, z.B. S. 58, S. 101 ff.), der sich wiederum in den genannten Feedbacksystemen spiegelt:

> „Die individuelle Apperzeption liefert dem Gedächtnis die Wahrnehmung entsprechend der Eigenart des Individuums. Die Eigenart des Individuums übernimmt den so geformten Eindruck und stattet ihn mit Gefühlen und mit einer Stellungnahme aus. Letztere beide gehorchen wieder dem Bewegungsgesetz des Individuums" (Adler, 1933b, S. 122).

Die subjektive emotional geprägte Bewertung der (Umwelt-)Erfahrungen bzw. die Gefühle, welche die individuelle Stellungnahme mitgestalten, führen zurück zu Ciompi, der Affekte bzw. von emotionalen Gestimmtheiten gefärbtes Denken als jene Attraktoren auszumachen meint, welche die wiederholende, iterative Bewegung anregen. Nach ihm sind die Grundmuster nicht rigid vorprogrammiert, sondern bergen Variationsmöglichkeiten in sich, aber die organisatorisch-integratorischen Auswirkungen der Affekte auf die Kognition bleiben im Sinn der Selbstähnlichkeit immer dieselben (Ciompi, 1997, S. 89). Sie sind somit „deterministisch-chaotische" Attraktoren (ebd., S. 154), „frei" und doch gleichzeitig „gebunden". Es entstehen „affektiv-kognitive Eigenwelten", „auf die hin sich, einmal eingespurt, innerhalb einer spezifischen affektiven Befindlichkeit jede[s] Fühlen und Denken fast zwangsläufig zubewegt" (a.a.O.). Diese Aussagen erinnern an Adlers „private Logik" bzw. „tendenziöse Apperzeption" und das

„Apperzeptionsschema", da die subjektive Einschätzung für ihn immer entlang der durch die Erfahrungen vorgefertigten Bahnen der früheren Eindrücke verläuft und auf diese Weise ein lebensstiltypisches Denken, Fühlen und Handeln mobilisiert wird. Strunk und Schiepek fügen sich hier ebenfalls ein, wenn sie von der „kognitiv-emotionalen Logik der Schemata" sprechen und diese – wie Ciompi – als Attraktoren identifizieren (Strunk & Schiepek 2014, S. 99):

> „Indem Schemata die Wahrnehmung organisieren, erzwingen sie zumindest tendenziell eine Wahrnehmung, die mit den beteiligten Schemata in Einklang steht. Dieses Beharrungsvermögen (Stabilitätstendenz) ist für Attraktoren ebenso wie für Schemata typisch" (ebd., S. 99–100).

Sie halten auch fest, dass diese Schemata zunächst in einer Wechselbeziehung zwischen dem Individuum und seiner Umwelt hervorgebracht werden, und dass sie umgekehrt diese Wechselbeziehung prägen, indem sie auf diese zurückwirken (ebd., S. 99), wie Adler bereits Anfang des 20. Jahrhunderts festgestellt hat. Es lässt sich die Brücke zur Neurobiologie schlagen: Der Körper steht mit dem Gehirn in einem beständigen Austausch, sodass sich dort der innere Zustand von Ersterem abbildet. Dabei hat umgekehrt – das wurde bereits bemerkt – das Gehirn selbst wiederum Effekte auf die physischen Strukturen und Funktionen (Hüther, 2008b, S. 26–27).

5.2.4   Durch die „Mitbewegung" zum „Ordnungsübergang"

Adler stellt stets die „neurotischen", also leidvollen, Ausformungen des Apperzeptionsschemas oder des Lebensstils in den Vordergrund, in dessen Rahmen der (Handlungs-)Spielraum eines Menschen – je nach Schweregrad der Neurose – einem Gefängnis oder dem viel zitierten Zwang gleicht. Naturgemäß apperzipieren wir genauso im „Gesunden", wie schon angeführt. Unter einem synergetischen Gesichtspunkt betrachtet, fordern auch Strunk und Schiepek die Notwendigkeit, dass der Raum für Denk-, Fühl- und Verhaltensvariationen so ausgelegt sein muss, dass eine Neuorganisation und Selbstaktualisierung[63] möglich ist (Strunk & Schiepek, 2014, S. 100):

> „Wenn jedoch die Erfahrungen nicht an ein Schema assimiliert werden können, da sie den bisherigen Erfahrungen zu sehr widersprechen, ist eine *Akkommodation*[64], also eine grundlegende Veränderung und Anpassung der Schemata nötig, wenn es dem Individuum weiterhin gelingen soll, mit seiner Umwelt sinnvoll, also im Sinne seiner Ziele und Bedürfnisse zu interagieren. Im Rahmen einer solchen Akkommodation werden dann vor-

---

63   Damit ist gemeint, dass man sich trotz bzw. auf Grundlage des stabilen inneren (Apperzeptions-)Schemas relativ flexibel auf neue Konstellationen einstellen können sollte, dass man fähig ist, das Grundmuster entsprechend dem Neuen einer Situation zu „aktualisieren", also die Denk-, Fühl- und Handlungsschemata zu variieren.
64   Strunk und Schiepek beziehen sich auf Piagets Schemabegriff und dessen Konzeption von *Assimilation* und *Akkommodation* einer Schemastrukur (Piaget, 1976).

handene Schemata differenziert oder neue generiert. Wir würden in diesem Zusammenhang davon sprechen, dass ein Ordnungsübergang[65] stattfindet [...]" (a.a.O.).

Ein Ordnungsübergang ist ein typisches Phänomen für chaotische Systeme und ermöglicht Veränderung, indem das einmal gestaltete Strukturmuster bzw. das Grundmuster (Attraktor) an einem bestimmten Punkt eine Labilisierung erfährt, was sich für die Psychotherapie gut nutzen lässt bzw. auch ohne synergetische Kenntnisse auf psychologische Art und Weise genutzt wird. Bei der Verarbeitung neuer Impulse lässt sich sodann eine ebenfalls neue oder zumindest deutlich abweichende Form entwickeln:

„Je weiter diese Destabilisierung fortschreitet, desto intensiver wird der Wettbewerb unter den potenziellen Moden des Systems. Das System generiert in dieser Phase der Instabilität verschiedene Alternativen in Form möglicher neuer Verhaltensmuster. Gleichzeitig wird es sensitiv und durchlässig für äußere oder auch innere Verstörungen. [...] Der Zeitraum der kreativen Unordnung ist in der Regel recht kurz, bevor die Dynamik vom Sog einer neuen Ordnungsbildung eingefangen wird" (ebd., S. 91).

In der individualpsychologischen Therapie arbeiten wir explizit an der Aufdeckung der lebensstiltypischen Strukturen der PatientInnen, was u.a. darauf abzielt, dass für den/die PatientIn beim Einordnen einer aktuellen Situation nicht mehr das Erleben der alten Erfahrungen (die das Muster eingespurt haben) im Vordergrund steht, sondern eben das Neue an der Situation (das Andere im Abgleich zu „damals") wahrgenommen und dementsprechend das Empfinden und Verhalten flexibel werden kann. Es handelt sich nicht um ein rein kognitives Vorgehen, sondern einen höchst emotional geleiteten ganzheitlichen Prozess, da eine Verleiblichung der Erfahrungen vorliegt und gleichermaßen ganzheitlich das Neue verinnerlicht werden muss. Natürlich erreichen andere Therapierichtungen mit ihren Methoden ähnliche Ergebnisse. In jedem Fall fällt der/dem lesenden TherapeutIn auf, dass Strunk u. Schiepek bei der Übertragung synergetischer Gesetzmäßigkeiten auf den Humanbereich betonen, dass das Zeitfenster für den Umschlag in ein neues Muster nur kurz ist. Dem folgend fordern sie, dass diese Momente der „kreativen Unordnung" durch regelmäßiges Monitoring mittels Internet-Fragebögen[66] ausgemacht werden sollen, um dann gezielt therapeutische Interventionen in diese hineinsetzen zu können, die einen Ordnungsübergang anregen, mit Bedachtnahme darauf, dass man nicht weiß, welche Neuordnung konkret dabei evoziert wird (ebd., S. 91 ff.).

Der Wunsch die PatientInnen einem steten Monitoring zu unterwerfen, heimelt nach Ansicht der Autorin einem Versuch an, den Therapieprozess kontrollieren zu wollen. Die Qualität eines guten Therapieprozesses liegt doch gerade darin, so wenig wie möglich zu steuern, sondern in der Mitbewegung aufzunehmen und eben psychisch „mitzugehen". Die Bewegung wird durch das ständige Ausfüllen von Fragebögen und dadurch

---

65 Strunk und Schiepek haben den Ausdruck für die Therapie gewählt, da dieser einen weniger eng gefasst ist als beispielsweise in der Physik (Haken & Schiepek, 2006). Er entspricht unter anderem dem *Phasenübergang* nach Haken (1977).

66 Hierfür wurde das *Synergetische Navigationssystem* (SNS) entwickelt (Strunk & Schiepek, 2014, S. 107)

Fokussieren auf bestimmte Kriterien manipuliert. Dieser Eingriff in den Prozess stößt vermutlich eine andere Bewegung an als jene, die ohne das Einwirken mobilisiert würde. Denn die Beobachtung verändert stets das beobachtete Objekt oder Subjekt. Der Quantenphysiker Werner Heisenberg formuliert in diesem Sinn: „Wir können nicht beobachten, ohne das zu beobachtende Phänomen zu stören, und die Quanteneffekte, die sich am Beobachtungsmittel auswirken, führen von selbst zu einer Unbestimmtheit in dem zu beobachtenden Phänomen" (Heisenberg, 2001, S. 126). Das „Lexikon für Psychologie" beschreibt im Zusammenhang mit dem Begriff „Unschärferelation"[67], der hier ebenfalls von dem Physiker Heisenberg für die Psychologie übernommen wurde,

> „[…] Messung als einen theoriegeleiteten, modellabhängigen Eingriff in ein System, bei dem die empirische Präzisierung eines Untersuchungsaspekts nur um den Preis zunehmender Unschärfe anderer Variablen möglich ist – die Methode verändert den Gegenstand, beide sind nicht voneinander unabhängig" (Online-Lexikon der Psychologie, o. J., Internet).

Das bedeutet, umgelegt auf das Synergetische Navigationssystem beispielsweise, aber natürlich auch auf jede Art von Fragebögen, Experimenten usw., dass auf diese Weise in das Geschehen des Prozesses – wenn auch gewollt – eingegriffen wird. Mit dem Beantworten der Fragen werden die von Schiepek als wichtig erachteten Aspekte deutlich, während andere „unscharf" oder gar nicht abgebildet werden. Das ist nicht unproblematisch. Die Frage ist ja immer, wieviel sollen wir als TherapeutInnen „stören" bzw. intervenieren und inwieweit den/die PatientIn die Bewegung entfalten lassen. Gemeinsam ist aber Adler und der Synergetik die Suche nach dem individualisierenden Prinzip.

Ob es also wirklich nötig ist, jede Therapie einem Monitoring zu unterwerfen und in jeder Therapieausbildung synergetische Inhalte zu lehren, wie es Strunk und Schiepek fordern (ebd., S. 80), damit man als TherapeutIn qualitativ gut arbeiten kann, sei dahingestellt. In jedem Fall trägt die Individualpsychologie den einzelnen Phasen eines Therapieprozesses und der Dynamik der PatientInnen Rechnung, indem sie das Prinzip der Mitbewegung zur therapeutischen Maxime erhoben hat. Die Adler'sche Lehre vom Menschen ist eine äußerst dynamische und versteht ihn aus seinen Lebensbewegungen heraus, die aus seiner Geschichtlichkeit erwachsen. Entsprechend dieser Lebensbewegungen des Menschen (sein Lebensstil, der einem konkreten Apperzeptionsschema unterliegt, das mit seinen Antrieben in Verbindung steht), die sich auch in der Therapie zeigen, muss die/der TherapeutIn mit den PatientInnen nicht nur deren Denken, Fühlen und Handeln – ihre Muster und ihren Stil – analysieren, sondern die Bewegung „mitgehen", also im eigenen Denken, Fühlen und Handeln sich der des/der PatientIn anglei-

---

67 Die Unschärferelation wurde von dem Quantenphysiker Werner Heisenberg 1927 entwickelt, wofür er den Nobelpreis erhielt. Sie bezieht sich auf den Wellencharakter von Materie und besagt – vereinfacht – dass man zum Beispiel Ort und Impuls eines Teilchens nicht gleichzeitig genau bestimmen kann. Denn durch die Messung des Ortes beispielsweise mittels eines Photons (Lichtteilchens) erfährt das Teilchen selbst wieder einen Impuls, also eine Bewegungsgröße. Je genauer man versucht, den Ort zu bestimmen, desto ungenauer wird die Bewegungsgröße in der Messung und umgekehrt.

chen, sie nachvollziehen und passend zur Bewegung intervenieren und nicht beliebig. Man könnte meinen, dass die Lebensstilanalyse der *idiografischen Systemmodellierung* von Schiepek nahesteht, bei dem gemeinsam mit der/dem PatientIn das „Grundmuster" bzw. das „Problemszenario" mit den Wechselwirkungen der beteiligten Komponenten, den damit verbundenen Kognitionen, Emotionen, Motiven und den Verstärkungen bzw. Rückkoppelungsprozessen in einer Alltagssprache grafisch dargestellt werden (Strunk & Schiepek, 2014, S. 45). Das *Synergetische Navigationssystem*, das mittels Internet-Fragebögen auf die Ortung und Vorbereitung der Ordnungsübergänge abzielt, könnte man vordergründig betrachtet in den Begriff der individualpsychologischen Mitbewegung einordnen. Die Frage ist allerdings, ob durch die Steuerung die (therapeutische) Bewegung nicht eher eine starre Struktur erhält. Abgesehen davon ist es für die/den IndividualpsychologIn eine schöne Bestätigung zu lesen, dass „die Auflösung problematischer Attraktoren in einer Dialektik von Stabilisierung und Destabilisierung verläuft" (ebd., S. 103) und dass die Haltung und das Agieren des Therapeuten sich deshalb danach richten sollte: „[…] [Sie, S. R.] akzentuieren sich in ihrer Relevanz je nach Anforderungen unterschiedlicher Therapiephasen und dynamischer Zustände der Klientinnen und Klienten" (a.a.O.). Denn die Aussage wird dem dynamischen Menschenbild der Individualpsychologie genauso gerecht wie ihrer Forderung der therapeutischen Mitbewegung.

Wenn wir den Bogen noch einmal zurück zu den besprochenen Zusammenhängen zwischen der Chaosforschung bzw. der Synergetik und dem Menschen spannen, so können wir über Adlers Lehre in dieser Hinsicht konstatieren: Sie spricht den genannten Phänomenen – im Sinn der Nichtlinearität komplexer Systeme, als die auch der Mensch und seine Psyche gesehen werden können –, wie gesagt, ebenfalls keine absolute Determiniertheit zu:

> „Dieses Bewegungsgesetz entspringt in dem engen Raum der Kindheit und entwickelt sich in wenig eingeschränkter Wahl unter freier, durch keine mathematisch formulierbare Aktion beschränkter Ausnützung von angeborenen Kräften und Eindrücken der Außenwelt" (Adler, 1933b, S. 32).

„Durch keine mathematisch formulierbare Aktion", würden SynergetikerInnen naturgemäß relativieren, nachdem die Synergetik auf hochstehenden mathematischen Operationen basiert. Allerdings meinte Adler in dem Zitat vermutlich eben den Umstand, dass das Bewegungsgesetz, das ein Mensch entwickelt, nicht einfach berechnet und nicht konkret vorausgesagt werden kann. Und dieser Aspekt ist ein wesentlicher Faktor in der Synergetik und Chaosforschung, – dass trotz mathematischer Modelle nur eine bedingte Vorhersagbarkeit möglich ist. Es ist bekannt – und in der zurzeit boomenden Resilienzforschung wird dem auch wissenschaftliche Aufmerksamkeit gezollt –, dass verschiedene Menschen ähnliche (Lebens-)Ereignisse sehr unterschiedlich verarbeiten können. Das hat auch schon Adler unterstrichen. Existiert aber einmal ein Grundgefühl in der Erlebensweise, so zieht sich dieses auch im Kleinen wie im Großen durch. So könnte der Bub, der eingangs als Beispiel vorgestellt wurde, eine Verbesserung des Lehrers als Ablehnung seiner Person interpretieren; dies könnte von Gefühlen der Wut und Traurigkeit begleitet sein. Ein Zukunftsszenario wäre – abhängig von seinen sonstigen Erfahrungen –, dass der ehemalige Bub als Student sein ganzes Studentendasein und die damit verbundenen Erfahrungen von Wut und Traurigkeit (als Attraktoren) durchzogen wahrnimmt und diesen Gefühlen entsprechend interpretiert, weil er immer noch (wir haben seine Kindheit umrissen) zwischen den Polen der Minderwertigkeitsgefühle und der Überlegenheitsgefühle im (Wissens-)Triumph über die anderen kämpft und dadurch leicht zu labilisieren ist. Seine psychische Dynamik, geprägt von (vielleicht gegen sich selbst gerichteter) Wut und Trauer (als Kind nicht um seiner selbst willen geliebt worden zu sein), könnte sich sogar zu einer depressiven Störung ausformen (Ordnungsübergang von Gesundheit zu Krankheit!), gekoppelt mit der unbewussten Angst des Versagens, je näher der geplante Studienabschluss rückt, der – entsprechend der Bewegungslinie des inzwischen jungen Mannes – besonders erfolgreich sein soll. Das zeigt die von Ciompi festgestellten „immer gleichartigen Operatorwirkungen der Affekte auf die Kognition" und darauf „beruht ebenfalls die erwähnte *Selbstähnlichkeit von affektiv-kognitiven Prozessen über alle zeitlichen Dimensionen hinweg*" (Ciompi, 1997, S. 165). Diese „affektgeleiteten Muster" graben sich immer tiefer in die Struktur ein, werden schließlich zu festen Persönlichkeitsanteilen und prägen schlussendlich den „persönlichen Stil" eines Menschen (ebd., S. 165–166), im Sinn des Adler'schen Lebensstils, möchte man ergänzen.

5.2.5 Der neurowissenschaftliche Hintergrund des „Chaos"

Wie bereits angedeutet, stützt sich Ciompi in seiner Theorie der „fraktalen Affektlogik" auf neurowissenschaftliche Erkenntnisse. Deshalb – und weil Analogien zu Adlers Gedankengut bestehen – wird ihm hier dieser Platz eingeräumt. Seine Annahme, dass Kognitionen und Emotionen in einem engen Zusammenhang stehen, kann als belegt betrachtet werden. Die entsprechenden neurobiologischen Befunde sind in dieser Arbeit unter dem Kapitel über das Gemeinschaftsgefühl bereits erläutert worden. Deshalb wird an dieser Stelle nur kurz noch einmal darauf eingegangen. Ein Beispiel stellt die neuronale Plastizität, das heißt die Formbarkeit der Hirnstrukturen gemäß den Beziehungserfahrungen, dar (z.B. Bauer, 2011, S. 108, Lück u. a., 2005, S. 115, Braun u. a., 2002, S. 123). Denn die Beziehungserfahrungen haben enorme Effekte, zum Beispiel auf die Motivationssysteme und das Spiegelneuronensystem, die für den Antrieb im Leben und für zentrale (soziale) Fähigkeiten des Menschen maßgebend verantwortlich sind (z.B. Bauer, 2006). Die (neuro-)physiologischen Systeme funktionieren nicht nur kausal, sondern auch final, so beeinflussen die Motivationssysteme den Menschen beispielsweise in seinen Bestrebungen. Daher ist ein Bezug zu Adlers Lebensstil und dem damit verbundenen (unbewussten) Ziel gegeben. Die emotionale Bewertung, die sowohl bei Ciompi wie auch bei Adlers Bewegungsgesetz eine wichtige Rolle einnimmt, wird von den NeurowissenschaftlerInnen ebenfalls als bedeutsam eingeschätzt (z.B. ebd., S. 30 ff., Panksepp 1998, Panksepp & Biven, 2012, Solms & Turnbull, 2007, S. 125 ff.). Die enge Wechselbeziehung zwischen der Psyche und dem Körper ist in diesem Kontext durch neurowissenschaftliche Forschungen gleichermaßen bekräftigt worden. Denn die emotionale Einschätzung geht beispielsweise mit der Stimuli-Verarbeitung der äußeren Umwelt genauso wie mit jener des inneren Körpermilieus einher: Panksepp und Biven (2012) gliedern die Steuerungssysteme in sieben basale affektive Regulationssysteme, in deren Rahmen der Mensch ähnliche existenzielle Situationen durch entsprechend ähnliche Gefühlsreaktionen möglichst gut bewältigen können soll. Roth (2014) nennt in adäquater Weise sechs psychoneuronale Grundsysteme. Dabei bringen die emotionalen Steuerungssysteme einheitliche Verhaltensbereitschaften hervor (Panksepp & Biven, 2012, Roth, 2014). Die emotionale Einfärbung der kognitiven Wahrnehmung erklärt Ciompi über „affektive Inprints" als Grundlage der Operatorwirkungen der Affekte:

> „Die Entstehung von kognitiven neuronalen Strukturen wird durch einen spezifischen ‚affektiven Inprint' stimuliert; der gleiche Affekt [vgl. Panksepp, S.R.] (beziehungsweise sein neurophysiologisches Äquivalent) ist in der Folge zur Reaktivierung der gleichen affektiv-kognitiven Strukturen nötig" (Ciompi, 1997, S. 126).

Das bedeutet, dass die gleichen bzw. dass ähnliche Affekte in einem neurophysiologischen Mechanismus immer wieder mit bestimmten kognitiven Prozessen einhergehen (a.a.O.). Das liefert somit auch ein tieferes Verständnis für Adlers Apperzeption und Lebensstilentwicklung. Gleichzeitig lässt die „Inprint"-Annahme eine Verbindung zur Hypothese von den „somatischen Markern" des Neurowissenschaftlers Damasio zu, die eben ein „emotionales Gedächtnis" markieren. Damasio sieht darin eine Regulationsfunktion des Organismus, der eine Homöostase herstellen will. Die Hypothese geht auch davon aus, „dass Emotion unter günstigen wie ungünstigen Bedingungen ein integraler Bestandteil von Denk- und Entscheidungsprozessen ist" (Damasio, 2009, S. 55-56). Das heißt, dass der der Emotion zugrunde liegende neuronale Mechanismus Signale an die kognitiven Vorgänge gibt. Wenn Personen in den für solche emotionalen Signale zuständigen Hirnarealen eine Läsion erfahren, werden ihre persönlichen und sozialen Erfahrungen irrational (ebd., S. 56). Er schließt daraus: „Offenbar ist vernünftiges Denken ohne den Einfluß der Emotionen nicht möglich. Wahrscheinlich leistet die Emotion einen wesentlichen Beitrag zum Denken, besonders wenn es um persönliche und soziale Probleme geht, die mit Risiko und Konflikt zu tun haben" (ebd., S. 57). Somit ist auch für ihn die Emotion nicht getrennt von der „Logik des Überlebens" zu betrachten (a.a.O.).

Die affektiv-kognitive Besetzung des Erlebens und Verarbeitens der Umwelt in diesem Zusammenhang (Ciompi, Adler) ist nach neurobiologischen Erkenntnissen an eine perzeptiv-emotionale Spiegelung gebunden, wobei eigene Körperempfindungen zur Interpretation der Anderen herangezogen werden (Fuchs, 2009, S. 197). Dies findet sich ebenfalls bei Damasio, konkret in dessen Darlegungen über leibliches Hintergrundempfinden, das emotionale, körperliche und kognitive Prozesse mitgestaltet (Damasio, 1995, vgl. ders., 1999, 2011). Die Neurowissenschaftlerin und Psychoanalytikerin Leuzinger-Bohleber konzediert, dass sich zwischenmenschliche Interaktionen „in sensomotorische Reaktionsweisen des Körpers einprägen und – unbewußt – spätere Informationsverarbeitungsprozesse in adäquater oder inadäquater (‚neurotischer') Weise determinieren" (Leuzinger-Bohleber, 2002, S. 24). Die Ähnlichkeit zu Piagets Schemabegriff, Ciompis Denk-, Fühl- und Verhaltensprogrammen und Adlers Apperzeption liegt auf der Hand.

Abschließend sei noch erwähnt, dass in der Physik noch andere Theorien existieren, die sich anbieten, auch auf den Humanbereich übertragen zu werden und dies auch schon in Ansätzen geschieht bzw. gefordert wird. Ein Beispiel ist die „Fuzzylogik", die sich von der klassischen Wissenschaftstradition bzw. der aristotelischen Logik absetzt, indem hier nicht mehr der binären Logik, die ausschließlich die Kategorien „wahr" oder „falsch" akzeptiert, gefolgt wird, sondern die Ungenauigkeit und „Verschwommenheit" der Einheiten anerkennt. Die (mathematische) Theorie der Fuzzylogik („unscharfe Mengenlehre") wurde von Lotfi A. Zadeh (1965) in den 60er Jahren des vorigen Jahrhunderts entworfen und wird heute vorwiegend im technischen Bereich angewandt und in vielen Maschinen und automatisierten Steuerungssystemen eingesetzt, indem diese nicht mehr binär programmiert werden. Philosophisch betrachtet eignet sich die binäre Logik in der aristotelischen Tradition nicht für ein sinnvolles Wirklichkeitsverständnis, da die Welt eben von unendlich vielen Zwischentönen geprägt ist und ihr Abbild nicht in „wahr" und „falsch" oder in „schwarz" und „weiß" gefasst werden kann, wie es in der westlichen Welt aber immer noch üblich ist. Dementgegen entspricht die Fuzzylogik dem asiatischen Denken, bei dem auch die entgegengesetzten Kräfte Yin und Yang als einander durchdringend gesehen werden, also aufeinander bezogen sind. Einen guten Überblick zu dem Thema Fuzzylogik gibt Bart Kosko in seinem Buch mit dem programmatischen Titel „Die Zukunft ist fuzzy. Unscharfe Logik verändert die Welt" (2001), in welchem er beleuchtet, was das „Fuzzylogik-Denken" für diverse Lebensbereiche wie Politik, Kunst, Technik u.v.m. bedeuten würde.

Eine Logik, die aus vagen Begriffen entsteht, entspricht im therapeutischen Setting der „Ungenauigkeit" der Erzählungen der PatientInnen, die bewusst anerkannt und als Arbeitsansatz genutzt wird, um konkrete Ergebnisse im Sinn eines gut verlaufenden therapeutischen Prozesses zu erzielen (wenn sich beispielsweise die Apperzeption und der Lebensstil durch viele vage Erinnerungen immer deutlicher herauskristallisieren). Individualpsychologisch findet sich die Unschärfe in der tendenziösen Apperzeption bzw. in der „privaten Logik"; auch hinsichtlich dieser Begriffe würde die Kategorienbildung „wahr" oder „falsch" überhaupt keinen Sinn ergeben, da eben die Subjektivität von größter Bedeutung ist und die Logik wie auch den Sinn fundiert. In der Fuzzylogik ist nicht die Menge oder die Zahl von Interesse, sondern das „Muster", das die Einheiten zusammen bilden und das über keine genauen Grenzen verfügt. Das entspricht Adlers Ansatz, wenn er das Individuum nicht aus den „seelischen Einzelerscheinungen" heraus verstehen will, sondern aus dem „Muster" im Sinn von Apperzeptionsschema bzw. Lebensstil, weil es sich dabei um die Struktur handelt, die der Mensch aus der Summe der „Einzelerscheinungen" formt.

5.3 Das Verhältnis von Subjekt(-ivität) und Gehirn

5.3.1 Das verkörperte Subjekt

Wie können wir nun den Umstand fassen, dass sich das Individuum, das in diesem Muster bildenden Prozess, von welchem nun schon seitenweise die Rede ist, sichtbar geworden ist, eben als handelndes, denkendes und fühlendes Individuum erlebt, – wie können wir neurowissenschaftlich und philosophisch herleiten, wie die Konstituierung des Subjekts verstanden werden kann? Und (wie) kann dieses Verständnis mit Adlers Konzeption der Ichbildung in Einklang gebracht werden?

Die Ausführungen des Psychiaters und Philosophen Thomas Fuchs stehen mit den vorangegangenen Erläuterungen in Einklang, wenn er von einer verkörperten Subjektivität spricht:

> „Sie ist nicht allein im Gehirn zu lokalisieren, sondern bildet den Erlebensaspekt des gesamten Organismus in seinen Beziehungen zur natürlichen und sozialen Umwelt. Daher lässt sich das Gehirn auch nicht als der Produzent des Geistes betrachten; es fungiert vielmehr als *Vermittlungsorgan* für die biologischen und sozialen Kreisprozesse, in denen der Mensch steht. Es ist weder der Geist noch das Gehirn, sondern der ganze Mensch, der denkt, fühlt und handelt" (Fuchs, 2007, S. 49).

Die „Kreisprozesse, in denen der Mensch steht", sind in der vorliegenden Arbeit schon des Öfteren deutlich gemacht worden, beispielsweise im Kapitel über das Gemeinschaftsgefühl, in welchem die Bedeutung der Beziehung – auch neurobiologisch – dargelegt wurde, oder im vorliegenden Kapitel über den Lebensstil, wenn die Ganzheitlichkeit des Individuums wie auch der Konnex zur Synergetik herausgearbeitet wurde. Fuchs stellt sich im Übrigen mit seinem Standpunkt bewusst gegen die „Personalisierung des Gehirns", den unter vielen NeurowissenschaftlerInnen vertretenen Denkansatz, dass das Subjekt im Gehirn sei (z.B. Roth, 1996, S. 253) oder dass das Subjekt sein Gehirn *ist* (z.B. Gazzaniga, 2005, S. 31; vgl. Fuchs, 2007, S. 49–50). Zustimmung erhält er von Kiverstein: „We will no longer be able to claim that the brain is the organ oft he mind. Instead we will need to think about mind and the cognitive processes that make up the mind at the level of the whole brain-body-environment system" (Kiverstein, 2015b, S. 26).

Fuchs betont drei Dimensionen der Verkörperung: die Interaktion von Gehirn und Körper (1. Dimension), welche wiederum mit der Umwelt in einem wechselseitigen Austausch stehen (2. Dimension), was schließlich eine verkörperte Intersubjektivität nach sich zieht (3. Dimension) (Fuchs, 2007, S. 51 ff.). Dem Zugang von Fuchs entspricht ein seit einigen Jahren existierender Umdenkprozess in den kognitiven Neurowissenschaften, in deren Tradition der Körper lange lediglich als eine „physiologische Trägermaschine für das Gehirn" (ebd., S. 51) angesehen wurde, in welchem das Gehirn das subjektive Abbild der Außenwelt in Form der „unkörperlichen Innenwelt des Bewusstseins" (a.a.O.) erzeugte. In dieser Sicht wird vom menschlichen Gehirn – ähnlich einem

Computer – aufgrund sensorischer Reize ein Modell der Außenwelt generiert; seit den späten 80er Jahren des vorigen Jahrhunderts hat man allerdings begonnen, davon auszugehen, dass die subjektive Wahrnehmung aufgrund der *sensomotorischen* Tätigkeit des Organismus im Lebensvollzug mit seiner Umwelt entsteht. Das Körperempfinden wirkt sich somit maßgeblich auf das Bewusstsein des Individuums aus. Das geht weit über die Verarbeitung sensorischer Stimuli hinaus. Auf dieser Grundlage ist in den modernen Kognitionswissenschaften der Begriff des „Embodiments" entstanden. Er geht teilweise auf alte Ideen zurück wie beispielsweise auf die „Umweltlehre" von Jakob Johann von Uexküll[68] oder auf die im Kapitel über das Gemeinschaftsgefühl schon genannte „Leibphänomenologie" von Merleau-Ponty (1966). Zu einem der HauptvertreterInnen dieser Richtung gehört der unter 2.1 erwähnte Francisco Varela, der bereits von einer „embodied" oder „enactive cognition" sprach (Varela, Thompson, & Rosch, 1992, vgl. Fuchs, 2007, S. 51).

Die *sensomotorische* Tätigkeit des Organismus, die aufgrund der subjektiven Wahrnehmung im Lebensvollzug mit der Umwelt entsteht, und für das Bewusstsein und Selbsterleben zentral ist, lässt Bezüge zu Adlers Lehre von der Ichbildung[69] herstellen, in welcher die Bedeutung der frühen Interaktionen unter Einwirkung der Genetik und unter Berücksichtigung der Körpereinflüsse schon von Geburt an für die Herausbildung des Lebensstils und somit der individuellen Persönlichkeit unterstrichen wird. Im Kapitel über das Gemeinschaftsgefühl wurde bereits erläutert, dass Adler die an der Entwicklung beteiligten Faktoren als Bausteine betrachtet. Die sensomotorische Tätigkeit des Organismus im Verhältnis zum Lebensvollzug mit der Umwelt kann in einen Zusammenhang mit Adlers „Bausteinkonzept" gestellt werden, denn er bekräftigt: „Die Körperlichkeit und die Einwirkung der Außenwelt sind Bausteine, die das Kind zum Aufbau seiner Persönlichkeit benützt" (Adler, 1933b, S. 100). Der von Fuchs vielzitierte Lebensvollzug des Menschen verweist auf Individualität. Man könnte sagen: Der Lebensstil eines Menschen zeigt sich im Lebensvollzug, er *ist* der Lebensvollzug: „Wie einer diese Aufgaben [die Lebensaufgaben, S. R.] anpackt, daran kann man ihn erken-

---

68   Jakob Johann von Uexküll (1909) hat in seiner „Umweltlehre" den Terminus „Umwelt" erstmals in die Biologie eingeführt, womit er nicht eine objektive äußere Umgebung meinte, sondern die subjektive Innenwelt des Tieres, welches dadurch seine Umwelt aktiv gestaltet (vgl. Konstruktivismus), was an die genannten Lebensvollzüge des Subjekts denken lässt, die mit der Körperwahrnehmung einhergehen. Uexküll unterscheidet zwischen einer Merkwelt (Wahrnehmung) und Wirkwelt (Handlungen, z.B. die Bewegung), die zusammen einen „Funktionskreis" ergeben, der von einer Wechselwirkung der beiden Teile untereinander geprägt ist. Das zeigt, dass Uexküll die Wahrnehmung bereits in engster Verbindung mit dem Körper(-erleben) gesehen hat.

69   In der Psychoanalyse wird zwischen dem Selbst (die Summe der Selbstrepräsentanzen) und der Ich-Instanz bzw. den Ich-Funktionen (die wahrnehmen, erleben, handeln etc.) unterschieden. Die Neurowissenschaften orientieren sich naturgemäß nicht an diesem „Selbstbegriff". In der vorliegenden Arbeit wird in diesem Zusammenhang auch nicht zwischen Subjekt, Selbst oder Ich unterschieden. Denn es geht um das subjektive Selbsterleben, das mit all diesen Begriffen verbunden ist.

nen" (Adler, 1908b, S. 65). Die subjektive Wahrnehmung im Lebensvollzug setzt die sensomotorische Tätigkeit des Organismus in Gang, und umgekehrt wirkt die sensomotorische Tätigkeit des Organismus auf das Erleben zurück, welches wiederum das Handeln in eine bestimmte Richtung lenkt. Wie bereits erwähnt, gilt auch für Adlers Lebensstil, dass die damit einhergehende Apperzeption Ursache und Ergebnis zugleich ist. Fuchs' Hervorhebung der Lebensvollzüge spiegelt die Theorie der Ichbildung in der Individualpsychologie wider, denn diese

> „[…] ist im strengen Sinne keine Entwicklungspsychologie, sondern eine heuristische Methode über das Verstehen des Einzelnen in seiner Einmaligkeit, der Entwurf einer Phänomenologie der Geschichte der Identität. Dabei wird das Ich nicht als Struktur erfasst […], sondern als die unbewußte Bewegungsgestalt, die der Einzelne allen seinen Erfahrungen und Handlungen gibt" (Witte, 1991, S. 68).

Das passt zu Galleses Kommentar, der neurowissenschaftlich nach der historisch-individuellen Dimension des Menschen fragt. Die Antwort findet auch er in der sensomotorischen Verkörperung, in der die Erfahrungen niedergelegt sind und die Resonanzphänomene in der Begegnung mit anderen erlaubt. Sie bietet seiner Ansicht nach

> „[…] die Möglichkeit einer neurobiologischen Interpretation des Umstands, dass unbewusste, aber nicht verdrängte Vorgänge die Grundlage unserer Perspektive auf die Welt sind, der Art unserer Beziehungen zu ihr, ihres Stils und der affektiven Merkmale, mit denen und durch die wir in ihr leben, mit denen und durch die wir mit den Dingen und anderen Menschen zusammentreffen" (Gallese, 2015, S. 109).

Adlers Individualpsychologie ist eine „Ichpsychologie" (Witte, 1991, S. 70), indem sie fragt, „Wie wurde ich, der ich bin?" (ebd., S. 69). Sie stellt aber keine wissenschaftliche Entwicklungspsychologie dar, die Standards hinsichtlich Persönlichkeitsstrukturen und -schemata vorzuweisen hätte (a.a.O.), in die unterschiedliche Menschen im Vergleich zu anderen bzw. zu Normwerten eingeordnet werden könnten (ebd., S. 70). Genauso wenig hat Adler seine Entwicklungstheorie – entgegen der Psychoanalyse – (die zum Beispiel Phasen oder Persönlichkeitsschichten zu bieten hat) genauer ausgearbeitet (ebd., S. 70–71). Insofern muss eingestanden werden, dass die Entwicklungstheorie von Adler von Mängeln gekennzeichnet ist. Aber: Sie hat gegenüber der wissenschaftlichen Entwicklungspsychologie und der Psychoanalyse (die dafür die Stärke hat, die Entwicklung genauer zu erklären), einen Vorteil[70], der für jede Psychotherapie und für eine Psychotherapiewissenschaft nach Ansicht der Autorin essenziell sein muss: Sie versucht den

---

70 Das betrifft gleichermaßen die Naturwissenschaften im Allgemeinen und die Neurowissenschaften im Speziellen, welche stets Gesetzmäßigkeiten suchen, die allgemein gültig sind. So können „die" Neurowissenschaften beispielsweise nicht subjektives Erleben oder Lebensvollzüge in seiner Einmaligkeit erklären, was auch nicht als ihre Aufgabe betrachtet werden muss. Allerdings ist es sinnvoll, solche Grenzen der Forschung bewusst zu machen, weil es auch die Grenzen einer realen Entsprechung der Menschenbilder aufzeigt, die von „den" Neurowissenschaften zum Teil oft undifferenziert (z.B. durch plakative Buchtitel) in der Öffentlichkeit erzeugt werden (zum Beispiel, dass der Mensch eben von seinem Gehirn gesteuert wird, was – undifferenziert und plakativ gestreut – so nicht stimmt).

Einzelnen zu fassen. Witte gibt zu bedenken: „Adler suchte ein individualisierendes Prinzip" (ebd., S. 70). Auch dieser Anspruch ist nicht über jede Kritik erhaben, denn man könnte in Zweifel ziehen, ob das überhaupt eine wissenschaftliche Fragestellung ist. Man kann aber auch – wie Witte es getan hat – überlegen, ob die Wissenschaft diese Frage vergessen hat (a.a.O.). Das individualisierende Prinzip ist der Lebensstil, die Lebensbewegung, einhergehend mit der Apperzeption. Im Unterschied zu den Struktur-theorien der Psychoanalyse oder Entwicklungspsychologie fragt Adler nach der indivi-duellen Verwendung dieser Struktur (ebd., S. 73). „Das Ich wird nicht als Struktur er-fasst, sondern als Apperzeption" (a.a.O.), bemerkt Witte. Er sieht Adlers Beitrag zur Entwicklungspsychologie in seiner Theorie über den Lebensstil, da es darin zentral um die Frage nach der Ichwerdung, der Ich-Entwicklung geht (ebd., S. 71).

Adler spricht bereits 1912 von Ichbildung (1912a), konzeptualisiert sie aber erst ab dem Ende der 1920er Jahre (vgl. Eife, 2010, S. 39). Der Gründer der Individualpsychologie setzt „das Ich" in der Folge mit dem Unbewussten, dem Lebensstil und der schöpferi-schen Kraft gleich (Witte, 1991, S. 73, Eife, 2010, S. 41). Das könnte man als Ungenau-igkeit interpretieren, es kann aber auch vielmehr aus Adlers Ich-Konzeption selbst her-aus verstanden werden: „Die Schwierigkeit, einen Begriff für das Ich zu finden, liegt darin, dass Adlers Ich keine Struktur hat, sondern Bewegung ist und deshalb nicht zu ‚be-greifen'" (Eife, 2010, S. 39). Der Lebensstil oder die Lebensbewegung erscheint somit als Schöpfung (vgl. Witte, 1991, S. 73 u. Eife, 2010, S. 40), als Konstrukt unserer inneren und äußeren (Er-)Lebenswelt: „Jeder Mensch stellt sowohl eine Einheit der Persönlichkeit dar als auch die individuelle Gestaltung dieser Einheit. Das Individuum ist sowohl das Bild als auch der Künstler" (Adler, 1930a, S. 206). Das Ich als Eigen-schöpfung im Zuge der Interaktion mit der inneren und äußeren Umwelt trifft sich mit den neurowissenschaftlichen Befunden, dass das Ich eben keine Instanz ist, sondern ein Konstrukt, im neurowissenschaftlichen Sinn „ein Konstrukt unseres Gehirns", ist, unter den genannten Einflüssen. Insofern steuert Adlers Ich auch nicht „autonom" das Indivi-duum, sondern ist selbst dynamische Form, Bewegung und gestaltet im Spielraum der gewachsenen Lebensbewegung ein Ich-Erleben, das dem Muster entspricht. Es tut so, als ob es „autonom" wäre, ist aber aus den Einflüssen „geronnene Bewegung". Witte zieht aus Adlers Konzept der Ichbildung den Schluss: „Adler aber stellt die Ichmacht selbst unter den Verdacht des Selbstbetrugs" (Witte, 1991, S. 74). Allerdings muss der Konnex zum neurowissenschaftlichen Zugang, in welchem das Gehirn alles Geistige konstruiert, differenziert betrachtet werden, um nicht glauben zu machen, Adlers „De-montage einer Ich-Instanz" würde mit einer reduktionistischen Sichtweise mancher NeurowissenschaftlerInnen und -philosophInnen in Einklang stehen. So behauptet der Neurophilosoph Thomas Metzinger, der das Selbst skizziert: „[…] [D]as Ego ist ledig-lich ein komplexes physikalisches Ereignis […]" (Metzinger, 2010, S. 289 ff.). Die Beschreibung der Entstehung des Selbst als Vorgang ist nachvollziehbar, die Reduktion auf die physikalische Basis nicht. Oder: Der Geist wird biologisch als „Eigenschaft" produziert (Monyer u. a., 2004, S. 33). Im Sinn Fuchs' kann Adlers Ich als Konstrukt des gesamten (Er-)Lebensvollzugs gesehen werden, der auf dem Nährboden der Interaktion von Gehirn und Körper im Austausch mit der Umwelt erwächst. Der Psychologe und Neurowissenschaftler Marc Wittmann hält fest, dass sich das Ich hirnphysiologisch prozesshaft konstituiert (Wittmann, 2014, S. 119); auch dieser Gedanke kommt Adlers Ichgestaltung entgegen, in welcher das Ich aus der Lebensbewegung heraus entsteht und sich in deren Dynamik weiterhin ständig verändert, weiter in Bewegung ist.

In Bezug auf die Interaktion zwischen Gehirn und Körper spielt das im Hintergrund stets vorhandene affektiv gefärbte Körper- bzw. Selbsterleben eine wichtige Rolle, da es die Grundlage jedes (Selbst-)Bewusstseins bildet (Fuchs, 2007, S. 51 ff.). Schon Adler attestierte der Veränderung der Körperzustände eine Einwirkung auf das Selbsterleben, wenn er zum Beispiel im Wirken einer Symptomatik die Affektsteigerung sah: „Es ist selbstverständlich, dass auch der neurotische Charakter sich aus ursprünglich vorhandenem Material, aus psychischen Regungen und *verändernden* Erfahrungen der Organfunktionen aufbaut" (Adler, 1912a, S. 46). Er bezieht sich hier auf Personen mit einer psychischen Störung, was nach heutigem Erkenntnisstand völlig richtig ist, nachdem psychische Erkrankungen zum Beispiel mit einer Veränderung der Funktionssysteme der Neuromodulatoren und Neurohormone in Zusammenhang stehen (z.B. Roth, 2014, S. 245 ff.). Naturgemäß ist das durch Veränderungen im Körper beeinflusste Selbsterleben genauso für den Gesunden bedeutsam. Und: Adler nimmt die Entwicklung der Lebensbewegung und damit der Ichbildung und Selbstorganisation sehr früh an, konkret in einer Zeit, „wo es [das Kind, S. R.] weder eine zureichende Sprache noch zureichende Begriffe hat" (Adler, 1933b, S. 27), mit dem Unbewussten einhergeht, wie im nächsten Kapitel noch genauer herausgearbeitet wird. Das entspricht Sterns Säuglingsforschung (Stern, 2007) genauso wie den Bewusstseinstheorien bedeutender NeurowissenschaftlerInnen (z.B. Panksepp, 1998, Panksepp & Biven, 2012, Damasio, 1995, ders., 2009 u. 2011), die das affektive Körperempfinden einhellig als ein „primäres" bzw. „Kernbewusstsein" betrachten. Damasio umreißt es beispielsweise als somatisches Hintergrunderleben, das sich fortlaufend aus propriozeptiven, viszeralen, endokrinen u.a. innerleiblichen Einflüssen nährt und die Basis für Bewusstsein und Affekte darstellt. Körpererleben bzw. Proto-Selbst sind noch unbewusst. Affekte als Kern unserer Subjektivität sind an die über den Hypothalamus laufende ständige Interaktion von Gehirn und Körper gebunden (Damasio, 1995, ders., 2009 u. 2011, vgl. Fuchs, 2007, S. 52).

Fuchs weist darauf hin, dass keine Kognition ohne solch einem „Leibempfinden" im Hintergrund existiert, weil Letzteres eben immer schon durch das „Registrieren" des Organismus seiner physiologischen Vorgänge bzw. seines Körperzustandes gegeben ist. Dem folgend macht er Gefühle und Stimmungen nicht als mentale Repräsentationen im Gehirn, sondern als „gesamtorganismische Zustände" aus (Fuchs, 2007, S. 52). Das Körperempfinden im Hintergrund muss somit auch die Grundlage von Ciompis affektiv-kognitiven Bezugssystemen und Adlers Apperzeption bilden.

Der Psychiater konstatiert:

> „[...] [N]ur die Einbettung in das basale Selbstempfinden erlaubt es mir überhaupt, irgendeinen Gedanken als den meinen zu denken, und ermöglicht den Zusammenhalt meines subjektiven Erlebens. Das Erleben meines Körpers gehört zu den Phänomenen, die mich überhaupt erst ‚ich‘ sagen lassen" (a.a.O.).

Er betont das Eingebundensein des Gehirns in den Organismus, welche darüber hinaus wiederum in einer steten „sensomotorische[n] Interaktion mit der Umwelt" (ebd., S. 53) stehen. Das Bewusstsein, das in diesem wechselseitigen Austausch aufkeimt, entspricht keinem Abbild der äußeren Welt im Kopf des Individuums, sondern „[...] es entsteht als das ‚Integral‘ der dynamischen Beziehung von Gehirn, Organismus und Umwelt" (ebd., S. 53, vgl. ders. 2009). Die dynamische Beziehung führt wiederum zur physischen und psychischen Bewegung des Menschen, Fuchs spricht von Gestalt, und IndividualpsychologInnen denken naturgemäß an Adlers Lebensbewegungen. Fuchs erläutert, dass die Gestalt nicht etwas ist,

> „[...] was man als Ziel im Bewusstsein repräsentieren und in berechnete Bewegung überführen kann. Insofern der Leib durch geeignete Schemata mit der Umwelt verknüpft ist, verfügt er über ein implizites Wissen[71], das nicht explizierbar und daher auch nicht repräsentierbar ist. Keine interne Verdoppelung der Umwelt und keine starren motorischen Schemata im Gehirn würden den Körper befähigen, in solch unmittelbarer und dynamischer Kohärenz auf die Veränderungen und Anforderungen der Umwelt zu reagieren" (Fuchs, 2007, S. 54).

Er bezieht sich an dieser Stelle auf den zu einem guten Teil unbewussten Bewegungsablauf eines Tennisspielers, um ein Beispiel zu geben. Die Schlüsse sind jedoch in gleicher Weise für die psychischen Bewegungen gültig bzw. geht auch beim Tennisspieler die körperliche Bewegung mit der psychischen – die Motivation das Spiel zu gewinnen – und den damit verbundenen Gefühlen und leiblichen Hintergrunderleben einher. Das Ziel, das man „nicht im Bewusstsein repräsentieren und in berechnete Bewegung überführen kann", reicht an die unbewusste Zielsetzung in Adlers Theorie heran, welche der (Lebens-)Bewegung zugrunde liegt. Und auch die „dynamische Kohärenz" spiegelt sich im Lebensstilbegriff wider, indem dieser die Dynamik der gleichzeitigen Einheit der Persönlichkeit herausstreicht, – vor allem in Adlers späterem Ausdruck „Bewegungsgesetz" erkennbar.

Fuchs schließt aus dem Erörterten für das Selbst:

> „Das Subjekt ist verkörpert und durch sensomotorische Funktionskreise eingebettet in die Umwelt; es ist ein Selbst-in-der-Umwelt oder ein ‚ökologisches Selbst‘. Diese Dimension der Subjektivität ist so eng verbunden mit der interaktiven Umweltbeziehung, dass ihre Grenzen nicht einmal notwendig mit denen des Körpers zusammenfallen [...]" (ebd., S. 55).

---

71   Der Ausdruck „implizites Wissen" geht ursprünglich auf den Naturwissenschaftler und Philosophen Michael Polanyi zurück.

Die „sensomotorischen Funktionskreise" führen zurück zur Apperzeption bzw. zu den sich herausbildenden den Lebensstil bestimmenden (Apperzeptions-)Schemata Adlers, der von Anfang an die Bedeutung der Beziehungserfahrungen bei deren Entwicklung hervorgehoben hat. Des Weiteren findet die tendenziöse Apperzeption hier ihre Bekräftigung, indem der schon von Adler herausgestellte Zusammenhang zwischen Subjektivität, Interaktion und Körpererleben heute als belegt betrachtet werden kann. Und schließlich – wenn man die Tatsache honoriert, dass das „Sich-als-Subjekt-Erleben" im Austausch mit den anderen über die körperlichen Grenzen hinausgeht, können wir – wie im Kapitel über das Gemeinschaftsgefühl und damit einhergehend über Empathie – den Bogen zurück zum Phänomen der „Zwischenleiblichkeit" von Merleau-Ponty, auf das sich auch Fuchs beruft (a.a.O.), spannen. Fuchs fasst den Begriff der „Zwischenleiblichkeit" als „verkörperte Intersubjektivität" (a.a.O.), die bereits bei Babys eine bedeutsame Rolle spielt, auf:

> „Sie verfügen [...] über ein angeborenes intersubjektives Körperschema, so dass sich der eigene Körper mit der Wahrnehmung des anderen assoziiert. Sein Körper wird von vornherein als verwandt zum eigenen erfahren. Der Leib bildet so die entscheidende Basis für die Fähigkeit, die intentionalen Handlungen Anderer nach dem Muster der eigenen Aktivität zu verstehen, sie in einen gemeinsamen Erfahrungsraum zu integrieren" (a.a.O.).

Neugeborene bringen bereits Fertigkeiten mit, welche ihnen die Forschung früher nicht zugetraut hatte, wie zum Beispiel die Fähigkeit, den anderen zu imitieren. Für ihre weitere Entwicklung ist in der Interaktion zum Beispiel mit der Mutter äußerst wichtig, dass Letztere mit dem Säugling emotional mitschwingt, ihm eine positive (emotionale) Resonanz bietet. In diesem Wechselspiel eröffnet sich für das Kind die Möglichkeit, die Gefühlsausdrücke und intentionale Aktivität des anderen nachzuvollziehen und die eigenen Gefühle weiter auszudifferenzieren. Somit stellt die Resonanz den Nährboden für das eigene Körper- und Selbsterleben und für die Wahrnehmung des anderen dar. Für die Imitation und das gemeinschaftliche Erleben spielt der Körper demnach eine wesentliche Rolle (Stern, 2007, S. 62 ff., vgl. Fuchs, 2007, S. 55). Das Gesagte ähnelt den Äußerungen des Psychoanalytikers und Selbstpsychologen Heinz Kohut, der bereits 1971 mit der Formulierung des „Glanzes im Auge der Mutter" markiert hat, wie essenziell für den Säugling die mütterliche Spiegelung im Sinn von feinfühligen und einfühlsamen Reaktionen auf die körperlichen und psychischen Ausdrucksformen des Babys sind (Kohut, 1971, S. 141). Auch die ObjektbeziehungstheoretikerInnen vertreten diese Sicht (z.B. Winnicott, 1973b, S. 128 ff.). 1973 hat auch die Psychoanalytikerin Edith Jacobson in Bezug auf die Entstehung des Selbstobjekts darauf hingewiesen, dass es ihrer Auffassung nach vor allem von zwei Ursprüngen abgeleitet werden kann:

> „Erstens aus einer unmittelbaren Wahrnehmung unseres inneren Erlebens, der Körpergefühle, der Gefühls- und Denkvorgänge und der zweckgerichteten Aktivität und zweitens aus indirekter Wahrnehmung unseres körperlichen und seelischen Selbst als eines Objektes" (Jacobson, 1973, S. 31).

In all den Ausführungen können wir wieder Aspekte der Adler'schen Theorie finden: das Zärtlichkeitsbedürfnis des Kindes, sein Angewiesensein auf positive Beziehungserfahrungen für die Ausbildung eines gesunden Selbstwertempfindens als auch für das

Gemeinschaftsgefühl, sprich für die Empathie anderen gegenüber, die Intentionalität wie auch das Körpererleben, das von sämtlichen genannten Begriffen nicht losgelöst werden kann.

Fuchs schließt:

> „So wie sich Kognition allgemein aus verkörperten Handlungserfahrungen in der Umwelt entwickelt (‚enactive cognition‘), so beruht die Entwicklung der sozialen Kognition auf der *Interaktion, Kooperation und Koordination verkörperter Subjekte bzw. Akteure*" (Fuchs, 2007, S. 56).

Die wiederholten Interaktionen und Beziehungserfahrungen führen auf der Basis des oben Beschriebenen sodann zu *„emotional-interaktiven Schemata* im impliziten Gedächtnis und damit im Gehirn des Kindes […]: Es bilden sich vertraute Interaktionsmuster, entsprechende Verhaltensbereitschaften und -erwartungen" (a.a.O.). Der Psychiater spricht in diesem Zusammenhang auch von *„verkörperter Sozialisation"* (a.a.O.). Diese Gedanken stimmen mit den Aussagen der Neurowissenschaftlerin und Psychoanalytikerin Leuzinger-Bohleber überein, wenn sie festhält, dass sich die Verkörperung der frühen Beziehungserfahrungen „in sensomotorische Reaktionsweisen des Körpers einprägen und – unbewußt – spätere Informationsverarbeitungsprozesse in adäquater oder inadäquater (‚neurotischer‘) Weise determinieren" (Leuzinger-Bohleber, 2002, S. 24).

Sie bieten auch eine Nahtstelle zur „genetisch-dynamischen Strukturtheorie", die Friedrich-Wilhelm Deneke (2001), emeritierter Professor für Psychosomatik und Psychotherapie, in seinem Buch „Psychische Struktur und Gehirn" entwirft, und die auffallend an die Persönlichkeitstheorie Alfred Adlers erinnert. Deneke stellt eine dynamische Persönlichkeitstheorie vor, die Ergebnisse der Neurowissenschaften, der Motivations- und Emotionsforschung sowie der Entwicklungspsychologie miteinfließen lässt, – unter Berücksichtigung der klassischen Psychoanalyse, welche kritisch beleuchtet wird. Seine Theorie bzw. die Motivation diese zu erarbeiten, gründet u.a. in einer Unzufriedenheit mit den psychoanalytischen Modellen, da diese der subjektiven Wirklichkeitserfahrung und Erlebensperspektive nicht Rechnung zollen (ebd., S. 4). Seine Konzeption verdient Anerkennung und ist beachtenswert; gleichzeitig ist es wieder ein Zeugnis dafür, dass Adler mit seiner dynamischen Persönlichkeitstheorie leider weitgehend in Vergessenheit geraten ist. Deneke kommt – wie Adler schon Anfang des 20. Jahrhunderts – zu dem Schluss, dass frühe Erfahrungen das spätere Erleben und Verhalten prägen und in individuelle „seelisch-geistige Strukturen" münden, wie er sie nennt, die genetisch im Sinn von (lebens-)geschichtlich gewachsen und zeitlich stabil sind. „Das Ergebnis ist eine einheitliche Welt- und Wirklichkeitserfahrung, die unser Erleben ist" (ebd., S. 144). Damit betont auch er die ganzheitliche Organisation der Wirklichkeitserfahrung, wobei er die im Gehirn repräsentierten Interaktionsschemata als Teil der „seelisch-geistigen Struktur" des Menschen und als inneres Bezugssystem ausmacht. Er definiert die Struktur auf Grundlage der primären Repräsentationen – mit Verweis auf Stern sind damit vorwiegend die frühen „Episoden" gemeint –, die

„[…] dann über viele Umformungsschritte zu sekundären Repräsentationen höherer Ordnung und Komplexität (Objektbeziehungsmuster, Identifikationen, Gebote, Verbote, Ideale, Erwartungshaltungen, bestimmte Selbstbilder, Überzeugungen etc.) weiterentwickelt werden. Die primären und sekundären Repräsentationen bilden die *Inhalte* der Struktur. Diese Inhalte verknüpfen sich untereinander zu einem Abbild der erlebten und zerebral repräsentierten persönlichen Geschichte eines Menschen. Ein solches ‚Abbild‘ ist keine wirklichkeitsgetreue Wiedergabe des Erlebten. Es ist ein ‚Modell‘, das das Gehirn entworfen hat, um die bisherige Erfahrungsgeschichte eines Menschen zu systematisieren" (ebd., S. 148–149).

IndividualpsychologInnen erkennen in diesem Statement naturgemäß eine Verdichtung vieler Aspekte des ganzheitlichen Ansatzes der Persönlichkeitstheorie Alfred Adlers: die Apperzeption und ihr Schema in Verbindung mit den aus den wiederholten persönlichen Erfahrungen heraus gewachsenen lebensstiltypischen Mustern als inneres Bezugssystem, das ein verzerrtes „Als Ob-Modell" der Welt zeichnet und mittels seiner Organisation eine Systematisierung und somit Orientierung erlaubt. Deneke unterscheidet zwischen „*Inhalten*", welche alle subjektiven Wirklichkeiten einschließen, und „*Funktionen*", den daraus generierten Fertigkeiten und Mechanismen (ebd., S. 153). Das ruft die Unterscheidung von Adlers Apperzeptionsschema (Wahrnehmung) und Apperzeption (Verhaltensbereich) nach Ansbacher und Ansbacher noch einmal in Erinnerung. Außerdem gesteht Adler dem Apperzeptionsschema ebenfalls einen funktionalen Charakter zu, ein Punkt, der in Kürze noch einmal aufgenommen wird. Deneke spricht – ganz im Sinn von Adlers dynamischer Sicht des Individuums – von „*dynamischen Lebenskonstrukten*" (ebd., S. 165) und deklariert sie als „fundamentale Gestaltungs- und Regulationsprinzipien, die jedes momentane Erleben steuern" (a.a.O.).

Egal ob wir Hüthers „inneren Bildern", Ciompis „affektiv-kognitiven Bezugssystemen", Fuchs' „emotional-interaktiven Schemata", Leuzinger-Bohlebers Einprägung sensomotorischer Reaktionsweisen, Sterns RIGs, Denekes individueller „seelisch-geistiger Struktur" oder allgemein dem gerade modernen Begriff des Embodiments folgen, zeigt sich eine erhebliche Übereinstimmung des aktuellen Forschungsstandes, der sich noch dazu ohne Schwierigkeiten mit dem Gedankengut Alfred Adlers vereinbaren lässt und durchwegs als Bestätigung vieler Teile seiner Theorie angesehen werden kann, ohne „etwas an den Haaren herbeiziehen" zu müssen, wie die Erläuterungen hoffentlich nachvollziehbar gemacht haben. Gleichermaßen wird deutlich, wie eng Adlers Konzepte miteinander verwoben sind, wenn wir beispielsweise erkennen, dass die von Fuchs so genannte „verkörperte Intersubjektivität" sowohl für die Entwicklung des Apperzeptionsschemas als auch des Gemeinschaftsgefühls und naturgemäß der Organminderwertigkeit und Psychosomatik, worauf in Kapitel 6 noch eingegangen wird, fundamental ist. Spätestens hier wird sichtbar, dass sich die ganzheitliche Sichtweise, die der Gründer der Individualpsychologie dem Menschen zuteilwerden hat lassen, in seinem Theorieaufbau widerspiegelt, indem auch seine einzelnen Konzepte zusammengenommen ein großes Ganzes ergeben, das über die Summe der aneinandergereihten Einzelteile hinausgeht.

5.3.2 Wahrnehmung, Gedächtnis und Emotion

Dass Kognition aus verkörperten Handlungs- und Beziehungserfahrungen entsteht, wie Fuchs festmacht, passt zu den Erkenntnissen der Psychologin und Individualpsychologin Brigitte Sindelar, die – wie in Kapitel 3.2 bereits erwähnt – schon Anfang der 80er Jahre des vorigen Jahrhunderts Zusammenhänge zwischen kognitiven Modellen der Wahrnehmung und des Gedächtnisses auf der einen Seite und Adlers Hypothesen über dieselben auf der anderen Seite hergestellt hat. Im Zuge dessen hat sie herausgearbeitet, dass die Individualpsychologie später von der Kognitionspsychologie experimentell gewonnene Erkenntnisse vorweg genommen hat. Das Gleiche betrifft den Konnex zwischen kognitivem Stil und Persönlichkeit des Individuums. In diesem Sinn zeigte Sindelar, dass Adler auch diesen Konnex bereits viel früher gesehen hat, indem er die tendenziöse Apperzeption (das von ihm konzipierte Wahrnehmungsmodell) als wichtigen Faktor bei der Ausgestaltung des Lebensstils eines Menschen definierte (Sindelar, 1983). Adler nahm an, dass sich die Entwicklung der individuellen Art der Wahrnehmung des Menschen parallel und unter wechselseitiger Einflussnahme zu der Herausbildung der Persönlichkeit ausprägt (Ansbacher & Ansbacher, 2004, S. 172). Auf dieser Grundlage ist es für Adler schlüssig zu sagen:

> „Das Kind nimmt also aus seiner Umgebung nur das wahr, was aus irgendeinem Grund zu seiner bisher geformten Eigenart passt. […] Wie erwähnt, sind diese Wahrnehmungen mit der Wirklichkeit nicht streng identisch. Der Mensch ist fähig, seine Berührungen mit der Außenwelt so umzugestalten, wie es von seiner Eigenart verlangt wird. […] Was also ein Mensch wahrnimmt und *wie er* es tut, darin liegt seine besondere Eigenart. Wahrnehmung ist mehr als ein bloßer physikalischer Vorgang, sie ist eine seelische Funktion, und aus der Art und Weise, aus dem Umstand, wie und was ein Mensch wahrnimmt, kann man tiefe Schlüsse auf sein Inneres ziehen" (Adler, 1927a, S. 57).

Adler sieht Wahrnehmung als „seelische Funktion" (vgl. Deneke, 2001, S. 153), die selektiv – nicht der Wirklichkeit entsprechend –, sondern entsprechend der Persönlichkeit arbeitet und diese auch wiederum konstituiert.[72] Sindelar macht sie als eine der Basisfunktionen der Kognition aus, gemeinsam mit Gedächtnis und Aufmerksamkeit (Sindelar, 2014, S. 66). Sie bezieht sich in diesem Zusammenhang auch auf Luc Ciompi:

> „Aufmerksamkeit, Wahrnehmung und Gedächtnis sind aktive und individuelle Prozesse der Informationsverarbeitung, die nicht die Wirklichkeit abbilden und speichern, sondern

---

72 So könnte in unserem Beispiel der Bub, der seinen Mangel an Zuwendung mit Leistung kompensiert, Situationen bzw. Reize, die mit Lob oder Kritik einhergehen, besonders stark in den Fokus seiner Aufmerksamkeit nehmen (teils unbewusst), weil sie mit intensiven Emotionen gekoppelt sind, da die Reize in Verbindung zu einem für den Buben seit jeher ganz existenziellen Thema stehen. Und vielleicht würde er wiederholte Kritik an schulischen Leistungen als Ablehnung seiner Person empfinden und so – entsprechend seiner Persönlichkeit – die Auswahl des „Materials" treffen und sich die Wirklichkeit dazu passend gestalten. In der Therapie könnte er später einmal erzählen, dass er subjektiv, nach seinem Empfinden, in der Schule von LehrerInnen immer wieder auch abgelehnt worden sei.

Sinnesreize als ‚Material' verwenden, um die jeweils individuelle Wirklichkeit zu gestalten. […] Dieses kognitive System steht in ständiger Interaktion mit emotionalen Faktoren: Emotionen und Affekte gestalten die Reizauswahl, spezifizieren die Wahrnehmung und nehmen Einfluss auf die Gedächtnisleistung" (a.a.O., Ciompi, 1997).

Sindelar weist auch unter Bezugnahme auf die Piaget-Schülerin Affolter (1975) darauf hin, „dass komplexe kognitive Leistungen ihre Grundlage und Voraussetzung in den basalen informationsverarbeitenden Prozessen haben und dies der Pfad der Entwicklung des kindlichen Denkens ist […]" (Sindelar, 2014, S. 64–65). Das bedeutet im Weiteren, dass die kognitive Leistungsfähigkeit von Kindern – auch hinsichtlich der höheren Denkprozesse, die auf den Prozessen der basalen Informationsverarbeitung gründen – immer auch von der Beziehungsqualität bzw. der „Verarbeitung" der Interaktionserfahrungen abhängt, und darin zeigt sich „die Ganzheitlichkeit des Denkens" (ebd., S. 62 ff.). In diesem Sinn plädiert Sindelar für eine integrative psychologische und psychotherapeutische Entwicklungsforschung (2014).

Die Informationsverarbeitung entsteht – wie gezeigt – aus den Interaktionen heraus (vgl. die „verkörperte Sozialisation" von Thomas Fuchs) und ein Apperzeptionsschema im Sinn Adlers bildet sich heraus. Neu eingehende Reize und Erfahrungen werden sodann in diese Schemata eingeordnet bzw. werden neurobiologisch aktivierte Erregungsmuster mit alten, durch wiederholte Erfahrung, verankerten, wie Hüther reflektiert, abgeglichen. Das bewirkt, dass jede neue Erfahrung nie per se neu erlebt werden kann, weil sie immer schon unter dem Einfluss bzw. der (affektiven) „Färbung" der alten Erlebnisse steht und in deren Licht wahrgenommen wird. Gleichzeitig legt diese Selektion der Reize – je nach Persönlichkeit, Apperzeptionsschema und Lebensstil – nahe, dass der Mensch sich die Reize dazu passend „(aus-)sucht" und „selektiert". In Wahrheit ist es kein aktives Aussuchen, sondern die Reizverarbeitung verläuft neurobiologisch entlang jener Bahnen, wo synaptische Verschaltungen bereits durch wiederholte Erregung bei ähnlichen Erfahrungen verstärkt worden sind und eben kein anderes, beliebiges Erregungsmuster aktiviert werden kann. Und diese Verschaltungen bedingen wiederum entsprechende – kognitive, emotionale, soziale etc. – Fähigkeiten (Singer, 2004b, Bauer, 2006, Hüther, 2008b, Roth, 2014).

Im Rahmen der Verleiblichung, die eine so bedeutsame Rolle spielt, sind wiederum die Gedächtnisleistungen hervorzuheben. Ein Vorreiter in der Erforschung von Zusammenhängen zwischen Lernen und Gedächtnis war der Nobelpreisträger Eric Kandel (2006b), der für seine Untersuchungen an der Meeresschnecke Aplysia berühmt geworden ist. Man unterscheidet einerseits das implizite oder prozedurale Gedächtnis (hauptsächlich in den Basalganglien und im Cerebellum), dass für alle – in weiterer Folge automatisierten – Inhalte verantwortlich ist, wie zum Beispiel für Fähigkeiten wie Auto fahren oder Klavier spielen; sie weisen höchstens ein begleitendes Bewusstsein auf. Zum anderen gibt es das explizite oder deklarative Gedächtnis (in der assoziativen Großhirnrinde), zuständig für Detailinhalte, zu dem neben dem Wissens- oder Faktengedächtnis das episodische Gedächtnis zählt. Sein Zentrum stellt das autobiographische Gedächtnis dar, welches die Erinnerungen an die Ereignisse des Lebens „verwaltet", was im Großen und Ganzen sprachlich nachvollzogen werden kann. Für das Abspeichern und Wiederaufrufen dieser Erinnerungen ist der Hippocampus verantwortlich (Roth, 2014, S. 162). In Bezug auf Lernen und Gedächtnis spielen Emotionen eine bedeutsame Rolle. Sie werden dem impliziten Gedächtnis zugeordnet. Dass die neuronalen Systeme, die unbewusste, implizite und emotionale Erinnerungen speichern, andere sind als diejenigen, die für die Erinnerung an bewusste, explizite Gefühlszustände verantwortlich sind, hat nach Kandel eine bedeutsame Konsequenz:

> „Die bewussten kognitiven Systeme lassen uns also die Möglichkeit, unsere Handlungen zu wählen, doch die unbewussten Bewertungsmechanismen reduzieren diese Optionen auf einige wenige, die der Situation angemessen sind. Attraktiv an dieser Auffassung ist der Umstand, dass sie die Emotionsforschung auf die gleiche Basis stellt wie die Studien zur Gedächtnisspeicherung. Wie die Daten erkennen lassen, setzt der unbewusste Abruf aus dem emotionalen Gedächtnis implizite Gedächtnisspeicherung voraus, während sich gezeigt hat, dass bewusstes Erinnern von Gefühlszuständen auf expliziter Gedächtnisspeicherung beruht und daher auf den Hippocampus angewiesen ist" (Kandel, 2006b, S. 369–370).

Das lässt den Bogen zu Adlers Lebensstil bzw. Apperzeptionsschema spannen, in welchem die Emotionen ebenfalls (mit)bestimmend sind und die Handlungsoptionen des Individuums entsprechend des eingefahrenen Stils reduziert erscheinen.

Das explizite und das implizite Gedächtnissystem teilen überlappende neurochemische Hirnprozesse, die sie dabei unterstützen, ihre Funktion zu erreichen. Es handelt sich vorwiegend um Glutamat, GABA, Acetylcholin und Norepinephrine (Noradrenalin).[73] Es bestehen somit komplexe Netzerke, die in emotionales Lernen involviert sind und nicht neuronale Ketten, die von einem einfachen Reiz-Antwort-Mechanismus abhängig wären (Panksepp & Biven, 2012, S. 214 ff.): „In this modern view, learning may reflect the way various stimulus-response networks get embedded in the much larger-scale networks that represent the primary biological and psychological concerns of organisms" (ebd., S. 219). An dieser Komplexität ist das so genannte Arbeitsgedächtnis beteiligt, das für eine zwischenzeitliche Speicherung zuständig ist, um unsere Umwelt aktuell erfassen, Repräsentationen davon erstellen und die damit verbundenen Aufgaben gegenwärtig bewältigen zu können. Seine Vielschichtigkeit ergibt sich dadurch, dass es mit Lang- und Kurzzeitkomponenten, mit episodischen, autobiographischen und semantischen Inhalten operiert, – neurobiologisch durch die Ausdehnung der Frontallappen (ebd., S. 216 ff.).

---

73   Die meisten ForscherInnen gehen davon aus, dass während der Entstehung von Erinnerung Neuronen Glutamat über den synaptischen Spalt an Rezeptoren verschiedener postsynaptischer Neuronen abgeben und dadurch Langzeitpotenziale erzeugen (Panksepp & Biven, 2012, S. 219). Neben den chemischen Prozessen, die Gedächtnis aufbauen und erhalten, gibt es auch solche, die Erinnerungen verblassen lassen bzw. löschen (ebd., S. 220).

Es ist außerdem bekannt, dass sich die meisten Menschen nicht an die Erlebnisse der ersten zwei bis drei Jahre ihres Lebens erinnern können, was Freud unter dem Begriff der „infantilen Amnesie" festgehalten hat (Freud, 1905d). Das bedeutet naturgemäß, dass Kinder bis zu einem Alter von zwei oder drei Jahren zwar über keine über Sprache erzählbare Erinnerung, wohl aber über eine implizite, verkörperte, verfügen, denn sie ist über Bewegungen, Handlungen, Interaktionsszenen und somit über die damit verbundenen Empfindungen leiblich fixiert, wie aus den Ausführungen des gesamten Kapitels immer wieder hervorgeht.

Zur Reifung des autobiographischen Gedächtnisses und zum Auftreten der infantilen Amnesie gibt es verschiedene Anschauungsweisen. Roth fasst im Wesentlichen drei Annahmen zusammen, ergänzt aber, dass vermutlich noch weitere Aspekte einwirken (Roth, 2014, S. 163):

1. Die Hirnregionen (wie der vordere Temporalcortex), die maßgeblich für die langfristige Speicherung autobiographischer Inhalte zuständig sind, könnten in diesem Alter noch nicht ausreichend entwickelt sein.
2. Es könnte sein, dass für die Speicherung autobiographischer Inhalte bereits ein Selbstkonzept gegeben sein muss. Das erstmalige Erkennen des Selbst tritt im Alter zwischen 18 und 24 Monaten auf; somit kann das Kleinkind ab dieser Zeit Ereignisse als „persönlich" kodieren.
3. Vermutlich spielt die Sprachentwicklung bei der Bildung des autobiographischen Gedächtnisses eine bedeutsame Rolle, da die Sprache sodann eine Struktur bietet, über welche die Erinnerungen geordnet werden können.

Die Sprachfähigkeit steht in einem Zusammenhang zur tendenziösen Apperzeption, zur subjektiv ausgerichteten Wahrnehmung und Erinnerung, weil die Sprachfähigkeit und die Sprache durch ihre organisierende Struktur „zum Zeitpunkt der Erfahrung dasjenige beeinflussen, was anschließend über dieses Ereignis erinnert wird" (a.a.O.). Indem eine Erfahrung in gedachte oder erzählte Worte gekleidet wird, erhält sie eine neue Struktur, je nachdem, was ausgewählt, weg gelassen oder besonders betont wird. Parallel dazu färbt das leibliche (Hintergrund-)Erleben ebenfalls die aktuelle Erfahrung ein, wobei ein ähnliches Leiberleben wie in früheren (vorsprachlichen) Situationen die aktuelle Erfahrung begleiten kann, wenn die aktuelle Situation in irgendeiner Weise an die alte (unbewusst) erinnert. Auf diese Weise ist es für den Menschen unmöglich, sich auf eine neue Erfahrung völlig neutral einzulassen, weil diese immer mit etwas bereits Bekannten verbunden wird. Die Emotionen sind hier zentral, da sie dem Vergangenen genauso die Tönung verleihen wie der Gegenwart und der Zukunft im Zuge ihrer Antizipation. Insofern sind Emotionen in einem engen Verhältnis zum Bewusstsein, wie auch zum Unbewussten, zu sehen. Es gibt zahlreiche Emotionstheorien, auf die an dieser Stelle nicht näher eingegangen wird. Die Emotionen werden nur soweit beleuchtet – vor allem neurowissenschaftlich – als sie für das vorliegende Thema relevant sind.

Auch wenn man sich auf die neurowissenschaftliche Perspektive beschränkt, gibt es dazu verschiedenste Theorien. Eine der am bekanntesten gewordenen stammt von dem Neurowissenschaftler Antonio Damasio, von welchem schon die Rede war, und der das Leiberleben, demnach die Körperzustände im Hintergrund – als konstituierend für die Emotionen und das Entstehen von Bewusstsein ortet, wobei er zwischen Emotionen, die er den Körperzuständen zurechnet, und bewussten Gefühlen unterscheidet (Damasio, 2009, S. 51).[74] In Bezug auf die Entstehung von Bewusstsein hält er fest, dass ein Bewusstseinszustand – „rudimentär" – auch schon mit dem Leiberleben verbunden ist, den Damasio als das Kernbewusstsein ausmacht (ebd., S. 204).[75] Letzteres generiert sich aus der Interozeption, der inneren Wahrnehmung von Körpersignalen (viszerale, endokrine und propriozeptive Informationen wie Blutdruck, Herzschlag, Temperatur, Hormonstatus etc.), als physiologische Basis der Wahrnehmung des Selbst. Seiner Ansicht nach hat der Selbst-Sinn dementsprechend einen vorbewussten biologischen Vorläufer, das *Proto-Selbst* (ebd., S. 187 ff.), das sich eben als Repräsentationen von Körperzuständen verstehen lässt, ein basales „Selbst-Empfinden", das sich aus dem inneren (Körper-)Milieu aufbaut. Er bekräftigt, dass sich Gefühle am Körperempfinden orientieren. Damasio macht im Wesentlichen, aber nicht ausschließlich, die Hirnareale der Hirnstammkerne, den Hypothalamus und somatosensorische Cortexfelder, sowie die Insula – letztere ist für die Informationen die Körperzustände betreffend verantwortlich – als das *Proto-Selbst* determinierend aus (ebd., S. 234); hinsichtlich der Emotionen spielen nach seiner Erkenntnis hauptsächlich auch der Hirnstamm, der Hypothalamus, das basale Vorderhirn, die Amygdala, ventromedialer und präfrontaler Cortex u.a. eine Rolle (ebd., S. 79, S. 101, S. 336), wobei es unterschiedliche Systeme im Gehirn zu geben scheint, die an der Verarbeitung der verschiedenen Emotionen beteiligt sind (ebd., S. 81). Bewusstsein und Emotionen sieht Damasio in ihrer Grundlage verknüpft, im Körper tief verankert, und dem Überleben des Organismus im Sinn einer homöostatischen Funktion dienend (ebd., S. 52 ff.).

Für ihn haben Emotionen einen bedeutsamen Einfluss auf das Denken und somit Handeln eines Menschen. Darauf aufbauend hat er seine Hypothese der „somatischen Marker" entworfen, die in dieser Arbeit schon erläutert worden ist. Es sei noch einmal kurz zusammengefasst, was sie besagt: Damasio geht – wie viele andere auch – davon aus, dass das Individuum seine Vorerfahrungen emotional niederlegt. Er stellt sich diese emotionale Verankerung mithilfe von „somatischen Markern" vor, welche in aktuellen Situationen automatisch reaktiviert werden können, um dem Menschen so eine Orientierungshilfe bei Entscheidungen und in seinem Verhalten zu geben. Neuroanatomisch vermutet sie Damasio in den präfrontalen Rindenfeldern. Dahinter steht die Erkenntnis, dass sich der Körperzustand als Reaktion auf jeden äußeren Impuls verändert und dass

---

74   Damasio hat bereits einige Bücher zu seinem zentralen Forschungsthema Geist, Bewusstsein und Gefühle geschrieben. Seine neueste Publikation dazu ist 2011 unter dem Titel „Selbst ist der Mensch" erschienen (Damasio, 2011).

75   Das steht in Einklang mit Sterns Selbstempfinden im Sinne eines ersten Gewahrseins.

die Wahrnehmung der sich verändernden Außenwelt über den veränderten Körperzustand, emotional bewertet, auf diese Weise „markiert", wird. Die „Markierung", ob sich eine Situation zum Beispiel angenehm oder unangenehm anfühlt, wird sodann zum Wegweiser für das nachfolgende Erleben, indem sie unser Denken unbewusst in eine bestimmte Richtung lenkt (ebd., S. 55 ff., 1995, S. 227 ff.). Jede geistige Aktivität ist von Körpererleben begleitet, in diesem Sinn auch von Emotionalem. Die „somatischen Marker" implizieren die Verleiblichung von Erfahrung, die Zukünftiges bewerten und abschätzen lässt. Auf die Nähe zu Adlers Lebensstil und Apperzeption sowie auf die Ähnlichkeit zu den „Inprints" nach Ciompi wurde bereits hingewiesen.

Nicht alle Emotionen werden zu einem bewussten Gefühl, und doch lenken sie uns. Sie generieren sich aus körperlichen Veränderungen, wie chemischer Signale (z.B. Hormone, die über die Blutbahn weitergegeben werden), viszeralen Veränderungen, Modifikationen in den Muskel-Kontraktionen, aber auch in den neuronalen Strukturen, die diesen Veränderungen zugrunde liegen und wiederum weitere Einflüsse auf andere neuronale Schaltkreise im Gehirn geltend machen (Damasio, 2009, S. 339). Dahingehend definiert Damasio die gefühlte Emotion folgendermaßen: „Es ist die Repräsentation der vorübergehenden Veränderung im Zustand des Organismus in Form neuronaler Muster und der daraus folgenden Vorstellungen" (a.a.O.). Der Körper verfügt, wie gesagt, auch über die Fähigkeit, Körperempfindungen mittels „somatischer Marker" zu kennzeichnen, um sie für spätere, gleichartige Situationen, abrufen zu können, ohne den Körperzustand selbst noch einmal herstellen zu müssen: „Kurzum, somatische Marker sind ein Sonderfall der Empfindungen, die aus sekundären Gefühlen entstehen" (Damasio, 1995, S. 238). Durch die Aktivierung der somatischen Marker entsteht ein „Als ob"-Aktivitätsmuster im Gehirn, als wenn es durch einen wirklichen Körperzustand erzeugt worden wäre, um rasch antizipieren und Entscheidungen treffen zu können (ebd., S. 251 ff.). Nach dieser Sichtweise existieren neurale Mechanismen, die das Empfinden vermitteln, „als ob der Körper aktiviert und modifiziert würde. Derartige Mechanismen ermöglichen uns, den Körper zu umgehen und einen langsamen, energieaufwändigen Prozess zu vermeiden" (Damasio, 1997, S. 214). Damasio bezeichnet diesen Vorgang als „Als-ob-Körperschleife" (a.a.O., Damasio, 1995, S. 336 ff.), welche beim Nachempfinden der Gefühle anderer und somit für Einfühlungsvermögen bedeutsam ist. Auch diesbezüglich wurde die Brücke zu Adlers Gemeinschaftsgefühl und Fiktionalismus, der auf Vaihingers „Philosophie des Als Ob" (1911) aufbaut, bereits geschlagen.

Die Ausführungen Damasios lassen eine Verbindung zu den Ergebnissen des amerikanischen Neurowissenschaftlers Joseph LeDoux zu, der sich in der Gedächtnis- und Emotionsforschung, vor allem auf dem Gebiet der Angstforschung, einen Namen gemacht hat. Er betont das Zusammenwirken des impliziten emotionalen Gedächtnissystems (das Damasio letztendlich beschreibt, ohne diesen Ausdruck zu verwenden) mit dem expliziten, deklarativen Gedächtnis. Auch er ordnet die „emotionale Erinnerung" dem impliziten (prozeduralen) Gedächtnis zu, das (wie gesagt, auch bei der Verleiblichung von Erfahrung eine wichtige Rolle spielt) den unbewussten Einfluss konstituiert, während nach ihm die bewusste „Erinnerung an eine Emotion" ebenfalls dem deklarativen, expliziten Gedächtnis entspricht (LeDoux, 2006, S. 194 ff.). Er unterstreicht neuroanatomisch, dass das deklarative Gedächtnis von nur einem Gedächtnissystem, dem Temporallappen-Gedächtnissystem (dem Hippocampus und die mit ihm verbundenen Rindenbereiche) bestimmt wird, dass aber im Gegensatz dazu viele implizite Gedächtnissysteme vorliegen. Das bedeutet, dass das Gehirn verschiedene Gedächtnissysteme aufweist, die auch für unterschiedliche Gedächtnis- und Lernleistungen verantwortlich sind (ebd., S. 210 ff.). Das implizite Gedächtnis, das in der Synergie mit Emotionen bedeutungsvoll ist, kann aktiv werden, ohne dass es dem Menschen bewusst ist (ebd., S. 193 ff.). In diesem Sinn könnte jemand als implizite Erinnerung eingespeichert haben, dass er/sie als Kind vom Großvater geschlagen worden ist. Ein älterer Herr, der beispielsweise in seiner Gestik und Mimik an den Großvater erinnert, könnte daher später einen Auslösereiz darstellen, sodass die betroffene Person mit Angst und körperlicher Erregung reagiert, wenn sie einem solchen Mann begegnet. Und es kann durchaus sein, dass der ursprüngliche (emotionale) Zusammenhang nicht mehr bewusst ist, im Verborgenen bleibt.

LeDoux würde der Erinnerung, dass jemand einen gewalttätigen Großvater hatte, zunächst dem Temporallappen-Gedächtnissystem (bei dem der Hippocampus eine herausragende Funktion einnimmt) zuordnen und im Rahmen dieses deklarativen Gedächtnisses noch keine emotionalen Begleiterscheinungen konstatieren. Das lässt an zahlreiche PatientInnen denken, die sich in der Therapie an belastende Erlebnisse aus der Vergangenheit erinnern, aber noch keinen Bezug zu den damals damit verbundenen Gefühlen herstellen können. Um eine emotionale Erinnerung zu generieren, ist ein emotionales implizites Gedächtnissystem vonnöten, zum Beispiel das implizite Furcht-Gedächtnissystem, das über die Amygdala gesteuert wird (ebd., S. 217):

> „Ohne die durch das implizite System ausgelöste emotionale Erregung wäre die bewußte Erinnerung emotional neutral. Die gleichzeitige Repräsentation im Bewußtsein der bewußten Erinnerung und der aktuellen emotionalen Erregung gibt der bewußten Erinnerung dagegen eine emotionale Tönung. Die beiden Vorgänge (die ältere Erinnerung und die aktuelle Erregung) verschmelzen nahtlos zum einheitlichen bewußten Erlebnis des Augenblicks" (ebd., S. 217–218).

Panksepp erläutert, dass das emotionale Gedächtnis überhaupt erst dadurch erwächst, indem eine emotionale Antwort auf einen vorher „neutralen" Impuls wiederholt fortwährt, oft unbewusst, lange vor dem Entstehen des Langzeit- und des autobiographischen Gedächtnisses (Panksepp & Biven, 2012, S. 211 ff.). Er bezieht sich u. a. auf LeDoux, würdigt ihn als Wegbereiter der Studien über Angstkonditionierung, vertritt aber einzelne Aspekte betreffend eine andere Ansicht. So betrachtet er beispielsweise die Amygdala nicht – wie LeDoux – als das für Emotionen zentrale Areal, sondern hält dafür viele Regionen für wichtig; am ehesten würde er noch das PAG (periaquäduktales Grau oder auch zentrales Höhlengrau) als „Grand Central Station" der Emotionen bezeichnen, da diese Region bei jeder Art von Primärprozessemotionen entscheidend involviert ist (ebd., S. 228). Unter Primärprozessemotionen versteht er, wie gesagt, instinkthafte, evolutionäre Affektbereitschaften, die das Überleben aller Säugetiere sichern. Diese definiert er als Basis für höhere emotionale und mentale Prozesse (sekundäre und tertiäre) (ebd., S. 1 ff.) und als affektive Grundlage für Gedächtnis an sich (ebd., S. 203 ff.).

LeDoux's einheitliches bewusstes Erleben des Augenblicks – das gegenwärtige Erinnerungserleben, wie zitiert –, das sich aus alter Erinnerung und aktueller, emotionaler Erregung zusammensetzt, kann sodann wiederum im Langzeitgedächtnis abgespeichert werden, man speichert also auch, wie man sich früher einmal – vielleicht wiederholt – an noch weiter Zurückliegendes Bewegendes erinnert hat (LeDoux, 2006, S. 218). Das von LeDoux Dargelegte hat nun zur Folge, dass das jeweils aktuelle Erinnern stets schon wieder die davor vorhandene Erinnerung an etwas verändert, das also verzerrt, in Adlers Sinn „tendenziös apperzipiert" wird. Denn – wie festgehalten – ist das Gehirn zum Zeitpunkt der Erinnerung längst in einem anderen Zustand als zum Zeitpunkt des Erlebens in der Vergangenheit. So beeinflusst jeder neue Akt des Erinnerns die alte, ursprüngliche Erinnerung, indem der aktuelle Hirn- und Körperzustand die Erinnerung mitbedingen (ebd., S. 225). Somit ist das Bewahren der Erinnerungen nichts Statisches, sondern ein dynamischer Prozess, der zu Adlers Lebensbewegung passt, da die Erinnerungen auf diese einwirken. Die Dynamik des Gedächtnisses ist gegeben, weil die Erinnerungen nicht nur durch die ursprünglich mit dem Erleben einhergehenden Affekte geprägt sind, sondern weil die Rekonsolidierung jeder Erinnerung erneut von Affekten begleitet wird. Rekonsolidierung des Gedächtnisses bedeutet, dass mit jedem Erinnern das Abgerufene „offen" für neue Einflüsse und Informationen wird, also in der Phase nach dem Wiederauftauchen „labil" ist und somit verändert neu abgespeichert wird: „Still, it cannot be emphasized enough that one great discovery of the past few years is that emotional reconsolidation of memories occurs each time something is remembered" (Panksepp & Biven, 2012, S. 214). Die Verzerrung ergibt sich aber auch daraus, indem nicht alle Teile einer Erfahrung gleich gut erinnert werden, und die emotionale Erregung die Erinnerung mancher Aspekte mehr und anderer weniger verstärkt (LeDoux, 2006, S. 224). Das trifft ebenfalls die Adler'sche Auffassung, wenn er sagt:

> „Mein Gedächtnis kann in einer […] Absicht Anteile des ganzen Eindruckes oder das Ganze des Eindruckes verschwinden lassen. Eine künstlerische Fähigkeit, die dem Lebensstil eines Menschen entspricht. […] Die individuelle Apperzeption liefert dem Gedächtnis die Wahrnehmung entsprechend der Eigenart des Individuums. Die Eigenart des Individuums übernimmt den so geformten Eindruck und stattet ihn mit Gefühlen und mit einer Stellungnahme aus. Letztere beide gehorchen wieder dem Bewegungsgesetz des Individuums" (Adler, 1933b, S. 122).

Unter „Funktion des Gedächtnisses" versteht der Gründer der Individualpsychologie diesen „Verdauungsprozess", der die Erinnerung schafft, „ob es sich nun in Worten, in Gefühlen oder in der Stellungnahme zur Außenwelt ausdrückt" (a.a.O.). Und sowohl LeDoux als auch andere Neuro- und KognitionswissenschaftlerInnen haben Adler inzwischen auch dahingehend bestätigt, dass es mehrere Gedächtnissysteme gibt: „Wir müssen deshalb damit rechnen, ebenso viele Formen von Gedächtnissen zu finden als wir Formen von Lebensstilen anerkennen" (a.a.O.). Der Niederschlag des tendenziös verzerrten aktuellen – bewussten, unbewussten und vor allem emotionalen – Erinnerns betrifft unseren Lebensstil, das gegenwärtige Denken, Fühlen, unsere Motivationen und Handlungen.

Der Neurologe, Psychiater und Neuropathologe Manfred Schmidbauer meint dazu:

> „Emotion ist [...] ein Bereitschaftszustand für situationsgerechte Motivation. [...] Individuelles Überwiegen positiver oder negativer Emotionen bestimmt daher also die positive oder negative ‚Richtung' einer Motivation, die normalerweise Schwingungen unterliegt" (Schmidbauer, 2004, S. 69).

Als Beispiele nennt er die Erstarrung im negativen Gefühlsmodus von Depressiven und das Bewegen in euphorischen Höhen bei manisch Erkrankten (a.a.O.). Die „situationsgerechte Motivation" bedeutet, dass Emotionen unserer Handlungsbereitschaft vorausgehen (ebd., S. 4). Dies steht mit Adlers Sicht in Einklang, der 1931 bereits ähnlich feststellt: „Man kann beobachten, wie der Geist fähig ist, mit Hilfe der Gefühle den Körper tätigkeitsbereit zu machen. Die Gefühle und ihr körperlicher Ausdruck sagen uns, wie der Geist in einer Lage, die er als günstig oder ungünstig beurteilt, handelt und antwortet" (Adler, 1931b, S. 42). Hier lässt sich die handlungsregulierende Funktion, die Adler schon damals den Gefühlen zuspricht, ablesen (vgl. Rogner, 1995c, S. 178). Schmidbauer bemerkt:

> „Sie [die Emotionen, S. R.] sind im Leben und im Funktionsganzen des Gehirns der Motor unserer Vitalität – im Positiven zur Erfüllung von Lustwünschen und im Negativen als Schutzbeauftragter für Fluchtaktionen. Fragt sich, wer diesem Weichensteller die Richtungsimpulse gibt?" (Schmidbauer, 2004, S. 4).

Die Emotionen als „Schutzbeauftragte" erinnern an Adlers Sicherungstendenz, „zur Erfüllung von Lustwünschen" erinnern sie an die schöpferische Kraft. Die Richtungsimpulse erinnern wieder an Adlers Bausteintheorie, nach welcher die Leitlinie aus verschiedenem Material der frühen Kindheitserfahrungen wie auch den körperlichen Bedingungen geformt wird: „Die Körperlichkeit und die Einwirkung der Außenwelt sind Bausteine, die das Kind zum Aufbau seiner Persönlichkeit benützt" (Adler, 1933c, S. 100). Die von den Emotionen maßgeblich gesteuerten Handlungsbereitschaften (die im Kapitel über das Gemeinschaftsgefühl in Verbindung mit den neurobiologischen Motivationssystemen genauer erklärt worden sind) lassen wieder die starke Verknüpfung mit Adlers teleologischem Menschenbild, mit dem zielgerichteten Individuum, das aus seiner Intentionalität heraus verstanden werden muss, zutage treten, denn Affekte sind für Adler ein für die Intentionalität des Individuums bestimmender Faktor: „Die Individualpsychologie [...] steht und fällt mit der Behauptung, dass auch die Gefühle, wie jede andere seelische Bewegung und einheitlich mit jeder anderen seelischen Bewegung nach einem einheitlichen Ziele gerichtet sind" (ebd., S. 203). Die Emotionen entsprechen somit als Teilausdruck dem „Ganzen" im Sinn der Einheit der Persönlichkeit, sie determinieren die Zielgerichtetheit und konstituieren die individuelle (Lebens-)Bewegung. Rolf Kühn und Michael Titze erläutern, dass die Gefühle in Adlers Lehre eine affektive Fundierung des Apperzeptionsschemas des Lebensstils bedeuten: „Ausgehend von dieser affektiv-leiblichen Grund-Form des Ich muss die Psyche demnach beständig ‚in Bewegung' sein, um Ziele zu verwirklichen, die ihrerseits auf neue Erlebnisse weiterverweisen" (Kühn & Titze, 1991, S. 50). Es handelt sich im Sinn der steten (psychischen) (Weiter-)Bewegung des Menschen, die Adler unterstreicht, um ein affektives ständiges Fließen und nicht um Affekte, die begrifflich als eine abgegrenzte, konkrete Vorstellung zu verstehen sind (a.a.O.).

Schmidbauer beantwortet die Frage nach den Richtungsimpulsen neurophysiologisch, indem er aufzeigt, dass die Emotionen, die nicht mehr mit einem Instinkt (Angriff, Flucht) einhergehen, „Emotionen ohne biologischen Zweck" sind, ihre Bedeutung daher auch nicht mehr unmittelbar an den Augenblick gebunden ist, sondern mit Vorausplanen gekoppelt wird (Schmidbauer, 2004, S. 5 ff.). Durch die nicht mehr erforderliche Notwendigkeit der Emotionen ausschließlich spontan zu sein, eröffnet sich die Möglichkeit, die neu entstehenden an den bereits Dagewesenen zu messen, was sodann als Orientierung dient (ebd., S. 10 ff.), was an Adlers Apperzeption in den eingespurten Bahnen der vergangenen Erfahrung heranführen lässt und somit die affektiv-leibliche Basis des (intentionalen) Lebensstils zu belegen scheint. Schmidbauer betont die emotionale Bewertung einer realen Situation durch die Amygdala im limbischen System:[76]

> „Diese emotionale Encodierung verstärkt die Information, wertet sie gleichsam auf, und zwar weil sie entweder einen artbiologischen relevanten Inhalt trägt oder weil sie zu individuell Gelerntem in einem engen – positiven oder negativen – Verhältnis steht. Der biologische Nutzen dieser Verarbeitungsweise besteht darin, Situationen mit identem emotionalen Gehalt rasch zu erfassen (als lustbereitend oder gefährlich) und ein bereits bewährtes Verhaltensmuster darauf anzuwenden" (ebd., S. 38–39).

Diesem Zweck dienen auch Panksepps und Bivens (2012) sieben basale affektive Regulationssysteme.[77] Panksepp und Biven sprechen von „core emotional affects" bzw. „raw emotional feelings" (ebd., S. 13). Der Neurowissenschaftler und die Psychoanalytikerin erachten sie als angeborene emotionale Bereitschaften, die das menschliche Verhalten lenken. Die affektiven Regulationssysteme gehen ebenfalls, wie schon an früherer Stelle erwähnt, mit den entsprechenden neuronalen Schaltkreisen bzw. neurochemischen Systemen einher: SEEKING (Expectancy), FEAR (anxiety), RAGE (anger), LUST (sexual excitement), CARE (nurturance), PANIC/GRIEF (sadness) und PLAY (social joy); übersetzt: ERKUNDEN (Erwartung), FURCHT (Angst), WUT (Ärger), LUST (sexuelle Erregung), FÜRSORGE (Pflege), PANIK/KUMMER (Trauer) und SPIEL (soziale Freude). Das SEEKING-System, das den sonst allgemein unter Motivationssystem oder Belohnungssystem bekannten neurophysiologischen „Gefüge" entspricht, stellt die Infrastruktur für alle weiteren Systeme; alle sind aneinander gekoppelt bzw. weisen eine

---

76 Das limbische System ist allerdings nicht nur bei der Emotion beteiligt, sondern auch bei der Kognition und weist eine intensive Zusammenarbeit mit anderen Arealen auf (LeDoux, 2006, S. 199 ff.).

77 Zur Bedeutung von Panksepps und Bivens Konzeption für Psychologie und Psychotherapie siehe auch Otto Hofer-Moser (2015).

gegenseitige Wechselwirkung auf. Wenn beispielsweise das SEEKING-System oder das CARE-System einer Störung unterliegen, können die Systeme FEAR, RAGE bzw. PANIC/GRIEF aktiv werden. Je öfter bestimmte Systeme aktiviert sind, desto eher beherrschen sie gegenwärtige Reaktionsweisen und Handlungsbereitschaften, weil sie inzwischen auch zu (emotionalen) Gedächtnisinhalten geworden sind. Panksepp spricht von „ancestral memories", genetisch tief verwurzelten Gedächtnissen, als welche er die instinkthaften biologisch bereitgestellten Affektsysteme sieht, um dem Überleben dienlich zu sein (ebd., S. 236).

Der Neurowissenschaftler konzentriert sich auf die Primärprozessemotionen, die er sub-neokortikal ansiedelt und von Sekundärprozessemotionen und Tertiäraffekten und neo-kortikalen Bewusstseinsfunktionen abgrenzt. Während die Primärprozessemotionen, wie gesagt, von der Evolution zur Verfügung gestellte instinkthafte Affektbereitschaften darstellen, unterliegen die Sekundärprozessemotionen bereits Konditionierungs- bzw. Lernprozessen, wobei die Basalganglien dominant sind. Bei den tertiären Prozessen handelt es sich um höhere mentale Prozesse, vorwiegend im Neokortex, verbunden mit kognitiven Vorgängen und Bewusstseinszuständen (ebd., S. 10). Panksepp betrachtet zum einen die Primärprozessemotionen, wie gesagt, als Basis für alle höheren mentalen Prozesse (ebd., S. 235 ff.). Gleichzeitig konstatiert er – konform gehend mit Damasio – ein basales Kernbewusstsein und Kernselbst, die eine enge Beziehung zu den Primär-prozessemotionen aufweisen (ebd., S. 389 ff.).

Diese Aufgliederung der hirnphysiologischen Strukturen von Panksepp lassen auch noch einmal Gerhard Roths (2014) sechs psychoneuronalen Systeme ins Treffen führen: das „Stressverarbeitungssystem", das „interne Beruhigungssystem", das „interne Bewertungs- und Belohnungssystem", das „Impulshemmungssystem", das „Bindungssystem" und das „System des Realitätssinns und der Risikobewertung". Roth nimmt somit eine andere Einteilung als Panksepp vor, vertritt aber ein ähnliches hierarchisches Verständnis der Strukturen: Die psychoneuronalen Systeme gehen – in unterschiedlichem Ausmaß – neurobiologisch aus den Elementen von vier Ebenen hervor, der „unteren" Ebene, in welcher wesentlich die angeborenen Bereitschaften und Eigenschaften verankert sind, der „mittleren" Ebene, welcher die emotionale Konditionierung zugeschrieben wird, der „oberen" Ebene, welcher die Sozialisierung zugerechnet wird und der Ebene der kognitiven Verhaltenssteuerung (ebd., S. 151). Es zeigt sich, dass zurzeit viele NeurowissenschaftlerInnen dem Bedürfnis nachgeben, eine eigene Bewusstseinstheorie bzw. hirnphysiologische Strukturtheorie zu entwerfen. Darauf muss hingewiesen werden, weil es bedeutet, dass sich die NeurowissenschaftlerInnen in ihren Auffassungen bzw. Theoriebildungen zum Teil nicht einig sind.

Wie im Kapitel über die Aggressionen angedeutet, erinnern Panksepps primäre Affekte an ein Triebgeschehen; man denke an Kampf- und Fluchtverhalten oder die sprichwörtliche Verteidigung einer Mutter ihres Kindes „wie eine Löwin". Und in „Extremsituationen" scheint der emotionale Anteil der Bewertung einer Situation sicherlich viel stärker als der kognitive. Aber sind die Emotionen bei Tier und Mensch wirklich so verwandt aufgebaut, wie Panksepp aufgrund seiner Tierexperimente, deren Ergebnisse er auf den Menschen überträgt, behauptet? Und sind Emotionen tatsächlich so universell, auch unter Menschen? Neuere Forschungen ziehen dies bisweilen in Zweifel. Aufgrund der auch psychologischen Relevanz sei hier kurz darauf eingegangen:

Es ist Panksepps Verdienst, dass er die (seines Erachtens mindestens sieben) auch psychologisch gut nachvollziehbaren Regelkreise und ihre Bedeutung für die weitere Affektdifferenzierung bzw. die höheren mentalen Prozesse erkannt hat. Die Annahme, dass der Mensch über „alte" und „einfache" Affekte verfügt, die aktiviert werden, wenn es um das Überleben geht, wird wohl von niemandem aus der Scientific Community bestritten, – aber Panksepps Gewichtung, dass er den Basisemotionen nicht nur bei Tieren, sondern auch beim Menschen die tragende Rolle zuspricht, wird bei Weitem nicht einhellig geteilt.[78] Denn viele WissenschaftlerInnen vertreten heutzutage die so genannte „Appraisal"- bzw. Bewertungstheorie, welche davon ausgeht, dass man jede Situation immer auch in einer emotional-kognitiven Verflechtung bewertet, wobei sich Emotion und Kognition gegenseitig beeinflussen (vgl. z.B. Scherer, 2001). Dem widerspricht Panksepp in seiner Konzeption grundsätzlich nicht. Aber die unterschiedliche Gewichtung wirft wichtige Fragen auf, wie zum Beispiel: Inwieweit verändern die höheren und beim Menschen nun einmal stark ausgeprägten Hirnareale die Art und Weise, wie er Emotionen oder Körperzustände erlebt, inwieweit prägen sie das „emotionale Ergebnis" bzw. letztlich das subjektive (emotionale) (Körper-)Erleben, auch wenn ihnen basisemotionale Systeme zugrunde liegen sollten?[79]

Überhaupt tendieren manche NeurowissenschaftlerInnen dazu, nicht mehr zwischen evolutionär bedingten „höheren" Kognitionen, die „jüngeren" Hirnregionen (Neokortex) zugeordnet werden, auf der einen Seite, und „niedrigeren" Instinkten oder Basisemotionen, die „älteren" Hirnarealen (Hirnstamm) entsprechen, auf der anderen Seite zu unterscheiden. Sie begründen dies damit, dass keine vertikale hierarchische Beziehung zwischen den Regionen vorliegt, sondern sich diese vielmehr in einer „reziproken Interkonnektivität" wechselseitig beeinflussen und beide durch ihre gemeinsame Koordination (funktionale) „co-evolutionäre" Veränderungen erfahren haben (Kiverstein & Miller, 2015b, S. 5 ff.):

---

78 Panksepp sieht sich mit einer ähnlichen Problematik wie schon Konrad Lorenz konfrontiert, nämlich der Übertragung und Generalisierung von Tierexperimenten auf den Menschen, ohne dass ausreichend ähnliche Studien mit Menschen vorhanden wären. Deshalb handelt es sich bei der Perspektive des Neurowissenschaftlers auf den Menschen um eine theoretische, die auf heuristischen Hypothesen basiert, wie der renommierte Forscher selbst einräumt (Panksepp & Biven, 2012, S. 97).

79 Für die Psychotherapie ist bedeutsam, dass das so genannte „Qualia-Problem", d.h. die Frage, wie es zu dem je eigenen subjektivem Empfinden und Erleben kommt, von den Neurowissenschaften nicht beantwortet werden kann.

„The connections between the hypothalamus and prefrontal cortex are bidirectional and reciprocal, allowing for rapid coordination and synchronization of activity between ‚higher' and ‚lower' brain systems. This coordination allows for cognitive and affective processes to be mobilized together allowing the animal to behave flexibly, and in ways that are adapted to the particularities of a context of activity" (ebd., S. 9).

Auch die Zuordnung – hier des emotionalen Geschehens – zu bestimmten Hirnregionen wird von den KritikerInnen der kognitiven NeurowissenschaftlerInnen als problematisch angesehen, da die Areale nicht nur zumeist an vielen, verschiedenen Prozessen beteiligt sind, sondern darüber hinaus ihre Funktionalität variieren können. So argumentieren Kiverstein und Miller, „that structure-function mappings are not fixed and static properties of networks. Instead structure-function relationships are dynamic, with the functions a given network performs varying over time in a highly flexible and context-dependent manner" (ebd., S. 4). Sie betonen, „that the functional contribution of a network is determined by the whole organism in its interaction with an environment that is rich with possibilities for actions" (ebd., S. 4-5). Sie fordern – ähnlich wie Fuchs – die Einbeziehung des gesamten Organismus und der Systemtheorien in das Verständnis psychischer bzw. neurophysiologischer Funktionen. Dabei stützen sie sich auf die Erkenntnis, dass es weder eine „reine" Emotion ohne kognitive Bewertung noch eine „reine" Kognition ohne affektive Färbung gibt, und dass das Zusammenwirken der beiden Dimensionen vom ganzen Organismus abhängig ist, der wiederum in einem (Umwelt-)Kontext eingebettet ist (ebd., S. 5). In diesem Sinn lässt sich die affektiv-kognitive Verwobenheit als ein Kontinuum vorstellen, an dessen jeweiligen Enden der eine oder andere Anteil stärker oder schwächer ausgeprägt sein kann. Die damit verbundene Subjektivität kann inhaltlich naturgemäß nicht von den Neurowissenschaften erfasst werden. Diese Problematik ist als das so genannte „Qualia-Problem" bekannt.

Auch die Individualpsychologie rückt die subjektive, individuelle emotional-kognitive Wahrnehmungs- und Erlebens-Konstruktion des Menschen in den Vordergrund, was in den Konzepten des Apperzeptionsschemas und des Lebensstil zum Ausdruck kommt. Insofern steht die Individualpsychologie mit dem Fokus der subjektiven Bewertung den Appraisaltheorien nahe.

Dennoch fügen sich insgesamt auch die angeborenen Emotions-Systeme von Panksepp und Biven in die anderen genannten Befunde ein, welche alle die Bedingtheit der (emotionalen) Innenwelt von der weiteren Lebenserfahrung proklamieren. Und das Einordnen des neu Wahrgenommenen entlang alter – eben auch emotionaler – Wege und der darauf aufbauende Rückgriff auf bewährte Verhaltensmuster findet sich in Adlers Apperzeptionsschema und Lebensstil bzw. Lebensbewegung wieder.

5.3.3   Zeiterleben und Ichgestaltung

Ein weiterer Aspekt, der mit dem subjektiven Erleben und somit mit der Adler'schen Apperzeption zu tun haben dürfte und bezogen auf die Psyche und auf die Wahrnehmung des Selbst auch eine strukturierende Funktion hat, ist nach neueren Erkenntnissen das individuelle Zeiterleben. Der Psychologe und Neurowissenschaftler Marc Wittmann (2014) hat mit einer Forschungsgruppe die Theorie aufgestellt, dass ein enger Konnex zwischen der Ich- und der Zeitwahrnehmung besteht. Ihre Befunde haben gezeigt, dass die Insula, welche die Körperwahrnehmung steuert (welche wiederum für das Ich-Erleben wichtig ist), genauso maßgeblich am Zeiterleben beteiligt ist (ebd., S. 144 ff.). Nach Wittmann legen neurowissenschaftliche Untersuchungen nahe, dass es einen zentralen Mechanismus im Gehirn gibt, der die Signale aus der sensorischen Wahrnehmung, wie sehen, hören, fühlen, in eine zeitliche Abfolge gliedert. Er bezieht sich im Weiteren auf den Neurowissenschaftler Ernst Pöppel, der einen Takt des Gehirns annimmt, der die Wahrnehmung und das Handeln bestimmt (Pöppel, 1988). Durch neuronale Schwingungen – Oszillationen – werden Systemzustände generiert, die eingehende Sinnesreize als zeitlich verknüpft empfinden lassen oder eben nicht. Viele WissenschaftlerInnen gehen von einem zentralen Takt (neuronalen Systemzustand) des Gehirns im Bereich von um die 30 ms aus, wobei die Periodendauern der neuronalen Oszillationen Schwankungen unterliegen. Dennoch wird die bewusste Erfahrung als Kontinuum wahrgenommen (Wittmann, 2014, S. 37 ff.). Jüngere Forschungsergebnisse weisen darauf hin, dass bei psychiatrischen PatientInnen mit verstärkter Impulsivität eine modifizierte Zeitwahrnehmung und eine größere Gegenwartsbezogenheit vorliegt (ebd., S. 24). Dann wäre auch die Frage interessant, inwieweit sich der von Pöppel angenommene (Wahrnehmungs-)Takt des Gehirns bzw. die Schwankungen der Periodendauern der Oszillationen individuell ändern können bzw. wie genau solche Änderungen mit psychischen Erkrankungen zusammenhängen, beispielsweise bei einer Verlangsamung (Depression) oder Erhöhung des Tempos (Manie).

Körpergefühle und die damit einhergehenden Hormone lassen dem Menschen ähnliche Zeitspannen subjektiv kurz oder lang erscheinen. So kommt es beispielsweise bei Angst zu einem „Zeitlupeneffekt", indem dem/der Betroffenen die „Zeit der Angst" lange erscheint, obwohl das Denken schneller wird und die Erregung erhöht ist. Das bedeutet, dass das subjektive Empfinden einer Zeitdauer davon abhängt, wie das Individuum sein Ich erlebt (ebd., S. 45 ff.). Daraus scheint sich folgern zu lassen, dass man nicht nur durch Sprache, Leiberleben und Emotionen die Erinnerung organisiert, sondern auch mittels des Zeitgefühls, das mit der einstigen Körper- und Ich-Wahrnehmung und den damit verbundenen verschiedenen Bewusstseinszuständen in einem Zusammenhang stehen dürfte.

Was der Mensch als „jetzt" wahrnimmt, das Gegenwartempfinden, dauert nach Wittmann nicht weniger als ¼ Sekunde und nicht länger als 3 Sekunden (ebd., S. 49 ff.). Der Forscher konkretisiert, dass das Kurz- und das Langzeitgedächtnis diesen kurzen Moment zu einem kontinuierlichen Bewusstseinsstrom und somit zu einer kontinuierlichen, bewussten Erfahrung des Ich erweitern. Im Kurzzeit- oder Arbeitsgedächtnis wird in der Zeitspanne des Jetzt-Erlebens (¼ bis 3 Sekunden) eine Verknüpfung hergestellt zwischen dem, was aktuell ist und was vor einiger Zeit war, „welches mehrere auf der elementaren Ebene identifizierte Momente zu einem größeren Ganzen verknüpft" (ebd., S. 61). Durch diese zeitliche Verbindung erlebt eine Person das Ich als ein (zeitlich) kontinuierliches Ich in der Welt, denn:

> „Der Bewusstseinsstrom setzt sich aus solchen elementaren Einheiten des Jetztgefühls zusammen, aber die Einheit unseres Erlebens als Akteure in der Welt erstreckt sich zeitlich darüber hinaus. […] Bezogen auf die darunterliegenden kognitiven Prozesse bildet das Arbeitsgedächtnis die zeitliche Brücke zwischen den einzelnen Momenten des Erlebens und ermöglicht das Gefühl von Kontinuität in der Welt" (a.a.O.).

Die Kurzzeitepisoden müssen sodann in das Langzeitgedächtnis eingespeichert werden, damit sich das Ich über längere Zeiträume weiterhin konstant erlebt, da Erzählungen über sich selbst die Voraussetzung dafür sind, sich als Ich zu erleben; und für diese Erzählungen ist Dauer vonnöten (a.a.O.):

> „Das Arbeitsgedächtnis bildet einen Zeithorizont von mentaler Präsenz, in dem sich die bewusste Erfahrung des narrativen Selbst in seiner Kontinuität über die Zeit abspielt. Das narrative Selbst hingegen setzt sich aus den Geschichten zusammen, die wir über uns selbst erzählen; es wird aus dem Langzeitgedächtnis gespeist" (ebd., S. 62).

Selbstbewusstsein wird in diesem Sinn durch das Aufrechterhalten zeitlicher und körperlicher Präsenz gewährleistet, wobei Körpersignale, aber auch Denk- und Gefühlsprozesse zusammenlaufen und zu einer Einheit verarbeitet werden. Diese Einheit ist dann das gefühlte Ich (ebd., S. 120 ff.), welches Adlers Ich gleichkommt, das von der Einheit der Persönlichkeit gekennzeichnet ist.[80] Für Wittmann ergibt sich, dass das Ich immer Teil der Wahrnehmung ist, auch wenn es gleichzeitig immer im Hintergrund als subjektive Deutung der Welt mitläuft (ebd., S. 118 ff.). Auch dies lässt die Linie zu Adlers Konzeption des Ich ziehen, das er als schöpferisch gestaltend versteht, aber unter dem Einfluss der eigenen Deutung im Hintergrund über das Apperzeptionsschema.

Das aufgrund der neurowissenschaftlichen Erkenntnisse in ein neues Licht gerückte subjektive Zeiterleben lässt auch eine Brücke zur „Philosophie des Als Ob" und zum Begriff der Fiktion schlagen, welche sich zentral aus der Verflechtung von Vergangenheit, Gegenwart und Zukunft heraus begreifen lassen. Wittmann meint, dass wir im eigentlichen Sinn eben nicht von Augenblick zu Augenblick leben:

> „Vielleicht ist es aber angemessener zu sagen, dass unsere bewusste Erfahrung durch ein beständiges Gegenwärtigsein bestimmt ist, durch das die Ereignisse gleiten, von dem noch nicht festbestimmt Zukünftigen zum momentan Erlebten und dann zum Vergangenen. Dabei finden das Planen der Zukunft, die Erwartung und das Erinnern mit Hilfe des Gedächtnisses immer jetzt statt […]" (ebd., S. 55).

---

80 Das könnte somit auch eine Erklärung für Sterns Theorie der Entwicklung des Selbst auf Basis der Integration von „Erfahrungs-Episoden" liefern.

Das lässt an den Hinweis der Individualpsychologin Gisela Eife denken, dass Adler vom „Strom des Lebens" (Adler, 1924g, S. 233) spricht, von „seelischer Bewegung (die alles ist, alles durchfließt)" (Adler, 1927j, S. 297). Sie konstatiert, dass Adler in seinen Betrachtungen auf das Lebensgefühl, das uns durchzieht, reflektiert. Dieses, stellt sie fest, scheint auch im Konzept des „Gegenwartsmoments" von Stern (Stern, 2005) aufgehoben, wenn es sich im Moment der Begegnung manifestiert (Eife, 2004, S. 231 ff., dies., 2010, S. 43). Adlers „Strom des Lebens" scheint sich auch in den Ausführungen des Neurowissenschaftlers Marc Wittmann widerzuspiegeln. Letzterer stellt heraus, dass das erlebte Kontinuum eines Ich-Bewusstseins mit dem gefühlten Fluss der Zeit einhergeht. Bezogen auf die Inhalte des Bewusstseins spricht er von einem „gleitenden zeitlichen Fenster des Bewusstseins" (Wittmann, 2014, S. 88): „Mit der Zeit wird stets Neues erlebt, aber gleichzeitig wird das gerade Erfahrene auch schon wieder vergessen. Von diesem zeitlichen Fenster des Bewusstseins, von mentaler Präsenz, ist Erfahrung abhängig" (ebd., S. 88–89). Er bezieht sich auf Bud Craig vom Barrow Neurological Institute (Phoenix, Arizona), der in der integrierten Repräsentation aller Empfindungen den „umfassenden emotionalen Moment" sieht (Craig, 2009, S. 59 ff., vgl. Wittmann, 2014, S. 124). Dieser kommt zustande, indem vom Thalamus (dem „Tor des Bewusstseins") die Signale aller Sinne zum Großhirn weitergeleitet werden. Von dort gelangen die Körpersignale u.a. zu den posterioren Gebieten der Insula, wo sich sodann eine erste Körper-Repräsentation abbildet. Bei der darauf folgenden Verarbeitung von posterioren zu anterioren Regionen werden die Körpersignale mit den Vorgängen des Denkens und Fühlens zusammengeführt, wobei noch viele weitere neuronale Signale aus diversen Hirnarealen, mit denen die Insula verbunden ist, mitberücksichtigt werden (Craig, 2009, S. 59 ff., vgl. Wittmann, 2014, S. 123–124):

> „Durch diese Integration wird die Wahrnehmung der körperlichen Bedingungen schrittweise mit der Wahrnehmung durch die äußeren Sinne, der sozialen Situation, mit Denkvorgängen und mit motivationalen Zuständen gekoppelt. [...] Auf der phänomenalen Ebene entsteht Subjektivität: Ich nehme mich und die Umwelt als fühlendes Subjekt wahr. Zu jedem Zeitpunkt bin ich eingebunden in eine Reihe vergangener Momente und in die Antizipation kommender Momente" (Wittmann, 2014, S. 124).[81]

Insofern wird auch der Individualpsychologe Karl Heinz Witte neurobiologisch bestätigt, der herausstreicht, dass das auf Adler zurückgehende Lebensgefühl im Augenblick der Begegnung nicht im Sinn des physikalischen (Uhr-)Zeitbegriffs zu verstehen ist (Witte, 2010, S. 51, vgl. Eife, 2010, S. 43), denn – wie Eife ausführt – „im individuellen Erleben kann er sehr lang andauern oder flüchtig und unbemerkt vorübergehen" (Eife, 2010, S. 43).

---

81 Es ist noch einmal zu betonen, dass die neurowissenschaftlichen Erklärungsansätze darüber, wie und wo Bewusstsein im Gehirn entsteht, noch viele Fragen offen lassen, auch wenn – oder vielleicht eben weil – es heutzutage ein großes Angebot an neurowissenschaftlichen Bewusstseinstheorien gibt, da dieser Forschungszweig zurzeit zu boomen scheint. Es gibt allerdings keinen Konsens der ForscherInnen auf diesem Gebiet, außer die auch hier eingearbeiteten Randbedingungen (dass z.B. die Insula eine maßgebliche Rolle spielt) betreffend (vgl. Wittmann, 2014, S. 121).

Wie dargestellt, lassen sich Bezüge zu Adlers Lebensbewegung als „dynamischen Strom" erkennen, genauso wie zum Apperzeptionsschema und der Einheit der Persönlichkeit, die ebenfalls in der Integration der Wahrnehmung aufgehoben zu sein scheinen, wie auch zu den zentralen Begriffen der Intentionalität und Fiktion in der Individualpsychologie, auf die an dieser Stelle der Vollständigkeit halber eingegangen werden soll.

5.3.4 Fiktionalismus und Neurobiologie

Wittmann spricht im obigen Zitat auch die motivationalen Zustände als Teil der Integration der Wahrnehmung an. Dabei spielen sicherlich auch die neurobiologischen Motivations- bzw. Belohnungssysteme eine bedeutsame Rolle. Die dahingehenden Zusammenhänge sollen an dieser Stelle nicht mehr vertieft werden, da sie im Kapitel über das Gemeinschaftsgefühl bereits besprochen worden sind. Sie seien aber noch einmal erwähnt, da sie, was die Intentionalität anbelangt, die nach Adler ein wesentliches Moment der Lebensbewegung darstellt, einen zentralen Stellenwert haben.

Hinsichtlich der neurobiologischen Entstehung von Subjektivität unterstreicht Wittmann, wie gesagt, dass in jedem Moment-Erleben bereits Vergangenes enthalten ist und Zukünftiges schon antizipiert wird. Hier lassen sich Parallelen zu Adlers Lebensstil ziehen, indem der Gründer der Individualpsychologie proklamiert, dass die individuelle Wahrnehmung der lebensstiltypischen Bewegung eines Menschen entspricht, das heißt, dass sich sein Wahrnehmungsschema als typisches Muster auf Basis vergangener Erfahrungen herausbildet, sich das gegenwärtige Erleben daran orientiert und auch die Erwartungen des Zukünftigen davon eingefärbt sind. Das Vergangene, das Gegenwärtige und das Zukünftige fügen sich im Begriff der Fiktion zusammen. Wie im Kapitel über das Gemeinschaftsgefühl schon angeführt, entwickelt Adler in seinem Hauptwerk „Über den nervösen Charakter" (Adler, 1912a) auf der Grundlage von Vaihingers „Philosophie des Als Ob" den „Fiktionalismus" (Vaihinger, 1911). Er geht davon aus, dass die (unbewussten) Ziele, welche wir uns in unserem Leben setzen, zwar fiktiv seien, dass wir aber, um handlungsfähig zu sein, so tun müssen, als ob sie real wären. Adler übernimmt von Vaihinger die Annahme, dass die Abweichung von der Wirklichkeit kein Irrtum per se ist, sondern dass der Sinn der Abweichungen in ihrer Zweckmäßigkeit liegt. „Der Gedanke, dass die Wahrheit bloß der zweckmäßigste Irrtum ist, wurde ein wesentlicher Bestandteil der subjektiven Psychologie Adlers", schließen Ansbacher und Ansbacher (2004, S. 71), denn es geht um die „vorhersagende Funktion" (ebd., S. 74), damit wir das Bevorstehende besser einschätzen können.[82]

---

82 Mit „Wahrheit" sind hier die mit der Außenwelt übereinstimmenden Vorstellungen gemeint.

Das könnte den neuronalen Mechanismen entsprechen, die so tun, als ob der Körper aktiviert würde, um energieaufwändige Prozesse zu unterlassen; so regulieren psychische Mechanismen unser Handeln, die sich damit begnügen, die Wirklichkeit nur unzulänglich wahrzunehmen (s. 3.1.2). Adler vereinigt die Begriffe „Fiktion" und „Ziel", da er sich von der Trieblehre (Freuds) distanziert und sein Subjektivismus kein physiologischer Reduktionismus sein sollte, was im Zusammenhang mit den Neurowissenschaften wichtig ist. „Werte, Ziele und sekundäre Motive hatten die primären Triebe und Motive ersetzt" (ebd., S. 75). Dies führt Adler „zu einer philosophischen Position der Teleologie und Finalität, zur Determinierung durch Endziele" (a.a.O.). Adlers fiktives Ziel dient immer der Sicherung bzw. der Kompensation der Minderwertigkeitsgefühle, denn der neurotische Charakter „ist ununterbrochen ‚sensibilisiert', wie ein Vorposten vorgeschoben, und stellt die Fühlung mit der Umgebung, mit der Zukunft her" (Adler, 1912a, S. 45). Die Bereitschaften zur „Fühlung" sind

> „[…] immer mobil, immer fertig, einer Herabsetzung der Person vorzubeugen. In ihnen wirken die Kräfte der äußeren und inneren Erfahrung, sie sind mit den Erinnerungsspuren schreckender und tröstender Erlebnisse vollgefüllt und haben das Gedächtnis an sie in Fertigkeiten umgewandelt" (a.a.O.).

Adler hat schon früh „die zu beobachtende Vorwärtsorientierung des Individuums und seine Beziehungen zur Zukunft zum Mittelpunkt seiner dynamischen Psychologie gemacht" (Ansbacher & Ansbacher, 2004, S. 75).[83] Die Vorwärtsbewegung, vom unbewussten Ziel der Erhöhung gemeinsam mit der *fiktiven Persönlichkeitsidee* (Adler, 1912a, S. 29) geleitet, hat in Adlers Lehre einen homöostatischen Zweck, um das Selbst zu regulieren. Im Sinn der Finalität und der Einheit der Persönlichkeit wirken alle Teile, eben zweckgebunden, zusammen.

> „[…] bauen sich die mannigfachen Fähigkeiten und Regungen des Organismus zu einer planvoll gerichteten, einheitlichen Persönlichkeit aus, dann können wir jede einzelne Lebenserscheinung derart erfassen, als ob in ihr Vergangenheit, Gegenwart und Zukunft samt einer übergeordneten, leitenden Idee in Spuren vorhanden wären" (a.a.O.).

Die Wahrnehmung betreffend könnte das bedeuten, dass im Zuge der nach Wittmann und Craig genannten Integration der Wahrnehmung die Handlungsfähigkeit und

---

83 Bezogen auf das genannte Beispiel mit dem Buben könnte dies bedeuten, dass er gegenwärtig ein gutes Lebensgefühl generiert, wenn er gerade in der Schule erfolgreich ist, da er mit der Leistung das Empfinden, ungeliebt zu sein, kompensiert. In diesem gegenwärtigen Lebensgefühl ist das Vergangene enthalten, weil er bereits oft die Erfahrung gemacht hat, mit dem Schulerfolg die emotionale Deprivation zu Hause gut ausgleichen zu können; er antizipiert in diesem Erlebens-Moment aber bereits die Zukunft, weil er in dieser Situation schon die Motivation in sich hat, weiterhin so strebsam zu sein, und die Vorstellung damit verbindet, das gute Gefühl fortzusetzen bzw. das (unbewusste) Ziel weiter zu verfolgen. Die dahingehende unbewusste Fiktion wäre in etwa so zu verstehen: „Wenn ich die anderen mit meinen Leistungen übertrumpfe, bin ich mehr wert (als sie); dann muss ich endlich gesehen und geliebt werden". Und das ist ein gutes Gefühl.

-steuerung[84] auch deshalb gegeben ist, weil nicht nur mental, sondern in einer Entsprechung auch physiologisch das Vergangene, das Gegenwärtige und das Zukünftige repräsentiert sind, wie das letzte Zitat Wittmanns deutlich macht. Letzterer fügt mit Bezugnahme auf Julian Kiverstein hinzu: „Selbstbewusstsein entsteht dadurch, dass ich mich selbst in den vergangenen Momenten widerspiegele und als agierendes Selbst in die Zukunft projiziere. Erst durch diese zeitlichen Relationen entsteht Selbst-Bewusstsein" (Wittmann, 2014, S. 124, vgl. Kiverstein, 2009, S. 59 ff.). Diese Schlussfolgerung auf neurowissenschaftlichem Nährboden kommt somit Adlers Fiktionalismus und der „Philosophie des Als Ob" entgegen.

Schmidbauer beschreibt die subjektive Wahrnehmung des Menschen im Zusammenhang damit, wie „das Gehirn" die Realität erschafft, als gitterlosen Käfig (Schmidbauer, 2004), – ein schönes Sinnbild, das zu Adlers gefestigtem Lebensstil bzw. dem *„Maschenwerk des apperzipierenden Gedächtnisses"* (Adler, 1912a, S. 58) passt. Auch Schmidbauer erkennt im Wirklichkeitskonstrukt des Individuums die kooperative Wirkung zwischen Vergangenheit, Gegenwart und Zukunft:

> „In diese ‚reine Gegenwart' [im Erleben des Augenblicks, S.R.] spielt immer die Vergangenheit als Erinnerung und Erfahrung, die ‚Kultur', in der wir leben. Und so wird beides, Vergangenheit und Gegenwart, untrennbar, hat Gegenwart immer das zuvor Gewesene in sich" (Schmidbauer, 2004, S. 25).

Er erläutert, dass die Sinnessignale über den Hippocampus laufen und von dort aus über die Amygdala Emotionen aktivieren, die eine Verbindung zu Inhalten aus dem Langzeitgedächtnis aufweisen können. Die alten Gedächtnisinhalte können somit synchron zum aktuellen Sinnesreiz abgerufen werden und sich mit der neuen Wahrnehmung verknüpfen:

> „Der neue, oft ja nur flüchtige und inkomplette Sinneseindruck gerät dabei unter die vervollständigende Wirkung alter Inhalte […]. So inszeniert unser Gehirn *fiktive* Vollständigkeiten, um allem, was auf uns einwirkt, rasch die wahrscheinlichste Bedeutung vor unserem instinktiven oder individuellen Erfahrungshintergrund zu geben" (ebd., S. 42, eigene Hervorhebung, S. R.).

Auf diese Weise „spannt die Vergangenheit unmerklich einen unsichtbaren Zaun, einen gitterlosen Käfig um unser gegenwärtiges Leben" (ebd., S. 41–42). Die „fiktiven Vollständigkeiten", welche bedeuten, dass die frühere Erfahrung „neurobiologisch" das aktuelle Erleben während der unvollständigen gegenwärtigen Wahrnehmung ergänzt, um Wahrscheinlichkeiten zu generieren, stehen wieder in Einklang mit Adlers Fiktionalismus bzw. der „Philosophie des Als Ob". Denn in dieser Konzeptualisierung trifft der Mensch ebenfalls subjektive, fiktive Vorannahmen, die sich an der vergangenen Erfahrung orientieren, um die Gegenwart besser einschätzen zu können, um *„Hilfskonstruktionen im Denken, Handeln und Wollen"* (Adler, 1912a, S. 44) zur Verfügung zu haben

---

84 Der Zusammenhang zwischen Handlungsbereitschaften und den Motivationssystemen wurde bereits im Kapitel über das Gemeinschaftsgefühl beleuchtet.

und entsprechend der aus der Vergangenheit gebildeten Leitlinien die Zukunft antizipieren zu können. „Die wahrscheinlichste Bedeutung vor dem individuellen Erfahrungshintergrund zu geben", erinnert im Übrigen wiederum an die dargelegten Bezüge zur Chaostheorie bzw. Synergetik, da auch der Mensch die aktuelle Situation nie konkret bestimmen kann und auch die unmittelbar darauf folgende Zukunft nicht vorhersagen kann (wie z.B. der andere gleich reagieren wird).

Neben der emotionalen Einfärbung der Wahrnehmung sieht Schmidbauer auch in der Entwicklung der Sprachfähigkeit einen wichtigen Faktor bei der Deutung und Umdeutung von Wirklichkeit:

> „Sprache und ihre Begriffskonstrukte sind jetzt verwendbar als Simulator von Wirklichkeit und die emotionale Ebene des Gehirns kann diese simulierte ‚Als-ob-Welt' nicht mehr unterscheiden von der wirklichen, biologisch relevanten, wenn man beide in einer ursprünglichen Beziehung zueinander erlebt hat" (Schmidbauer, 2004, S. 8).

Und auch Adlers so oft proklamiertes (unbewusstes) Ziel der Sicherung spiegelt sich in Schmidbauers Ausführungen, der die Einstellung zur Umwelt bzw. das Weltbild des einzelnen entlang „einer charakteristischen Linie" verlaufend sieht. Analog zur „privaten Logik" Adlers erscheinend, formuliert er, „dass durch ihre [durch die Linie entstandenen ‚Bannsprüche gegen den Augenblick', S. R.] sprachliche Logik Emotionen entweder ausgeschlossen oder in die Pflicht des Verstandes genommen werden […]" (ebd., S. 97). Er schlussfolgert schließlich:

> „Daraus entsteht vordergründig Sicherheit und hintergründig Erstarrung, Verarmung an wirklich Überraschendem und Neuem. Warum? Weil unsere Erfahrung zu wissen meint, was zukünftig gut für uns ist. So errichten wir eine Zukunft aus Bausteinen der Vergangenheit […]" (a.a.O.).

Die Ursache macht Schmidbauer, wie gesagt, in der Verbindung des aktuell Wahrgenommenen mit „selektiv ausgewählten" Inhalten aus dem Langzeitgedächtnis aus, wobei der Amygdala eine bewertende Funktion zukommt und sie somit einen „emotionalen Richtungsgeber" (ebd., S. 75) darstellt. „Die Zukunft, die aus Bausteinen der Vergangenheit errichtet wird", ähnelt Adlers Bausteinen, das nun schon oft erwähnte Material, das den Aufbau und die Einheit der Persönlichkeit konstituiert. Letzterer sagt über die leitende Fiktion:

> „So finden wir den Charakter als eine durch das Leitbild zur Verwendung gelangte ‚intelligente Schablone', deren sich die Sicherungstendenz bedient, ebenso wie die Affekt- und neurotischen Krankheitsbereitschaften. […] Denn durch die Zerlegung des Charakters, in welchem sich immer die Linie des Aufschwungs zum leitenden Ideal[85] verfolgen lässt, erleben wir in einen Punkt zusammengedrängt: Vorgeschichte, Gegenwart, Zukunft und beabsichtigtes Finale zugleich" (Adler, 1912a, S. 318).

---

85   Das Persönlichkeitsideal bzw. die leitende Fiktion des Buben, der als Beispiel konstruiert worden ist, könnte in seinem (unbewussten) Ziel, immer besser als die anderen sein zu müssen, zum Ausdruck kommen.

5.3.5 Das Unbewusste des Lebensstils

Adlers Persönlichkeitsideal bzw. das den Menschen determinierende Denken, Fühlen und Handeln, verdichtet in seinem individuellen „affektiv-kognitiven Bezugssystem", der Apperzeption, wird maßgeblich vom Unbewussten beeinflusst. Es ist darauf hingewiesen worden, dass der Einfluss des Unbewussten bei Adler mit einer teleologischen Sichtweise, einem final ausgerichteten Menschenbild verbunden ist, das heißt, dass der Mensch in der Individualpsychologie zentral von seinen Zielen her bestimmt gesehen wird, und dass diese Ziele wesentlich unbewusst wirken. Die Ziele dienen nach Adler stets der Kompensation der dem Individuum zugrunde liegenden Minderwertigkeitsgefühle und stehen in Einklang mit dem Lebensstil oder der Leitlinie bzw. der Lebensbewegung eines Menschen. Aus der neurowissenschaftlichen Perspektive ist der Aspekt der (unbewussten) Intentionalität bereits mit den Motivationssystemen in einen Zusammenhang gebracht worden, mit den Emotionen und mit dem hirnphysiologisch verankerten kognitiv-affektiven, verkörperten Bezugssystem im Ganzen. Da das Unbewusste bei Adler ein wichtiger Bestandteil seiner Theorie ist, soll es noch kurz einer näheren Analyse unterzogen werden, auch wenn es implizit in vielen der bereits besprochenen Aspekte enthalten ist.

Der Gegensatz „bewusst – unbewusst" wird vom Gründer der Individualpsychologie zurückgewiesen, da das Ich in seiner Konzeption, die weiter oben erläutert worden ist, mit keinen Schichten der Persönlichkeit (bzw. keinem Instanzenmodell wie bei Freud) einhergeht und somit eine solche Trennung für Adler obsolet ist (vgl. Pongratz, 1995b, S. 524):

> „Die häufige Gegensätzlichkeit von bewussten und unbewussten Regungen ist nur ein Gegensatz der Mittel, für den Endzweck der Erhöhung der Persönlichkeit, für das fiktive Ziel der Gottgleichheit aber irrelevant. Dieser Endzweck aber und jeder überspannte Formenwandel desselben muss im Unbewussten bleiben, wenn er durch seinen offenen Gegensatz zur Realität das Handeln nach der neurotischen Leitlinie unmöglich macht. Wo die Bewusstseinsqualität als Mittel des Lebens, als Sicherung der Einheit der Persönlichkeit und als Sicherung des Persönlichkeitsideals nötig wird, erscheint sie auch in der geeigneten Form und Ausdehnung. Selbst das fiktive Ziel, der neurotische Lebensplan kann teilweise ins Bewusstsein treten, wenn dieser Vorgang geeignet ist, eine Erhöhung des Persönlichkeitsgefühls zu bewirken. So besonders in der Psychose. Sobald aber das neurotische Ziel durch sein Bewusstwerden sich selbst aufheben könnte, formt es den Lebensplan aus dem Unbewussten" (Adler, 1913h, S. 106).

Wenn wir uns das Beispiel des Buben in Erinnerung rufen, so können wir ein Szenario fantasieren: Er fühlt sich ungeliebt und daraus erwachsen starke Minderwertigkeitsgefühle in ihm. Aus diesem Umstand heraus entwickelt er die (zum Teil unbewusste) Strategie, den emotionalen Mangel mit Leistung zu kompensieren. Das Persönlichkeitsideal, das er vorwiegend unbewusst zu erreichen versucht, ist der Beste zu sein. Seine Lebensbewegung orientiert sich maßgeblich an diesem (unbewussten) Ziel und sein ganzes Denken, Fühlen und Wollen ist daran ausgerichtet. Dieses Ziel muss im Unbewussten bleiben, wenn es in einem Gegensatz zur Realität steht. Das könnte bedeuten, dass der Bub seinen KollegInnen gegenüber freundschaftlich verbunden sein und auch ihre Leistung schätzen möchte, das aber in einem Widerspruch zu seinem inneren Antrieb, alle übertrumpfen zu müssen, was noch dazu eine moralisch negative Note impliziert, steht. Daher muss er das Leistungsstreben in diesem Fall im Unbewussten halten, um weiter als guter Freund bestehen zu können. Es könnte aber auch sein, dass er immer wieder die Leistung anderer kritisieren und entwerten muss. Auch in diesem Fall würde die Tatsache, dass der Drang auf seine eigenen Minderwertigkeitsgefühle zurückzuführen ist und er vielleicht nach außen gar überkritisch erscheint (als einer, „der in jeder Suppe ein Haar findet"), besser im Unbewussten bleiben, um sich gegen die „bedrohlichen" Minderwertigkeitsgefühle, die mit den alten Verletzungen verbunden sind, zu sichern. Denn würde der Konnex bewusst werden, dann wären die Strategie und das Ziel gefährdet. Es könnte sich aber in anderen Situationen so verhalten, dass die Leitlinie bewusst werden dürfte, beispielsweise wenn der Bub in der Schule und zu Hause für seine herausragenden Leistungen gelobt und ermutigt wird und dies seinem Gefühl der Erhöhung dienen kann, wenn ihn das Außen, die Eltern und LehrerInnen, hier in der Rolle des Besten sehen wollen und er dadurch in keinen Konflikt kommt. Der Bewusstseinsgrad kann in verschiedenen Abstufungen erfolgen.

Das bringt Adler zum Ausdruck, wenn er – wie in obigem Zitat enthalten – sagt: „Wo die Bewusstseinsqualität als Mittel des Lebens, als Sicherung der Einheit der Persönlichkeit und als Sicherung des Persönlichkeitsideals nötig wird, erscheint sie auch in der geeigneten Form und Ausdehnung" (a.a.O.). Er spricht somit von verschiedenen Bewusstseinsqualitäten. Pongratz (1995b, S. 523 ff.) und in neuerer Zeit Stephenson (2011b, S. 95 ff.) haben die wichtigsten Formen des Unbewussten in der Individualpsychologie herausgearbeitet. Stephenson hat folgende Aufstellung des Unbewussten nach Freud, Adler und Jung getätigt, die sich aber vor allem an den Interpretationen orientiert, die als „spezifisch individualpsychologisch" identifiziert werden können (ebd., S. 96–98). Es wird an dieser Stelle nur insofern auf die einzelnen Gestaltungen des Unbewussten Bezug genommen, als dass neurowissenschaftliche Zusammenhänge herausgearbeitet werden können. Die vollständige Darlegung kann bei Stephenson nachgelesen werden:

1. „unbewusst" = „verdrängt" bzw. „abgewehrt"
2. „unbewusst" = „nicht bewusstseinsfähig"
3. „unbewusst" = „kollektiv unbewusst"
4. „unbewusst" = „unbeachtet"
5. „unbewusst" = „unverstanden"
6. „unbewusst" = „implizites/prozedurales Wissen"
7. „unbewusst" = „unvalidiert" (= nicht „gespiegelt" und nicht „contained")

Wie können individualpsychologische Aspekte des Unbewussten nun mit neurowissenschaftlichen Ansätzen in Verbindung gebracht werden? Vorauszuschicken ist, dass eine Gesamtdarstellung des Unbewussten, worauf Stephenson hingewiesen hat, heutzutage kaum mehr möglich ist, da dieses Konzept inzwischen gleichsam „unendlich" vielen Begriffsentfaltungen und Ausführungen unterliegt, welche beispielsweise Buchholz und Gödde (2005a, 2005b, 2006) in drei insgesamt über 2500 Seiten fassenden Herausgeberbänden darzustellen versucht haben. Insofern heimelt es beim Lesen neurowissenschaftlicher Literatur manchmal fast etwas unseriös an, wenn Bezüge zwischen neurobiologischen Erkenntnissen und – wie es oft scheint – „dem einen" Unbewussten, nach dem ursprünglichen Verständnis von Freud (das zugegebenermaßen auch heute noch eine immense Bedeutung hat), hergestellt werden, als hätte es keine über 100-jährige (Entwicklungs-)Geschichte dieses Gegenstandsbereiches gegeben. Die Verbindungen sind dennoch absolut wertvoll und sollen auch hier herangezogen werden; allerdings weisen sie ab und an den „Touch" des Undifferenzierten auf, – allerdings ausschließlich bezogen auf die Bewertung, inwieweit „das Unbewusste" als psychoanalytisches Konzept den aktuellen neurowissenschaftlichen Erkenntnissen entspricht.

Der namhafte Neurowissenschaftler Gerhard Roth (2014, S. 201) fasst die wesentlichen Inhalte des Unbewussten aus der Perspektive der Hirnforschung und der experimentellen Psychologie in einer Auflistung zusammen:

1. Wahrnehmungsvorgänge, die die Bewusstseinsschwelle noch nicht erreicht haben und erst später bewusst werden;
2. unterschwellige („subliminale") Wahrnehmungen, die aus unterschiedlichen Gründen die Bewusstseinsschwelle nicht überschreiten;
3. Wahrnehmungen, die außerhalb des Aufmerksamkeitsfokus liegen und auch nicht in das Langzeitgedächtnis gelangen;
4. stark konsolidierte Inhalte des prozeduralen Gedächtnisses, deren Details uns aktuell nicht oder nicht mehr bewusst sind;
5. alle perzeptiven, kognitiven und emotionalen Prozesse, die im Gehirn des Fötus, des Säuglings und des Kleinkindes vor Ausreifung eines erinnerungsfähigen Langzeitgedächtnisses ablaufen („infantile Amnesie")

Roth erläutert das Vorhandensein einer „primären Unbewusstheit" bei der Reizverarbeitung des Individuums. Das bedeutet, dass jeder Reiz, der über Prozesse die Sinnesorgane, den Thalamus oder die primären bzw. sekundären sensorischen Areale der Großhirnrinde absolviert, dies tut, ohne dass dabei ein bewusstes Erleben entsteht. Um von Bewusstsein begleitet zu sein, müssen im Zuge der Signalverarbeitung zusätzlich *assoziative* Cortexareale – und diese in einer bestimmten Mindeststärke – aktiviert werden (ebd., S. 201, vgl. LeDoux, 2006, S. 227). Die NeurowissenschaftlerInnen sind heute mehrheitlich der Ansicht, dass Abläufe in den subcorticalen Arealen kein Bewusstsein zur Folge haben (im subcorticalen limbischen System, in der subcorticalen Motorik und im Kleinhirn). Aufmerksamkeit ist somit mit einer hoch aktiven corticalen Verarbeitung verbunden, ein Umstand, der für die Wahrnehmungen, welche Roth unter Punkt 3 genannt hat, die außerhalb des Aufmerksamkeitsfokus liegen, von Bedeutung ist (Roth, 2014, S. 201–202). Auch LeDoux proklamiert, dass sich implizite emotionale Erinnerungen auf Aspekte beziehen können, die nicht im Fokus der bewussten Aufmerksamkeit liegen (LeDoux, 2006, S. 225). Das passt zu Stephensons 4. Punkt des Unbewussten, der Adlers Auffassung als das „Unbeachtete" entspricht. Damit sind Erfahrungen gemeint, die jemand unbewusst nicht in das Licht seiner Aufmerksamkeit rücken „will" und damit die Reflexion in der Therapie beispielsweise behindert (Stephenson, 2011c, S. 97). Roth führt aus, dass die corticalen Prozesse, die mit der Aufmerksamkeit einhergehen, eine Steigerung der Wahrnehmungsleistung und einen verstärkten Niederschlag im Gedächtnis nach sich ziehen, wobei dies „zwangsläufig" mit einem erheblichen Ausblenden jener Inhalte einhergeht, die nicht im Fokus der Aufmerksamkeit stehen (Roth, 2014, S. 202).

Auch das prozedurale oder implizite Gedächtnis, in welchem wir unsere inzwischen automatisierten Fähigkeiten (Auto fahren, ein Musikinstrument spielen etc.) abgespeichert haben, funktioniert – wie schon erwähnt – größtenteils auf unbewusster Ebene, da mit dem im Lauf des Lernens immer besseren Beherrschens ein Rückgang der mit Bewusstsein verknüpften corticalen Abläufe zu verzeichnen ist. Wir rücken die einzelnen Details oder Handgriffe nicht mehr ins Zentrum unserer bewussten Aufmerksamkeit, das Ausüben wird zu einem fast gänzlich unbewussten, internalisierten Ablauf, der eine weitere Aktivierung in den primären und sekundären somatosensorischen und somatomotorischen Gebieten der Großhirnrinde und in den Basalganglien aufweist (ebd., S. 202–203):

> „Solche automatisierte Handlungen können dann zwar bewusst gestartet werden, laufen aber in der Folge weitgehend oder völlig automatisiert und ohne Detailbewusstsein ab. Was bleibt, ist ein begleitendes Bewusstsein davon, *dass* wir Fahrrad fahren oder unser Auto lenken, aber nicht mehr, *wie* wir dies tun" ebd., S. 203).

Roths Ausführungen decken sich mit Punkt 4 in Stephensons Aufstellung, unter welchem er Adlers Anschauung des Unbewussten als „implizites/prozedurales" Wissen festhält. Stephenson bezieht sich auf den Säuglingsforscher Martin Dornes, der Säuglingen „Gefühlsgewohnheiten" zuspricht, die später zu deklarativem Wissen werden können (Dornes, 2009, S. 316, vgl. Stephenson, 2011c, S. 98), und proklamiert:

> „Implizit' verweist hier zum einen auf eine Wissensstruktur, die im ‚Hintergrund' abläuft. Es ist sozusagen das, ‚was mir die Erfahrung sagt'. Hier handelt es sich um Vorgänge, die sich auf einer Ebene ereignen, die eigenständig Handlungsabläufe steuern kann (und zwar bisweilen auf einem sehr hohen Komplexitäts- und Subtilitätsniveau) ohne dass der rational-kognitive Teil des Menschen dafür ‚Worte' finden kann/muss" (Stephenson, 2011c, S. 98).

Darüber hinaus, konstatiert er, ist mit „implizit" auch die direkte sinnliche Wahrnehmung gemeint; demnach können aufgrund des „impliziten Wissens" körperliche Reaktionen, Emotionen etc., ausgelöst werden (a.a.O.). Man könnte nach Meinung der Autorin in diesem Sinn von einem „impliziten *Körper*-Wissen" sprechen, das naturgemäß auch sinnlich-körperlich wieder aktiviert werden kann. Der Individualpsychologe Stephenson spricht von dem, was – zum Teil auch schon vorsprachlich – über wiederholte Erfahrung eingeübt und automatisiert wurde. Das führt uns noch einmal inhaltlich zurück, denn das bedeutet, dass auch das mit der Erfahrung stets wiederholt und somit

„gelernte" Denken, Fühlen und Handeln in Form des viel zitierten „affektiv-kognitiven" Bezugssystems, das Adlers Apperzeption und Lebensstil bzw. Lebensbewegung entspricht, internalisiert worden und somit zu einem impliziten, weitgehend unbewussten System geworden ist. Das Hintergrund-Leiberleben (Damasio) und die sensomotorische Tätigkeit des Organismus im Lebensvollzug (Fuchs) sind hier ebenfalls inbegriffen. Somit schließt sich der Kreis, und auch die neurophysiologischen Teile fügen sich in das biologische und psychologische Ganze.

Zur Neurobiologie des Vorbewussten äußert sich Roth folgendermaßen: Er zählt zum Vorbewussten

> „[…] alle Inhalte des Langzeitgedächtnisses, die aktuell nicht bewusst sind, aber aufgrund bestimmter Wahrnehmungen, Erlebnisse, Mitteilungen und dergleichen ‚von selbst' oder durch aktives Erinnern bewusst werden können. Alle bewussten Inhalte des Arbeitsgedächtnisses sinken, wenn sie nicht über Wiederholungsschleifen im Aktualbewusstsein gehalten werden, ins Vorbewusste ab. Die Leichtigkeit oder Schwierigkeit etwas zu erinnern, hängt dann wesentlich von der Art der Verankerung im Langzeitgedächtnis ab" (Roth, 2014, S. 227).

Über je mehr Details Inhalte verfügen und je mehr Verbindungen es zu bereits bestehenden Erinnerungen gibt, desto besser verankert sich etwas im Gedächtnis, aber auch – wie schon erörtert – wenn eine starke Beteiligung von Emotionen vorhanden ist (wobei das auch das Gegenteil bewirken kann, also eine schlechtere Abrufbarkeit im Sinn einer Verdrängung oder Amnesie). Es gibt neurophysiologisch noch keine weitreichenden Erklärungsmodelle für das Phänomen der Verdrängung. Fest steht aber, dass der Hippocampus dabei stark beteiligt ist, da er das deklarative Gedächtnis „managt" und in Kooperation mit der Amygdala und dem Nucleus accumbens den kognitiven und emotionalen Gehalt berücksichtigt; es geht um das Einarbeiten der sachlichen und emotional-autobiografischen Eigenschaften der Wahrnehmung (ebd., S. 227–228). Wie erläutert, spielt der Kontext, in welchem Kognitives und Emotionales eingebettet sind und zusammenlaufen, bei der Entstehung des Adler'schen Apperzeptionsschemas als „generalisiertes Erfahrungsmuster" eine wichtige Rolle. Das Gedächtnis betreffend – im Zusammenhang mit dem Vorbewussten – ist in jedem Fall „der Zugriff erleichtert, wenn wir bestimmte Inhalte bereits in mehreren Kontexten erlebt haben und ein höherer Vernetzungsgrad im Langzeitgedächtnis mit anderen Inhalten besteht" (ebd., S. 227), was tiefenpsychologisch der Auffassung entgegenkommt, dass der Mensch von wiederholt ähnlicher Erfahrung besonders geprägt wird, was wiederum auf oft sehr leidvolle Art und Weise in den so genannten kumulierten Traumata zutage tritt.

Roth ergänzt, dass – wenn etwas ins Bewusstsein tritt –, der Mensch sich naturgemäß nicht dessen bewusst ist, welche inneren Verarbeitungsprozesse (v.a. in den subcorticalen Zentren) der Bewusstwerdung vorausgegangen sind. Damit sind die erwähnten Verflechtungen von Kognition und Emotion, von Altem mit Neuem etc. gemeint. Insofern schreiben wir das, was dann im Bewusstsein in Erscheinung tritt, unserem bewussten Ich zu (ebd., S. 228): „Es konfabuliert, d.h. es liefert Pseudoerklärungen, und zwar in der Regel solche, die einerseits dem Selbstwertgefühl und andererseits den Erwartungen der sozialen Umgebung am besten entsprechen" (a.a.O.). Das lässt wieder den Faden zu Adlers Lebensstil und den damit verbundenen Denk-, Fühl- und Verhaltensmustern ziehen, die Entwicklung der Strategien in einem Anpassungsprozess mit der Umgebung bzw. den Bezugspersonen mit dem unbewussten Ziel im Hintergrund, sich gegen die Minderwertigkeitsgefühle abzusichern. Daraus geht hervor,

> „[…] dass dieses gleiche Ziel oder Bruchstücke von Erlebnissen und Fantasien, die mit diesem Ziel verknüpft sind, dem Bewusstsein so weit und in der Form zugänglich sind, dass sie der Erreichung des Persönlichkeitsideals förderlich und nicht im Wege sind. Die biologische Bedeutung des Bewusstseins wie die des geschilderten Anteils des Unbewussten liegt also in der Ermöglichung des Handelns nach einem einheitlich gerichteten Lebensplan" (Adler, 1913 h, S. 105).

„Adlers Blickrichtung geht auf das Verstehen ‚des Ganzen' der Person in einem subjektiven Hinblick, auf das ‚unbewusste' Selbstverstehen des Individuums in seiner Intentionalität", bekräftigt Eife (Eife, 2010, S. 39).

Der Hinweis des Neurowissenschaftlers Roth, dass wir uns im Rahmen von bewusstem Erleben nicht bewusst sind, welche (neurobiologischen) Prozesse den Bewusstseinsinhalt so geformt und aus einzelnen Qualitäten (wie den kognitiven und emotionalen) zusammengesetzt haben, wie er nun im Bewusstsein erscheint, bietet auch einen Zugang zu Stephensons Punkt 5 seiner Auflistung, in welcher er Adlers Verständnis des Unbewussten als „Unverstandenem" aufzählt, die Stephenson als „die vielleicht spezifischste individualpsychologische Version des tiefenpsychologischen Paradigmas des Unbewussten" (Stephenson, 2011c, S. 97) betrachtet. Tatsächlich finden sich bei Adler viele Stellen, an welchen er das Unbewusste als „Unverstandenes" – den Lebensstil bzw. die Lebensbewegung, das damit verbundene Persönlichkeitsideal bzw. die Fiktion und das Ziel und somit die Einheit im Denken, Fühlen und Handeln – in den Vordergrund stellt:

> „Die Schablonen des Lebensstils, zum Beispiel die Leitlinien der Charakterzüge, bauen sich immer nach längerem Training auf, für das sich im Bewusstsein wie im Unbewussten meist unverstanden Erinnerungsspuren auffinden lassen. Aber nicht die Erinnerung und Erlebnisse geben die treibenden Faktoren ab, sondern der Lebensstil, der sie gestaltet, gerichtet und in seinem Sinne verwendet hat" (Adler, 1930e, S. 300).

Adler hält fest, dass der Lebensstil „in einer Zeit aufgebaut wird, wo es [das Kind, S. R.] weder eine zureichende Sprache noch zureichende Begriffe hat" (Adler, 1933b, S. 27). Daher wächst die Bewegung weiter, ohne jemals in Worte gefasst worden zu sein, sie ist „daher unangreifbar für Kritik, auch der Kritik der Erfahrung entzogen […]. Man kann hier nicht von einem etwa gar verdrängtem Unbewussten reden, vielmehr von Unverstandenem, dem Verstehen Entzogenem" (a.a.O.). Witte folgert: „Das Bewegungsgesetz des Ichs ist kein Bewußtseinsinhalt. Es ist vielmehr eine aller Gegenstandsbezogenheit vorausliegende Matrix, ein Muster, ein Schema, mit dem wir – gleichsam – psychosomatisch – ‚zur Welt' sind" (Witte, 1991, S. 74). Witte nimmt mit der Äußerung dieses Gedankens Bezug auf die Philosophie des Phänomenologen Merleau-Ponty, von dem im Kapitel über das Gemeinschaftsgefühl schon die Rede war. Er trifft mit dieser Aussage aber gleichermaßen die erläuterten Zusammenhänge der sensomotorischen Tätigkeit des Organismus im Lebensvollzug, wie Thomas Fuchs erklärt hat, genauso wie das leibliche Hintergrunderleben nach Damasio oder die Verleiblichung von Interaktion im Rahmen eines „szenischen Verstehens" (Stern, Lorenzer, Argelander). Und ganz im Sinn Merleau-Pontys (1966) verweist Witte mit der „aller Gegenstandsbezogenheit vorausliegenden Matrix" auch über den „Gegenstand" Körper selbst hinaus, über den sich allein alles Geistige – manche NeurowissenschaftlerInnen mögen das anders sehen – nicht erklären lässt, schon gar nicht, was die Intersubjektivität anbelangt. In jedem Fall ist für die psychotherapeutische Tätigkeit zentral, das „Unverstandene" gemeinsam mit dem/der PatientIn zugänglich, verständlich und verdaulich zu machen, wobei dabei die Fähigkeit zur Mentalisierung, wie Stephenson betont, ein erhebliches Potenzial zur Entwicklung birgt (Stephenson, 2011c, S. 98), denn allen Varianten des Unbewussten ist eine Bedeutung gemeinsam: „[S]ie bezeichnen das ‚(noch) Unverfügbare im Menschen'" (ebd., S. 99).

In Roths Sinn sind die Formen des Unbewussten von Adler neurobiologisch im Wesentlichen als Vorbewusstes zu interpretieren, da der Hirnforscher als das „eigentliche" Unbewusste – das verdrängte Unbewusste nach Freud – über jene Inhalte definiert, die niemals ins Langzeitgedächtnis gelangt sind und daher auch nie wieder ins Bewusstsein treten können (ebd., S. 232). In diesem Zusammenhang ist es unerlässlich, herauszustreichen, dass an Adlers Unbewusstem zwar unterschiedliche Aspekte deutlich werden, die man mehr oder weniger hervorheben und die man funktionell (z.B. im Dienst der Abwehr) sehen kann. Aber: „Das Unbewusste als eigenen Bereich gibt es bei Adler nicht, nur fließende Übergänge der Lebensbewegungen, die dem fiktiven Ziel entsprechend mehr oder weniger bewusst werden dürfen" (Eife, 2010, S. 44). Dies stellt sich nicht als Defizit seiner Theorie heraus, sondern – ähnlich seiner Ichgestaltung, wie besprochen wurde – als dem aktuellen Forschungsstand der Neurowissenschaften entsprechend. Denn in dessen Rahmen zeichnet sich eine Übereinstimmung der HirnforscherInnen in dem Sinn ab, dass es sich, gemäß ihrer Befunde, beim Verhältnis zwischen Bewusstem und Unbewussten um einen graduellen Übergang mit unterschiedlichen Bewusstseinszuständen und unterschiedlicher Bewusstseinsnähe – unter komplexem Zusammenspiel diverser Hirnareale – handelt, und nicht um jeweils eigene voneinander abgrenzbare Bereiche (vgl. Wittmann, 2014, S. 50). Auch Deneke stimmt in diesen Tenor ein: „Das Bewußtsein bildet ein Kontinuum fein abgestufter Bewußtseinsgrade von tief unbewußt bis klar bewußt. In der Regel sind die Repräsentationen seelisch-geistiger Prozesse [...] graduell unterschiedlich bewußt [...]" (Deneke, 2001, S. 225).[86] Dass Adlers Ansatz nicht der Dichotomie des Bewussten und des Unbewuss-

---

86 Auch Deneke weist darauf hin, dass die Neuro- und Kognitionswissenschaften sich hauptsächlich mit dem phänomenalen Bewusstsein beschäftigen, welches das Erleben und die Wirklichkeitserfahrung des Menschen nur unzulänglich trifft. Außerdem merkt er an, dass das dynamische Unbewusste der Tiefenpsychologie (im Dienst der Abwehr) vom Unbewussten der genannten Wissenschaften abgegrenzt werden sollte (Deneke, 2001, S. 221 ff.).

ten der Psychoanalyse Freuds folgt, ist auch aus der Leiborientierung der Individualpsychologie heraus zu verstehen und damit einhergehend aus der affektiv-somatischen Fundierung des Erlebens (vgl. Kühn & Titze, 1991, S. 39 ff.). Denn die affektiv-somatische Fundierung des bewussten und unbewussten Erlebens ist zum einen fließend im Sinn der (psychischen) Bewegung aufzufassen. Und gleichzeitig passt sich eben dieses affektiv-somatische Erleben in die Einheit der Persönlichkeit ein, indem auch die (Er-)Lebensebene auf den Lebensstil und auf die (bewussten und unbewussten) Ziele ausgerichtet ist. Entsprechend der Einheit der Persönlichkeit geht Adler nicht von einer Dichotomie, sondern auch von einer Einheit des Bewusstseins aus, was darauf verweist, dass alle Bewusstseinsformen und -grade letztlich der „Richtung" des Lebensstils, der Bewegung und den (ebenfalls in Abstufungen bewussten und unbewussten) Intentionen folgen.

Es ist dargelegt worden, dass das Ich bei Adler mit dem Lebensstil gleichgesetzt wird; genauso sieht der Gründer der Individualpsychologie den Lebensstil als Äquivalent des Unbewussten und der schöpferischen Kraft. Man könnte Adler eine gewisse Unschärfe seiner Begriffe vorwerfen. Wenn man aber sein Gesamtwerk unter dem Gesichtspunkt eines bis zur letzten Konsequenz durchgezogenen dynamischen Menschenbildes zu verstehen sucht, so ergibt sich vielmehr der Blick auf die fließenden Übergänge, die auch seinen Begriffen anhaften, worin sich das Prozesshafte widerspiegelt. Der Neurowissenschaftler Marc Wittmann beglaubigt Adlers Auffassung, wenn er bekräftigt: „[…] [D]as Ich ist kein dinghaftes Wesen, sondern konstituiert sich prozesshaft" (ebd., S. 119).

6 Organdialekt und Organminderwertigkeit

„Es ist der Geist, der sich den Körper baut"
(Friedrich Schiller, *Wallenstein* II, 2003, S. 66)

Im letzten Kapitel, welches sich mit dem Adler'schen Lebensstil beschäftigt, ist herausgearbeitet worden, wie sehr dieser verkörpert entsteht und verankert wird. Der individuelle Körper ist der Bezugsrahmen für die individuellen Gedanken, Gefühle und Handlungen des Menschen.[87] Die lebenstiltypischen Bewegungen, die sich ausbilden und einem bestimmten Muster folgen, sind körperlich organisiert und gehen mit dem Erleben des Selbst einher, das nicht nur eine geistige Dimension aufweist, sondern auch an ein Leibempfinden gekoppelt, leiblich fundiert, ist. Umgekehrt orientiert sich nach Adler genauso der körperliche Organismus mit seinen Organtätigkeiten an dem Bewegungsgesetz des Einzelnen. Das bedeutet, dass sich der Körper selbst in seinen Funktionen ebenfalls nach den in ihm niedergelegten Denk-, Fühl- und Verhaltensmustern ausrichtet und ein unbewusstes Ziel ausdrückt.

6.1 Organdialekt – ein psychosomatischer Abwehrmechanismus

Der Gründer der Individualpsychologie formuliert:

> „Wie sehr aber auch der Körper unter diesem Bewegungsgesetz steht, verrät der Sinn seiner Funktionen, eine Sprache, meist ausdrucksvoller, die Meinung deutlicher aufzeigend als Worte es vermögen, aber immerhin eine Sprache des Körpers, die ich Organdialekt genannt habe" (Adler, 1933b, S. 57).

Wenn wir an das im Vorangegangen eingeführte Beispiel des Buben denken, der mittels Leistungsorientierung seinen Mangel an Liebe kompensiert, so könnte sich bei diesem aufgrund seiner extremen Leistungsbereitschaft später eine Gastritis offenbaren, die chronifiziert gegebenenfalls zu einem Zwölffingerdarmgeschwür ausarten könnte. Die psychosomatische Erkrankung ist – neben dem damit verbundenen Leiden – mit einem so genannten „Krankheitsgewinn" verbunden, den Adler als unbewussten Zweck definieren würde. In diesem Fall würde der inzwischen erwachsene Mann mit seinen Beschwerden unbewusst auf Zuwendung und auf einen Grund, nicht mehr so viel leisten zu müssen (was er sich selbst nicht zugestehen kann), abzielen. Der Krankheitsgewinn ist ein Movens der dahinterliegenden Psychodynamik. Man kann hier von einer „körperlichen Finalität" sprechen. Auch der Neurologe, Psychiater und Psychoanalytiker

---

[87] Es wird hier nicht zwischen Körper als Objekt und Leib als der Einheit von Körper und Psyche/Seele unterschieden.

Stavros Mentzos attestiert dem Psychischen wie dem Körperlichen in ihrer Psychodynamik eine finale Qualität (Mentzos, 2015, S. 275). In analoger Weise bestätigt Joachim Küchenhoff, ebenfalls Psychiater und Psychoanalytiker, der organischen Erkrankung eine „sekundäre Sinngebung" und versteht sie als Rekonstruktionsversuch der Psyche, die Anteile nicht integrieren kann (Küchenhoff, 2012, S. 253).

Adlers Aufsatz über den „Organdialekt" (1912c) ist 1912 entstanden und 1914 veröffentlicht worden. Der Gründer der Individualpsychologe meint damit den „Modus Dicendi" (ebd., S. 251), das Sprechen der Organe, einen psychologischen Vorgang des „Übergreifens aus einer Denk-, Gefühls- und Willensphäre, zum Beispiel des Willens zur Macht, auf eine zweite" (a.a.O.), die körperliche Sphäre. Denn: „Alle mentalen und materialen Ausdrucksbewegungen des Seelischen sind funktionale Gliedzüge des umfassenden Bewegungsgesetzes" (Heisterkamp & Kühn, 1995, S. 294). Adler bringt zunächst das Beispiel der Sexualität, nicht zuletzt, um explizit Freuds Libidotheorie für sich zu verwerfen und durch die „Organminderwertigkeit" (1907a, 1912c, S. 253), auf die noch genauer eingegangen wird, zu ersetzen. Der Organdialekt meint eine Sprache,

> „[...] in de[r] Zustände, Haltungen, Affekte in körperlichen Metaphern und Fiktionen ausgedrückt werden, um den Affekt zu verstärken. Das eigentliche Ziel, das Persönlichkeitsgefühl zu erhöhen, Überlegenheit auszudrücken, wird durch diese Sprache – die eine Fiktion darstellt – im Sinn eines ‚Kunstgriffs' abgelenkt, kaschiert oder anderswie gesichert" (Bruder-Bezzel, 2007b, S. 250).

Der inzwischen erwachsene Mann in unserem Beispiel verschafft sich einerseits ein erhöhtes Persönlichkeitsgefühl, indem er seiner unbewussten Fiktion „Ich bin nur liebenswert, wenn ich viel leiste", die Krankheit entgegenhält. Er erfährt durch die Gastritis endlich Zuwendung, die nicht an Leistung gekoppelt ist. Ohne die Erkrankung könnte er die nun nicht erbrachte Leistung nicht rechtfertigen. Vielleicht hat auch gerade ein/e neue/r Kollege/in in seiner Firma zu arbeiten begonnen, der/die sehr erfolgreich gestartet ist, was den Mann unter Druck setzt, seine Fiktion „Ich bin der beste und leistungsstärkste Mitarbeiter" zu erhalten. Insofern vermeidet er durch den Arbeitsausfall, im Beruf sich der Gefahr auszusetzen, dass ein/e KonkurrentIn ihn überholen könnte. Es zeigt sich, dass der Organdialekt zur Sicherung dient, ein Punkt, den auch Heisterkamp und Kühn betonen (vgl. Heisterkamp & Kühn, 1995, S. 294).

Die Fiktionen, welche den Lebensstil prägen, gehen – wie bereits ausgeführt – auf die „Philosophie des Als Ob" von Hans Vaihinger (1911) zurück. Adler sieht sie auch in der Verbindung mit dem Organdialekt: „Leichtverständlicherweise ist auch unser Begriff: *Organdialekt* als eine ‚Als ob'-Bildung zu nehmen, weil auch er sich auf das Fühlen und Handeln erstreckt, und nicht bloß auf die Sprache" (Adler, 1912c, S. 251). Er soll den Effekt der Fiktion intensivieren: „Die verstärkende Wirkung dieses fiktiven Denkens, Sprechens und Handelns ist leicht einzusehen" (ebd., S. 253). Der Organdialekt manifestiert sich „in der Mimik und Physiognomie, in den Ausdrucksbewegungen der Affekte, in den Rhythmen des Tanzes, der religiösen Verzückung, in der Pantomime, in der Kunst […]" (ebd., S. 254).[88] Adler versteht unter Organdialekt jede Ausdrucksbewegung über den Körper, die Innerpsychisches vermittelt, von der Körpersprache im eigentlichen Sinn bis hin zu organischen Erkrankungen. Es ist zu beachten:

> „Was den einen besonders ergreift oder ihn selbst zum Organdialekt treibt, stammt aus seiner Vorgeschichte, wesentlich aus seinen Hauptinteressen und aus seiner körperlichen Anlage, soweit sie sich einem Endziel ausgleichend eingeordnet hat" (ebd., S. 252).

Dass die persönliche Vorgeschichte wie auch die Anlage sowohl bei Psychoneurosen als auch bei körperlichen Erkrankungen eine gewichtige Rolle spielt, gilt heute durch die Erkenntnisse vor allem der modernen Psychosomatik, der Neurowissenschaften und der Psychoneuroimmunologie als bewiesen. Darauf wird noch ausführlich Bezug genommen. Unter dem Zugeständnis der Beteiligung einer Psychodynamik bei psychosomatischen Krankheitsbildern resümiert beispielsweise der Mediziner, Biochemiker und Psychosomatiker Johann Caspar Rüegg 2007, dass „[…] das Symptom – ein im Magen gespürter Schmerz beispielsweise – nicht als diagnostisches Zeichen, sondern als *Ausdruck einer Organsprache* verstanden wird" (Rüegg, 2007, S. 23, eigene Hervorhebung, S. R.). Auch hier findet sich rund 100 Jahre nach Adlers Erwägungen eine eindeutige Nahtstelle zu seinem Organdialekt.[89]

Rainer Schmidt bezeichnet im Sinn des gerade Erläuterten den Organdialekt als „psychosomatisches Modell" im Sinn eines „Abwehrmechanismus" (Schmidt, 1995a, S. 65 ff.). Dabei verweist er auf Adlers Verständnis des Unbewussten als Unverstandenem, das unter 5.3.5 behandelt worden ist, das sich zunächst ausschließlich körperlich zeigen kann, wenn es vor der Sprachentwicklung entstanden ist.[90] Denn nach Adlers Anschauung wird der Lebensstil zu einer Zeit gebildet, in welcher das Kind noch über keine (zureichende) Sprache verfügt (Adler, 1933b, S. 56):

> „Organdialekt ist ein früher körpersprachlicher Ausdruck für das dramatische innerpsychische Geschehen von nach dem Objekt ringenden Zärtlichkeitsbedürfnissen, Frustration bei seiner Zurückweisung, der Verschränkung von Aggression und Angst, Schuldgefühl und Scham und dem Kampf männlicher und weiblicher Impulse in uns. […] [E]r dient der Abwehr von Minderwertigkeits- und Ohnmachtsgefühlen. Er wird zum Regulativ, welches der Stabilisierung des Selbstwertgefühles dient. So gesehen ist der Organdialekt ein früher körperlicher Abwehrmechanismus" (Schmidt, 1995a, S. 66).

Wenn man – wie Schmidt – den Organdialekt als psychosomatische Abwehr interpretiert, deren Aufbau in einer frühen Phase der psychischen Entwicklung anzusiedeln ist,

---

88 Man denke an die Tanztherapie, auf die Schmidt verweist, in welcher unbewusste Inhalte in der Bewegung zutage treten (Schmidt, 1995a, S. 66), gleichermaßen wie bei der Konzentrativen Bewegungstherapie.

89 Rüegg würdigt an dieser Stelle nur die frühen Hinweise Viktor von Weizsäckers auf solche Zusammenhänge, was wieder belegt, wie sehr Alfred Adler in Vergessenheit geraten ist.

90 Auch wenn die Sprache hinzukommt, bleibt die körperliche Ausdrucksform naturgemäß ein Medium; später entstandene bzw. alle Störungen artikulieren sich genauso immer auch über den Körper.

dann ist dieser Ansatz in einer Nähe zur Epigenetik zu sehen. Denn die Ausgestaltung der Psyche hängt erheblich von Beziehungserfahrungen und anderen Umwelteinflüssen ab, welche wiederum die Genaktivität regulieren (vgl. z.B. Bauer, 2008, Kegel, 2015).

Ein weiterer Aspekt ist, dass mit dem Wort Organdialekt tatsächlich eine Dialektik angedeutet wird, die auf die dahinter liegende Psychodynamik aufmerksam macht, auf die innerpsychischen widerstreitenden Kräfte (Schmidt, 1995a, S. 66). Bei dem Ringen kann es sich beispielsweise um einen Konflikt zwischen Nähe und Distanz, Autonomie und Abhängigkeit oder Angst und Aggression handeln.[91] In seinem „Lehrbuch der Psychodynamik" (2015) widmet sich Mentzos dem Thema „Der psychosomatische Modus der Konflikt- und Traumaverarbeitung" (ebd., S. 187 ff.). Der Autor bekräftigt die enge Verflochtenheit der psychischen und körperlichen Dimensionen jeder Psychodynamik: „Psychosomatische und somatopsychische Interaktionen und Zusammenhänge beherrschen unser Leben, sowohl im normalen, gesunden, als auch im gestörten, kranken Zustand" (ebd., S. 188). Diese Aussage liest sich wie eine Formulierung der Adler'schen Konzepte, wenn man ins Kalkül zieht, dass der individualpsychologische Lebensstil als verkörperter Lebensvollzug erscheint und welche Anstöße Adler mit der Organminderwertigkeit und dem Organdialekt hinsichtlich des seelischen Ausdrucks in körperlichen Prozessen gegeben hat.

Historisch hat die Psychosomatik einige VertreterInnen der Tiefenpsychologie zu bieten, die einen wichtigen Beitrag zur Entwicklung dieses Fachgebietes geleistet haben. Dazu zählen viele Jahre bzw. Jahrzehnte nach Alfred Adler Franz Alexander, Georg Groddeck, Alexander Mitscherlich, Viktor von Weizsäcker u.v.m. Adler sticht insofern heraus, als dass er der erste (Sozial-)Mediziner und Tiefenpsychologe in der Geschichte überhaupt war, der psychosomatisches Geschehen und Zusammenhänge Anfang des 20. Jahrhunderts beschrieben und benannt hat.[92] Freud hat 1923 das Ich als ein zuallererst körperliches identifiziert und besonders die Haut als Ausgangspunkt für äußere und innere Wahrnehmung ausgemacht (Freud, 1923b, S. 253), diesen Gedanken aber nicht weiter im Sinn einer Psychosomatik oder einer intersubjektiven Theorie verfolgt, sondern sich auf die somatisch basierte Trieblehre fokussiert. Allerdings verdient er höchste Anerkennung dafür, mit der Konversionsstörung als Erster festgestellt zu haben, dass sich Psychisches – freilich bei ihm auf dem (Libido-)Trieb gegründet – in körperliche Symptomatik „verwandeln" kann (Freud, 1895d, S. 75 ff.).[93] Adlers Ausarbeitungen sind – solange er noch das Organische bzw. Hereditäre mehr als das Seelische und die Umwelteinflüsse gewürdigt hat – von Freud begrüßt worden. Der Gründer der Individualpsychologie kann als Wegbereiter der Psychosomatik betrachtet werden (vgl. Al-

---

91 Die psychodynamischen Grundkonflikte werden ausführlich zum Beispiel bei Mentzos (2015) oder Rudolf (2000) beschrieben.

92 Zu Adlers Vorreiterrolle als Sozialmediziner siehe den Beitrag von Bernd Rieken (2014).

93 Freud nimmt eine unbewusste Wiederkehr infantiler Sexualbefriedigung in der Konversion an.

brecht, 2011, Schmidt, 1989, S. 181 ff., 1995a, S. 62, Sindelar, 2011b, S. 308), hat aber kaum in der Literatur, nicht einmal bei Thure von Uexküll, Erwähnung gefunden, sondern ist schlichtweg ignoriert bzw. übersehen worden: „Vieles, was Adler offenbar wusste und auch in umfangreicher Publikationstätigkeit zu vermitteln versuchte, taucht oftmals viel später im Kleid einer neuen Terminologie als neue Erkenntnis auf" (Sindelar, 2011b, S. 307, vgl. Albrecht, 2011, S. 154). Das Phänomen Adler scheint mit dem Abwehrmechanismus der Verleugnung einherzugehen, den sich die Wissenschaft hier offenbar zu Eigen gemacht hat.[94]

Die Geschichte der Psychosomatik hat unzählige Konzepte vorzuweisen, nachzulesen bei Uexküll (1979). Als ein erhellendes frühes Modell ist jenes von Franz Alexander (1950, vgl. Mentzos, 2015, S. 190–191) erwähnenswert. In diesem werden psychosomatische Erkrankungen in zwei Gruppen unterteilt. Mit der ersten Gruppe sind psychosomatische Erkrankungen im engeren Sinn gemeint (funktionell oder mit einer vorhandenen Organschädigung), die Alexander in ihrer Entstehung rein kausal begreift, wie Mentzos feststellt, „als eine mechanisch, passiv erlittene Folge" (Mentzos, 2015, S. 190). Diese hat Uexküll später als „Bereitstellungserkrankungen" (Uexküll, 1963, z.B. S. 194 ff.) definiert. Alexander identifiziert beim Menschen universelle Reaktionsbereitschaften, wie zum Beispiel die Bereitschaft zu Angriff oder Flucht. Wenn sich der Mensch vegetativ permanent in diesem potenziellen Reaktionsmodus befindet und dieser nicht umgesetzt wird, die Spannung nicht abgeführt werden kann, kommt es zu einer Blockade. Mit dem Modus gehen beispielsweise eine Überaktivierung des Sympathikussystems und eine gesteigerte Adrenalinausschüttung einher (vgl. Mentzos, 2015, S. 190). Trotz des kausal-deterministischen Fehlschlusses Alexanders ist sein Modell hochaktuell. Es ruft zum einen die Ausführungen des relativ jungen Forschungsfaches der Psychoneuroimmunologie ins Gedächtnis, das eindeutige Zusammenhänge zwischen psychischem Stress, dem vegetativen Nervensystem und dem Hormonsystem herstellt und auf diesem Weg zahlreiche lange als vorwiegend körperlich oder vererbt gedachte Erkrankungen in einem völlig anderen Licht erscheinen lässt (Kropiunigg, 1990, Schubert, 2015). Gleichzeitig erinnert es an die sechs psychoneuronalen Systeme von Gerhard Roth (Roth, 2014) und die sieben basis-emotionalen Systeme des Neurowissenschaftlers Panksepp (Panksepp & Biven, 2012), die schon behandelt worden sind. Da die Systeme voneinander abhängig agieren und in dieser Interdependenz einer Störung unterliegen können, zum Beispiel bei Panksepp SEEKING und FEAR, ergeben sie einen interessanten Anknüpfungspunkt zur Psychodynamik.

Adler erläutert bereits 1907 Funktionsstörungen (Adler, 1907a). Und er akzentuiert – nachdem er sich von der Überbetonung der Heredität bei Organminderwertigkeiten abgewandt hat – immer wieder den ihnen innewohnenden finalen Charakter, „dass es keine Organminderwertigkeit gibt, welche nicht auf seelische Einflüsse antwortet, nicht

---

94 Mutmaßungen darüber, warum sich dies so verhält, sind bei Ellenberger nachzulesen (Ellenberger, 1996, S. 860 ff.).

ihre Sprache spricht, die entsprechend der Frage gestaltet ist, die an das Individuum gestellt ist. Das ist bedeutsam für die Wahl der Symptome […]" (Adler, 1934h, S. 572), wobei die Affekte immer maßgeblich beteiligt sind (Adler, 1931b, S. 42). Nachdem – wie erwähnt – Emotionen als „situationsgerechte Motivation" unserer Handlungsbereitschaft vorausgehen (Schmidbauer, 2004, S. 4), liegt nahe, dass sie eine bedeutsame Rolle bei den von Uexküll so genannten „Bereitstellungserkrankungen" spielen. Uexküll hebt besonders die Angst hervor (Uexküll, 1963, z.B. S. 116 ff.). Diesbezüglich ist es angebracht, noch einmal zu wiederholen, dass nicht alle Emotionen zu einem bewussten Gefühl werden und uns doch beeinflussen. Sie generieren sich aus körperlichen Veränderungen, wie chemischen Signalen (z.B. Hormone, die über die Blutbahn weitergegeben werden), viszeralen Veränderungen, Modifikationen in den Muskelkontraktionen, aber auch in den neuronalen Strukturen, die diesen Veränderungen zugrunde liegen und wiederum weitere Einflüsse auf andere neuronale Schaltkreise im Gehirn geltend machen (Damasio, 2009, S. 339).

Dies passt zu Adlers Ansatz, der 1931 bereits herausstreicht: „Man kann beobachten, wie der Geist fähig ist, mit Hilfe der Gefühle den Körper tätigkeitsbereit zu machen. Die Gefühle und ihr körperlicher Ausdruck sagen uns, wie der Geist in einer Lage, die er als günstig oder ungünstig beurteilt, handelt und antwortet" (Adler, 1931b, S. 42). Das lässt sich mit dem Organdialekt als körperliche Ausdrucksbewegung zusammenschließen. Auf die handlungsregulierende Funktion, die Adler den Gefühlen bestätigt, wurde ebenfalls schon hingewiesen (vgl. Rogner, 1995c, S. 178). Diese kann nicht von der Regulierung der Körperfunktionen des Organismus losgelöst gedacht werden. Abgesehen davon, dass Gefühle aus Körperzuständen hervorgehen, manifestieren sie sich in der Körpersprache im eigentlichen Sinn genauso wie in Organerkrankungen, wie der Adler'sche Organdialekt 1912 konstatiert: „Gemeint ist eine Organsprache (Körpersprache), in der sich ein nicht zugelassenes und deswegen unerlebbar gewordenes Gefühl ausdrückt" (Schmidt, 1995b, S. 361), demnach nicht nach außen abgeführt werden kann und somit als Spannung im Organischen verbleibt. Die psychische Spannung findet sich in der körperlichen wieder und wird bei Aufrechterhaltung irgendwann schädlich. Die Gefühle haben in ihrer Entstehung und Qualität eine physiologische Basis (Hormone, vegetatives Nervensystem, Hirnkorrelate) und wirken – ohne Abfuhr – umgekehrt auf diese Systeme wiederum verändernd und dysfunktional ein, wodurch Erkrankungen hervorgehen, wie die Psychoneuroimmunologie deutlich macht.

Die Hereinnahme der emotionalen Dimension führt zur zweiten Gruppe Alexanders, denn diese umfasst psychosomatische Erkrankungen mit Symbolcharakter, die Uexküll später „Ausdruckserkrankungen" (1963, z.B. S. 150 ff.) nennt. Hier sieht Alexander in der körperlichen Erkrankung eine unbewusste Inszenierung seelischen Leides bzw. psychischer Spannungen: „Symbolisierungsprozesse und eine unbewusste Quasi-Intention sind also hier die zentralen Elemente eines Prozesses, der eher finalistisch zu erfassen wäre" (Mentzos, 2015, S. 190). Diese Anschauungsform vertritt Adler bereits kurz nach Beginn des 20. Jahrhunderts. Alexander und Mentzos sprechen unwissentlich zentrale Aspekte einer individualpsychologischen Sichtweise von heute als psychosomatisch bezeichneten Erkrankungen an: den Organdialekt im Allgemeinen, der als körperliche Ausdrucksbewegung durch einen Symbolisierungsprozess charakterisiert ist, die darin wirkende unbewusste Intention und damit das Prinzip der Finalität. Es ist ersichtlich, dass auch der Organdialekt Teil der Bausteintheorie Adlers ist, nachdem das Bewegungsgesetz aus verschiedenen Elementen der frühen Kindheit wie auch den körperlichen Voraussetzungen gestaltet wird (Adler, 1933c, S. 100). Darüber hinaus läuft der Umstand, dass die (emotionalen) Handlungsbereitschaften gleichzeitig körperliche Bereitschaften sind, mit Adlers teleologischem Menschenbild zusammen, mit dem zielgerichteten Individuum, das aus seiner Intentionalität heraus ermittelt werden muss. Das ergibt den Schluss: Der körperlich erkrankte Mensch sollte nicht nur kausal, sondern auch final und intentional verstanden werden. Darauf haben schon viele andere WissenschaftlerInnen und PraktikerInnen hingewiesen (vgl. Mentzos, 2015, Rattner, 2000, Schmidt, 1989, 1995a, Sindelar, 2011b). Diese Betrachtung impliziert, den Menschen aus seinen Beziehungen heraus zu verstehen.

Damit stimmen auch Gerd Rudolfs Überlegungen überein, indem er ebenfalls eine psychodynamisch-interaktionelle Modellbildung vorschlägt, um psychosomatische Symptome besser fassen zu können (Rudolf, 2000, S. 285 ff.). Dabei verweist er auf die Wichtigkeit, das jeweilige Strukturniveau der PatientInnen bzw. die stete Verschränkung von neurotischem Konflikt und struktureller Problematik zu bedenken (ebd., S. 137 ff.). In diesem Kontext warnt er vor einer vereinfachten Gegenüberstellung von bestimmten Grundkonflikten mit bestimmten psychosomatischen Krankheitsbildern. Es kann demnach nicht im Sinn einer „Symptomspezifität" auf den dahinterliegenden Konflikt geschlossen werden, es kann aber eine gewisse Wahrscheinlichkeit eingeräumt werden: „Nicht jede Schmerzstörung hat einen depressiven Konflikthintergrund […], aber der Zusammenhang besteht häufig; nicht jeder depressive Grundkonflikt mündet in schmerzhafte Somatisierung […], aber es besteht eine gewisse Wahrscheinlichkeit" (ebd., S. 285). Das untermauert Adlers individuellen Zugang im Verständnis von Symptomatiken, das Wahrscheinlichkeiten in der Musterbildung annimmt und gleichzeitig den Fokus auf die individuellen Ausprägungen richtet.

6.2 Organminderwertigkeit – eine psychosomatische Kompensation

Auffallend ist, dass sich die IndividualpsychologInnen untereinander lange nicht einig gewesen sind, ob Adlers Konzept der Organminderwertigkeit eher historisch zu lesen, oder ob es heute noch von Relevanz ist. Interessanterweise stimmen seit dem Ende des 20. Jahrhunderts viele von ihnen darin überein, dass es doch wichtige Impulse für das Verstehen psychosomatischer Erkrankungen eröffnet hat (vgl. z.B. Albrecht, 2011, Picard-Oppenheimer, 2012, Schmidt, 1989, 1995a, 1995b, Sindelar, 2011b). Vielleicht hat der Rückgang der Skepsis mit der Zunahme an Bestätigungen des Adler'schen (ganzheitlichen) Denkens durch neuere Forschungsrichtungen wie die Neurowissenschaften, Epigenetik und Psychoneuroimmunologie zu tun, wobei nach dem Kenntnisstand der Autorin, was Letztere angeht, bisher noch keine Bezüge zur Individualpsychologie hergestellt worden sind. Dies nachzuholen, ist mitunter ein Anliegen dieses Kapitels.

Im Herbst 1906 trägt Adler erstmals in der Psychoanalytischen Vereinigung „Über die (organischen) Grundlagen der Neurose" vor und erntet dafür Lob von Freud, der in Adlers Annahme organischer Minderwertigkeiten einen wichtigen Beitrag zur organischen Grundlage der Neurosen sieht (Protokolle I, 1976, S. 135, vgl. Bruder-Bezzel, 2007c, S. 51, Schmidt, 1995, S. 62). Das Buch „Studie über die Minderwertigkeit von Organen" (1907a) erscheint 1907, gefolgt von dem Beitrag „Die Theorie der Organminderwertigkeit und ihre Bedeutung für Philosophie und Psychologie" 1908 (1908e), welcher eine verdichtete Zusammenfassung des Buches ist (Bruder-Bezzel, 2007c, S. 51). Mit Organminderwertigkeit meint Adler organische Missbildungen genauso wie funktionelle Defekte: „Die Minderwertigkeit, mit der ich rechne, betrifft das unfertige, in der Entwicklung zurückgebliebene, im Ganzen oder in einzelnen Teilen in seinem Wachstum gehemmte oder veränderte *Organ*" (Adler, 1908e, S. 53). Die Minderwertigkeit äußert sich in

> „Lebensunfähigkeit, Anomalien der Gestalt, der Funktion, Widerstandsunfähigkeit und Krankheitsdisposition, Kompensation im Organ, Kompensation durch ein zweites Organ, durch den psychischen Überbau, Überkompensation im Organischen oder Psychischen" (ebd., S. 53–54).

Adlers frühe Theorie der Organminderwertigkeit fußt noch auf der Vererbung. Er befindet sich in dieser – seiner „biologischen" – Zeit noch in einem Abstand von seinem späteren Konzept der Minderwertigkeitsgefühle. Hier geht es noch um das Entgegenkommen einer Minderwertigkeit von Organen bei der Genese von Krankheit, „der hereditär verursachten Minderwertigkeit von Organen als Ausgangspunkt und Antriebskraft einer Dynamik, die ebenso in die neurotische Entgleisung wie zu der genialen Entfaltung von Begabungen führen kann" (Schmidt, 1995a, S. 62). Historisch betrachtet, ziehen Adlers frühe Schriften zunächst gerade dadurch, dass er dem naturwissenschaftlichen Mainstream treu bleibt, eine positive Rezeption nach sich. Seine Beiträge werden als wichtige Ergänzung zur Medizin geachtet: „Zum einen wird hervorgehoben, dass es ihm gelungen ist, ein schlüssiges und in sich konsistentes psychodynamisches Modell jenseits der Triebtheorie zu konzipieren, das soziale, organische und intrapsychische Komponenten miteinander verbindet" (Lehmkuhl, Bruder-Bezzel, & Gröner, 2012, S. 369). Zum anderen wird er dafür kritisiert, dem sexuellen Faktor im Sinn Freuds zu wenig Bedeutung beizumessen (ebd., S. 369–370).

Später geht Adler noch weiter und vollzieht den Schritt zur ganzheitlichen Betrachtung des Menschen; in diese ganzheitliche Perspektive ist die Organminderwertigkeit als Ausgangspunkt einzureihen, zeigt Adler damit immerhin bereits eine Konnektivität zwischen physischen und psychischen Vorgängen auf. Mit anderen Worten:

> „[…] findet sich in seinen [Adlers, S. R.] späteren Arbeiten die Erweiterung der morphologisch und hereditär verankerten Sichtweise auf die Funktionalität von Organen – was an

den Paradigmenwechsel der klinischen Neuropathologie und der Grundlagenforschung der Neurowissenschaften in der zweiten Hälfte des vorigen Jahrhunderts von der Defektologie und einem mechanistisch geprägten Bild der Hirnfunktionen hin zur neuronalen Funktionalität bzw. Dysfunktionalität und neuronalen Plastizität erinnert [...]" (Sindelar, 2011b, S. 310).

Wenn man das Konzept der Organminderwertigkeit nicht auf das Hereditäre beschränkt – wie ursprünglich von Adler gemeint –, ist es – wie gezeigt worden ist – für Anregungen über psychosomatische Zusammenhänge äußerst ergiebig, konstatiert Schmidt (1995a, S. 63). Das bedeutet, Adlers eigenen, späteren Paradigmenwechsel zur Hervorhebung der Beziehungserfahrungen, welche die körperliche Anlage ausformen, und zum Holismus im Sinn einer Leib-Seele-Ganzheit mitzuberücksichtigen und darin den früheren Begriff der Organminderwertigkeit ohne Begrenzung auf die Vererbung aufzunehmen. Denn: „Adlers ganzheitliches Modell läßt [...] eine Trennung von Soma und Psyche nicht zu" (ebd., S. 60), – und diese Ansicht ist sehr fortschrittlich.

Noch in der biologistischen Phase zieht Adler zur Heredität der Organminderwertigkeit bereits die Wirkung der äußeren Einflüsse hinzu:

> „So die Lokalisation einer *Erkrankung* in einem Organ, die eine der Erscheinungsweisen der Organminderwertigkeit darstellt, sobald das minderwertige Organ auf so genannte ‚krank machende' Reize der Umgebung reagiert. Es soll diese Formulierung, *die Krankheit ist eine Resultierende aus Organminderwertigkeit und äußeren Angriffen*, den dunklen Begriff der ‚*Disposition*' ersetzen" (Adler, 1908e, S. 54).

Damit trifft er die heute allgemein gültige Prädisposition, die erbliche Anlage für die Entwicklung bestimmter Erkrankungen, die – abhängig von der Lebensweise, der Beziehungserfahrungen und den Umwelteinflüssen – ausbrechen kann, aber nicht muss. Gemeint ist, dass Menschen mit einer solchen Prävalenz eher erkranken können als andere.

Als aufschlussreiches Beispiel kann Rüeggs Erläuterung zum Magengeschwür genannt werden. Über dieses weiß man inzwischen, dass es zwar aufgrund von Stress entsteht, normalerweise aber nur dann, wenn die Schleimhaut der Magenwand zuvor durch eine Infektion mit dem Bazillus „Heliobacter pylori" beeinträchtigt worden ist (Rüegg, 2007, S. 24). An dieser Stelle wird das von Adler genannte Zusammenspiel von äußeren Einflüssen und Organminderwertigkeit deutlich. Rüegg räumt selbst ein: „Stress bzw. belastende Lebensereignisse demaskieren eine bereits präexistente Erkrankung [...]" (a.a.O.). Beim Magengeschwür liegt demnach eine vorab bestehende Organminderwertigkeit – wenn auch nicht aufgrund von Heredität – vor; und bei anderen Erkrankungen kann auch eine erblich bedingte Anfälligkeit gegeben sein, wie beispielsweise bei einer familiären Neigung zu Bluthochdruck (ebd., S. 67). Adler vertritt – ohne es zu wissen – im Grunde indirekt einen epigenetischen Ansatz (vgl. Picard-Oppenheimer, 2012). Die Epigenetik erhellt die Wechselwirkungen zwischen Genaktivität und Umwelterfahrungen. Es bietet sich dabei an, die später etablierte Lehre Adlers, dass sich gleichermaßen körperliche Anlagen je nach Beziehungs- und Umwelterfahrungen entwickeln, wie in den vorangegangenen Kapiteln dargelegt worden ist, mit der Theorie der Organminderwertigkeit zu verbinden, um einen dem aktuellen Forschungsstand entsprechenden Zugang zu erhalten. Schließlich zeigt die Epigenetik, wie sehr Umwelterfahrungen über die Beeinflussung der Genaktivität Krankheitsbilder zutage fördern können (vgl. z.B. Bauer, 2008). In diesem Sinn sieht die Schweizer Individualpsychologin Neomi Picard-Oppenheimer (2012) Adlers Theorie der Organminderwertigkeit als Vorläuferkonzept der „epigenetischen Beeinflussung", da Adler darin schon multifaktiorelle Einflussgrößen betont.

Ein Aspekt von zentraler Relevanz ist in diesem Konnex jener der Kompensation. Bezogen auf den Körper war Adler als Mediziner zum Beispiel bereits bekannt, dass andere Organe Funktionen von solchen Organen übernehmen können, die nicht mehr oder nur noch vermindert funktionieren. Das Gleiche gilt für Ausfallserscheinungen von Hirnfunktionen, die zum Teil von anderen Arealen ausgeglichen werden können (Adler, 1931b, S. 44). Es muss festgehalten werden, dass die Kompensation des Organismus mit seelischen Kompensationsstrebungen parallel laufen (Sindelar, 2011b, S. 311). Denn: „Adler sagt, der Organdialekt diene der Verstärkung des Affektes, das heißt dann ja wohl auch, er dient der Abwehr von Minderwertigkeits- und Ohnmachtsgefühlen. Er wird zum Regulativ, welches der Stabilisierung des Selbstwertgefühls dient" (Schmidt, 1995a, S. 66). Später wird in Adlers Lehre das Geltungs- oder Machtstreben zum psychischen Kompensationsmechanismus hinsichtlich der Minderwertigkeitsgefühle und das Gemeinschaftsgefühl zum Regulator des Machtstrebens. Seinen Anfang nimmt der Adler'sche Kompensationsbegriff allerdings in der Organminderwertigkeit und im Organdialekt. Es ergibt sich folgender Schluss: Eine psychische Kompensation ist immer auch eine physiologische Kompensation des Organismus. Das kommt in Adlers ganzheitlicher Position zum Ausdruck, welche die homöostatischen Bestrebungen des menschlichen Organismus honoriert. Überhaupt ist die Homöostase – das Trachten des Organismus nach Gleichgewicht – heute ein anerkanntes Prinzip der modernen Psychosomatik bzw. Stressforschung (Rüegg, 2007, Uexküll, 1979). Rüegg weist darauf hin, dass der „Urvater" der Stressforschung, Hans Seyle, Stress ursprünglich als die Anpassungsleistung auf seelische und physische Belastungen des Organismus definiert und nicht die Stressoren selbst als Stress bezeichnet hat, wie es heute auch üblich ist (Rüegg, 2007, S. 75, Seyle, 1950). Und schließlich ist die Homöostase in der Psychoneuroimmunologie vorzufinden. Diese legt auch klar, dass psychische Spannungen über den Körper, zum Beispiel über das Immunsystem kompensiert bzw. bei Nichtgelingen in der Folge mit einer chronischen oder schweren Erkrankung überkompensiert werden können (Kropiunigg, 1990, Schubert, 2015), was dem Adler'schen Denken beipflichtet, wie unter 6.2.3 gezeigt wird.

Der Begriff der Kompensation lässt sich mit dem Darwinismus vereinigen, wie es Mentzos getan hat. Analog zu der Annahme, dass sich jene Arten durchsetzen, die an die Natur besser angepasst sind bzw. Mängel besser kompensieren, konzediert er in Bezug auf die Organwahl bei psychosomatischen Erkrankungen,

„[...] dass von den zahlreichen im Leben vorkommenden körperlichen Erkrankungen und daraus entstehenden Beschwerden oft diejenigen unbewusst selektiert und länger als andere als ‚Leidensquelle' beibehalten werden, die für die Ausdrucksgebung eben des inneren Leidens ‚geeignet' sind, die also zu diesem Leiden Analogien respektive Homologien aufweisen und somit zu ihnen passen" (Mentzos, 2015, S. 192, vgl. Sindelar, 2011b, S. 312).

Er unterstreicht, dass kausal bestimmte Körpervorgänge und finaler psychischer Ausdruck zusammentreffen. Es ist ein „Prinzip der Externalisierung", in welchem die innere psychische Spannung – als Trauma- bzw. Konfliktverarbeitung – in den Körper externalisiert wird, was den Prozess der Somatisierung konstituiert (Mentzos, 2015, S. 192–193). Das gibt Adlers Einbeziehung einer finalen Betrachtung Recht. Eine Kollegin erzählte mir beispielsweise, dass sie im Alter von neun Jahren, als sich ihre Eltern scheiden ließen, eine Lungenkrankheit entwickelte. Augenfällig war, dass ihr Vater Lungenfacharzt war und sie den Verlust seiner Zuwendung fürchtete, sich diese aber über die Lungenerkrankung in der fachärztlichen Kompetenz des Vaters sicherte.

Auch Adlers Theorie der Organminderwertigkeit ist von der biologischen Debatte des Darwinismus und Neolamarckismus beeinflusst[95], indem der Individualpsychologe von Darwin die Idee aufnimmt, dass sich auch der Schwächere mit der „richtigen" Kompensation durchsetzen kann und diese Idee – unter dem Rückgriff auf Lamarck – um den teleologischen Ansatz, die Frage nach dem „Wozu", ergänzt (Bruder-Bezzel, 1983, S. 52 ff., Picard-Oppenheimer, 2012, S. 27). Die Annahme des Neolamarckismus, dass erworbene Eigenschaften und Umwelteinflüsse vererbbar seien, konnte damals nicht bewiesen werden, ist aber in jüngerer Zeit durch die Epigenetik wieder zu einem viel diskutierten Thema geworden (Kegel, 2015, vgl. Picard-Oppenheimer, 2012, S. 27). Wie in der Arbeit schon oft dargelegt, hat Adler das Zusammenwirken von Vererbung und vielfältigen (Umwelt-)Einflüssen im Rahmen seiner „Bausteintheorie" Beachtung geschenkt. Die Idee der NeolamarckistInnen, dass die Vererbung von Umwelteinflüssen zu einer positiven Veränderung der Menschheit führen sollte, erinnert im Übrigen wieder an Adlers Gemeinschaftsgefühl, dem ein evolutionäres Moment innewohnt: Durch sie soll eine als ewig gedachte, vollkommene Gemeinschaft – sub specie aeternitatis – heranwachsen (Adler, 1933b, S. 158). Dass Adler später das Gemeinschaftsgefühl als Kompensation des Machtstrebens auffasst, zeigt, dass der Kompensationsbegriff „von den Organsystemen bis zur Kultur" reicht (Rogner, 1995d, S. 261).

Müller-Braunschweig analysiert, warum sich eine bestimmte psychosomatische Erkrankung durchsetzt, obwohl unzählige Symptombildungen zur Auswahl stünden. Damit bringt er einen bemerkenswerten Beitrag zur Frage der Organ- bzw. Symptomwahl ein. Er bezieht sich darauf, dass der Mensch ein individuelles Erregungsmuster ausbildet,

---

95   Adler sieht in seinem Selbstverständnis die Theorie der Organminderwertigkeit als Beitrag zur Medizin, Biologie, zur Neurosentheorie und Psychoanalyse (Bruder-Bezzel, 2007c, S. 50).

mit dem er auf Belastungen antwortet und welches relativ stabil ist. Er postuliert, dass Kinder diese Reaktionsmuster mittels einer „selektiven Konditionierung" in der Mutter-Kind-Interaktion erlernen und sodann mit einer bestimmten Symptomatik in der Beziehung reagieren. „Selektiv" bedeutet, dass die frühe Bezugsperson dem Kind eine „selektive" Aufmerksamkeit zukommen lässt, indem sie zum Beispiel auf jede Abweichung der Atmung ihres Kindes achtet und sich dabei dem Kind zuwendet. So lernt das Kind, dass es über die Atmung Zuwendung erhält (Müller-Braunschweig, 2001, S. 47): „Körperliche Reaktionen werden dann in vielen Fällen häufiger auftreten als differenziertere symbolische Ausdrucksformen. Es entwickelt sich also eine Tendenz zur Verstärkung relativ undifferenzierter psychophysiologischer Reaktionssysteme" (ebd., S. 50). Psychoanalytisch sieht der Autor darin die Entwicklungsmöglichkeit eines „sekundären Narzißmus, d. h. die Abwendung von äußeren Liebesobjekten und die Hinwendung zur eigenen Person, einschließlich einer erhöhten Besetzung des eigenen Körpers" (a.a.O.). Diese Gedanken lassen sich gut mit Adlers Lebensstil verknüpfen. Damit meint der Individualpsychologe, wie gesagt, die erworbenen individuellen Wahrnehmungs- und Handlungsmuster, denen zufolge der Mensch in neuen Situationen auf eingelernte Reaktionsmuster von früheren (Beziehungs-)Erfahrungen zurückgreift. Und diese zeichnen sich in den beschriebenen individuellen Erregungsmustern ab. Der Gründer der Individualpsychologie hat diese Muster mit seinem Konzept des Lebensstils bzw. des Bewegungsgesetzes und Apperzeptionsschemas umfangreich formuliert, unter Bedachtnahme auf den körperlichen Einfluss und jenen der frühen Interaktionen. Die individuellen Wahrnehmungs-, Affekt- und Verhaltensschemata nehmen ihren Anfang in den ganz frühen Mutter-Kind-Aktionszyklen und bilden sich im Beziehungsgeschehen – immer einhergehend mit körperlichen Prozessen – weiter aus. In diesem Sinn ist der individuelle Lebensstil – die dynamische (Eigen-)Bewegung – auch somatopsychische und psychosomatische Selbstregulation, eine Regulationsfunktion im Organismus, die von Intersubjektivität hergeleitet wird (siehe 6.2.2). Darüber hinaus hat Adler den Organdialekt als eine Sprache des Lebensstils identifiziert. Hier stimmt er mit der Psychosomatik überein, auch wenn er keine eigene psychosomatische Theorie nach der Organminderwertigkeit ausgearbeitet hat.

6.2.1 Die neurophysiologische Transformation psychischer Spannung

Wie kommt es nun zustande, dass psychische Spannungen in eine körperliche Erkrankung umgewandelt werden? Darüber hat Adler freilich noch wenig Kenntnis besessen, und es ist einzusehen, dass seine Überlegungen, entsprechend dem damaligen Stand der Wissenschaft, über das Physiologische heute zu einem Teil etwas veraltet scheinen. Dennoch hat er die Verflochtenheit der Biologie mit dem „psychischen Überbau", also der Psyche, schon als untrennbare Psyche-Soma-Verbindung, heute Psychosomatik genannt, herausgestellt. Tatsächlich ist erst in den letzten Jahrzehnten – wie Gerd Rudolf im Geleitwort zu Johann Caspar Rüeggs Buch „Gehirn, Psyche und Körper" (2007) schreibt – mehr über den Aspekt des Biologischen im Psychosomatischen und Biopsychosozialen herausgefunden worden:

„Inzwischen aber konvergieren die Ergebnisse der Biochemie, der Neurophysiologie, der Immunologie und der Cognitive Sciences in zunehmenden Maße, und ihre Befunde werden mehr und mehr zu einem soliden Fundament, auf welches sich die Psycho- und Sozio-Aspekte des biopsychosozialen Geschehens stützen können" (Rudolf, 2007, VI).

Aus der biochemischen bzw. neurobiologischen Perspektive ist bei Stress die Hypothalamus-Hypophysen-Nebennierenrinden-Achse von Bedeutung. Allgemein wirken Stressreaktionen, gemeinsam mit Emotionen, auf seelische und körperliche Belastungen über den Hypothalamus auf die Organe und den Stoffwechsel ein. Der Hypothalamus ist der unterste Abschnitt des Zwischenhirns und die wichtigste Schaltstelle des vegetativen Nervensystems (Sympathikus, Parasympathikus). Er stößt bei Stress eine ganze Reihe an hormonellen Antworten an. Über das Neurohormon Kortikoliberin (CRH) veranlasst er die Hypophyse, die Hirnanhangdrüse, wiederum ein „eigenes" Hormon – Kortikotropin (ACTH) – freizugeben, das wiederum die Synthese von Cortisol über die Nebennierenrinde evoziert. Cortisol aktiviert die Energiespeicher und den Stoffwechsel, um den Stress zu managen. Wenn sich dieser aber als nicht mehr handhabbar erweist bzw. wenn bei andauerndem Stress zu viel Cortisol produziert wird, kann es zum Beispiel die Magen- und Darmschleimhaut lädieren. Darüber hinaus kann es den Hippocampus, jenen Teil des Gehirns und des limbischen Systems, welcher für das Aufbewahren und Wiedererinnern (emotionaler) Gedächtnisinhalte verantwortlich ist, schädigen (Rüegg, 2007, S. 76 ff.).

Die Sensibilität der Hypothalamus-Hypophysen-Nebennierenrinden-Achse gegenüber Stress ist individuell verschieden, abhängig von früheren beanspruchenden Erfahrungen. Somit „hängt also die Stressreaktion von der Interpretation und vom Vergleich der aktuellen Stresseinwirkung mit vorausgehenden Stresserfahrungen ab, die im impliziten Körpergedächtnis gespeichert sind, vor allem in der Amygdala und im Hippocampus" (ebd., S. 84). Letzterer könnte dafür zuständig sein, aktuellen Stressreaktionen den Maßstab von früheren anzulegen, indem er die gerade bestehenden Cortisolwerte im Blut bzw. Gehirn den älteren, die im impliziten Körpergedächtnis verankert sind, gegenüberstellt (a.a.O.). Adler hat die persönliche Einschätzung als Faktor bei Pathologien immer wieder betont. Der soeben erklärte neurobiologische Abgleich verweist auf die im Kapitel „Der Lebensstil" (5) beschriebenen Ausführungen über die Erinnerungen zurück, die stets mit früheren Gedächtnisinhalten in eine Verbindung gebracht werden, wobei die neue Erinnerung auch die alte verändert und wiederum unsere Denk-, Fühl- und Verhaltenmuster beeinflusst. Das muss in der Folge auch für das implizite Körpergedächtnis gelten, das Abspeichern und Aufrufen von Erinnerungen an physiologische Prozesse, die ebenfalls einerseits durch unseren Lebensstil – unsere individuelle Bewegung, körperlich wie seelisch – in Gang gesetzt werden, sie aber umgekehrt auch prägen.

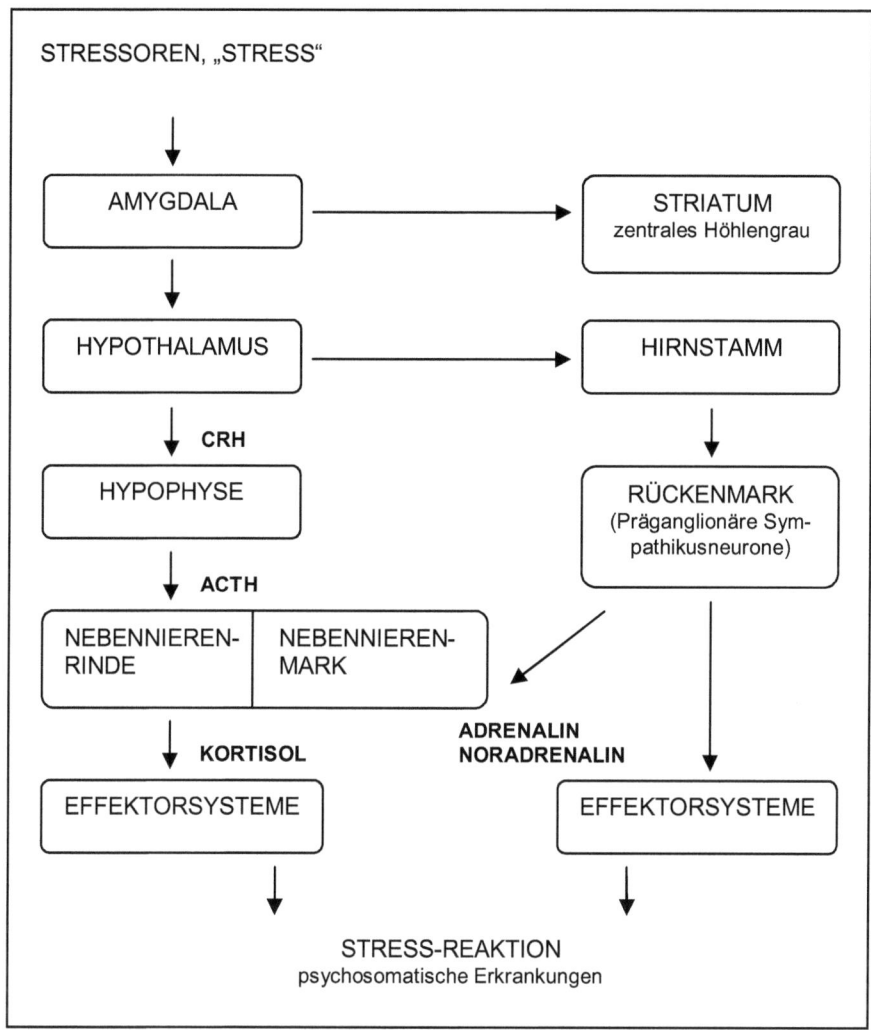

STRESSOREN, „STRESS"

AMYGDALA → STRIATUM
zentrales Höhlengrau

HYPOTHALAMUS → HIRNSTAMM

CRH

HYPOPHYSE

RÜCKENMARK
(Präganglionäre Sym-
pathikusneurone)

ACTH

NEBENNIEREN-RINDE | NEBENNIEREN-MARK

KORTISOL   **ADRENALIN**
                                NORADRENALIN

EFFEKTORSYSTEME   EFFEKTORSYSTEME

STRESS-REAKTION
psychosomatische Erkrankungen

Abb. 6: Schema des Zusammenspiels vom Sympathikus- und vom hypothalamo-hypo-physärem System bei Stress. Links: Hypothalamus-Hypophysen-Nebennieren-rinden-Achse; rechts: sympathiko-adrenale Achse (Rüegg, 2007, S. 77).

Was die Funktion des vegetativen Nervensystems bei Stress betrifft, ergeben sich ebenfalls bemerkenswerte Zusammenhänge. Die Ursprungsgebiete von Sympathikus und Parasympathikus liegen im Hirnstamm und Rückenmark und werden von übergeordneten Hirnarealen angeregt. Die vom Gehirn kommenden Informationen werden sodann vom Rückenmark weiter zu den so genannten sympathischen Ganglien (Nervenknoten bzw. Ansammlung von Nervenzellkörpern) weitergeleitet, welche die Botschaft über Aktionspotenziale (elektrische Impulse) zu den Effektororganen (Zielorganen) weiter transportieren, zum Beispiel zu den Blutgefäßen, den Drüsen oder zum Herz. Das erfolgt mithilfe des Botenstoffes Acetylcholin, der durch elektrische Erregung abgegeben wird und seinerseits elektrische Impulse auslöst, die letztendlich die Zielorgane ereilen. Dort wird daraufhin der Neurotransmitter Noradrenalin freigesetzt, der eine Organreaktion hervorruft, beispielsweise eine Gefäßkonstriktion bzw. -verengung (ebd., S. 58 ff.).

Bei intensiven Emotionen, Aufregung, körperlicher Anstrengung und bedrohlichen Situationen – bei denen, wie bekannt ist, vor allem Wut und Angst vorherrschend sind – veranlasst das Sympathikussystem zusätzlich zur Noradrenalinerzeugung die Produktion von Adrenalin über die Nebennieren bzw. das Nebennierenmark. Adrenalin ist das Hormon, das bei Wut und Angst Herzklopfen und eine Erhöhung des Blutdrucks verursacht. Wie Noradrenalin motiviert es das Herz zu einer Leistungssteigerung. Es stößt Stoffwechselprozesse an, die bei den genannten Emotionen, bei Kampf- und Fluchtverhalten sowie bei starker körperlicher Beanspruchung die Energiespeicher, Fett und Glukose aktivieren. Bei Wut und Kampf ist das Blut insbesondere mit Noradrenalin angereichert, bei Angst und Flucht mit Adrenalin. Beide Reaktionsweisen gehen sowohl mit einer neuronalen als auch mit einer humoralen Mobilisierung der körperlichen Kräfte einher. Diese Abläufe legen nahe, dass chronische emotionale Spannung mit einem erhöhten Adrenalin- und Noradrenalinspiegel im Blut und einer permanenten neuronalen Aktivierung des Sympathikus verbunden ist. Das hat einen Zustand zur Folge, der von ständiger Nervosität, erhöhter Herzfrequenz, Bluthochdruck und anderen Stressmerkmalen gekennzeichnet ist (ebd., S. 60 ff.). Die Erläuterungen lassen sich wieder mit Panksepps und Bivens angeborenen emotionalen Bereitschaften, hier insbesondere mit den Systemen FEAR, RAGE und PANIC, zusammenfügen, den basis-affektiven Regulationssystemen, die das menschliche Verhalten konstituieren (Panksepp & Biven, 2012), genauso wie mit den psychoneuronalen Systemen Roths (Roth, 2014). Insofern sind wir an einer Nahtstelle zwischen Lebensstil – im Adler'schen Sinn von Wahrnehmungs-, Denk-, Fühl- und Handlungsbewegungen –, Emotionen, Körperlichkeit, psychischen und organischen Konstitutionen wie auch Erkrankungen angelangt.

Aus dem oben Beschriebenen kann gefolgert werden: Der Zusammenschluss der physiologischen Vorgänge mit emotionalen und psychischen Prozessen bedeutet eine Annäherung an die Leib-Seele-Ganzheit, die Adler bereits vertreten hat und die ein Ineinandergreifen aller Ebenen voraussetzt. Rüegg hat seine Publikation in der Absicht geschrieben, auszuführen, „wie Emotionen und unser ‚Geist' die Gesundheit des Körpers beeinflussen können und umgekehrt" (Rüegg, 2007, IX). Adler schreibt dazu:

> „Der Geist gleicht einem Motor; er setzt alle Möglichkeiten, die er im Körper entdecken kann, in Bewegung und hilft ihm, in allen Schwierigkeiten eine Stellung der Sicherheit und Überlegenheit zu erreichen. In jeder Regung des Körpers, in jeder Äußerung und jedem Symptom können wir den Stempel der Absichten des Geistes sehen" (Adler, 1931b, S. 32).

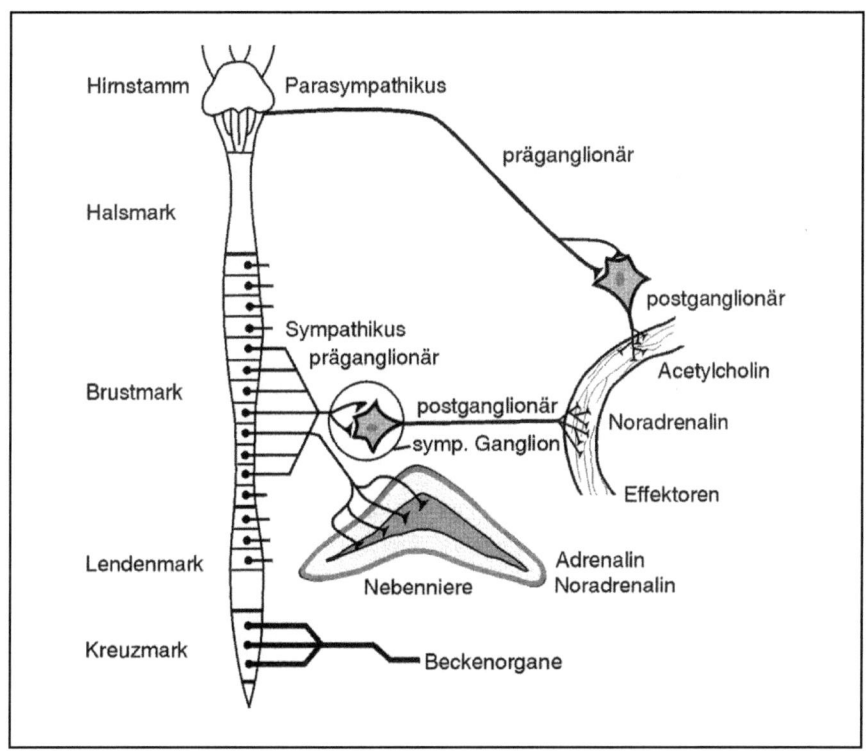

Abb. 7: Schema des periphären vegetativen Nervensystems. Parasympathikus und Sympathikus wirken auf die Zielorgane (Effektoren) durch Ausschüttung von Neurotransmittern ein (Acetylcholin, Noradrenalin); das Nebennierenmark setzt Adrenalin (80%) und Noradrenalin (20%) im Blut frei (Rüegg, 2007, S. 59, modifiziert nach Birbaumer & Schmidt, 1990).

Wie das physiologisch vor sich geht, konnte Adler noch nicht wissen, aber er hat bereits herausgestrichen, dass es diese Zusammenhänge gibt. Rüegg hält fest, dass sozial deprivierte Kinder – einhergehend mit Veränderungen in den neuronalen Hirnstrukturen (wie unter 3.2 erläutert) – im späteren Leben nicht nur zu psychischen Störungen und Verhaltensauffälligkeiten, sondern auch zu Psychosomatosen tendieren: „Ihre Immunabwehr ist unzureichend und ihre Anfälligkeit für stressbedingte Erkrankungen überdurchschnittlich hoch" (Rüegg, 2007, S. 22). Er gibt außerdem zu bedenken,

> „[…] dass drohender oder aktueller Verlust von Personen und Dingen (Objekten), die einem etwas bedeuten – beispielsweise Bezugspersonen, Arbeitsplatz oder Besitz –, zu den mächtigsten Stressoren gehören, so kann man gut nachfühlen, wie stressgefährdet ein solches Kind auch noch als Erwachsener sein mag" (a.a.O.).

Er anerkennt des Weiteren (unbewusste) Konflikte im psychodynamischen bzw. psychoanalytischen Verständnis gleichermaßen als wichtigen Faktor bei stressbedingten Krankheiten (ebd., S. 23, vgl. Mentzos, 2015, Rudolf, 2000). Bringt man Adlers Organminderwertigkeit und den Organdialekt mit seinem „Zärtlichkeitsbedürfnis des Kindes" (1908d), das unter 3.2 im Kontext der Bindungsforschung betrachtet worden ist, zusammen, schließt sich ein (Erkenntnis-)Kreis, da man heute weiß, dass frühe Traumata und chronischer seelischer Stress psychosomatische Erkrankungen fördern (Kropiunigg, 1990, Rüegg, 2007, Schubert, 2015). Wenn beispielsweise eine überdurchschnittliche Ausschüttung von Stresshormonen in der Kindheit bei traumatischen Erfahrungen vorgelegen hat, ist die überhöhte Freisetzung der Stoffe bei fortdauernder Belastung auch noch im Erwachsenenalter gegeben, nachdem der körperliche Organismus lernfähig ist (Rüegg, 2007, S. 22, S. 113 ff.). Das Gedächtnis bildet das Fundament des physiologischen Lernprozesses, indem die psychosomatisch verarbeiteten Konflikte als „Engramm", wie es Rüegg nennt, ins Gedächtnis implizit eingespeichert werden (ebd., S. 113). Das erinnert an die in Kapitel 5 dargelegten neurophysiologischen Muster, die immer wieder abgerufen und in aktuellen Situationen variiert werden, und den individuellen Denk-, Fühl- und Handlungsmustern des Menschen entsprechen, seine Lebensbewegung gestalten. Genauso formt und merkt sich der Körper individuelle physiologische Muster, die den lebensstiltypischen Abläufen im Körper selbst entsprechen.

Der Psychophysiologe Hans Markowitsch schildert beispielsweise einen Patienten, der mit seinem Gedächtnis gleichzeitig sein Asthma und seine Allergie verloren hat (Markowitsch, 1998, S. 110, vgl. Rüegg, 2007, S. 114). Das beweist die herausragende Rolle des Gedächtnisses bei psychosomatischen Erkrankungen genauso wie der Apperzeption bzw. dem Bewegungsgesetz, den individualtypischen Denk-, Fühl- und Verhaltensmustern. Auch das Immunsystem unterliegt Konditionierungen, wie im Kapitel über die Psychoneuroimmunologie noch skizziert wird (vgl. Kropiunigg, 1990, Rüegg, 2007, S. 93 ff., Schubert, 2015). Rüegg lässt psychosomatische Prozesse im Licht der klassischen bzw. operanten Konditionierung glaubhaft erscheinen:

> „Statt – wie beim Pawlow-Hund – auf ein Klingelzeichen hin, könnte die Konditionierung der Absonderung von Magensäure auch auf andere Signale, z. B. Lärm oder Ärger, erfolgen und so an der Entstehung stressbedingter peptischer Ulzera beteiligt sein [...]" (Rüegg, 2007, S. 93).

Auch Angst eignet sich bekanntermaßen für operante Konditionierungen. Abgesehen von den üblichen Angsterkrankungen wie Panikattacken oder Phobien können Ängste über Konditionierung in einer Weise somatisiert werden, dass sie sich sodann in chronischen Rückenschmerzen, Herz- oder Magenbeschwerden äußern. Bei der operanten Konditionierung wäre der Krankheitsgewinn die Belohnung, beispielsweise die Zuwendung (ebd., S. 115). Ob die (fortdauernde) Konfrontation mit Stressoren wie psychische oder körperliche Traumata und Belastungen in psychosomatische Krankheiten münden, hängt maßgeblich von der subjektiven Einschätzung ab, wie gut man den Stress bewältigen kann. Erlebt sich der Mensch machtlos gegenüber den Anforderungen, so wächst die Wahrscheinlichkeit, dass Organisches auch in Mitleidenschaft gezogen wird (ebd., S. 116 ff.), wenn ihm also – individualpsychologisch betrachtet – die Kompensation nicht glückt. Das belegt, dass – so bedeutsam die Stressforschung mit ihren Lernmodellen ist – es um keinen kausalen Automatismus von Reiz und Response geht (Rudolf,

2000, S. 17). Rudolf bezeichnet akute Belastungsreaktionen als „eingefrorene Handlungsbereitschaften" (ebd., S. 286). Die Ähnlichkeit zur „gefrorenen Bewegung" von Adler (1933i, S. 552) ist unschwer zu erkennen.

Die Bewältigungskompetenz wird davon bestimmt, wie gut es jemandem bei früheren Belastungen gelungen ist, diese zu meistern. Insofern ist es nachvollziehbar, dass Menschen, die schon in der Kindheit Traumatisierungen ausgesetzt waren und mit diesen einhergehend Ohnmacht erlebt haben, auch spätere psychische Herausforderungen schwerer handhaben können und dadurch auch vermehrt Psychosomatosen entwickeln. Diesbezüglich spielt der Bindungsstil bzw. die frühe Mutter-Kind-Bindung eine bedeutsame Rolle. Denn unsicher gebundene Kinder weisen bei Abwesenheit der Bezugsperson eine deutliche Erhöhung des Cortisolspiegels im Speichel auf (Rudolf, 2000, S. 287, vgl. Rüegg, 2007, S. 117). Rüegg resümiert:

> „Stressoren bzw. Traumen aus der frühen Kindheit setzen sich in den neuronalen Netzwerken des emotionalen (impliziten) Gedächtnisses fest, und dies mit der Konsequenz, dass die früh Traumatisierten im späteren Leben ganz besonders stressempfindlich und anfällig für psychosomatische Erkrankungen werden" (Rüegg, 2007, S. 118).

Rudolf konstatiert, dass sich der psychophysiologische Ansatz, mit dem die erläuterten Stress- und Lernmodelle gemeint sind, mit der psychodynamischen Herangehensweise, unter Berücksichtigung der Biographie, verbinden lässt, – wenn die Affekte, die bei der körperlichen Alarmierung zentral sind, als *individuelle* Handlungsbereitschaften anerkannt werden (Rudolf, 2000, S. 287).

Adler hat sich bald zum Psychischen und zur Betonung der Prägung des Menschen durch seine frühen Beziehungserfahrungen hingewendet, zunächst formuliert in „Das Zärtlichkeitsbedürfnis des Kindes" (1908d). Er hat im Weiteren die aus diesen Erfahrungen geformten individuellen Handlungsbereitschaften im Lebensstilkonzept ausgearbeitet. Desgleichen hat er Emotionen als Richtungsweiser definiert. Das alles war im Sinn der obigen Darlegungen wesentlich und folgerichtig, wie alle modernen Forschungen bestätigen. Hinsichtlich dessen ist ihm eine absolute Vorreiterrolle zu attestieren. Es bietet sich allerdings für eine zeitgemäße Individualpsychologie an, Adlers Theorie an seine frühen Arbeiten rückzubinden, um unter diesem Blickwinkel einen differenzierten Zugang zur Psychosomatik zu gewinnen. Abgesehen von dem Fehlen einer umfassenden psychosomatischen Theorie hat Adler bis zum Schluss an der untrennbaren Einheit zwischen Psyche und Soma festgehalten: „Man muß immer nach diesen gegenseitigen Einwirkungen – des Geistes auf den Körper und des Körpers auf den Geist – Ausschau halten, da beide Teile des Ganzen sind, um das es uns geht" (Adler, 1931b, S. 43).

6.2.2 Psychosomatik und Kleinkindforschung

Es wurde angemerkt, wie sehr die frühe Mutter-Kind-Beziehung für die Fähigkeit, Stress zu bewältigen, bedeutsam ist. Dabei ist der direkte Körperkontakt, sind „Streicheleinheiten" unerlässlich, damit sich ein Kind gut entwickeln kann (Rüegg, 2007, S. 120).[96] Über die neurobiologischen Hintergründe ist bisher wenig bekannt. Panksepp zum Beispiel weist auf einen Zusammenhang zwischen Opioiden, die angenehme Gefühle erzeugen sowie das Verlangen steigern, und Berührung hin. Es wäre auch naheliegend, wenn Oxytozin dabei eine Rolle spielen würde, nachdem es – wie unter 3.2 gezeigt – bei Bindung und der Verankerung der sozialen Erfahrungen im Gedächtnis beteiligt ist. Es gibt aber noch keine wissenschaftlichen Belege dafür (Panksepp & Biven, 2012, S. 306).

Es ist festgestellt worden, dass liebevolle Berührungen mit dem Wachstum der Kinder korrelieren, das heißt, dass Kinder mit regelmäßiger körperlicher Zuwendung eindeutig schneller wachsen als solche, denen keine zukommt (Rüegg, 2007, S. 120). Die Berührungsreize werden schon vom Säugling mit den sie begleitenden Gefühlen und mit der Episode, in welche sie eingebettet sind, abgespeichert, und bilden so für das spätere Erleben einen Bezugspunkt. Auch hier möchte man wieder an Sterns „Lebenserfahrung des Säuglings" (2007) und dessen implizites „szenisches Verstehen" denken. „Die körperliche Begegnung begründet also auch das Selbsterleben. Das Selbstbild und Identitätsgefühl werden auf die ursprüngliche körperliche Interaktion zurückgeführt", folgert Küchenhoff (2012, S. 154). Die konkreten Zusammenhänge sind in Kapitel 5 erhellt worden.

Damit einhergehend war auch schon von der Fähigkeit zur Selbstregulation die Rede (vgl. Kapitel 3 und 5). Dieses ist zwar bei der Geburt schon in einem gewissen Ausmaß vorhanden, aber für die weitere Ausbildung noch stark an die Regulation durch die ersten Bezugspersonen gebunden (Müller-Braunschweig, 1970, S. 657 ff.). Die Regulation bedeutet eine Regulation der Affekte und damit genauso der physiologischen Prozesse wie auch der Anpassung bei Stress; sie erfolgt in der präsymbolischen Phase vor allem durch die körperliche Zuwendung: „Lernprozesse beeinflussen die integrativen Funktionen des Ich (Selbst), die über die Introjektbildung als Niederschlag früher Beziehungserfahrungen zur Selbstregulation körperlicher Prozesse beitragen" (Milch, 2001, S. 59). Das zeigt, dass Berührungen für die Entwicklung des Selbst konstituierend sind, da sie die Basis für ein Bewusstsein für die eigene Innenwelt darstellen, einen gesunden Umgang mit Emotionen und deren sinnvolles Einbringen in der Interaktion ermöglichen. Dies entfaltet sich in einem – eben auch körperlichen – intersubjektiven Prozess (Milch & Putzke, 2001, S. 141 ff.). In diesem Zusammenhang verweist Heister-

---

96 Naturgemäß ist nicht nur der Körperkontakt bedeutsam. In der frühen Mutter-Kind-Interaktion zum Beispiel geht er einher mit anderen sinnlichen Erlebensweisen wie Blickkontakt, Geruch oder die Stimme.

kamp auf die frühen Arbeiten von Müller-Braunschweig und unterstreicht für ein tiefenpsychologisches Verständnis:

> „Wir führen […] psychosoziale und psychosomatische Störungen auf Entgleisungen des frühen präverbalen Handlungsdialogs des Kindes mit seinen primären Bezugspersonen und die Formen der notdürftigen Verarbeitung dieser, es überfordernden Erfahrungen zurück" (Heisterkamp, 2001, S. 173, vgl. Müller-Braunschweig, 1970, 2001).

Nach Müller-Braunschweig münden pathogene Beziehungserfahrungen in der frühen Kindheit in der Verinnerlichung „spannungsvoller Introjekte", welche mit der bis dahin vorhandenen Regulationsfähigkeit nicht bewältigbar sind (Müller-Braunschweig, 1970, S. 657–658). Mütter (und Väter) mit psychischen Störungen, beispielsweise narzisstische Persönlichkeiten oder depressive Eltern, weisen Defizite im emotionalen Austauschprozess mit ihren Kindern auf. Dadurch können diese Kinder im Weiteren „stumpf" für ihre eigenen Gefühle werden und unter psychischer Beanspruchung somatisieren.[97] Der Körper ist *das* substanzielle Medium bei der Übermittlung von Emotionen, wobei dem Kind durch die feinfühlige Reaktion der Bezugsperson ermöglicht wird, die eigenen subjektiven Empfindungen als valide zu erleben (Milch, 2001, S. 59 ff.):

> „Wenn früh eine verlässliche Antwort […] fehlte oder grob unzuverlässig war, bleibt das Vertrauen des Kindes in seine eigene subjektive Realität unvollkommen und von Auflösung bedroht, eine spezielle strukturelle Schwäche, die regelmäßig als Prädisposition für psychotische Zustände und schwere psychosomatische Krankheiten zu finden ist" (ebd., S. 61).

Adler veranschaulicht in seinen Erläuterungen zum Lebensstil bereits diese Abhängigkeit des Körpererlebens des Kindes von den Beziehungserfahrungen in der präsymbolischen Phase:

> „Das Kind erlebt in seinen anfänglichen Bewegungen und Leistungen die Validität seiner körperlichen Organe. Erlebt sie, hat aber noch lange weder Worte noch Begriffe dafür. Da auch das Entgegenkommen der Umgebung durchaus verschieden ist, bleibt dauernd unbekannt, was das Kind etwa von seiner Leistungsfähigkeit verspürt" (Adler, 1933b, S. 56).

Die Ausführungen lassen noch einmal den Säuglingsforscher Daniel Stern ins Treffen führen, der das „affect attunement" zwischen Mutter und Kind wissenschaftlich beobachtet hat. Damit meint er, wie in Kapitel 5 erwähnt und in Übereinstimmung mit dem gerade Dargelegten, dass Babys das für sie optimale Erregungsniveau suchen, und zwar in wechselseitiger Regulierung mit der Mutter bzw. Bezugsperson, was eine frühe Form der Bewältigungsmechanismen (Coping) entstehen lässt (Stern, 2007, S. 112). Daraus ist abzulesen, „dass strukturelle Fähigkeiten auch im Körpererleben fundiert sind und dass sie sich aus der körperlichen Interaktion entwickeln. Damit wird […] Struktur dynamisiert" (Küchenhoff, 2012, S. 157). Das verweist wiederum auf Adlers Ich-Konzeption, die eine dynamische, durch Beziehung dynamisiert, ist.

---

97 Man denke beispielsweise an Alexithymie (Milch, 2001, S. 60, Taylor, Bagby, & Parker, 1997).

In den stereotypen Spielen mit der Mutter erlebt sie der Säugling als „Regulator" seines eigenen Erregungslevels, um durch diese Unterstützung sich immer besser selbst regulieren zu können (Stern, 2007, S. 112). Misslingt die Spiegelung bzw. Interaktion, kann sich das Kind nicht beruhigen, es kommt zu keinem Containing, und die negative Erlebensqualität des Kindes erhöht sich. Damit ist auch eine Bereitschaft für psychosomatische Erkrankungen gegeben, da die Spannungen verleiblicht im Körper zurückbleiben und physiologisch weiter wirken anstatt in der Gemeinschaft aufgelöst bzw. bewältigt werden zu können. Der Psychoanalytiker und Psychosomatiker Wolfgang Milch zieht das Fazit:

„Die spiegelnde Funktion der Bezugsperson unterstützt

- die unmittelbare homöostatische Regulation der dynamischen Affektzustandsveränderungen und
- ermöglicht Lernerfahrungen, die die Internalisierung der mütterlichen affektregulierenden Funktionen durch die Etablierung eines sekundären Repräsentantensystems der primären Emotionszustände des Kindes erlaubt" (Milch, 2001, S. 65).

Bei mangelnder Spiegelung bzw. wenn die Affekte des Kindes keine Resonanz finden, unvorhersehbare Antworten erfahren oder die Reaktionen sprunghaft erscheinen, ist das Verhalten der Bezugsperson mit unangenehmen Reizen für das Kleinkind verbunden. Eine Option des Kindes ist es, diese psychosomatisch abzuwehren, wie zum Beispiel bei Asthma, bei dem die physiologische Umstellung während eines Anfalls (Veränderung der Atemmotorik, Hypersekretion, Bronchiolenspasmus) ursprünglich unerwünschte Fremdkörper bekämpfen soll (Müller-Braunschweig, 2001, S. 41).[98] Fehlende Einstimmung kann sich demnach in einem Übermaß an Reizangebot genauso wie in negativen, groben Reizen ausdrücken. Das bildet einen frühen Entstehungshintergrund für Adlers viel zitierte Unterscheidung zwischen „verzärtelten", verwöhnten Kindern (Übermaß an Reizangebot), und jenen, die wiederum aufgrund von gewaltvoller Erziehung (negative, grobe Reize) Störungen hervorbringen.

Werden die Interaktionssequenzen mit der frühen Bezugsperson vom Kleinkind durch widrige Impulse immer wieder als unterbrochen erlebt, bedeutet dies seelischen und körperlichen Stress für das Kind, nachdem dem Menschen die grundlegende Neigung zu eigen ist, Episoden oder Handlungen stets abschließen zu wollen. Zurück bleibt ein seelisch-körperlicher Spannungszustand (ebd., S. 43, vgl. Spitz, 1976). Müller-Braunschweig fasst zusammen:

„Abgebrochene Aktionszyklen, zu denen auch die massive Einwirkung äußerer ungeeigneter Reize gehört, könnten eine Tendenz zur Abschließung des Kindes gegenüber der

---

98 Würde das Kind mehr auf der psychischen Störungsebene reagieren, könnte es autistische Züge zur Abwehr gegen die Außenwelt entwickeln (Müller-Braunschweig, 2001, S. 41).

Außenwelt auslösen. Sie fördern wahrscheinlich auch die Arretierung oder die Regression auf ein jeweils undifferenzierteres Organisationsniveau" (ebd., S. 50).

Auf diesem Organisationsniveau spricht die Psyche bevorzugt über das Soma. Die abgebrochenen Aktionszyklen erweisen sich somit als Nährboden für psychosomatische Erkrankungen gleichermaßen wie für psychische Störungen. Nach Meinung der Autorin sind ständige Unterbrechungen der Ablaufstruktur über längere Zeiträume auch ein Indikator für Burnout. Denn Aufgaben erledigen zu können, geht mit positiven Gefühlen einher, und Aufgaben nicht zu Ende führen zu können, weil zur gleichen Zeit mehrere neue Anforderungen an jemanden gestellt werden, führt zwangsläufig zu Stress bzw. negativen Gefühlen wie beispielsweise Frustration, Ärger und gegebenenfalls Hilflosigkeit und Verzweiflung, wenn der/die Betroffene im weiteren Verlauf des Burnout-Prozesses die Herausforderungen als nicht mehr bewältigbar erlebt. Das führt oft in die Depression, wie bekannt ist, aber eben auch zu körperlichen bzw. psychosomatischen Beschwerden. Diese Aspekte stellen eine Parallele zu Traumata dar: Bei einem Verlust, einem Unfall, wenn Eltern ihr Kind misshandeln oder es alleine lassen, wird in jedem Fall der aktuelle Ablaufzyklus unterbrochen, beginnend beim misslungenen „affect attunement" im Rahmen der Interaktionssequenzen zwischen Mutter und Säugling, von dem Stern spricht. Das hat entsprechende psychophysiologische Konsequenzen.

Heisterkamp legt dar, dass Adler aus diesen Erkenntnissen bereits wichtige Schlüsse für die psychotherapeutische Praxis gezogen hat. Adler führt vor fast 100 Jahren schon alternativ zur Couch das sitzende Setting ein, das eine „face-to-face-Position" ermöglicht, er erweitert das Setting auf den ganzen Praxisraum und propagiert 1929 „die verspätete Übernahme der mütterlichen Funktionen" durch den/die Therapeuten/in (Heisterkamp, 2001, S. 175). Die „brüchigen" frühen Aktionszyklen zeigen sich später in den Inszenierungen der PatientInnen in der Psychotherapie und können nach Adler als Detailausdruck der ganzen „gestockten" (Lebens-)Bewegung gesehen werden. Denn die Individualpsychologie lehrt, dass sich das Ganze im Detail widerspiegelt und umgekehrt, wobei diese Aspekte dynamisch aufgefasst werden müssen, wie ausgeführt worden ist. Deshalb ist es essenzieller Bestandteil der Psychotherapie, durch die Mitbewegung den/die PatientInnen dabei zu unterstützen, ihre Interaktionsepisoden wieder zu einem Ganzen werden zu lassen bzw. wieder in eine fließende Bewegung zu bringen, wobei das Erleben von Kontaktunterbrechungen und die Wiederaufnahme bzw. Wiederherstellung des Kontakts dazugehören. Aufgrund der ursprünglichen, präsymbolischen Entstehung der (Lebens-)Bewegung im Wechselspiel von Berührungen können körpertherapeutische Interventionen sehr hilfreich sein, um die Inhalte des impliziten Leibgedächtnisses zugänglich zu machen (vgl. Geißler u. Heisterkamp, 2007, 2013).

Es sei noch einmal darauf hingewiesen, dass bei der Mutter-Kind-Interaktion auch die Bindung eine große Rolle spielt und damit einhergehend der Umgang mit Trennungssituationen. Bei Vorliegen einer unsicheren Bindung bedeutet Trennung Stress, bei einer sicheren Bindung sind eine Anpassungsleistung und Selbstberuhigung oder Trost durch andere möglich, was die Methode der „Fremden Situation" von Mary Ainsworth zutage gebracht hat, wie unter 3.2 beschrieben (Ainsworth & Wittig, 2003). An früherer Stelle ist auch herausgearbeitet worden, dass Bindung für die Ausbildung kognitiver, emotionaler und sozialer Fähigkeiten äußerst relevant ist. Im Kontext der Psychosomatik darf dazu ergänzt werden: „Das Bindungsverhalten hat einen Einfluss auf verschiedene physiologische Parameter wie kardiovaskuläre, immunologische und endokrine Reaktionen" (Milch, 2001, S. 67, vgl. Schore, 1994, Taylor, Bagby, & Parker, 1997). Das heißt, dass Bindung und frühe Beziehungserfahrungen nicht nur – wie schon gezeigt worden ist – für die Persönlichkeitsorganisation entscheidend sind, sondern auch eine Tendenz zur Somatisierung im späteren Leben nach sich ziehen kann (Milch, 2001, S. 68). Gewalt- oder Missbrauchserfahrungen in der Kindheit sind auch Stresserfahrungen:

> „Das Bedürfnis nach Nähe bleibt […] trotz des Missbrauchs bestehen und verstärkt sich vielleicht noch. Auf der psychischen Ebene sich anderen nahe zu fühlen wird dagegen unerträglich, so dass Bedürfnisse nach Nähe nur noch auf einer körperlichen Ebene ausgedrückt werden können" (ebd., S. 70–71).

Das kann nicht nur in psychosomatischen Krankheiten im eigentlichen Sinn zum Ausdruck kommen, sondern auch bei der Hypochondrie, bei welcher meist keine physiologischen Äquivalente der Beschwerden gefunden werden. Der Körper dient sodann als Beziehungsersatzobjekt (Küchenhoff, 2012, S. 183 ff.). Offenbar überwiegt dabei im somatopsychischen bzw. psychosomatischen Kontinuum der Anteil der seelischen Grundlage.

6.2.3 Psychoneuroimmunologie

> „Eine Trennung von rein somatisch zu erklärenden Krankheiten gegen solche, die als rein psychisch verursacht anzusehen sind, wäre nach diesem Modell [Adlers, S. R.] unsinnig. Einem individualpsychologischen Verständnis entspräche die Annahme einer psychosomatisch-somatopsychischen Ganzheit, in welcher Soma und Psyche zusammenwirken, in welchem die Gewichte aber auch – im Rahmen dieser Ganzheit – von einer zur anderen Seite verschoben sein können. Immer […] müßte Krankheit auch verstanden werden als Ausdrucksform des ganzen Menschen, wie Adler sagt, als Ausdrucksform des Lebensstils" (Schmidt, 1995a, S. 60–61).

Die Proklamation einer psychosomatisch-somatopsychischen Ganzheit der Individualpsychologie findet sich – wie oben gezeigt – in der modernen Psychosomatik wieder, genauso aber auch in dem relativ jungen Forschungsgebiet der Psychoneuroimmunologie, das seit den 70er Jahren des letzten Jahrhunderts besteht. Denn hier werden ebenfalls – ganz im Sinn Adlers – komplexe Funktionszusammenhänge in den Fokus der Aufmerksamkeit gerückt und nicht nur Defekte an sich. Diese Wissenschaft zeigt die von Adler formulierte psychosomatische Abwehr in ihrer ureigenen Bedeutung: Es geht um das Immunsystem, um die Immun*abwehr*, die Abwehr des Körpers, die aber genauso psychisch unterfüttert wie umgekehrt die psychische Abwehr mit einem körperlichen Substrat verwoben ist. Um diese Sicht besser verstehen zu können, soll ein kurzer Einblick gegeben werden:

Die Psychoneuroimmunologie beschäftigt sich im Speziellen mit den Wechselwirkungen zwischen Immun-, Nerven- und Hormonsystem, unter Einbeziehung psychosozialer Faktoren, welche diese Systeme mitbedingen und somit an der Entstehung von Krankheiten bzw. umgekehrt an der Bewahrung von Gesundheit in höchstem Maß beteiligt sind (Kropiunigg, 1990, S. 2-3, Schubert, 2015, S. 2).[99] Im Wesentlichen stellt das Immunsystem die Abwehr gegen Erreger auf zweierlei Art, zum einen durch das T-Helfer1-System, und durch das T-Helfer2-System, abhängig davon, ob es sich um intrazelluläre Erreger durch Viren oder Krebszellen, oder um extrazelluläre Erreger, wie Bakterien, handelt. Entsprechend der jeweiligen Erregerart schlüsseln sich die Lymphozyten auf.[100] Bei intrazellulärer Erregung (Viren, Krebszellen) differenzieren sie zu T-Helfer-Typ-1-Zellen (TH1-System) und erzeugen Zytokine – das sind Transmittermoleküle des Immunsystems –, welche die infizierten Zellen angreifen und vernichten. Sie agieren somit pro-inflammatorisch, also entzündungsfördernd. Bei extrazellulärer Erregung hingegen (Bakterien) differenzieren sie zu T-Helfer-Typ-2-Zellen (TH2-System), was die humorale Immunabwehr in Gang setzt, im Zuge dessen B-Lymphozyten Proteine – so genannte Antikörper – produziert werden, welche die Antigene ausschalten.[101] Diese Abwehr wirkt anti-inflammatorisch, demnach entzündungshemmend (Schubert, 2015, S. 50 ff.).

Die beschriebenen Mechanismen des Immunsystems sind jedoch nicht autark tätig, sondern verflochten mit den Abläufen des Hormon- und des vegetativen Nervensystems, welche bei allen psychischen Regungen beteiligt sind. Bei Stress beispielsweise – wie weiter oben in anderem Kontext angesprochen – schüttet das Hormonsystem über die Nebennierenrinde vermehrt Cortisol aus, und der Sympathikus wird aktiviert, der bei Belastung handlungsbereit macht (zum Beispiel Kampf, Flucht). Das hat weitreichende Konsequenzen, denn sogar Krebszellen werden von vegetativen Nervenfasern angeregt. Das belegt einen Zusammenhang zwischen Krebserkrankungen und Psyche. Insofern wirkt sich das vegetative Nervensystem bei einer Sympathikusaktivierung krebsfördernd aus. Das parasympathische System kann in der Interaktion mit dem Immunsystem zwei unterschiedliche Effekte hervorbringen. Die Immuntätigkeit aktiviert afferente Nervenenden102 des Parasympathikus, und diese Aktivierung wird an das Gehirn übermittelt. In umgekehrter Richtung tritt der Parasympathikus genauso als dämpfendes, immunstärkendes und entzündungshemmendes Bindeglied in Erschei-

---

99 In der derzeitigen Psychoneuroimmunologie herrscht ein Paradigmenstreit zwischen jenen VertreterInnen vor, die weiterhin dem biomedizinischen Maschinenmodell und dem Leib-Seele-Dualismus folgen, und den WissenschaftlerInnen, die das bio-psycho-soziale Konzept als Grundlage nehmen, welches systemtheoretisch fundiert den Einfluss der Umwelt geltend macht (Schubert, 2015, S. 1). Die vorliegenden Ausführungen und Bezüge orientieren sich an den Forschungen der zweitgenannten Gruppe.

100 Lymphozyten sind zelluläre Bestandteile des Blutes und machen einen Teil der Leukozyten, der weißen Blutkörperchen, aus.

101 Als Antigen wird jeder Stoff bezeichnet, der sich mit einem Antikörper bindet. Es definiert sich in diesem Sinn über seine Fähigkeit.

102 Das sind Nervenenden, die Information weiterleiten.

nung.[103] Das alles erfolgt unter der Prämisse, dass auch das Immunsystem durch Konditionierung lernt (ebd., S. 201 ff.). Diese Zusammenhänge machen deutlich, dass das Immunsystem Teil eines Funktionskreises ist, der grundsätzlich eine dynamische Homöostase ansteuert. Es spricht mit dem Nervensystem und dem Hormonsystem eine gemeinsame biochemische Sprache, die an Adlers Organdialekt denken lässt. Diese System- und Organsprache lässt sich besser veranschaulichen, wenn man ihre kommunikative Funktion im Leib-Seele-Verhältnis versteht. Um die Wirkmechanismen transparenter zu machen und zu belegen, sollen Beispiele aus der Forschungspraxis gegeben werden:

Zorrilla u. a. (2001) haben in einer Metaanalyse mit insgesamt 163 Studien gezeigt, dass chronischer Stress, Depression und Immunaktivität korrelieren: Die TH1-Aktivität wird bei Belastung nicht nur heruntergefahren, sondern es steigen gleichzeitig die Entzündungsparameter an. Das impliziert, dass andauernder Stress nicht nur zu einer Immunsuppression und somit zu einer höheren Chance, einer Viruserkrankung anheimzufallen, führt, sondern dass er im Körper Entzündungen entfacht, die nicht kontrolliert werden können. Das kann über viele Jahre bzw. Jahrzehnte hinweg schwere Entzündungserkrankungen (Autoimmunerkrankungen inbegriffen) im Alter hervorbringen (Schubert, 2015, S. 148 ff.). Erwähnenswert ist auch die „Adverse Childhood Experiences (ACE) Study" (Felitti u. a., 1998): Es handelt sich um eine groß angelegte Gesundheitsuntersuchung, in deren Rahmen bei den TeilnehmerInnen nach der Untersuchung mittels Fragebögen (Rücklauf über 70%, über 26000 untersuchte Personen) Kindheitstraumata eruiert worden sind (beispielsweise Scheidung oder Drogenkonsum der Eltern, sexueller Missbrauch, Gewalterfahrungen, alleinerziehender Elternteil, unsichere Bindung u.v.m.). Die Daten der Gesundenuntersuchung wurden sodann in einen Zusammenhang mit den Traumata gebracht. Dabei stellte sich eine lineare Relation zwischen negativen Kindheitserlebnissen und späteren Krankheiten im Erwachsenenalter heraus. Die Pathologien umfassten beispielsweise Herz-Kreislauf-Erkrankungen, chronische Lungenerkrankungen, Lebererkrankungen, Krebs, Autoimmunerkrankungen, Frakturen, Depression, Suizidversuche, Suchterkrankungen etc. (Schubert, 2015, S. 118 ff.). Ein wesentliches Ergebnis der ACE-Studie ist, dass die Voraussagekraft von frühen traumatischen Erfahrungen auf die spätere Entwicklung von Krankheiten und auf das Risiko einer frühen Sterblichkeit größer ist als gesundheitsgefährdendes Verhalten, wie zum Beispiel Rauchen, Adipositas, fehlende körperliche Aktivität, Überarbeitung etc. Letztere sind in Bezug auf ein Krankheitsrisiko natürlich auch wirksam, aber in der Kausalkette erst später, wie aus der untenstehenden Abbildung ersichtlich wird (ebd., S. 120).

---

103 Das komplexe Interagieren ist beispielsweise auch daran zu erkennen, dass Nervenzellen an ihrer Oberfläche über Rezeptoren verfügen können, die auf Zytokine (Immunstoffe) – die Transmittermoleküle der Immunzellen – antworten, das heißt, dass das Nervensystem die Information der Zytokine auslesen und zu Nervenaktivität modifizieren kann. Und entgegengesetzt können Immunzellen Rezeptoren generieren, die auf Neurotransmitter reagieren; das zeigt, das Nervensystem kann Neurotransmitter freigeben, was vom Immunsystem gelesen wird. Dasselbe betrifft Hormone und jedes andere System im Organismus.

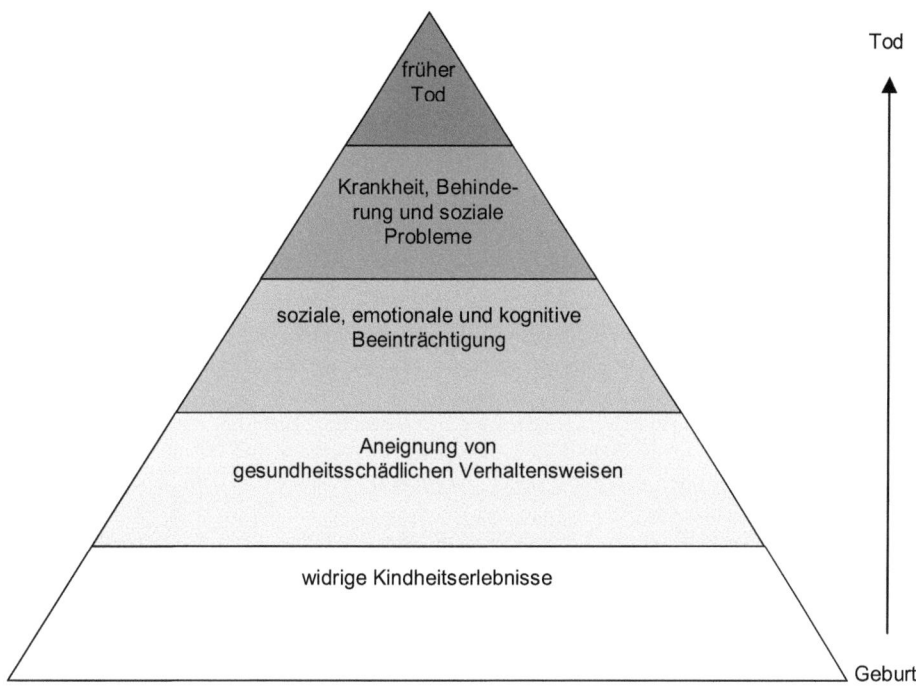

Abb. 8: Kausalketten bei der Entstehung von Krankheit und dem Risiko eines frühen Todes als Ergebnis der ACE-Studie (nach Schubert, 2015, S. 120).

Anhand des immuno-neuro-endokrinen Netzwerks lässt sich demonstrieren, wie Traumata und psychische Belastungen jeder Art auf das Immunsystem Einfluss nehmen: Stress evoziert einen Abwehrmechanismus, wie er beschrieben worden ist. Der Organismus antwortet pro-inflammatorisch mit einer Entzündung, die schädlich werden kann, wenn sie andauert, wie zum Beispiel bei chronischen Erkrankungen oder bei Organabstoßungen nach Transplantationen. In diesem Kontext fungiert das immuno-neuro-endokrine Netzwerk als Schutz, indem es versucht, die Entzündung, welche durch die Immunabwehr aktiviert worden ist, wieder zu dämmen. Das wird bewerkstelligt, indem über den Hypothalamus und die Hypophyse mittels bestimmter Hormone angestoßen wird, dass die Nebennierenrinde Cortisol abgibt. Das Stresshormon Cortisol soll die Entzündung wieder senken und eine Herabsetzung der TH1-Aktivität (zellulär) erreichen. Gegengleich wird die TH2-Aktivität (humoral) hinaufgefahren. Das hat beträchtliche Konsequenzen, nämlich dass der Mensch einerseits unter Stress Erkrankungen entwickeln kann, die mit einer Erhöhung der TH1-Abwehr und der damit verbundenen Herunterregulierung daraufhin korrespondieren, beispielsweise virale Erkrankungen, Krebs oder verlangsamte Wundheilung. Parallel dazu erhöht sich die Wahrscheinlichkeit, Erkrankungen auszubilden, die durch eine Steigerung der TH2-Immunaktivität mitverursacht werden, wie zum Beispiel Allergien.[104] Es verwundert nicht, dass auch das Immunsystem bereits intrauterinen (Beziehungs-)Einflüssen unterliegt und in seiner weiteren Entwicklung vom Bindungsstil abhängig ist (Schubert, 2014, DVD).

Der Abwehrmechanismus erinnert an die Auffassung des Organdialekts als psychosomatischen Abwehrmechanismus. Adler konstatiert zuerst 1907 in der „Studie über die Minderwertigkeit von Organen" (1907a) einen Gedanken zu körperlichen Veränderungen bei Neurosen und Verbrechertum, den er später im „Sinn des Lebens" (1933b) noch einmal aufgreift:[105]

> „Durch neuere Forschungen, besonders durch die Cannons, Marannons und anderer, ist es sichergestellt worden, dass an den meisten dieser Veränderungen [körperlichen, S. R.] das Sympathiko-Adrenalin-System hervorragend beteiligt ist, ebenso der kraniale und pelvische Anteil des vegetativen Systems, die demnach auf Emotionen aller Art in verschiedener Weise reagieren. Dadurch ist auch unsere alte Vermutung bestätigt, dass die Funktionen der endokrinen Drüsen, Schilddrüse, Nebenniere, Hypophyse und Geschlechtsdrüsen, unter den Einflüssen der Außenwelt stehen, und dass sie entsprechend dem Lebensstil des Individuums auf seelische Eindrücke je nach deren subjektiv empfundenen Stärke antworten, im normalen Fall, um das körperliche Gleichgewicht herzustellen, bei mangelhafter Eignung des Individuums gegenüber den Lebensfragen in extremer, überkompensatorischer Art" (Adler, 1933b, S. 77, 1907a).

Mit Cannon bezieht sich Adler auf den zu jener Zeit sehr bekannten Physiologen Walter Bradford Cannon (1871–1945), der den Begriff Fight-or-flight-Response geprägt, eine Emotionstheorie, und später das Konzept der Homöostase – in seinem Buch – „The Wisdom of the Body" (1932) entwickelt hat, zu dem Adler eine äußerst positive Rezension verfasst hat (Adler, 1933g, vgl. Ansbacher & Ansbacher, 2004, S. 23). Mit Marannon ist vermutlich Gregorio Marañón (1887-1960) gemeint, der die „Zwei-Komponenten-Theorie der Emotion" hervorgebracht hat (Marañón, 1924). Er propagiert bereits ein Zusammenwirken von physiologischen und psychologischen Aspekten beim Auftreten von Emotionen, während Cannon die seelische und körperliche Dimension einer Emotion noch unabhängig voneinander betrachtet. Allerdings ist es Cannons Verdienst, wie Rüegg bemerkt, entdeckt zu haben, dass emotionale und somit seelische Abläufe den Hormonhaushalt und den Stoffwechsel durcheinanderwerfen können (Rüegg, 2007, S. 74). Das ist insofern von Bedeutung, als Adler unter diesem Einfluss schon zu Anfang des 20. Jahrhunderts mit der Konzeption des Organdialekts dieses Wechselspiel von Psyche und Physis unter der Einwirkung von Emotionen formuliert und damit die Grundlage für seine darauf folgende Theorie, welche die leib-seelische Ganzheit akzentuiert, schafft. Mit dem Organdialekt hat Adler 1912 sogar vor Marañóns

---

104 Bei Autoimmunerkrankungen verhält es sich komplexer; dort wirken mitunter beide Immunitäten ein.

105 Diese Verbindung ist keineswegs abwegig, wenn man bedenkt, dass inzwischen Gebiete wie die Forensik oder Kriminalpsychopathologie ein festes Standbein haben und folglich in der Verbrechenspathologie naturgemäß diese körperlich-seelischen Wechselwirkungen genauso wichtig sind.

„Zwei-Komponenten-Theorie" den körper-seelischen Zusammenhang von Emotionen gesehen. Gleichzeitig spricht der Individualpsychologe in diesem Zitat höchst aktuelle Gesichtspunkte der modernen Psychosomatik, Neurowissenschaften und Psychoneuroimmunologie an, beispielsweise die Rolle des Sympathikussystems, das Stresshormon Adrenalin, oder das Gewicht von Nebenniere und Hypophyse, wobei wir heute wissen, dass über die Hypophyse – wie erwähnt – Hormone freigegeben werden, welche die Nebennierenrinde dazu anregen, das Stresshormon Cortisol zu produzieren. Freilich war Adler vor über 100 Jahren weit entfernt von solch differenzierten Zusammenhängen, wie sie inzwischen durch die genannten Forschungsrichtungen immer klarer werden. Dennoch ist nach Meinung der Autorin unübersehbar, dass er in die richtige Richtung gewiesen hat, vor allem in der Verbindung als Arzt und Psychoanalytiker bzw. Individualpsychologe. Besonders die Erkenntnis, wie sehr der persönliche Lebensstil des Menschen in diese physiologischen Vorgänge körperlich einfließt, ist keineswegs – wie der Theorie der Organminderwertigkeit im Allgemeinen manchmal unterstellt worden ist – eine historisch zu verstehende falsche Abzweigung des frühen Adler, sondern zu einem zentralen Element der modernen Medizin, gerade was psychosomatische Erkrankungen betrifft, geworden. Sindelar hält dazu fest:

> „Die salutogenetisch orientierte Präventivmedizin verwendet dazu den Begriff ‚life style' und meint damit Verhaltensweisen sowie Arten der Lebensführung, die der Gesundheit förderlich bzw. abträglich sind, so zum Beispiel im Zusammenhang mit Herz-Kreislauferkrankungen, aber auch mit Karzinomerkrankungen, wie die Spezialisierung der Psychoonkologie ausweist" (Sindelar, 2011b, S. 313).

Das obige Adler-Zitat wird zu einer Schlüsselstelle, beherbergt es doch auch wieder das Prinzip der Homöostase, im Wissen, dass Adler Cannons Arbeiten bekannt gewesen sind. Aufgrund der Aussagekraft soll noch einmal hervorgehoben werden, dass Adler der Ansicht ist, dass die physiologischen Prozesse unter dem psychischen Eindruck stehen und „je nach deren subjektiv empfundenen Stärke antworten, im normalen Fall, um das körperliche Gleichgewicht herzustellen, bei mangelhafter Eignung des Individuums gegenüber den Lebensfragen in extremer, überkompensatorischer Art" (Adler, 1933b, S. 77, 1907a). Schubert macht deutlich, wie sehr der Körper – hier über das Immun-, Hormon- und vegetative Nervensystem – bemüht ist, wieder ein Gleichgewicht zu erreichen, dass durch psychischen Stress „von Außen" die Balance verloren hat, das aber – Adlers Sicht entsprechend – überkompensieren und chronische Erkrankungen zur Folge haben kann. Adler hat auch, indem er die individuelle Interpretation von Umwelteinflüssen und Krankheiten zu einem wesentlichen Faktor erkoren hat, einen wichtigen Aspekt der modernen Psychosomatik und Psychoneuroimmunologie vorweggenommen. Man denke an Rüegg, der hervorhebt, dass die Wahrscheinlichkeit, eine psychosomatische Erkrankung zu entwickeln, unter anderem von dem subjektiven Gefühl abhängt, Belastungen bewältigen zu können oder nicht (Rüegg, 2007, S. 84). Rudolf meint, dass dabei Emotionen, Imaginationen und Fiktionen für das psychosomatische Geschehen von Bedeutung sind. Zum Beispiel kann ein Erlebnis Furcht einflösen und die Erinnerung daran in zukünftigen Situationen im Zuge der Antizipation die Angst wieder wirksam werden lassen. Denn es wird sowohl beim unmittelbaren Erleben als auch beim Wiederabrufen aus dem Gedächtnis „dieselbe cerebrale Struktur aktiviert, nämlich die Amygdala, und in beiden Fällen kann eine Alarmreaktion mit gesteigerter Sympathikusaktivität ausgelöst werden" (Rudolf, 2000, S. 34). Dieser Konnex lässt sich erneut mit Adlers Fiktionalismus, der auf der „Philosophie des Als Ob" von Hans Vaihinger (1911) basiert, zusammenschließen. Damit sind die (unbewussten) Vorannahmen gemeint, die der Mensch trifft, um sich in der Welt orientieren und handeln zu können; und diese sind von der emotional gefärbten Vor- und Beziehungserfahrung geprägt.

Einer der Vorreiter der Psychoneuroimmunologie in Österreich seit den 70er Jahren des letzten Jahrhunderts ist Ulrich Kropiunigg, inzwischen emeritierter Professor für Medizinische Psychologie und Individualpsychologe. Er weist bereits – als dieser Forschungszweig noch relativ jung ist – auf Zusammenhänge zwischen individueller Persönlichkeit und Immunabwehr bzw. psychosomatischen Erkrankungen hin. In seinem Buch „Psyche und Immunsystem" bezieht er sich 1990 auf zahlreiche bis dahin durchgeführte Studien inklusive seiner eigenen und stellt einen Zusammenhang zwischen dem Immunsystem auf der einen Seite und Persönlichkeitsmerkmalen, Coping-Strategien und Social Support auf der anderen Seite her (Kropiunigg, 1990, S. 31 ff.).[106] Hier ist eine Entsprechung zu Adlers Gedankengut erkennbar, die man folgendermaßen darstellen kann:

Für das Immunsystem relevante psychosoziale Faktoren (Kropiunigg 1990):	Entsprechung in Adlers Theorie:
Persönlichkeitsmerkmale	Lebensstil bzw. Lebensbewegung, Apperzeptionsstil
Coping-Strategien	Kompensation, Gleichwertigkeitsstreben
Social Support	Gemeinschaftsgefühl

Abb. 9: Gegenüberstellung relevanter psychosozialer Faktoren der Psychoneuroimmunologie mit individualpsychologischen Konzepten

Dabei ergibt sich auch für Kropiunigg, dass nicht der Stress an sich eine Gefährdung für das Immunsystem darstellt, sondern vielmehr vom subjektiven Erleben und Verarbeiten der Belastung abhängt. Vor allem unzureichende Bewältigungsstrategien (Coping, Kompensation, Selbstregulation) und mangelnde positive Beziehungen haben einen gesundheitsschwächenden Effekt. Hinsichtlich der Persönlichkeitsmerkmale lassen sich im Rahmen von diversen Studien negative Immunwerte mit Geltungs- und Prestigebedürfnis (vgl. Adlers Machtstreben), Einsamkeit, Ängstlichkeit, einem niedrigen Selbstwert bzw. Bedürftigkeit (vgl. Adlers Minderwertigkeitsgefühle) in Verbindung bringen, während Commitment (starke Bindungen, vgl. Adlers Gemeinschaftsgefühl), eine gute

---

106   Darauf haben auch viele andere WissenschaftlerInnen aufmerksam gemacht. Das spricht diesbezüglich für eine große Übereinstimmung in der Forschung.

Realitätsprüfung (vgl. Adlers Apperzeption) und ein höherer Selbstwert (vgl. Adlers Gleichwertigkeitsstreben) mit positiven Immunwerten bzw. mit einer besseren Regulation (vgl. Adlers Kompensation) einhergehen. Allerdings sind die Komponenten situationsabhängig zu betrachten und davon, wie sie in die persönliche Psychodynamik eingebettet sind. Beispielsweise kann sich eine hohe Leistungsorientierung, die an ein starkes Bedürfnis nach Prestige gekoppelt ist, bei gleichzeitiger Hemmung der Aktivität zu schlechteren Immunwerten führen. Die Krankheiten treten dann zutage, wenn der Ausgleich nicht mehr gelingt, die Kompensation zusammenbricht (ebd., S. 78 ff.).

Das passt zu dem Beitrag der Ärztin und Individualpsychologin Petra Eibl-Mörzinger, die – ebenfalls unter Bezugnahme auf verschiedene Studien – Gemeinsamkeiten im Persönlichkeitsprofil von Alzheimer-Demenz-Erkrankten ausfindig macht. Sie identifiziert viele Betroffenen als selbtunsichere Persönlichkeiten, die aber zunächst – entweder über ein erfolgreiches Arbeitsleben oder über eine/n starke/n PartnerIn – eine gute Kompensation erlangen können. Der Ausbruch der Krankheit – so zeigen Studien – fällt oft mit dem Zusammenbruch der Kompensation zusammen, wenn zum Beispiel der/die PartnerIn selbst schwer erkrankt oder ein Verlust des Arbeitsplatzes bzw. die Pensionierung erfolgt (Eibl-Mörzinger, 2015, S. 88 ff.). Eine komplexe Wechselbeziehung zwischen Life-Events, Lebensstil und physiologischen Abläufen scheint somit belegt.

Zu den in der Psychoneuroimmunologie und Psychosomatik erfassten Körperprozessen passt auch die folgende Bemerkung Adlers:

> „Diese körperlichen Veränderungen bringen wohl den ganzen Körper in vorübergehende oder dauernde Unordnung, setzen aber zumeist Störungen der Funktion in auffallender Weise an solche Stellen, die, sei es in Folge angeborener Organminderwertigkeit, sei es durch Überladung mit Aufmerksamkeit, auf die seelische Störung am stärksten antworten" (Adler, 1933b, S. 76, 1907a).

Die von Adler ins Treffen geführten „Funktionsstörungen" (a.a.O.) sollten in der späteren Psychosomatik – ohne Verweis auf Adler – noch eine tragende Rolle zuerkannt werden. Nach ihm finden sie ihren Ausdruck beispielsweise „in Schweißausbruch, Herz-, in Magen- und Darmstörungen, in Atembeklemmungen, in Zuschnüren der Kehle, in Harndrang und in sexueller Erregung oder deren Gegenteil" (a.a.O.). Damit spricht er einige der auch heute am weitest verbreiteten psychosomatischen Erkrankungen an, wie Colitis ulcerosa, Morbus Crohn, Gastritis, Zwölffingerdarmgeschwür, Asthma, Reizblase etc. In diesem Sinn sind auch Sexsucht und sexuelle Dysfunktionen als Psychosomatose zu verstehen.

Die Krankheitsbilder bringen die Kompensationsbestrebungen des Organismus psychosomatisch bzw. somatopsychisch zum Ausdruck. Gleichzeitig wird auch beim gesunden Menschen nie ein Gleichgewicht erreicht, das statisch verstanden werden könnte: „Es gibt im Leben keinen Stillstand, wie dies der Begriff Homöo*stase* und die darauf basierenden Forschungsdesigns und statistischen Techniken der Biomedizin fälschlicherweise annehmen lassen" (Lipsitz, 1995, zit. n. Schubert, 2015, S. 430). Schubert kritisiert an der aktuellen biomedizinischen Forschung, dass die subjektive Bedeutung und Dynamik des Individuums nicht einbezogen werden, wie es das „bio-psycho-soziale (BPS-)Modell", zurückgehend auf George Engel, erfordert (Engel, z.B. 1976, 1997, Schubert, 2015, S. 418 ff.).[107] In eine ähnliche Kerbe schlägt Egger, Professor für biopsychosoziale Medizin: „Krankheit und Gesundheit erscheinen folgerichtig *nicht* als ein Zustand, sondern als ein *dynamisches Geschehen.* So gesehen muss Gesundheit in jeder Sekunde des Lebens ‚geschaffen' werden" (Egger, 2008, S. 15). Schubert wie Egger betonen in diesem Kontext den zentralen Begriff der Emergenz. Bezogen auf das biopsychosoziale Modell bedeutet das, dass dieses hierarchisch aufgebaut ist und dass die einzelnen Teile mit ihren wechselseitigen Beziehungen auf der einen Ebene des Systems neue Phänomene auf der nächsten Stufe hervorbringen, welche nicht allein aus den Eigenschaften der Einzelteile oder deren Summe erklärbar sind, sondern wiederum eigene Qualitäten aufweisen (Schubert, 2015, S. 419, Egger, 2008, S. 14). In diesem Sinn sind psychologische Konstrukte, wie beispielsweise das Minderwertigkeitsgefühl, nicht ursprünglich auf der physiologischen Ebene auszumachen. Dass subjektive Bedeutung ein höchst dynamisches Konstrukt im Rahmen von intersubjektivem Geschehen darstellt, das von Adler als solches identifiziert und konzipiert worden ist, ist im Kapitel über den Lebensstil ausführlich dargelegt worden.

Es ist zu ergänzen, dass neben dem Fehlen der Beachtung von Subjektivität und Dynamik noch eine wesentliche Dimension außer Acht gelassen bzw. nicht anerkannt wird: Mit der zunehmenden Erkenntnis der physiologischen Prozesse des Körpers in ihrer Verbindung mit Mentalem ist bei weitem nicht alles erklärt. Der Leib ist kulturell und sozial disponiert und reicht immer über sich selbst hinaus; er ist eben auch ein „Transzendierender", wie uns die Phänomenologie lehrt. Auf Merleau-Ponty wurde schon Bezug genommen. Dass Phänomenologie mit Natur-, Neurowissenschaft und Medizin sehr wohl zusammengebracht werden kann, bezeugt der Umstand, dass der Psychiater und Philosoph Thomas Fuchs 2010 die erste Professur für philosophische Grundlagen der Psychiatrie an der Universität Heidelberg erhalten hat. Adlers Nähe zur phänomenologischen Leibauffassung ist erläutert worden. An dieser Stelle ist noch einmal der Aspekt zu unterstreichen, dass in seiner Lehre „die Spaltung zwischen ‚Körper' und ‚Seele' überwunden wird und die Leiberfahrung mit der Ego-Erfahrung bzw. mit der Lebens- oder Selbstbewegung zusammenfällt" (Heisterkamp & Kühn, 1995, S. 294). So ist der Adler'sche Bewegungsbegriff, der in den 30ern zum Grundbegriff seiner Individualpsychologie wird, in der „Zwischenleiblichkeit" und im „Zur-Welt-Sein" Merleau-Pontys (1966) aufgehoben, indem der intersubjektive Austauschraum „Leib" stets über sich selbst hinaus verweist. Das sind Seinskonstrukte, die nicht allein mit einer biologischen Morphologie gefasst werden können, die aber, um sich dem Menschsein besser annähern zu können, unentbehrlich sind.

---

107   Thure von Uexküll hat schon als der prominenteste Kritiker der Medizin gefordert, dass es dieser an einem systemischen (das Ganze berücksichtigend) und semiotischen (subjektive Bedeutung) Zugang fehlt (von Uexküll, 1996, S. 81 ff.).

Zusammenfassend kann Alfred Adler als absoluter Pionier genannt werden, der in seinem Menschenbild das Individuum ins Zentrum gerückt und Subjektivität, Intersubjektivität, Verkörperung und individuelle Dynamik zu einem Ganzen zusammengefügt hat. Er hat sich um jene unerlässlichen Prinzipien im medizinischen als auch psychologischen Umgang mit dem Menschen bemüht, an deren Mangel die Medizin, und mit ihr die/der PatientIn, heutzutage leidet, aber auch die Psychotherapie, wenn sie der körperlichen Dimension nicht Rechnung trägt.

Als Adlers Beitrag zur Psychosomatik kann im Einzelnen zusammengefasst werden:

- Er erarbeitet 1907 eine „Theorie einer Psychogenese organischer Störungen" (Schmidt, 1995b, S. 362).
- Er beschreibt schon Funktionsstörungen und Ausdrucks- bzw. Bereitstellungserkrankungen.
- Er bietet implizit bereits ein bio-psycho-soziales Modell an, indem er stets die Faktoren aller drei Ebenen und deren Wechselwirkungen berücksichtigt. Das geht damit einher, dass
- Seine Lehre ein „Modell einer unteilbaren Ganzheit des Menschen, nach dem jede Krankheit Ausdrucksform des Lebensstils ist" (Sindelar, 2011b, S. 313), bildet.
- Er erhebt die individuelle Subjektivität und Dynamik zu zentralen Prinzipien in seinem Menschenbild, was für die Psychosomatik ebenso relevant ist.
- Seine Theorie der Organminderwertigkeit, Hand in Hand mit dem „Zärtlichkeitsbedürfnis des Kindes", dem Gemeinschaftsgefühl und dem Lebensstil liefern einen wichtigen Beitrag zur psychophysischen Selbststeuerung bzw. Regulation.
- Er nimmt eine in der modernen Psychosomatik und Psychoneuroimmunologie wesentliche Grundlage vorweg: die Kompensation.
- Mit dem Konzept des Organdialekts formuliert er vor über 100 Jahren die heute in der Psychosomatik selbstverständlich gewordene Organsprache als einen „psychosomatischen Abwehrmechanismus" (Schmidt, 1995a, S. 65 ff., vgl. Sindelar, 2011b, S. 313).

7 Ergebnisse

7.1 Kritik und Schlussfolgerungen

Es wurde versucht, die neurobiologischen Grundlagen der Theorie Alfred Adlers aus heutiger Sicht darzulegen. Dem anschließend stellt sich naturgemäß die Frage, was die Individualpsychologie von den Neurowissenschaften lernen kann und welche Schlussfolgerungen sich für diese Therapieschule ziehen lassen. Adler selbst hat stets betont und gefordert, dass sich die Individualpsychologie an den neuesten wissenschaftlichen Erkenntnissen orientieren soll.

Tatsächlich ergeben sich aus den neurobiologischen Bezügen wichtige Konsequenzen. Es sollte allerdings nicht außer Acht gelassen werden, das neurowissenschaftliche Gedankengut zunächst kritisch zu hinterfragen und nicht vorbehaltlos auf die Psychotherapie zu übertragen. Unter Kapitel 2 ist herausgearbeitet worden, dass sich das naturwissenschaftliche Menschenbild der Neurowissenschaften[108] von jenem der Geistes- und Humanwissenschaften unterscheidet. Das ist insofern von zentraler Bedeutung, als dass in neurobiologischen Forschungen oft ähnliche oder sogar die gleichen Begrifflichkeiten wie in der Psychotherapiewissenschaft, Psychologie oder Philosophie verwendet werden, aber etwas anderes darunter verstanden wird. Man denke beispielsweise an „das Bewusstsein", bei dem in den Neurowissenschaften immer das phänomenale Bewusstsein gemeint ist. Als unter 5.3.2 von Emotionen die Rede war, wurde Damasios Definition einer gefühlten Emotion zitiert: „Es ist die Repräsentation der vorübergehenden Veränderung im Zustand des Organismus in Form neuronaler Muster und der daraus folgenden Vorstellungen" (Damasio, 2009, S. 339). Es geht also um „Repräsentationen"[109], „Neuronen" und „Organismus- bzw. Körperzustände", nicht um subjektives Empfinden. Es wird ersichtlich, dass es sich bei der Sprache der Neurowissenschaften um einen naturwissenschaftlich-mechanistischen „Cerebrojargon" handelt, mit dem in erster Linie neurobiologische Prozesse beschrieben werden. Dabei sticht immer wieder ins Auge, dass sich die Neurowissenschaften gleichzeitig beständig über diesen Beschreibungsmodus hinausbewegen und sich Fragen der Metaphysik widmen, wie zum Beispiel der Frage nach dem Verhältnis zwischen Geist und Materie (Leib-Seele-Diskussion), der Frage, ob es einen freien Willen gibt u.v.m. Das ist grundsätzlich legi-

---

108 Wenn die Bezeichnung „die Neurowissenschaften" verwendet wird, ist anzumerken, dass es innerhalb dieser Wissenschaftsdisziplin natürlich unterschiedliche Ausrichtungen gibt, wie in Kapitel 2 dargestellt worden ist.

109 Und auch „Repräsentation" definiert sich inden Neurowissenschaften anders als in der Psychologie (siehe Kapitel 5.1)

tim, nur wird bei den Ausführungen nur allzu leicht darauf vergessen, dass hier *Meta-Physisches* „lediglich" auf der Basis einer biologischen Morphologie gedacht wird und nicht wirklich über einen Physikalismus hinausreicht. Selbst der Raum für emergente Phänomene, je nach Ausrichtung des/r NeurobiologIn, scheint oft recht klein, im Sinn eines kausal-deterministischen Reduktionismus.[110] Schnell freut sich die/der PsychotherapiewissenschaftlerIn über „offensichtliche" Zusammenhänge zwischen psychologischen Konzepten und neurowissenschaftlichen Erkenntnissen, wie auch der vorliegenden Arbeit abzulesen ist. Auch das ist meiner Meinung nach legitim, denn die Zusammenhänge sind auch vorhanden und sollen genützt werden. Gleichzeitig ist es hilfreich, sich bei der Auseinandersetzung mit den zwei Wissenschaftsbereichen den Umstand im Bewusstsein zu behalten, dass es keine 1:1 Übersetzung zwischen den beiden gibt.

Beispielsweise ist in dieser Arbeit gezeigt worden, dass sich das Konzept der Ganzheitlichkeit Adlers als richtig und wichtig erweist. Das wurde anhand von neurobiologischen Forschungsergebnissen hergeleitet. Dennoch ist zu beachten, dass die Neurowissenschaften selbst kaum einen holistischen Ansatz bieten, weil dieser zwangsläufig mit einer größeren Unschärfe verbunden ist – wie anhand von Adlers Ich-Konzeption deutlich wurde – und es daher schwieriger ist, allgemeingültige Gesetzmäßigkeiten bzw. Kategorien daraus zu erschließen. In Anfängen gibt es Bestrebungen in diese Richtung, wenn synergetische bzw. systemtheoretische Zugänge in die Neurowissenschaften implementiert werden. So hilfreich die Synergetik ist, so erschöpft sich in ihr aber auch weder das Verständnis der Ganzheitlichkeit noch der Individualität des Menschen. Es ergibt sich also gleichermaßen aus den neurowissenschaftlichen Ergebnissen immer mehr die Relevanz von Subjektivität und individueller Dynamik, wobei gerade die Neurowissenschaften selbst – aus heutiger Sicht – diese Aspekte zu ergründen, als nicht geeignet erscheinen. Die bis heute von ihnen nicht ergründbare Subjektivität ist unter dem so genannten „Qualia-Problem" bekannt. In dieser Hinsicht ergibt sich eine zu berücksichtigende Diskrepanz zur Psychotherapiewissenschaft und insbesondere zur Individualpsychologie, deren Anliegen es seit jeher war und ist, den Menschen in seiner Individualität zu fassen.

Hier muss noch einmal auf die eingangs erwähnte und von NeurowissenschaftlerInnen selbst geäußerte Problematik hingewiesen werden, dass die neurowissenschaftliche Forschung Schwierigkeiten dabei hat, psychische Funktionen in ihren Untersuchungen von deren psychologischen Inhalten zu unterscheiden:

> „Auch die Verkürzung der *Psychologie* auf alltagsweltliche Begriffe und Konzepte und auf einfache Experimente ist problematisch. So bleibt oft unbeachtet, ob die experimentelle Operationalisierung einer Funktion den psychologischen Inhalt dieser Funktion zutreffend widerspiegelt" (Tretter u. a., 2014, Internet).

---

110 Die innerhalb der Neurowissenschaften divergierenden Menschenbilder wurden in Kapitel 2 erläutert.

Tretter und seine Kollegen unterstreichen in diesem Kontext, dass die Zuordnung psychischer Funktionen zu Hirnstrukturen aufgrund des Netzwerkcharakters des Gehirns nicht eindeutig erfolgen kann. Daher wird eine stärkere Einbindung der Systemwissenschaften gefordert (a.a.O.).

Der Aspekt der Individualität und Dynamik lässt noch einmal die von vielen NeurowissenschaftlerInnen vorgenommene Personifizierung des Gehirns in Erinnerung rufen (vgl. Kapitel 2.1). Dieses Menschenbild, das eine Steuerung des Individuums über das Gehirn nahelegt, ist nur schwerlich mit Individualität vereinbar. Thomas Fuchs macht – wie schon gezeigt – immer wieder deutlich, dass es nicht um eine Steuerung durch das Gehirn geht, sondern vielmehr um Lebensvollzüge, die wiederum nur bezogen auf ein Wesen in Zusammenhang mit seiner Lebenssituation zu verstehen sind und nicht als „Kognitionen" oder „mentale Zustände". Wir können demnach den Neurowissenschaften die Abdankung des cartesianischen Dualismus zwischen Leib und Seele zurechnen, aber durch die Trennung von Gehirn und Lebewesen haben sie einen neuen erschaffen bzw. ihn auf eine andere Ebene verlagert, „unter Vernachlässigung der Einheit des lebendigen Organismus", wie Fuchs betont (Fuchs, 2007, S. 50):

> „Der traditionelle ‚Zerebrozentrismus' der kognitiven Neurowissenschaften beruht insofern auf einem latenten Cartesianismus, einer Trennung von Bewusstsein und Körper, die einer systemisch-biologischen Betrachtung des Organismus nicht standhält. Weder das Gehirn noch das Bewusstsein lassen sich vom lebendigen Körper insgesamt trennen" (ebd., S. 53).

Jedes Selbstempfinden ist an leibliches Hintergrunderleben gekoppelt (vgl. z.B. Damasio, 2009, 2011); insofern ist das Ich-Erleben immer ein gesamtorganismischer Vorgang und wird nicht abgekoppelt im Gehirn erzeugt. Fuchs merkt kritisch an, dass die sensomotorischen Schemata, welche im Zuge der Interaktionen entstehen, die eigentliche Funktion des Gehirns verdeutlichen. Es dient somit „in erster Linie als Organ der *Vermittlung*, der *Modulation* und der *Transformation*, etwa der Umwandlung von Wahrnehmung in Bewegung" (Fuchs, 2007, S. 53).

Was den Natur- und Neurowissenschaften fehlt, ist die „Ortung" des Ich, des Einzelnen, des Individuums. Es können immer nur allgemeingültige Kategorien gebildet werden, die selbstverständlich ihren Wert haben, denen aber die erwähnten Aspekte fehlen. Dem entgegen hat Adler das Ich in seinem Lebensvollzug bzw. in seiner Lebensbewegung, seinem Lebensstil, zu fassen versucht. Er trägt der Ganzheitlichkeit, dem dynamischen Prinzip und der Individualität Rechnung. Laut Witte könnte man ihm vorwerfen, dass der Versuch den Einzelnen über ein „individualisierendes Prinzip" zu verstehen, keine wissenschaftliche Theorie ist, man könnte aber auch fragen, ob die Wissenschaft genau diese Frage vergessen hat (Witte, 1991, S. 70). Meines Erachtens wird die Frage nicht aufgrund von Unwissenschaftlichkeit ausgeklammert, sondern aufgrund von Unzulänglichkeit, da es den Wissenschaften mit ihrem vorhandenen Methoden-Repertoire bis heute schwer fällt, Individualität und Dynamik zu erfassen.

Das betrifft nicht nur die Neurowissenschaften, sondern gleichermaßen beispielsweise die Psychotherapiewissenschaft selbst. Letztere hat zwar im Unterschied zu den Neurowissenschaften das Potenzial, Individualität abzubilden, dennoch wird nur begrenzt daraus geschöpft. Nach wie vor wird viel im Rahmen quantitativer Forschung erhoben, konkret wird häufig mit standardisierten Fragebögen gearbeitet, in welchen die Erlebensweisen immer schon in einer bestimmten Auswahl vorgegeben sind und somit Subjektivität nur bedingt abgebildet werden kann. Gleichzeitig werden oft Studien im klinischen Kontext durchgeführt, und das bedeutet, dass sie unter völlig kontrollierten Bedingungen stattfinden, die mit der (Alltags-)Welt der PatientInnen mitunter nur wenig zu tun haben und dadurch bisweilen inkonsistente Daten liefern (z.B. auch über die Wirksamkeit von Psychotherapie). Darüber hinaus betreibt die Psychotherapiewissenschaft bis zu einem gewissen Grad immer noch vorwiegend Outcome-Forschung und vernachlässigt die wissenschaftliche Untersuchung von Veränderungsprozessen, die so genannte Prozessforschung. Die Untersuchungsdesigns entstehen zumeist in einer Abhängigkeit von den Forschungsgeldern und -gebern. Zur Erfassung von Individualität und Dynamik bietet sich ein vermehrter Einsatz von Einzelfallstudien, qualitativer Forschung und Feldstudien an. Die Universitätsklinik Innsbruck beispielsweise arbeitet auf dem Gebiet der Psychoneuroimmunologie zu einem guten Teil mit Einzelfallstudien und kommt auf diesem Weg zu guten Ergebnissen. Die hier angeführten Kritikpunkte, welche die Psychotherapieforschung betreffen, sind in Anlehnung an Christian Schubert erfolgt, der diese Gedanken im Hinblick auf die biomedizinische Forschung äußert und die meiner Meinung nach gut übertragbar sind (Schubert, 2014, DVD).

In diesem Zusammenhang soll unterstrichen werden, dass die eigene Wissenschaft über Interdisziplinarität zu einem Erkenntnisgewinn gelangen kann, denn auf dieser Einstellung basiert diese Arbeit. Dafür ist es unabkömmlich, dass sich die verschiedenen Wissenschaftsbereiche als gleichwertig begreifen. Gerd Rudolf meint: „Interdisziplinarität heißt vor allem das eigene Gebiet auch vom Standpunkt des anderen sehen lernen […]. Es erfordert relativ viel Toleranz, aus der Hochschätzung der eigenen Methode heraus die übrigen Verfahren nicht für Unsinn zu halten" (Rudolf, 2000, S. 11–12, vgl. Sindelar, 2011b, S. 309). Das entspräche auch einem wissenschaftlichen Gemeinschaftsgefühl im Sinn Adlers (vgl. Sindelar, 2011a, S. 273). Eine Haltung der Gleichwertigkeit geht den NeurowissenschaftlerInnen allerdings zu einem Teil ab. Vielmehr ergibt sich manchmal ein „narzisstisches Erscheinungsbild", indem manche VertreterInnen dieser Disziplin voraussetzen, dass sie es sind, die andere Richtungen beurteilen und sich somit als Leitwissenschaft erachten (z.B. Roth, 2000, S. 107). Denn in dem Wunsch, vor jeder Wissenschaft ein „Neuro-Suffix" zu platzieren (*Neuro*-Philosophie, *Neuro*-Pädagogik, *Neuro*-Psychologie etc.; vgl. Fuchs 2008, S. 308 ff.), damit sie weiter eine ernstzunehmende Daseinsberechtigung hat, drückt sich ein Machtanspruch der Neurowissenschaften aus. Dieser legt nahe, dass andere Wissenschaftsgebiete nur noch dann legitim seien, wenn sie sich mit den Neurowissenschaften verbünden. Parallel dazu nehmen sich NeurowissenschaftlerInnen heraus, Felder zu beurteilen anstatt eine Brücke zu schlagen.

Ein eindrückliches Beispiel stellt die stete Einschätzung der Psychotherapie durch die Neurowissenschaften dar. Dabei fällt auf, dass sich jene NeurowissenschaftlerInnen, die dem nachgehen, hauptsächlich mit der Psychoanalyse beschäftigen. Das mag vielleicht auch damit zu tun haben, dass in vielen Ländern nicht so eine vielfältige Therapieschulenlandschaft (gesetzlich zugelassene und über die Krankenkasse abrechenbare Methoden) wie in Österreich vorhanden ist, abgesehen davon, dass Freuds Psychoanalyse natürlich die älteste und bekannteste Richtung ist. Es geht hier vermutlich auch um einen Rechtfertigungsdruck gegenüber den Krankenkassen, die nur bestimmte Therapien finanzieren. Man gewinnt allerdings den Eindruck, dass oft ausschließlich die ursprünglichen Konzepte Freuds unter die Lupe genommen werden, die zum Teil im Zuge der Geschichte der Psychoanalyse selbst inzwischen starken Wandlungen und Überarbeitungen unterlegen und weiter entwickelt worden sind, wie zum Beispiel die Ich-, Selbst-, Objektbeziehungspsychologie, die relationale Psychoanalyse oder die Bindungstheorie zeigen. Es gibt heute eine große Zahl an psychoanalytischen Strömungen, was von einem nicht zu übersehenden Pluralismus zeugt.[111] Dieser Pluralismus wird von den Neurowissenschaften mangels Fachkenntnis und Bereitschaft, sich auch auf die andere Wissenschaft ernsthaft einzulassen, permanent ignoriert.[112] Denn die neurowissenschaftliche Forschung, welche sich mit der Psychoanalyse befasst, scheint der wissenschaftlichen Fiktion zu unterliegen, dass die ursprüngliche Freud'sche Lehre in all ihren Aussagen immer noch der Status quo wäre und kommen naturgemäß dann oft zu Ergebnissen, mit welchen sie Freuds Thesen korrigieren. Diese Korrekturen sind aber zumeist schon längst ohne Neurowissenschaften durch psychoanalytische Weiterentwicklungen erarbeitet worden. Als Beispiel seien die Bedeutung der Beziehungserfahrungen oder der Emotionen entgegen einer (ausschließlichen) Triebtheorie oder einer „kognitiven Einsichtstherapie" genannt.

Gleichzeitig hat sich im Rahmen der interdisziplinären Bestrebungen zwischen Psychoanalyse und Neurobiologie ein eigenständiger Wissenschaftszweig, die „NeuroPsychoanalyse" (vor allem mit den Namen des Ehepaars Karen und Mark Solms verbunden), entwickelt. Damit verleiht eine Gruppe von PsychoanalytikerInnen im Schulterschluss mit NeurowissenschaftlerInnen ihrer Meinung Ausdruck, „psychoanalytisches Handeln außerhalb des neurowissenschaftlichen Paradigmas habe endgültig ausgedient" (Greiner, 2007, S. 134). Das ist problematisch, weil negiert wird, dass den Neurowissenschaften eine ganz bestimmte Naturauffassung zugrunde liegt und eine brauchbare Theorie ihrer eigenen Wissenschaft fehlt, wie unter 2.1 dargelegt. Das heißt, dass sie ihre eigenen Fiktionen bzw. Vorannahmen nicht herausarbeiten und auch die Tatsache ignorieren, dass sich ihre Wissenschaft gleichermaßen wie das Ich – so ihre

---

111 Einen Überblick über aktuelle psychoanalytische Richtungen gibt zum Beispiel Kernberg (2013).
112 Sichtet man die Literatur, erhält man den Eindruck, die Neurowissenschaften widmen sich der ursprünglichen Psychoanalyse, der Bindungstheorie, manches Mal wird noch auf die OPD verwiesen, aber darin erschöpft sich ihr Zugang zur Psychotherapie.

eigene Erkenntnis über den Menschen – fortlaufend prozesshaft konstituieren muss. Denn, wie gesagt, definieren die Neurowissenschaften das Ich bzw. den Menschen aufgrund der Eigenart der Gehirnfunktionen konstruktivistisch; sie übertragen diese Erkenntnis aber nicht auf ihr wissenschaftliches Selbstverständnis zurück. Würden sie ihren eigenen Schlüssen folgen, müssten sie anerkennen, dass sich auch ihre Wissenschaft in diesem Sinn kontinuierlich aktualgenetisch generieren muss. Um es mit den Worten des Kulturwissenschaftlers und Epistemologen Kurt Greiner zu sagen:

> „Bei der traditionellen Lesart von Wissenschaft, die dem Naturgesetzdogma verpflichtet ist und daher den Akt des Forschens als verfahrensmonistisches (einheitsmethodologisches) Enträtseln und Entschlüsseln *einer ontisch vorgefertigten Wirklichkeit* begreift, handelt es sich nachweislich um ein grobes Verkennen der Leistungsfähigkeit von Wissenschaft" (ebd., S. 136, eigene Hervorhebung, S. R.).

Vittorio Gallese, selbst Neurophysiologe, wirft eine ähnliche Kritik in die eigenen Reihen, wenn er den kognitiven Neurowissenschaften weitgehend ein Verhaftetsein in den klassischen Kognitionswissenschaften und der evolutionistischen Psychologie attestiert: „Das hat zu einem Ansatz geführt, der durch eine Art ontologischen Reduktionismus charakterisiert ist. Der verdinglicht das Subjekt zu einem Haufen Neuronen, die jeweils als Module im Gehirn verteilt sind" (Gallese, 2015, S. 100). Einen Grund sieht er darin, dass ein „exzessives Vertrauen in die Techniken des *brain imaging* als *alleiniger* Untersuchungsmethode" (a.a.O.) vorherrscht. Die bildgebenden Verfahren zeigen aber keine objektive Realität, und den neurowissenschaftlichen Untersuchungen fehlt es an Theorie. Nach Greiner verhält es sich so, dass „Wirklichkeit ohnehin nur als theoriegetränkt gedacht werden kann" (Greiner, 2007, S. 136). In diesem Sinn staunt Greiner über „die selbstverschuldete Voraussetzungsblindheit" vieler ForscherInnen (a.a.O.). Dass keine „strukturell vorgefertigte und beobachterunabhängige Wirklichkeit per se existierte" (a.a.O.), wird von der Neuro-Psychoanalyse selbst nicht thematisiert, was in einen „naiv-realistischen Realitäts-Korrespondenz-Anspruch" mündet (ebd., S. 138–139). Dem folgend plädiert Greiner für ein konstruktivistisches wissenschaftliches Selbstverständnis:

> „Konstruktivisten verzichten auf die Applikation der korrespondenztheoretischen Wahrheitsideologie, betrachten stattdessen ihre Forschungswerkzeuge vielmehr unter dem Nützlichkeitsaspekt und gehen infolgedessen auch mit dem Begriff der Wahrheit ‚pragmatisch' um" (ebd., S. 138).

Das sei betont, weil diese Aussage der Hypothese der „nützlichen Fiktionen" Adlers – auf Basis der „Philosophie des Als Ob" von Vaihinger (1911) – entspricht.

Auch die Neurowissenschaften können von anderen Feldern durchaus profitieren, wenn man an ihre eigene Begrenztheit denkt, beispielsweise Subjektivität bzw. die „Qualia-Frage" zu fassen. Was das anbelangt, stellt die Philosophie, speziell die der Phänomenologie, eine Bereicherung dar. Die Beitragssammlung „Das leidende Subjekt: Phänomenologie als Wissenschaft der Psyche" (2014) beispielsweise, herausgegeben von Fuchs, Breyer u.a., demonstriert, dass die Phänomenologie als Grundlagenwissenschaft der subjektiven Erfahrung betrachtet werden kann, nachdem sie ihre Strukturen, Intentionalität, Leiblichkeit und Intersubjektivität erforscht. Das menschliche Erleben wird im Gesunden wie im Pathologischen nicht als in Gehirnarealen zu findende Vorgänge, aber genauso wenig aus einem verborgenen psychischen Inneren heraus verstanden. Vielmehr manifestiert es sich in dem viel zitierten Lebensvollzug.

Der Konnex zur Individualpsychologie liegt auf der Hand und ist in der vorliegenden Arbeit dort angemerkt worden, wo deutlich wurde, dass das Verständnis der individualpsychologischen Konzepte über neurowissenschaftliche Erkenntnisse an seine Grenzen stößt. Seriöserweise soll ergänzt werden, dass es auch eine Gruppe von NeurowissenschaftlerInnen gibt, die aus dem Anerkennen der Schranken der eigenen Wissenschaft heraus „*Transdisziplinarität*" und „eine neue, *diskursive* und *reflexive* (nachdenkliche) *Neurowissenschaft*" fordern, „die auch ihre eigenen Grundlagen hinterfragen und ihre Grenzen erkennen kann" (Tretter u. a., 2014, Internet). NeurowissenschaftlerInnen, die sich von einem ontologischen Reduktionismus distanzieren und die Phänomenologie heranziehen, sind zum Beispiel Thomas Fuchs (2007, 2008, 2009, 2014), Vittorio Gallese (2015), Shaun Gallagher (2008, 2012) oder Julian Kiverstein (2009, 2011, 2015a).

Natürlich erfährt die Psychoanalyse bzw. die Psychotherapie allgemein wichtige Bestätigungen über die Neurowissenschaften, wenn man beispielsweise nicht darauf vergisst, dass bis vor wenigen Jahren nicht davon ausgegangen worden ist, dass Psychotherapie neuronale Verschaltungen ändern könne (Rüegg, 2007, S. 137). In diesem Sinn haben die neurowissenschaftlichen Forschungen auch der Individualpsychologie genützt, da die Plastizität des Gehirns ihre Sinnhaftigkeit und Wirksamkeit impliziert. Meiner Meinung nach sind allgemein vor allem zwei Schlüsse, welche sich aus der Betrachtung der Individualpsychologie in Verbindung mit den Neurowissenschaften ergeben, hervorzuheben:

1. Die neurowissenschaftlichen Befunde bedeuten einen Zugewinn an Wissen, von dem die Individualpsychologie profitieren kann, weil viele Daten geboten werden, die früher noch nicht bekannt waren und die für die Weiterentwicklung der Therapieschule nutzbar sind. Die Darlegungen unterstreichen die untrennbare Einheit von Psyche und Physis und stellen in dieser Verwobenheit die dynamische Wechselwirkung der einzelnen Entitäten heraus. Diesbezüglich ist deutlich geworden, welche physiologischen Prozesse dabei Anteil haben und dass dem Körper wie auch der Bewegung tragende Rollen in dem Zusammenhang zukommen. Insofern führt dies zu dem Schluss, den Körper in der Psychotherapie, im speziellen Fall in der Individualpsychologie, wieder mehr einzubeziehen. Das entspricht im Eigentlichen einer Rückkehr zu den individualpsychologischen Wurzeln, denn Alfred Adler hat den Körper bereits berücksichtigt.

Nachdem die psychischen und die physiologischen Regulierungsprozesse wie auch die Konstituierung des Selbst intersubjektiv und dabei von Anbeginn an auch über Berührung vermittelt werden, spannt dies den Bogen für körpertherpeutische Interventions-möglichkeiten auf, mittels derer im therapeutischen Raum die Lebensbewegung der/s PatientIn dort aufgegriffen werden kann, wo Störungen bzw. Brüche im (frühen) Inter-aktionszyklus entstanden sind. Die Verleiblichung der Beziehungserfahrungen, damit einhergehend das „implizite Körperwissen", verknüpft mit der Betrachtung der unter-schiedlichen Strukturniveaus der PatientInnen und der Einbettung in die Lebensbewe-gung legen nahe, diese Verleiblichung therapeutisch zu nützen, da die unbewusst auto-matisierten Denk-, Fühl- und Handlungsabläufe auch sinnlich-körperlich reaktiviert werden können. Dies ist freilich kein neuer Gedanke per se, wie die bereits seit Jahr-zehnten existierenden verschiedenen Richtungen der Körpertherapie, von der bioenerge-tischen Richtung bis zur analytischen Körperpsychotherapie, zeigen. Der Körper hat im Grunde seit jeher in der Individualpsychologie eine Rolle gespielt, wie zum einen Ad-lers beständige Einbeziehung der körperlichen Einflüsse in seine „Bausteintheorie" zeigt. Gleichzeitig findet sich die Gewichtung des Leibes konkret in den Konzepten der Organminderwertigkeit und des Organdialekts, in welchen der Körper, die physiologi-schen Prozesse wie auch die Körpersprache im eigentlichen Sinn Beachtung finden.

In meiner Ausbildung zur Individualpsychologin an der Sigmund Freud Privatuniversi-tät Wien bin ich u.a. Adlers Denkansatz gelehrt worden, dass sich das Ganze stets im Detailausdruck abbildet und umgekehrt im Detail das Ganze steckt. Das „Ganze" meint hier die individualtypische Lebensbewegung eines Menschen. So könnte ein Wechsel zwischen Fernbleiben von Therapiestunden und sich ganz darauf einlassen, wenn der/die PatientIn da ist, ein Zeugnis über seinen/ihren Nähe-Distanz-Konflikt ablegen. Zu den Detailausdrücken, in welchen sich die Skizze des Ganzen abzeichnet, gehört gleichermaßen die Körpersprache, wie Mimik und Gestik. Wenn beispielsweise ein/e PatientIn zum Erstgespräch kommt und seine/ihre Tasche nicht abstellt, sondern sie auf die Schoß nimmt, sich vor den Bauch hält und sie mit beiden Armen umklammert, teilt er/sie damit vermutlich ihre Unsicherheit und Ängstlichkeit mit und der/die Therapeut kann die nonverbale Botschaft in das therapeutische Gespräch aufnehmen. Auch habe ich von meinem Lehranalytiker die Angewohnheit übernommen, wenn ich im Couch-Setting arbeite, meinen Sessel schräg seitlich von der Couch, etwas nach hinten versetzt, und nicht direkt am Kopfende hinter der Couch, zu platzieren, um die/den PatientIn und damit ihren/seinen Körper im Blickfeld zu behalten, um auf Äußerungen über den Kör-per in der Therapie eingehen zu können. Außerdem kann sich auf diese Weise die/der PatientIn jederzeit zu mir wenden und Blickkontakt aufnehmen, wenn ihm/ihr nach einem direkten Kontakt ist. Auch bietet es sich immer wieder an zu fragen, wo und auf welche Weise im Körper die PatientInnen beispielsweise bestimmte Emotionen fühlen, um auch hier auf die psychophysische Verflechtung Bezug nehmen zu können. Diese Erweiterung eines reinen Gesprächssettings empfinde ich persönlich als sehr förderlich.

Allerdings bin ich im Zuge der Auseinandersetzung mit den Neurowissenschaften im-mer mehr zu der Überzeugung gelangt, dass auch körpertherapeutische Interventionen, in deren Handlungsfeld Berührung ebenfalls eine Option ist, ins „Handwerksrepertoire" des/der TherapeutIn gehören sollten. Meine Kollegin, Annette Hohaus, schließt in ihren Beiträgen ebenfalls aus neurobiologischen Überlegungen heraus, der Dimension des Körpers in der Therapie mehr entgegenkommen zu müssen (Hohaus, 2014, S. 75, dies., 2015b, S. 62). Nun wird die Überzeugung, den Körper in der Psychotherapie zu honorieren, naturgemäß schon lange propagiert (vgl. z.B. Geißler & Heisterkamp, 2007 u. 2013, Geißler & Sassenfeld, 2014, Heisterkamp, 2002, Moser, 2001, Rieken, 2011d).[113] Dieser Schluss zieht meinerseits die Äußerung des Wunsches nach sich, die Ausbildungen der PsychotherapeutInnen jeder Richtung dahingehend zu adaptieren:

a. Es sollten in den Ausbildungscurricula die psychophysischen Zusammenhänge zumindest als Grundlagenwissen weitergegeben werden. Was das betrifft, kann die Sigmund Freud Privatuniversität als positives Beispiel genannt werden, da die StudentInnen jene Vorlesungen, die für alle Schulen verpflichtend und eben nicht schulenspezifisch sind, im Rahmen des Studiums der Psychotherapiewissenschaft gemeinsam besuchen. Zu diesen Vorlesungen zählen Themen wie „Neurobiologie der Psychotherapie", was einen zu begrüßenden Vorstoß in die angedachte Richtung bedeutet. Jedoch sollten meiner Meinung nach die Zusammenhänge des impliziten Leibgedächtnisses explizit vermittelt werden, konkret wie sich Beziehungserfahrungen physiologisch niederschlagen und was dies für das psychotherapeutische Vorgehen bedeutet. Eine solche Erweiterung wäre für die AusbildungskandidatInnen ein Gewinn.

b. Es sollte schulenübergreifend bzw. in jeder Schule unterrichtet werden, wie man körpertherapeutische Interventionen (mit und ohne Berührung) im therapeutischen Arbeiten sinnvoll einsetzen kann. Diesbezüglich gibt es im Fachspezifikum für Individualpsychologie an der Sigmund Freud Privatuniversität bereits anerkennenswerte Bemühungen, indem man einen der Begründer der analytischen Körperpsychotherapie, Peter Geißler, an Bord geholt hat.

Peter Geißler hat mir freundlicherweise in einem Mail (9.2.2016) Auskunft darüber erteilt, inwieweit er den Körper in seine Lehrtätigkeit miteinbezieht: Zunächst gestaltet er die Lehranalysen in einem „offenen Setting", in welchem der Therapieraum über das Liegen oder Sitzen hinaus als interaktiver Raum genützt werden kann. Dieses Angebot erinnert an Adlers Erweiterung des Settings Ende der 20er Jahre, das schon erwähnt worden ist. Dieses offene Setting ist in der individualpsychologischen Praxis später wieder in Vergessenheit geraten, vielleicht um nicht den Anschluss an die Psychoanalyse zu verlieren. Es lässt sich festhalten, dass die Individualpsychologie hier wieder zu ihren Wurzeln zurückkehren sollte, bzw. ist es bemerkenswert, dass dies offenbar schon geschieht. In den Supervisionen lässt Peter Geißler beispielsweise die SupervisandInnen

---

113   Die Erweiterung der Psychoanalyse durch eine körpertherapeutische Dimension wird unter PsychoanalytikerInnen kontrovers unter Aspekten wie Abstinenz, Missbrauch etc. diskutiert (vgl. Rieken, 2011c).

zusätzlich zu den Erzählungen über die PatientInnen die Körpersprache derselben imitieren, um so einen therapeutischen Erkenntnisgewinn zu generieren. Er meint dazu:

> „Vergessen wir nicht, dass sich der kommunikative Austausch zwischen Patient und Therapeut zu ca. 90% auf der nonverbalen Ebene ereignet. Ich erinnere in den Supervisionen immer wieder daran, nichtsprachlichen Aspekten Aufmerksamkeit zu schenken und für diese Worte zu finden (Tonfall, Augenausdruck, Körperhaltung, Begrüßungs- und Verabschiedungsszene, Mikrobewegungen, Nähe-Distanz-Regulierung etc." (Geißler, 2016, e-mail).

Ähnlich geht er in den Vorlesungen vor, wobei er im Fachspezifikum für Individualpsychologie „Diagnostik", „Krankheitslehre" und „Übertragung/Gegenübertragung" unterrichtet. Er stützt sich auf Videomaterial, das zum Beispiel in der „Krankheitslehre" mit Aspekten in Verbindung gebracht wird, welche im Hinblick auf die Pathologien eine wesentliche Rolle spielen, „wie z.B. bestimmten Strukturaspekten: Affektwahrnehmung, Affektdifferenzierung, Affektausdruck, Affekttoleranz, Impulssteuerung, Reflexionsfähigkeit, was das Körperliche anbelangt (Selbstwahrnehmung), etc." (a.a.O.). Im Rahmen der Lehrveranstaltung „Übertragung/Gegenübertragung" wird das Material in einen Kontext mit klinischen Aspekten gestellt. Es wird herausgearbeitet: „[...] [W]ie ,verkörpert' sich die jeweilige Übertragungsbeziehung und die Gegenübertragung des Therapeuten" (a.a.O.). Dabei stellt das Körperliche nicht das zentrale Moment seines Unterrichtes dar, aber es fließt als Grundhaltung ein, das Körperliche auch in den Fokus zu nehmen. In der therapeutischen Arbeit legt er darauf Wert, den PatientInnen körpertherapeutische Interventionen nicht aufzudrängen, sondern – wenn in der analytischen Interaktion gerade passend – als Angebot zur Verfügung zu stellen (a.a.O.). Natürlich gibt es auch Fortbildungen in dieser Richtung. Ausführlich sind diese Ansätze zum Beispiel in den mit seinem Kollegen Günter Heisterkamp entstandenen Büchern „Einführung in die analytische Körperpsychotherapie" (2013) und „Psychoanalyse der Lebensbewegungen" (2007) nachzulesen, wie auch bei Moser (2001) oder Geißler und Sassenfeld (2014) und Heisterkamp (2002).

Auf Peter Geißlers Vorgehensweise sei deshalb hingewiesen, weil sie als Beispiel zeigt, wie in der therapeutischen und Ausbildungspraxis konkret den Zusammenhängen Rechnung getragen werden kann, wie sie in der vorliegenden Arbeit hergestellt worden sind. Schließlich handelt es sich um solche Zusammenhänge, die ein verkörpertes Subjekt genauso wie eine verkörperte Intersubjektivität akzentuieren.

    c.   Es empfiehlt sich als TherapeutIn Weiterbildungsmöglichkeiten in Anspruch zu nehmen, die ergänzende Interventionsmöglichkeiten in der Hinsicht darstellen, als dass sie dabei unterstützen, die implizite Dimension bei den PatientInnen besser zu erreichen. Als Beispiele sind zu nennen: Imaginationstechniken, wie wir sie beispielsweise aus der Katathym Imaginativen Psychotherapie oder aus der Traumatherapie kennen (vgl. z.B. Reddemann, 2001), Entspannungstechniken (Autogenes Training, Progressive Muskelentspannung nach Jacobson u.a.), Meditation, hypnotherapeutische Interventionen, Biofeedback, etc.

Die Wirksamkeit dieser Verfahren ist über Studien relativ gut belegt (vgl. Rüegg, 2007, S. 139 ff., Schubert, 2015, S. 245 ff.). Da das psychophysiologisch intersubjektiv Gelernte im impliziten Gedächtnis niedergelegt wird und wieder abgerufen werden kann, bedeutet das umgekehrt, dass diese Prozesse beispielsweise therapeutisch auch wieder ver- bzw. umgelernt werden können. Die über Reddemann bekannt gewordene und schulenübergreifende Methode der „Arbeit mit dem inneren Kind" zum Beispiel ist mir in meiner eigenen Lehranalyse vertraut geworden, und ich wende sie bis heute mit voller Überzeugung der Praktibilität bei vielen meiner PatientInnen an. Eine meiner KollegInnen wiederum hat eine Zusatzausbildung in der so genannten „Maly-Meditation" (Maly, 2012, CD). Diese führt sie nicht im Rahmen einer Psychotherapie durch, sondern bietet sie als eigene Leistung an für PatientInnen, die keine Psychotherapie bei ihr machen, sondern über einen anderen Weg zu ihr kommen. Sie wird also nicht mit dem therapeutischen Prozess vermischt. Es handelt sich um eine Meditationsform, die man nicht alleine, sondern gemeinsam mit einer/m PartnerIn bzw. zunächst mit einem/r ProfessionistIn durchführt. Das erscheint mir als Individualpschologin sehr sinnvoll, weil in diese Art der Meditation die Dimension der Beziehung hereingenommen wird. Sie wird beispielsweise bei Krebserkrankungen eingesetzt, wie Meditation im Allgemeinen dort eine Anwendung findet und Studien deren Wirksamkeit nachweisen (Schubert, 2015).

All diese Methoden sind nie als das „Mittel erster Wahl" zu betrachten, sie sollten auch keinen Druck erzeugen, über alle Techniken Kenntnis haben zu müssen. Außerdem kann man nie ExpertIn für alle Bereiche sein, das ist auch nicht der Anspruch. Genausowenig können in einer ohnehin schon jahrelangen Ausbildung sicherlich nicht alle Möglichkeiten vermittelt werden; es können Anstöße gegeben werden, die jeder AusbildungskandidatIn nach eigenem Ermessen nach Abschluss weiterverfolgen kann. Des Weiteren muss immer erwogen werden, inwiefern eine Intervention in den Fluss des analytischen Prozesses passt und sollte nicht willkürlich gesetzt werden. Es existieren ferner sicherlich auch Methoden, die mit einer Psychoanalyse nicht vereinbar sind. In diesem Sinn ist auf Seriosität zu achten, wobei schon die Diskussion über Körpertherapie und Psychoanalyse ein Zeugnis darüber ablegt, wie verschieden eng bzw. weit gefasst die Auffassungen darüber sind, was im Rahmen einer Analyse Platz finden darf. Insgesamt ergeben die Interventionsmöglichkeiten aber einen guten Ressourcenschatz für die tägliche therapeutische Arbeit, aus dem man das eine oder andere Teil schöpfen und in Form von Angeboten dem/r PatientIn darbringen kann, und die sich darüber hinaus gut in den analytischen Prozess einbinden lassen (auch wenn es diesbezüglich SkeptikerInnen gibt), unter der Berücksichtigung der viel zitierten Mitbewegung von Seiten des/r TherapeutIn. Desgleichen ist es ohnehin sinnvoll, sich nur solche Methoden anzueignen, mit denen man sich identifizieren kann, weil die eigene Haltung bei der Anwendung für den/die PatientIn implizit spürbar wird.

Die Einbindung schulenübergreifender Interventionstechniken führt weiter zu Günter Schiepeks ebenfalls schulenübergreifender Betrachtung psychotherapeutischer Prozesse in einem systemtheoretischen Verständnis der Mustergenerierung und Wechselwirkung nichtlinearer Systeme. Überlegungen über synergetische Bezüge zum Menschen können für ein therapeutisches Verständnis hilfreich sein, vor allem unter dem Gesichtspunkt, dass hier auch Verbindungen zur Individualpsychologie offensichtlich sind, wie unter 5.2 dargelegt. Die Komplexitätswissenschaften scheinen sich dazu zu eignen, sich Aspekten wie Subjektivität und Dynamik anzunähern. In diesem Sinn kann es tatsächlich sinnvoll sein, eine Lehrveranstaltung über Synergetik in der Psychotherapie zu überlegen:

d. Unterricht über Systemtheorien bzw. synergetische Musterbildung und nichtlinearer Prozesse im komplexen System Mensch, weil es die Bildung der Lebensbewegung noch einmal in einem anderen Licht deutlich macht.

e. Dass die Gesprächsdimension der Psychotherapie auf die implizite Ebene abzielen muss und es längst nicht mehr um kognitive Erkenntnisse geht, sondern um ganzheitliche Veränderungsprozesse im Sinn „korrektiver Erfahrungen", ist längst bekannt. In meiner Ausbildung ist mir diese Haltung mit einer Selbstverständlichkeit vermittelt worden, wofür ich sehr dankbar bin.

Man muss allerdings den Umstand beachten, dass sich die Psychoanalyse – in Abgrenzung zur Individualpsychologie – bislang in einem Umbruch – als „intersubjektive Wende" (Altmeyer & Thomä, 2006) bezeichnet – befindet, in deren Rahmen die psychoanalytische Lehre durch einen intersubjektiven Zugang erweitert worden ist, was eine Neuausrichtung der psychoanalytischen Gemeinschaft zur Folge hatte. Daneben bleiben weiterhin orthodoxe Positionen bestehen, aufgrunddessen die unter e. festgehaltene Erkenntnis zwar als inzwischen weit verbreitet, wohl aber noch nicht als gänzlich obsolet betrachtet werden kann.[114]

Der zweite Schluss, der sich aus den theoretischen Nahtstellen zwischen Individualpsychologie und Neurowissenschaften, wie sie in der Arbeit angestellt worden sind, ergibt, ist folgender:

2. Die Theorie Alfred Adlers wird unter der Perspektive neurobiologischer Erkenntnisse besser fassbar; ihre Konzepte werden – in den physiologischen Rahmen gestellt – auch psychologisch transparenter. Ihre Begriffe werden inhaltlich durch das neue Wissen erweitert und in diesem Sinn vertiefend modifiziert.

---

114 Für den Hinweis auf die „intersubjektive Wende" in der Psychoanalyse danke ich meiner Kollegin Annette Hohaus. In einer wissenschaftlichen Beitragsreihe widmet sie sich dazu passend dem Thema „Von der klassischen Einsichtstherapie über die Therapie der emotionalen Erfahrung zur analytischen Körperpsychotherapie (Teil 1–3)" (2014, 2015a, 2015b).

Manche Aspekte treten deutlicher hervor bzw. erscheinen sie in einem neuen Licht. Man denke an das individualpsychologische Konzept des Lebensstils, das von Adler später als Lebensbewegung verstanden worden ist. Was das betrifft, legt der Abgleich mit den Neurowissenschaften nahe, dieses Konzept zukünftig ausschließlich als Lebensbewegung zu begreifen, da durch die neurowissenschaftliche Betrachtung das Prinzip der Dynamik noch klarer hervortritt. Gleichzeitig haben hier die Bezüge zu den Neurowissenschaften gezeigt, wie die individuellen Denk-, Fühl- und Verhaltensschemata (Apperzeption) psychophysiologisch gebildet werden und welche verschiedenen Aspekte dabei neurobiologisch wirksam sind, vor allem das implizite Gedächtnis betreffend und damit verbunden die Emotionen. Dadurch gewinnt das Adler'sche Konzept an Tiefe, die ohne die neurobiologische Forschung nicht möglich gewesen wäre. Die Bausteine der Theorie Alfred Adlers sind in der vorliegenden Arbeit unter dem Fokus der Neurowissenschaften in den Blick genommen worden; dadurch sind ihre Aspekte zu einem guten Teil deutlicher bzw. in anderem Licht zu sehen. Unter diesem Gesichtspunkt sollen nun unter 7.2 die wichtigsten Erkenntnisse abschließend zusammengefasst werden.

7.2 Zusammenfassung

Die Zielsetzung der vorliegenden Arbeit war es, die Interpretationen und Schlussfolgerungen, welche NeurowissenschaftlerInnen aus ihren Befunden ziehen, mit den wichtigsten Konzepten Alfred Adlers zu vergleichen. Dabei war nicht die Beurteilung der Ergebnisse der neurobiologischen Forschung Anliegen der Arbeit, sondern die Untersuchung, ob und inwieweit diese neurowissenschaftlichen Ergebnisse Anknüpfungspunkte zu Adlers Theorie zulassen und ob es auch Bruchstellen gibt. Wie sich gezeigt hat, lassen sich in vielerlei Hinsicht Verbindungslinien ziehen. Es kann abschließend festgehalten werden, dass die von Adler ausgearbeiteten Konzepte weiträumig auf eine neurobiologische Grundlage gestellt werden können.

Betrachtet man zum Beispiel das Konzept des Gemeinschaftsgefühls von Adler, so legt seine Annahme, dass die Anlage dazu dem Menschen angeboren ist (Adler, 1937b, S. 204), nahe, diese Annahme mit der Erkenntnis der Neurowissenschaften kurzzuschließen, wonach die neurophysiologischen Strukturen des Individuums durch Umweltreize angeregt und im Weiteren eingeübt werden müssen, um das ihnen entsprechende Leistungspotenzial hervorzubringen (Bauer, 2006, Braun u. a., 2002, Hüther & Krens, 2007). Adler betont, dass die zu dem Gemeinschaftsgefühl gehörenden Fähigkeiten, wie Kooperation und Einfühlungsvermögen, trainiert werden müssen (Adler, 1937b, S. 204). Das passt zu der für die Hirnentwicklung geltenden Devise „use it or loose it", womit gemeint ist, dass die neuronalen Verschaltungen benutzt werden müssen, damit sie gefestigt und verstärkt werden und dadurch das erwähnte Leistungspotenzial nutzbar gemacht werden kann. Inzwischen gilt als bewiesen, dass man nicht darauf vertrauen kann, dass die neurobiologische Ausstattung aus sich selbst heraus ihre Funktionen beziehungsweise ihre Funktionstüchtigkeit entwickelt, sondern des wiederholten

Lernens bedarf, das durch die Umweltsignale ermöglicht wird. Das stimmt mit Adlers Ansicht überein, dass man auch keinem sozialen Instinkt vertrauen kann, aus dem heraus ein Kind Gemeinschaftsgefühl entwickelt, denn auch für diese Entwicklung ist die (positive) Erfahrung mit einem Gegenüber vonnöten (Adler, 1929c, S. 49). Das Lernen und Trainieren der (sozialen) Fähigkeiten und damit einhergehend der ihnen entsprechenden neurobiologischen Strukturen erfolgt somit zentral durch Beziehungserfahrungen. Ihr großer Einfluss wurde aus neurowissenschaftlicher Perspektive anhand der Motivationssysteme und anhand des Spiegelneuronensystems dargelegt.

Die Motivationssysteme als die Antriebsaggregate des Lebens und als physisches Substrat unseres Strebens implizieren die Zielgerichtetheit des Individuums (Bauer, 2006, S. 23), das Adlers teleologischem Menschenbild gleicht. Mit dem Begriff der Finalität fragt der Individualpsychologe nach dem Zweck, dem *Wohin*, im Weiteren nach den unbewussten Zielen und damit verbunden nach dem Lebensstil einer Person. Adler erachtet es für die individualpsychologische Methode als bedeutsam, „das menschliche Seelenleben zunächst so zu betrachten und zu verstehen, als ob es aus angeborenen Potenzen unter dem Einfluss einer Zielsetzung zu seiner späteren Beschaffenheit herangewachsen wäre" (Adler, 1927a, S. 74). Diese Feststellung führt wieder zu der Erkenntnis der NeurobiologInnen zurück, dass das Einüben der (angeborenen) neurophysiologischen Basis – wie erwähnt – durch Beziehungserfahrungen für die Entfaltung des Leistungspotenzials unerlässlich ist. Das gilt auch für die Konstituierung des Leistungspotenzials der Motivationssysteme. Werden positive Umweltreize geboten, wird der Hirnstoffwechsel dadurch ebenfalls positiv beeinflusst, und der Mensch entwickelt einen „gesunden" Antrieb und richtet sich auf Ziele aus, wobei für die Motivation positive Beziehungserfahrungen unentbehrlich sind, und andererseits die positive Beziehung selbst ein Ziel ist.

Die Wechselwirkung zwischen den Motivationssystemen und der körperlichen wie auch der mentalen Aktionsbereitschaft verdeutlicht die Interdependenz zwischen physischer und psychischer Handlungsmotivation (Bauer, 2006, S. 27 ff.). Dieser neurobiologische Befund ist von Adler vorweggenommen worden, als er bereits 1931 schreibt: „Man kann beobachten, wie der Geist fähig ist, mit Hilfe der Gefühle den Körper tätigkeitsbereit zu machen. Die Gefühle und ihr körperlicher Ausdruck sagen uns, wie der Geist in einer Lage, die er als günstig oder ungünstig beurteilt, handelt und antwortet" (Adler, 1931b, S. 42). Auch die emotionale Bewertung, die bei Adlers „unbewusster Zielsetzung" im Rahmen des Lebensstil-Konzepts eine wichtige Rolle einnimmt, wird von den NeurowissenschaftlerInnen als bedeutsam eingeschätzt (z.B. Bauer, 2006, S. 30 ff., Damasio, 2009, 2011, Panksepp, 1998, Panksepp & Biven, 2012, Solms & Turnbull, 2007, S. 125 ff.). Die emotionale Bewertung geht mit der Stimuli-Verarbeitung der äußeren Umwelt genauso wie mit jener des inneren Körpermilieus einher (Damasio, 2009, 2011, Panksepp, 1998, Panksepp & Biven, 2012, Solms & Turnbull, 2007, S. 125 ff.). Die Tatsache, dass die neurowissenschaftlichen Ergebnisse eine enge Verwobenheit zwischen körperlichen und psychischen Vorgängen dokumentiert, ruft Adlers Affinität zur phänomenologischen Leibauffassung ins Gedächtnis (vgl. Heisterkamp & Kühn, 1995, S. 292 ff.). Das verdeutlicht auch das letzte Zitat von Adler (1931b, S. 42), in welchem zum Ausdruck kommt, dass er körperliche und psychische Elemente letztlich nicht mehr zu trennen vermag. Und wenn manche NeurobiologInnen zu dem Schluss kommen, dass das Individuum unter neurowissenschaftlichen Gesichtspunkten auf soziale Resonanz und Kooperation ausgelegt ist (Bauer, 2006, S. 34) und sein Bedürfnis nach Verbundenheit und Wachstum fundamental ist (Hüther, o.J., Internet), so stimmen diese Aussagen mit Adlers Grundannahme überein, dass der Sinn des Lebens zentral in der Gemeinschaft zu sehen ist.

Das Spiegelneuronensystem bedingt nach dem heutigen Stand der Neurowissenschaften maßgeblich die Fähigkeit des Menschen zur Empathie (Rizzolatti & Sinigaglia, 2008, Bauer, 2009). Es erweist sich als schlüssig, den Begriff der „Empathie" mit Adlers Begriff des „Einfühlungsvermögens" in Verbindung zu bringen, den Adler nicht nur als Gefühl, sondern vielmehr als Lebensform verstanden wissen möchte und den er folgendermaßen definiert: „Mit den Augen eines anderen zu sehen, mit den Ohren eines anderen zu hören, mit dem Herzen eines anderen zu fühlen" (Adler, 1928f, S. 315). Im Zuge der Erläuterung des Spiegelneuronensystems unter 3.1.2 wurde auf bedeutsame neurowissenschaftliche Entdeckungen in diesem Zusammenhang hingewiesen: Das Spiegelneuronensystem ermöglicht Resonanzphänomene, einerseits Handlungen betreffend, indem ein inneres, physiologisches Simulationsprogramm abgerufen wird, sobald eine Person die Handlung einer anderen beobachtet, so als würde sie die Handlung innerlich imitieren. Diese Resonanzphänomene beziehen sich aber auch auf das Fühlen, indem bestimmte Nervenzellen die Vorstellung evozieren, von welchen Empfindungen das Handeln, das man zum Beispiel bei einem anderen beobachtet, begleitet würde (Rizzolatti & Sinigaglia, 2008, Bauer, 2009). Über diese neurobiologischen Vorgänge wird dem/r BeobachterIn das intuitive Verstehen des anderen ermöglicht. Der Konnex zwischen Einfühlung und Verstehen, den Adler hervorgehoben hat, scheint hier ein physiologisches Äquivalent zu haben.

In diesem Kontext sprechen NeurowissenschaftlerInnen auch von einer „Als-ob-Körperschleife" (Rizzolatti & Sinigaglia, 2008, S. 174–192, Damasio, 1997, S. 214). Damit ist gemeint, dass das Individuum neuronal die Emotionen des anderen simuliert, als ob es seine eigenen wären, indem jene (Hirn-)Areale aktiviert werden, die man bei eigenen Emotionen dieser Art hätte. Das führt unter psychologischer Betrachtung an Adlers Theorie des Fiktionalismus, die er in seinem Hauptwerk „Über den nervösen Charakter" (Adler, 1912a) auf der Grundlage von Vaihingers „Philosophie des Als Ob" (1911) entwickelt hat, heran. Adler vertritt die Ansicht, dass die (unbewussten) Ziele, welche wir in unserem Leben ansteuern, zwar fiktiv seien, dass wir aber, um handlungsfähig zu sein, so tun müssen, als ob sie real wären. Gleichsam wie neuronale Mechanismen, die so tun, als ob der Körper aktiviert würde, um energieaufwändige Prozesse zu unterlassen, regulieren psychische Mechanismen unser Handeln, die sich damit begnügen, die Wirklichkeit nur unzulänglich wahrzunehmen, weil das Anstreben einer gänzlichen Verwirklichung unserer Ziele eine Vergeudung von Ressourcen wäre und einem Perfektionsstreben gleichkäme, das uns überforderte.

Die neurobiologische Simulationstheorie allein kann Empathie beziehungsweise Intersubjektivität aber nicht hinreichend erhellen. Man muss sich selbst auch „als intentionales, wollendes und Ziele verfolgendes Selbst erfassen, um die Anderen als ihm ähnliche Wesen zu verstehen" (Fuchs, 2009, S. 197, vgl. Tomasello, 2002). Das erfordert eine *perzeptiv-emotionale* Spiegelung, die Deutung der Empfindungen anderer, indem die eigenen Körpergefühle als Interpretationshilfe dienen und somit zu einem Vermittler zwischenleiblicher Resonanz werden (Fuchs, 2009, S. 197 ff.). Den Begriff der „Zwischenleiblichkeit" entlehnt Fuchs von dem französischen Philosophen und Phänomenologen Merleau-Ponty. Soziales Verstehen scheint keine Theory of Mind zu erfordern, sondern vielmehr basiert es auf einer „embodied practice" (Gallagher, 2008, S. 535 ff., vgl. Kiverstein, 2011, S. 43 ff.), die sensomotorisch fundiert ist und bei der das leibliche Hintergrunderleben (Damasio, 1997, 2009, 2011), die „geteilten Affekte" (Kiverstein, 2015a) eine wesentliche Rolle spielen dürften. Es schließt sich wieder der Kreis zu Adler, welcher – wie gesagt – der phänomenologischen Leibauffassung nahesteht und den Leib als intersubjektiven Austauschraum erscheinen lässt, unter Berücksichtigung der Emotionen wie der körperlichen Einflüsse.

Wie in der vorliegenden Arbeit deutlich gemacht wurde, bestehen Anknüpfungspunkte zwischen Adlers Gemeinschaftsgefühl und der Bindungstheorie (Bowlby, 2008, 1975). Wenn bei Adler beispielsweise vom „einheitlichen Handeln" des Kindes die Rede ist, umreißt er letztendlich, dass das Kind unter der Leitlinie nach einer sicheren Bindung strebt, indem das Verhalten des Kindes auf die Liebe und Versorgung durch die Eltern abzielt, aber auch auf Eigenständigkeit innerhalb dieses Bezugsrahmens (Adler, 1912a, S. 80). Das entspricht dem, was Bowlby mit dem Terminus „Bindungsverhalten" benennt (Bowlby, 2008, S. 21). Der Bindungsstil, der an Adlers Lebensstil heranführt, nimmt auf die kognitive, emotionale und soziale Entwicklung der Kinder Einfluss (Aschersleben, 2008, S. 300 ff.). Dabei spielt die Feinfühligkeit der Mutter eine wichtige Rolle, indem diese einen sicheren Bindungsstil fördert und damit auch eine positive Wirkung auf die Entfaltung der kognitiven, emotionalen und sozialen Fähigkeiten der Kinder hat (Ainsworth u. a., 2003). Neurobiologisch ist vor allem der Neurotransmitter Oxytozin für die Aktivierung der Bindungsnetzwerke verantwortlich (Bauer, 2006, Hüther, 2008a, CD, Panksepp & Biven, 2012).

Das soeben Dargelegte entspricht Adlers Denkweise, nachdem er den ersten Erfahrungen des Kindes mit der Mutter eine große Bedeutung für die spätere Entwicklung des Gemeinschaftsgefühls zuspricht. Das Zärtlichkeitsbedürfnis muss in der Kindheit ausreichend befriedigt worden sein, einerseits, damit der Mensch später auch zärtlich mit sich selbst umgehen kann, andererseits, damit er liebevolle Beziehungen auf einen größeren Umkreis ausweiten kann (Adler, 1908d, S. 78–79). Das angeborene kooperative Verhalten, das Bowlby Kindern zuspricht, dürfte der angeborenen Anlage zum Gemeinschaftsgefühl bei Adler gleichen. Bowlby sieht das Bindungssystem physiologisch als ein biologisches Steuerungssystem, das von einem Regelkreis gekennzeichnet ist, der die Selbstrepräsentationen mit den inneren Arbeitsmodellen der jeweiligen Bindungsfigur(en) abstimmt (Bowlby, 2008, S. 98). Diesbezüglich verhält es sich so, dass Adler bereits den frühen Erfahrungen – besonders mit der Mutter als erste Bezugsperson – auch eine biologische Entsprechung zugewiesen hat, wenn er meint, das Zärtlichkeitsbedürfnis „wurzelt in organischem Boden" (Adler, 1908d, S. 81), was inzwischen durch die neurowissenschaftlichen Befunde bestätigt worden ist.

Diese durch die jüngere Forschung zutage gebrachten Erklärungsmodelle lassen Adlers Konzept des Gemeinschaftsgefühls in einem neuen Licht betrachten. Denn sie erschließen Hintergründe, welche zur Zeit Adlers noch nicht bekannt waren. Und in diesem Sinn geben sie seiner Gewichtung der frühen Beziehungserfahrungen, der zentralen Rolle des Einfühlungsvermögens und seiner Betonung des Zusammenwirkens von Physiologie und Umwelt Recht, auch unter dem neurobiologischen Blickwinkel. Das bedeutet gleichzeitig, dass Adler so manche Erkenntnisse, die später auf neurowissenschaftlicher Basis gewonnen wurden, auf psychologischer Ebene zu seiner Zeit vorweggenommen hat.

Die vorliegende Arbeit hat es sich auch zur Aufgabe gemacht, zu untersuchen, inwiefern sich aktuelle neurowissenschaftliche Forschungsergebnisse mit Adlers Vorstellung von Aggression (die er im Lauf der Jahre stark verändert hat), insbesondere mit dem Aggressionstrieb, zusammenschließen lassen.

Adler vertrat zunächst die Meinung, dass im Menschen ein angeborener – organisch gespeister – destruktiver Aggressionstrieb wirkt. Gleichzeitig hat er ihn als „reaktiven Trieb" definiert, indem er ihm eine starke Abhängigkeit von Beziehungserfahrungen zugeschrieben hat (Adler, 1908b). Schmidbauer interpretiert diese Betrachtungsweise als die erste „Frustrations-Aggressions-Theorie", da die Trieb- und die Frustrations-Konzeption noch eine Einheit bilden (Schmidbauer, 1980, S. 375). Es wurde gezeigt, dass sich diese Anschauung Adlers gut mit den Erkenntnissen über die neurobiologischen Abläufe bei Aggression verbinden lässt, nachdem bei Frustrations- beziehungsweise Schmerzreizen der „Aggressionsapparat" im Gehirn aktiv wird (siehe Kapitel 4.2). In diesem Sinn kann auch Adlers Annahme als bewiesen betrachtet werden, dass Schmerz und Angst Faktoren sind, die Aggression auslösen. Auch hier kommt wieder der emotionalen Bewertung – wie bei den physiologischen Abläufen bezogen auf das Gemeinschaftsgefühl respektive auf das Einfühlungsvermögen – ein erheblicher Einfluss zu. Im Sinn der neuronalen Plastizität haben NeurowissenschaftlerInnen herausgefunden, dass die (frühen) Beziehungserfahrungen sowohl für die Ausbildung des Frontalhirns als auch für die Funktionsweise des serotonergen Systems (und anderer Neurotransmitter-Systeme) von enormer Wichtigkeit sind. Das ist insofern von Bedeutung, als diese Systeme bei dem Phänomen Aggression eine große Rolle spielen (z.B. Bauer, 2011, S. 108, Lück u. a., 2005, S. 115). Die ForscherInnen bezeugen, dass die genetische Disposition allein nie Gewalt erzeugt, sondern dass sie in der Verschränkung mit Stress (Misshandlung, Vernachlässigung etc.) in der Kindheit später in eine größere Aggressionsbereitschaft münden kann (Strüber u. a., 2008, S. 93 ff.). Auch dieses Ergebnis entspricht Adlers Menschenbild, indem das Individuum auch aus neurowissenschaftlicher Perspektive sowohl die Anlage zum „Gut"-Sein als auch zum „Böse"-Sein in sich trägt, was Adler aus psychologischer Sicht vertrat.

Demgemäß ist die Wechselwirkung zwischen Interaktion und biologischen Vorgängen relevant, auf die Adler zunächst ebenfalls seinen Akzent gesetzt hat. Wie gesagt schlagen sich bei der Entstehung einer feindseligen Haltung genauso wie bei der Entwicklung des Gemeinschaftsgefühls auch (negative) Umweltaspekte physiologisch nieder. Dabei fördern die bei einem unsicheren Bindungsstil relevanten sozialen und neurobiologischen Einflüsse auch das Entstehen von aggressivem Verhalten. Dahingehend ist die Dysfunktionalität in der Reizverarbeitung, verquickt mit negativen Umwelterfahrungen, eine tragende Komponente. Trotz vorhandener Forschungsdefizite kann aus den vorhandenen Befunden abgeleitet werden, dass ein veränderter neurobiologischer Funktionsapparat an Kindheitserfahrungen, insbesondere im Zusammenhang mit Bindung und den damit verbundenen emotionalen Erlebnissen, gekoppelt ist. Neurophysiologische Auffälligkeiten und Verhaltensauffälligkeiten greifen hierbei ineinander (vgl. Lück u. a., 2005, S. 57ff.). Das geht mit Adlers Zugang einher, wenn er sich im Lauf der Zeit von der biologischen Determiniertheit der Aggression abwendet. Dass er in der Folge sein Augenmerk verstärkt auf die psychologische Dimension richtet, war – wenn man die aktuellen neurowissenschaftlichen Untersuchungen ins Treffen führt – grundsätzlich folgerichtig. Allerdings sprechen die Forschungsergebnisse auch dafür, dass er die biologische Komponente im Sinn einer einseitigen psychologischen Betrachtungsweise nicht ganz aufgeben hätte sollen.

Die konstruktive Qualität von Aggression ist ebenfalls ein bemerkenswerter Aspekt, dem bereits der frühe Adler einen Platz in der individualpsychologischen Lehre eingeräumt hat: „Wie einer diese Aufgaben [die Lebensaufgaben, S. R.] anpackt, daran kann man ihn erkennen. Diese seine Haltung hat immer etwas Angreifendes. [...] Ich nannte die Summe dieser Erscheinungen den Aggressionstrieb [...]" (Adler, 1908b, S. 65–66). Zunächst wurde anhand der Entwicklungspsychologie – insbesondere anhand der Konzepte von Lichtenberg und Stechler – gezeigt, dass Aggression auch im Dienst der Selbstbehauptung steht. Adler sieht dementsprechend im Aggressionstrieb auch den „Versuch einer Bemächtigung, einer Auseinandersetzung" (a.a.O.). In Lichtenbergs und Stechlers Modell finden sich von Geburt an u. a. zwei biopsychologische Grundsysteme, welche sie als Motivationssysteme definieren: das der Assertion/Selbstbehauptung und jenes der Aggression/Aversion. Die Aktivierung des Systems der Aggression/Aversion erfolgt ihrer Meinung nach nur unter bestimmten (Umwelt-)Bedingungen. Es kommt vor allem dann zum Tragen, wenn eine subjektiv erlebte oder tatsächliche Bedrohung vorliegt (Lichtenberg, 1992, z.B. S. 53, S. 74, Stechler, 1987, S. 821 ff.).

Dieses Konzept der psychologischen Motivationssysteme wurde mit den neurobiologischen Motivationssystemen in Verbindung gebracht. Es kann konstatiert werden, dass die Erkenntnisse aus der neurowissenschaftlichen Forschung für die Sichtweise Lichtenbergs und Stechlers sprechen: die neurobiologischen Motivationssysteme werden aus sich selbst heraus aktiv, wenn es um Assertion/Selbstbehauptung geht beziehungsweise wenn erstrebenswerte Ziele in Aussicht stehen, wobei positives Beziehungserleben auch ein solches Ziel im Sinn eines menschlichen Grundbedürfnisses darstellt (Bauer, 2006, S. 23 ff.). Aggression dagegen wird – beispielsweise von Bauer – auch biophysisch als reaktiv eingestuft, worin der Neurobiologe mit den meisten PsychologInnen der heutigen Zeit übereinstimmt (Bauer, 2011, S. 34). Wenn Aggression auftritt, geht dies mit dem Herabsinken der Aktivität der Motivationssysteme und mit dem Hochfahren der biologischen Stresssysteme einher (Bauer, 2006, S. 65 ff.). Bauer sieht die für Aggression zuständigen Zentren als Hilfssystem des Motivationssystems, indem sie sich einschalten, wenn durch Schmerz, Angst, Frustration und misslingende Beziehung die Motivationssysteme keine „wohltuenden" Botenstoffe mehr produzieren können (Bauer, 2011, S. 61). Es wird deutlich, dass diese neurobiologischen Befunde sowohl für Adlers frühe Auffassung von Aggression im Sinn eines „reaktiven Triebes" sprechen könnten als auch für seine spätere, psychologisch geprägte, Definition von Aggression, in deren Rahmen er der Rolle der Umwelterfahrungen eine noch größere Gewichtung zuerkennt.

Allerdings können auch die neurowissenschaftlichen Forschungsergebnisse nicht beantworten, ob dem Menschen ein von sich aus aktiv werdender Aggressionstrieb innewohnt. Auf Basis des Zusammenwirkens von genetischen, neurobiologischen und sozialen Komponenten wurde diskutiert, ob ein Aggressionstrieb, wie ihn Adler 1908 vertreten hat, sinnvoll ist. Nach Sichtung der Forschungslage kann bekräftigt werden, dass sich keine Anhaltspunkte für einen in Freuds Sinn spontan-endogen von einer primären Destruktivität hergeleiteten Aggressionstrieb finden. Die neurowissenschaftlichen Befunde können verschiedenartig interpretiert werden und somit Aggression als reaktives Phänomen als auch als Trieb deuten lassen. Insofern kann auch nicht gesagt werden, ob Adlers frühere oder spätere Konzeption von Aggression richtig ist. Der Neurobiologe Bauer zum Beispiel verneint die Existenz eines Aggressionstriebes mit dem Argument, dass Aggression unter dem Blickwinkel der Motivationssysteme für den Menschen offensichtlich kein erstrebenswertes Ziel darstellt, da sie die biologischen „Antriebsaggregate" nicht aktiviert (Bauer, 2011, S. 34), was aber wiederum die erwähnte konstruktive Seite der Aggression ausschließt. Wenn man sich – entgegen Bauers Denkweise – nicht daran orientiert, welches System zuerst oder „von sich aus" aktiv wird, sondern die Systeme in ihrem Zusammenwirken aus der Synergie heraus versteht, ändert sich das Bild, wie unter 4.2.6 erläutert.

Wie in der Diskussion über den Aggressionstrieb herausgearbeitet wurde, wird in dieser Arbeit aufgrund der engen Verschlungenheit zwischen Körperlichem und Psychischem, die auch Adler immer wieder gewürdigt hat, allerdings für die Aufrechterhaltung eines Aggressionstriebes plädiert. Wie moderne Genetik und neurowissenschaftliche Befunde zeigen, beginnt das wechselseitige Bedingen zwischen der biologischen Basis und der Umwelt bereits intrauterin. Es kann demnach nicht festgestellt werden, ob die psychischen oder die physiologischen Strukturen primär sind. Vielmehr zeichnen sie sich durch die dichte Verwobenheit aus, die nur theoretisch auseinanderdividiert werden kann, in der Realität durch höchste Komplexität geprägt ist. In diesem Sinn kann der Aggressionstrieb in dieser Realität keine objektiv abgrenzbare und fassbare Erscheinung sein. Dennoch wird in der vorliegenden Arbeit für einen Aggressionstrieb eingetreten, losgelöst von der Freud'schen Definition des Triebes, indem der Aggressionstrieb nicht als „eigenständig" in dem Sinn definiert wird, dass er von sich aus aktiv wird, nachdem die biopsychische Verschränkung von Anfang als gegeben angenommen werden kann und auf diese künstliche Trennung, die einen somatischen Trieb auf einer psychologischen Ebene wirken lassen würde, verzichtet wird. Er kann aber als „eigenständig" gesehen werden, indem ein aus Umwelterfahrung und biologischer Verankerung entstandenes Aggressionspotenzial – im Normal- wie im pathologischen Bereich – stetig nach Abfuhr sucht. Daher kann ihm eine Triebhaftigkeit als einem psychophysisch aufgekeimten, unterschiedlich starken Drang, dessen Entwicklung bereits pränatal begonnen hat, attestiert werden. In diesem Verständnis wird die Problematik eines reaktiven Triebes, auf die Dornes immer wieder verweist (z.B. Dornes, 2009, S. 249), nicht verdrängt, aber die Anerkennung der engen Verflechtung zwischen Psyche und Physis bedeutet auch, dass die Aggression nicht nur reaktiv gedeutet werden kann, wenn man der Beteiligung des biologischen Bodens von Anfang an Rechnung zollt.

Die psychophysische Einheit muss auch beim Konzept des Lebensstils – ab den 30er Jahren von Adler „(Lebens-)Bewegung" genannt – beachtet werden. Mit „Lebensstil" sind die individualtypischen Muster des Denkens, Fühlens und Handelns, die der Mensch zur Orientierung und Bewältigung ausbildet, gemeint. Denn nach Adler ist das Kind bestrebt, Kompensationsmechanismen zu finden, mittels derer seine von Geburt an vorhandenen Minderwertigkeitsgefühle aufgehoben werden sollen bzw. mittels derer es das Ziel, sich gleichwertig zu fühlen, erreichen kann, – er bezeichnet dies auch als das Geltungsstreben (Adler, 1927a, S. 73). Letzteres kann – wenn die Kompensation zur „Überkompensation" wird – in ein Machtstreben umschlagen (Adler, 1927a, S. 76, vgl. Rieken, 2011c, S. 57). Für den Gründer der Individualpsychologie spielen auch hier die Beziehungserfahrungen wie der körperliche Einfluss bei der Ausgestaltung des Lebensstils eine große Rolle. Seine Anschauung stimmt mit den neurobiologischen Ergebnissen und jenen der modernen Säuglingsforschung überein, welche besagen, dass die psychophysische Regulierung von Affekt und Erregung durch die ersten Bezugspersonen wesentlich ist und sich auf die Wahrnehmungs-, Kognitions- und Gedächtnisleistungen auswirkt (Roth, 2014, S. 190 ff., Stern, 2007, S. 112). In diesem Rahmen findet wieder das erwähnte neurobiologische „Lernen" statt, das bereits intrauterin beginnt. Nervenzellen und Fortsätze bilden ein Strukturmuster, an dem sich die später hinzukommenden Nervenzellen und Fortsätze ausrichten müssen. Dadurch entsteht eine neurophysiologische Matrix, welche dem Körperzustand entspricht, in der aber genauso die äußere Umwelt implizit physiologisch repräsentiert wird (Hüther, 2008b, S. 25 ff.). Der

Neurobiologe Gerald Hüther spricht in diesem Zusammenhang vom Begriff des „inneren Bildes", das sodann „die Reaktionen und Handlungen eines Lebewesens lenkt und steuert" (ebd., S. 17) und somit in einer Nähe zu Adlers Lebensstil bzw. Bewegungsgesetz erscheint. Da im physiologischen „Lernprozess" immer etwas Neues zu etwas bereits Vorhandenem hinzukommt und sich daran orientierend die Matrix ergänzt, ergibt sich auch eine Nahtstelle zu Adlers ganzheitlicher Sicht des Menschen. Er betont, dass alle psychischen Ausdrücke zusammen Teile eines untrennbaren und nie abgeschlossenen Ganzen sind (Adler, 1927a, S. 29). Es entstehen „in Form hochkomplexer Nervenzellverschaltungen herausgeformte, ihr [der Menschen, S. R.] Denken, Fühlen und Handeln bestimmende Muster" (Hüther, 2008b, S. 16), individualpsychologisch betrachtet „ein sich entwickelndes Bewegungsmuster, das sich aktualgenetisch immer wieder neu herausbilden muß" (Heisterkamp, 1995, S. 65).

Das Adler'sche ganzheitlich ausgerichtete Menschenbild legt Bezüge zu Luc Ciompis „fraktaler Affektlogik" (1997) und zu den Arbeiten von Guido Strunk und Günter Schiepek (2014) nahe, welche den chaostheoretischen Zugang zum Menschen in den umfassenderen Bereich der Synergetik überführen. Ciompi, Schiepek und Strunk stützen sich gleichermaßen auf neurowissenschaftliche Erkenntnisse. Ciompi unterstreicht mit dem Begriff „Affektlogik", dass „emotionale Komponenten – oder Fühlen und Denken –, Affekte und Logik – in sämtlichen psychischen Leistungen untrennbar miteinander verbunden sind und gesetzmäßig zusammenwirken" (Ciompi, 1997, S. 46). Die Gesetzmäßigkeit findet sich in Adlers Lebensstil in Form der „privaten Logik" wie im „Bewegungsgesetz". Sie erinnern an Ciompis „*affektiv*-kognitive Bezugssysteme" bzw. Schemata, die sich im Zuge der (frühen) Interaktionen herausbilden und „integrierte Fühl-, Denk- und Verhaltensprogramme" darstellen, die psychische und körperliche Bereitschaften abrufen lassen, wenn aktuelle Erfahrungen zu den bereits internalisierten Schemata passen (ebd., S. 47). Sie haben integratives Potenzial, das heißt eine organisierende und strukturierende Funktion, indem sie „von angeborenen Grundlagen aus selbstorganisatorisch in der Aktion durch operationale Zuordnung bestimmter Affekte zu bestimmten Kognitions- und Verhaltenssequenzen [entstehen, S. R.]" (ebd., S. 52). Adler konstatiert, dass das Interesse, die Affekte, das Denken und das Handeln den Gesetzen des Lebensstils gehorchen und sich so im interaktiven Austausch mit anderen schon früh ein ganz bestimmtes Schema durchsetzt (Adler, 1930e, S. 300). Dieser frühe (Selbst-)Organisationsprozess mithilfe der Bezugspersonen ist nach Stern schon für den Säugling ein konstituierendes Moment für das Erleben und Entwickeln des Selbst; dabei stellt der Körper die erste „Bezugsgröße" dar (Stern, 2007, S. 20 ff.). Das entspricht wiederum Adlers Hervorhebung der „biologischen Bausteine", die durch die Umwelt ihre Ausprägung erhalten, der „Einheit der Persönlichkeit", wenn das Individuum aus allen Einzelerscheinungen (Erfahrungen, Affekten, Kognitionen, Körpererleben, genetische Ausstattung) das „Ganze", den Lebensstil subjektiv – unter Anwendung seiner „schöpferischen Kraft" – kreiert.

In diesem Kontext drängt sich die Frage auf, wie das Verhältnis zwischen „schöpferischer Kraft" bzw. Freiheit und inzwischen geformtem „Bewegungsgesetz" bzw. Gebundenheit zu fassen ist. Auch hier hilft die chaostheoretische Perspektive weiter, die von einem „deterministischen Chaos" ausgeht und ein Miteinander von Ordnung und Unordnung, zwischen linearen Gesetzmäßigkeiten und Zufallsdynamik, meint (Ciompi, 1997, S. 132). Ciompi geht im psychischen Bereich von einer hohen Nichtlinearität und somit Nichtvorhersagbarkeit aus (ebd., S. 133). In diesem „Zusammenspiel von Freiheit und Gebundenheit" (a.a.O.) lässt sich Adlers „schöpferische Kraft" und der durch die Apperzeption determinierend erscheinende Lebensstil einordnen. Wir können den Lebensstil eines Menschen analysieren und typische Grundmuster herausfinden, aber wir können nicht genau voraussagen, wie die Person in einer konkreten Situation reagieren wird, wir können allenfalls eine Einschätzung abgeben; Adler spricht immer wieder von Wahrscheinlichkeiten. Strunk und Schiepek sichten den Menschen in den Systemtheorien bzw. Komplexitätswissenschaften, sehen ihn daher folglich selbst als System, das von den Wechselwirkungen seiner einzelnen Elemente gesteuert wird, welche zusammen über ihre Summe hinaus Emergenz schaffen, das heißt neue Phänomene hervorbringen, die wiederum eigene Qualitäten aufweisen (Strunk & Schiepek, 2014, S. 5 ff.). Die menschliche Psychodynamik ist geprägt von der Gegensätzlichkeit und doch gleichzeitigem und sich sogar gegenseitig beeinflussendem Bestehen von Konsistenz und Veränderung. Die Synergetik ist jene Theorie, welche sich hinsichtlich der Systemtheorien zentral mit der „Dialektik von Stabilität und Wandel" (ebd., S. 85) auseinandersetzt bzw. mit Strukturbildung und Strukturveränderung (a.a.O.). Das führt zur individuellen psychischen Struktur des Menschen, die sich über Ciompis affektiv-kognitive Bezugssysteme genauso definiert wie über Adlers Lebensbewegung und das darin enthaltene Apperzeptionsschema. Insofern hat Adler sein Menschenbild bereits als „dissipatives", ordnungsbildendes, System konzipiert.

Dabei misst die Chaostheorie so genannten „iterativen Prozessen" eine besondere Bedeutung zu; damit sind sich ständig wiederholende Vorgänge gemeint, bei denen Rückkoppelungsprozesse eine große Rolle spielen. Das heißt, dass sich jede Phase auf die nachfolgende auswirkt (Ciompi, 1997, S. 134, Strunk & Schiepek, 2014, S. 50 ff.). Auch in den menschlichen Beziehungsmustern finden sich diese Rückkoppelungsprozesse mit positiven und negativen Verstärkungen, wenn beispielsweise ein/e PartnerIn von der/dem anderen mehr Nähe fordert und sich diese/r darauf noch mehr distanziert. In diesem Rahmen ergeben sich unzählige Variationen, „Beziehungsszenen", die in ihrer Vielfältigkeit das Grundmuster, die „Beziehungsdynamik" widerspiegeln. Diese einmal gebildete Regelhaftigkeit, die gleichzeitig von beständigen Abweichungen gekennzeichnet ist, weist der Adler'sche Lebensstil ebenfalls auf. Die lebensstiltypischen Strukturen sind nicht starr, sondern lösen sich in Bewegung auf; sie sind aufgrund ihrer steten Dynamik fließend zu verstehen und werden in der Individualpsychologie als „Lebensbewegung" gefasst. Sie ist eine „geronnene Bewegung" (Adler, 1932h, S. 529), die zur „gefrorene[n] Bewegung" (Adler, 1933i, S. 552) werden kann, wenn die Variationsmöglichkeiten – und damit die Fähigkeit auf verschiedene Lebenssituationen flexibel reagieren zu können – schrumpfen; in der Synergetik spricht man vom „Versklavungsprinzip" (Strunk & Schiepek, 2014, S. 88). Die Bewegung ist gemäß der Synergetik „iterativ", was bedeutet, dass die Grundformen, auch Attraktoren genannt, immer wieder neue Bewegungen bzw. Varianten anstoßen. Die sich wiederholenden Grundformen – „Struktur in Struktur in Struktur" – werden in der Chaosforschung unter dem Begriff der Selbstähnlichkeit oder Fraktalität gefasst. In diesem Sinn könnte man der Individualpsychologie durch die von Adler betonte fortlaufende Weiterbewegung und durch die Spiegelung des Ganzen in den Teilen und umgekehrt eine „fraktale Gestalt" attestieren. Denn auch im Psychischen wird jede Bewegung zum Impulsgeber für die nächste, weil jede Erfahrung auf Vorerfahrungen trifft, die das Erleben der folgenden beeinflusst. Durch diese Dynamik zeichnet sich das Bewegungsgesetz des Lebensstils aus: „Alles, was wir bei einem Menschen im Seelenleben beobachten können, ist *Vorbereitung für eine Weiterbewegung*" (Adler, 1926k, S. 254). Synergetik wie Adler betrachten den Menschen nicht nur kausal, sondern auch final. Denn die „iterative" bzw. *Weiter*-Bewegung hängt erheblich von der subjektiven Einschätzung ab, die sich in Adlers tendenziöser Apperzeption wiederfindet. Sie etabliert sich vor allem durch die emotionale Bewertung: Es entstehen „affektiv-kognitive Eigenwelten", „auf die hin sich, einmal eingespurt, innerhalb einer spezifischen affektiven Befindlichkeit jede[s] Fühlen und Denken fast zwangsläufig zubewegt" (Ciompi, 1997, S. 154). In der Individualpsychologie versuchen wir über die so genannte Mitbewegung die PatientInnen dabei zu unterstützen, die „eingespurten Bahnen" zu labilisieren und so wieder zu flexibleren Schemata und somit zu einer flexibleren Lebensgestaltung zu kommen. Die Destabilisierung, die sodann eine Neuorganisation und Selbstaktualisierung ermöglicht, wird in der Synergetik als Ordnungsübergang bezeichnet (Strunk & Schiepek, 2014, S. 91 ff.).

Neurowissenschaftlich wird dies durch die neuronale Plastizität ermöglicht, demnach durch die Formbarkeit der neurobiologischen Strukturen über Beziehungserfahrungen. Durch sich wiederholende ähnliche Erfahrungen werden die „Bahnen eingespurt", die synaptischen Verschaltungen verstärkt. In diesem Sinn können sie genauso durch „korrektive" (Beziehungs-)Erfahrungen, zum Beispiel in einer Psychotherapie, wieder geändert werden. Von Relevanz sind in diesem Kontext wieder die Motivationssysteme, das Spiegelneuronensystem (Bauer, 2006) und die (emotionalen) Steuerungssysteme, wie sie beispielsweise von Roth (2014) als die sechs psychoneuronalen Grundsysteme oder von Panksepp (Panksepp & Biven, 2012) als die sieben basalen affektiven Regulationssysteme ausgemacht worden sind. Diesbezüglich ist das Gehirn nicht als Schaltzentrale dieser Steuerungen zu sehen; vielmehr handelt es sich um eine sensomotorische Tätigkeit des ganzen Organismus im Lebensvollzug mit seiner Umwelt, welche das subjektive Selbsterleben generiert (Fuchs, 2007, S. 51). Die modernen Kognitionswissenschaften sprechen von „Embodiment", in dem zum Ausdruck kommt, dass verkörperte Handlungs- und Beziehungserfahrungen mit einem Körperempfinden zusammenlaufen, das maßgeblich die Wahrnehmung und das Bewusstsein fundiert (a.a.O.). Die sensomotorische Tätigkeit des Organismus im Verhältnis zum Lebensvollzug mit der Umwelt kann in einen Zusammenhang mit Adlers „Bausteinkonzept" gestellt werden, denn der Individualpsychologe bekräftigt: „Die Körperlichkeit und die Einwirkung der Außenwelt sind Bausteine, die das Kind zum Aufbau seiner Persönlichkeit benützt" (Adler, 1933b, S. 100). Der Lebensstil eines Menschen zeigt sich im Lebensvollzug, er *ist* der individuelle Lebensvollzug. Adlers Ich ist nicht „autonom", sondern ist selbst dynamische Form, Bewegung. Es gestaltet im Spielraum der „geronnenen" Lebensbewegung ein Ich-Erleben, das dem Erfahrungsmuster entspricht. Im Sinn Fuchs' kann Adlers Ich als Konstrukt des gesamten (Er-)Lebensvollzugs gesehen werden, das auf dem Nährboden der Interaktion von Gehirn und Körper im Austausch mit der Umwelt erwächst und sich in seiner Dynamik ständig weiter bewegt. Auch hirnphysiologisch konstituiert sich das Ich prozesshaft (Wittmann, 2014, S. 119). Im Zuge der Interaktionen werden die Muster beim Kind auf Basis des somatischen Hintergrunderlebens zu *„emotional-interaktiven Schemata* im impliziten Gedächtnis und damit im Gehirn" (Fuchs, 2007, S. 56), welche das Apperzeptionsschema Adlers widerspiegeln. Der schon vom Gründer der Individualpsychologie herausgestellte Konnex zwischen Subjektivität, Interaktion und Körpererleben kann heute als belegt betrachtet werden. Und auch seine Nähe zur „Zwischenleiblichkeit" Merleau-Pontys (1966) erweist sich noch einmal als schlüssig, wenn Fuchs dieselbe als „verkörperte Intersubjektivität" fasst und bestätigt, dass die interaktive Umweltbeziehung über die Grenzen des Körpers hinausgeht (Fuchs, 2007, S. 55).

Die Wahrnehmung und Informationsverarbeitung, die entsprechend der Persönlichkeit unter dem Einfluss einer verkörperten Sozialisation stehen, sind wesentlich bedingt von den Gedächtnisleistungen; in dieses Geschehen sind die Emotionen stark involviert. Kandel fasst zusammen:

> „Die bewussten kognitiven Systeme lassen uns also die Möglichkeit, unsere Handlungen zu wählen, doch die unbewussten Bewertungsmechanismen reduzieren diese Optionen auf einige wenige, die der Situation angemessen sind. Attraktiv an dieser Auffassung ist der Umstand, dass sie die Emotionsforschung auf die gleiche Basis stellt wie die Studien zur Gedächtnisspeicherung. Wie die Daten erkennen lassen, setzt der unbewusste Abruf aus dem emotionalen Gedächtnis implizite Gedächtnisspeicherung voraus, während sich gezeigt hat, dass bewusstes Erinnern von Gefühlszuständen auf expliziter Gedächtnisspeicherung beruht […]" (Kandel, 2006b, S. 369–370).

Die Emotionen sind beim Gedächtnis zentral, da sie dem Vergangenen genauso die Tönung verleihen wie der Gegenwart und der Zukunft im Zuge ihrer Antizipation. Das lässt den Bogen zu Adlers Lebensstil bzw. tendenziöser Apperzeption spannen, in welchen die Emotionen ebenfalls (mit)bestimmend sind und die Handlungsoptionen des Individuums entsprechend des affektiv eingefärbten und eingefahrenen Stils skizzieren. Die Ausbildung des Lebensstils wird von Adler vor der Entwicklung der Sprache angesetzt (Adler, 1933b, S. 27), was der heute anerkannten Bedeutung des impliziten Gedächtnisses entspricht, das unbewusst wirkt und auch das Bewusstsein emotional beeinflusst. Neurobiologisch bestehen komplexe Netzwerke, die in emotionales Lernen eingebunden sind und nicht neuronale Ketten, die von einem einfachen Reiz-Antwort-Mechanismus abhängig wären (Panksepp & Biven, 2012, S. 214 ff.). Hirnphysiologisch werden zumeist folgende Areale für emotionale Prozesse verantwortlich gemacht: Hirnstamm, der Hypothalamus, das basale Vorderhirn, die Amygdala, ventromedialer und präfrontaler Cortex etc. (Damasio, 2009, S. 79, S. 101, S. 336), wobei es unterschiedliche Systeme im Gehirn zu geben scheint, die an der Verarbeitung der verschiedenen Emotionen beteiligt sind (ebd., S. 81).

Das implizite Gedächtnis, das im Zusammenspiel mit Emotionen bedeutungsvoll ist, kann aktiv werden, ohne dass es dem Menschen bewusst ist (LeDoux, 2006, S. 193 ff.). Darüber hinaus verändert das jeweils aktuelle Erinnern stets schon wieder die davor vorhandene Erinnerung an etwas, verzerrt also, „apperzipiert tendenziös" in Adlers Sinn. Denn das Gehirn ist zum Zeitpunkt der Erinnerung längst in einem anderen Zustand als zum Zeitpunkt des Erlebens in der Vergangenheit (ebd., S. 225). Somit ist auch das Bewahren der Erinnerungen nichts Statisches, sondern ein dynamischer Prozess, der zu Adlers Lebensbewegung passt, da die Erinnerungen auf diese einwirken (Adler, 1933b, S. 122). Adler attestiert den Gefühlen bereits eine handlungsregulierende Funktion (Adler, 1931b, S. 42), was gemeinsam mit seinem teleologischem Menschenbild, mit dem zielgerichteten Individuum, das aus seiner Intentionalität heraus verstanden werden muss, gesehen werden muss. Denn Affekte sind für Adler ein für die Intentionalität des Individuums bestimmender Faktor: „Die Individualpsychologie […] steht und fällt mit der Behauptung, dass auch die Gefühle, wie jede andere seelische Bewegung und einheitlich mit jeder anderen seelischen Bewegung nach einem einheitlichen Ziele gerichtet sind" (Adler, 1933c, S. 203). Die Individualpsychologie rückt – in Übereinstimmung mit den Forschungsergebnissen – die subjektive, individuelle emotionalkognitive Wahrnehmungs- und Erlebens-Konstruktion des Menschen in den Vordergrund. Das Einordnen des neu Wahrgenommenen entlang alter – eben auch emotionaler – Wege und der darauf aufbauende Rückgriff auf bewährte Verhaltensmuster findet sich in Adlers Apperzeptionsschema und Lebensstil bzw. Lebensbewegung wieder.

Die subjektive Erinnerung und ihr Empfinden wird nicht nur durch Sprache, Leiberleben und Emotionen organisiert, sondern auch durch das Zeitgefühl, das mit früheren Körper- und Ich-Wahrnehmungen und den damit verbundenen verschiedenen Bewusstseinszuständen in einem Zusammenhang stehen dürfte (Wittmann, 2014, S. 45 ff.). In der Zeitspanne des Jetzt-Erlebens wird eine Verknüpfung hergestellt zwischen dem, was aktuell ist und was vor einiger Zeit war; durch diese zeitliche Verbindung erlebt eine Person das Ich als ein (zeitlich) kontinuierliches Ich in der Welt (ebd., S. 61). Selbstbewusstsein wird in diesem Sinn durch das Aufrechterhalten zeitlicher und körperlicher Präsenz gewährleistet, wobei Körpersignale, aber auch Denk- und Gefühlsprozesse zusammenlaufen und zu einer Einheit verarbeitet werden. Diese Einheit ist dann das gefühlte Ich (ebd., S. 120 ff.), welches Adlers Ich gleichkommt, das von der Einheit der Persönlichkeit gekennzeichnet ist. Das physiologische Substrat zeitlicher Relationen, in welchem Vergangenes, Gegenwärtiges und Zukünftiges gemeinsam repräsentiert sind, entspricht Adlers „Fiktionalismus" (Adler, 1912a).

Die Fiktionen des Menschen orientieren sich an seinen bewussten, vielmehr aber noch an seinen unbewussten Intentionen, die schon mit den Motivationssystemen abgeglichen worden sind. Bei Adler wird der Gegensatz „bewusst – unbewusst" aufgehoben und durch fließende Übergänge ersetzt, was seine Konzeption des Ich und der Lebensbewegung ergänzt (Adler, 1913h, S. 106, vgl. Pongratz, 1995b, S. 524). Adler sieht die Ausprägung der Bewusstseinsqualität abhängig von der Sicherung der Einheit der Persönlichkeit und des Persönlichkeitsideals; zu diesem Zweck „erscheint sie auch in der geeigneten Form und Ausdehnung" (Adler, 1913h, S. 106). Diese Ansicht kann durch die Neurowissenschaften als belegt betrachtet werden, da ihre Befunde einen graduellen Übergang mit unterschiedlichen Bewusstseinszuständen und unterschiedlicher Bewusstseinsnähe erschließen lassen (Wittmann, 2014, S. 50). Implizite emotionale Erinnerungen können sich auf Aspekte beziehen, die nicht im Fokus der bewussten Aufmerksamkeit stehen (LeDoux, 2006, S. 225), und weisen somit eine Nähe zu Adlers Vorstellung des Unbewussten als das „Unbeachtete" auf. Für die bewusste Aufmerksamkeit ist eine corticale Beteiligung vonnöten (Roth, 2014, S. 201–202). Liegt keine Beteiligung vor, ist oft das implizite Gedächtnis im Spiel: „Solche automatisierte Handlungen können dann zwar bewusst gestartet werden, laufen aber in der Folge weitgehend oder völlig automatisiert und ohne Detailbewusstsein ab" (ebd., S. 203). Das lässt an die musterhaften Internalisierungen der Lebensbewegung anknüpfen, die ebenfalls zu einem impliziten, weitgehend unbewussten, automatisierten System werden, das auf Generalisierungen fußt. Die wiederholten Erfahrungsmuster sind als Vorbewusstes vom Langzeitgedächtnis leichter abrufbar (ebd., S. 227), was tiefenpsychologisch der Auffassung entgegenkommt, dass der Mensch von wiederholt ähnlicher Erfahrung besonders geprägt wird. Der Neurowissenschaftler Roth ergänzt, dass – wenn etwas ins Bewusstsein tritt –, der Mensch sich naturgemäß nicht dessen bewusst ist, welche inneren Verarbeitungsprozesse (die Verknüpfungen von Kognition und Emotion, von Altem mit Neuem etc.) vorausgegangen sind. Insofern schreiben wir das, was dann im Bewusstsein in Erscheinung tritt, unserem bewussten Ich zu (ebd., S. 228). Dieser Gedanke bietet einen Berührungspunkt zu Stephensons Hinweis auf Adlers Verständnis des Unbewussten als „Unverstandenem" (Stephenson, 2011c, S. 97). Witte hält fest: „Das Bewegungsgesetz des Ichs ist kein Bewußtseinsinhalt. Es ist vielmehr eine aller Gegenstandsbezogenheit vorausliegende Matrix, ein Muster, ein Schema, mit dem wir – gleichsam – psychosomatisch – ‚zur Welt' sind" (Witte, 1991, S. 74).

Die psychosomatische Fundierung des bewussten und unbewussten Erlebens führt zu Adlers Konzepten „Organminderwertigkeit" und „Organdialekt". Dass die Lebensbewegung körperlich organisiert erscheint, ist auch vice versa zu sehen, denn auch der Körper steht somit unter dem Bewegungsgesetz (Adler, 1933b, S. 57). Das bedeutet ein Übergreifen der Denk-, Gefühls- und Willensphäre auf die körperliche (Adler, 1912c, S. 251). Mit „Organdialekt" meint Adler alle leiblichen Ausdrücke, Körpersprache im eigentlichen Sinn wie auch organische Erkrankungen umfassend; mit „Organminderwertigkeit" fasst er organische Missbildungen und funktionelle Defekte (Adler, 1907a, 1908e, S. 53). Dabei sind auch die körperlichen Erscheinungen aus ihrem finalen Zweck heraus zu verstehen. Dadurch wird der Organdialekt zu einem Regulativ im Sinn eines psychosomatischen Abwehrmechanismus und einer psychodynamischen Dialektik (Schmidt, 1995a, S. 65 ff.). Diesem Ansatz wird durch die moderne Psychosomatik, Neurowissenschaften und Psychoneuroimmunologie Recht gegeben, indem auch hier körperliche bzw. psychosomatische Krankheiten inzwischen psychodynamisch gesehen werden (Mentzos, 2014, Rudolf, 2000, Rüegg, 2007). Neurobiologisch ist es insbesondere die HPA-Achse, die Hypothalamus-Hypophysen-Nebennierenrinden-Achse, die bei Stress bzw. (psychischen) Belastungen respektive Traumata aktiv ist, auf die Organe und den Stoffwechsel einwirkt, aktiv (Rüegg, 2007, S. 76 ff.). In analoger Weise beschäftigt sich die Psychoneuroimmunologie mit dem physiologischen Lernen des Immunsystems, das bei fortwährendem Stress bzw. psychischer Spannung Krankheiten hervorbringen kann. In einer Wechselwirkung zwischen Immunsystem, dem vegetativen Nervensystem und dem Hormonsystem können bei Dauerbelastung psychosomatische Erkrankungen, Krebs oder auch Autoimmunerkrankungen entstehen (Kropiunigg, 1990, Schubert, 2015). Die Abhängigkeit von (frühen) Beziehungserfahrungen liegt erneut auf der Hand. Auf der Basis von Lernprozessen, die über Beziehungserfahrungen in Gang gesetzt werden – einhergehend mit subjektivem Erleben und implizitem Gedächtnis – formt und merkt sich der Körper individuelle physiologische Muster (Rüegg, 2007, S. 22, S. 84 ff., S. 113 ff.), die den lebensstiltypischen Abläufen im Körper selbst entsprechen, wie Adler schon vermutet hat. Die Ausbildung einer Pathologie ist an eine mangelnde Kompetenz, seelischen oder körperlichen Stress bewältigen zu können, gebunden, was auf Adlers Kompensationsbegriff zurückverweist. Die Fähigkeit zur Kompensation bzw. Selbstregulation – der Affekte und damit der physiologischen Prozesse – ist zunächst stark auf die Regulation durch die ersten Bezugspersonen zurückzuführen (Müller-Braunschweig, 1970, S. 657 ff., Stern, 2007, S. 112) und geht mit dem Selbsterleben (Milch, 2001, S. 59) einher, wobei Berührungen für Entwicklung des Selbst und seiner Kompetenz konstituierend sind (Milch & Putzke, 2001, S. 141 ff.). Störungen in diesem frühen Interaktionskontext können zum Nährboden für psychische und psychosomatische Erkrankungen werden.

Adler hat auf die Organminderwertigkeit referierend zunächst die Heredität (über-)betont, später wiederum den psychologischen Faktor. In diesem Sinn bietet es sich für eine moderne Individualpsychologie an, Adlers Theorie an seine frühen Arbeiten rückzubinden, um unter diesem Blickwinkel einen differenzierten Zugang zur Psychosomatik zu gewinnen. Abgesehen von dem Fehlen einer umfassenden psychosomatischen Theorie hat Adler bis zum Schluss folgerichtig an der untrennbaren Verbindung zwischen Psyche und Soma festgehalten. Das Betrachten der komplexen Funktionszusammenhänge, wie es in der Psychoneuroimmunolgie und der modernen Psychosomatik propagiert wird, unter Einbeziehung psychosozialer Faktoren, entspricht Adlers Bild der psychophysisch generierten Lebensbewegung, die intersubjektiv und somit durch die stete Interaktion(-serfahrung) dynamisch hergeleitet wird. Indem er eine Leib-Seele-Ganzheit vertreten und nach einem individualisierenden Prinzip gesucht hat, das Dynamik, Subjektivität und Intersubjektivität einbezieht, kann er als Vorreiter des bio-psycho-sozialen Modells betrachtet werden.

Insgesamt kann der Schluss gezogen werden, dass Adler auf psychologischer Ebene viele Erkenntnisse über den Menschen vorweggenommen hat, die in aktuellen neurowissenschaftlichen Befunden ihre Bestätigung finden und durch diesen Wissenszuwachs eine Vertiefung und Erweiterung gewinnen. Insbesondere seinem Anliegen, den Menschen aus seiner sozialen Bestimmung, aus seinen Beziehungen und den damit verbundenen Prägungen heraus zu verstehen, wird Recht gegeben. Genauso verhält es sich mit seinem Akzent auf den biologischen „Bausteinen", welche die Anlage des Individuums ausmachen und durch die Umwelt ihre Entwicklung erfahren. Auch diese Wechselwirkung zwischen Biologie und Umwelt kann durch die neurowissenschaftliche Forschung als belegt betrachtet werden.

8 Abbildungsverzeichnis

9 Literatur

Ader, R., & Cohen, N. (1975). Behaviorally conditioned immunosuppression. *Psychosom. Med., 37*(4), S. 333–340.

Adler, A. (1907a). *Studie über die Minderwertigkeit von Organen* (Neudruck der 2. Ausg. v. 1927). Mit einer Einführung von W. Metzger. Frankfurt am Main: Fischer, 1977.

Adler, A. (1908b). Der Aggressionstrieb im Leben und in der Neurose. In A. Bruder-Bezzel (Hrsg.), *Alfred Adler Studienausgabe Band 1. Persönlichkeit und neurotische Entwicklung. Frühe Schriften (1904–1912)* (S. 64–76). Göttingen: Vandenhoeck & Ruprecht, 2007.

Adler, A. (1908d). Das Zärtlichkeitsbedürfnis des Kindes. In A. Bruder-Bezzel (Hrsg.), *Alfred Adler Studienausgabe Band 1. Persönlichkeit und neurotische Entwicklung. Frühe Schriften (1904–1912)* (S. 77–81). Göttingen: Vandenhoeck & Ruprecht, 2007.

Adler, A. (1908e). Die Theorie der Organminderwertigkeit und ihre Bedeutung für Philosophie und Psychologie. In A. Bruder-Bezzel (Hrsg.), *Alfred Adler Studienausgabe Band 1. Persönlichkeit und neurotische Entwicklung. Frühe Schriften (1904–1912)* (S. 52–63). Göttingen: Vandenhoeck & Ruprecht, 2007.

Adler, A. (1909a). Über die neurotische Disposition. Zugleich ein Beitrag zur Ätiologie und zur Frage der Neurosenwahl. In A. Bruder-Bezzel (Hrsg.), *Alfred Adler Studienausgabe Band 1. Persönlichkeit und neurotische Entwicklung. Frühe Schriften (1904–1912)* (S. 82–102). Göttingen: Vandenhoeck & Ruprecht, 2007.

Adler, A. (1910c). Der psychische Hermaphroditismus im Leben und in der Neurose. Zur Dynamik und Therapie der Neurosen. In A. Bruder-Bezzel (Hrsg.), *Alfred Adler Studienausgabe Band 1. Persönlichkeit und neurotische Entwicklung. Frühe Schriften (1904–1912)* (S. 103–113). Göttingen: Vandenkoeck & Ruprecht, 2007.

Adler, A. (1912a). *Über den nervösen Charakter* (Alfred Adler Studienausgabe Band 2). (K. Witte, A. Bruder-Bezzel, & R. Kühn, Hrsg.) Göttingen: Vandenhoeck & Ruprecht, 2008.

Adler, A. (1912c). Organdialekt. In A. Bruder-Bezzel (Hrsg.), *Alfred Adler Studienausgabe Band 1. Persönlichkeit und neurotische Entwicklung. Frühe Schriften (1904–1912)* (S. 250–259). Göttingen: Vandenhoeck & Ruprecht, 2007.

Adler, A. (1912h). Das organische Substrat der Psychoneurosen. In A. Bruder-Bezzel (Hrsg.), *Alfred Adler Studienausgabe Band 1. Persönlichkeit und neurotische Entwicklung. Frühe Schriften (1904–1912)* (S. 237–249). Göttingen: Vandenhoeck & Ruprecht, 2007.

Adler, A. (1913h). Zur Rolle des Unbewussten in der Neurose. In G. Eife (Hrsg.), *Alfred Adler Studienausgabe Band 3. Persönlichkeitstheorie, Psychopathologie, Psychotherapie (1913–1937)* (S. 103–111). Göttingen: Vandenhoeck & Ruprecht, 2010.

Adler, A. (1918e). Bolschewismus und Seelenkunde. In A. Bruder-Bezzel (Hrsg.), *Alfred Adler Studienausgabe Band 7. Gesellschaft und Kultur (1897–1937)* (S. 111–119). Göttingen: Vandenhoeck & Ruprecht, 2009.

Adler, A. (1924g). Kritische Erwägungen über den Sinn des Lebens. In G. Eife (Hrsg.), *Alfred Adler Studienausgabe Band 3. Persönlichkeitstheorie, Psychopathologie, Psychotherapie (1913–1937)* (S. 229–233). Göttingen: Vandenhoeck & Ruprecht, 2010.

Adler, A. (1926k). Die Individualpsychologie als Weg zur Menschenkenntnis und Selbsterkenntnis. In G. Eife (Hrsg.), *Alfred Adler Studienausgabe Band 3. Persönlichkeitstheorie, Psychopathologie, Psychotherapie (1913–1937)* (S. 250–269). Göttingen: Vandenhoeck & Ruprecht, 2010.

Adler, A. (1926m). Individualpsychologie. In G. Eife (Hrsg.), *Alfred Adler Studienausgabe Band 3. Persönlichkeitstheorie, Psychopathologie, Psychotherapie (1913–1937)* (S. 270–278). Göttingen: Vandenhoeck & Ruprecht, 2010.

Adler, A. (1926n). Vorrede. In E. Wexberg (Hrsg.), *Handbuch der Individualpsychologie* (Bd. 1, S. V–VI). München: J. F. Bergmann.

Adler, A. (1927a). *Menschenkenntnis* (Alfred Adler Studienausgabe Band 5). (J. Rüedi, Hrsg.) Göttingen: Vandenhoeck & Ruprecht, 2007.

Adler, A. (1927j). Individualpsychologie und Wissenschaft. In G. Eife (Hrsg.), *Alfred Adler Studienausgabe Band 3. Persönlichkeitstheorie, Psychopathologie, Psychotherapie (1913–1937)* (S. 292–302). Göttingen: Vandenhoeck & Ruprecht, 2010.

Adler, A. (1928f). Kurze Bemerkungen über Vernunft, Intelligenz und Schwachsinn. In G. Eife (Hrsg.), *Alfred Adler Studienausgabe Band 3. Persönlichkeitstheorie, Psychopathologie, Psychotherapie (1913–1937)* (S. 314–320). Göttingen: Vandenhoeck & Ruprecht, 2010.

Adler, A. (1929b). Individualpsychologie in der Schule. Vorlesungen für Lehrer und Erzieher. In W. Datler, J. Gstach, & M. Wininger (Hrsg.), *Alfred Adler Studienausgabe Band 4. Schriften zur Erziehung und Erziehungsberatung (1913–1937)* (S. 138–183). Göttingen: Vandenhoeck & Ruprecht, 2009.

Adler, A. (1929c). Problems of Neurosis (Neurosen. Zur Diagnose und Behandlung) [Auszüge]. In G. Eife (Hrsg.), *Alfred Adler Studienausgabe Band 3. Persönlichkeitstheorie, Psychopathologie, Psychotherapie (1913–1937)* (S. 336–345). Göttingen: Vandenhoeck & Ruprecht, 2010.

Adler, A. (1929d). *Lebenskenntnis (The Science of Living).* Mit einer Einführung von W. Metzger. Frankfurt am Main: Fischer, 1978.

Adler, A. (1930a). Kindererziehung. In W. Datler, J. Gstach, & M. Wininger (Hrsg.), *Alfred Adler Studienausgabe Band 4. Schriften zur Erziehung und Erziehungsberatung (1913–1937)* (S. 203–273). Göttingen: Vandenhoeck & Ruprecht, 2009.

Adler, A. (1930e). Die Seele des schwererziehbaren Kindes. In W. Datler, J. Gstach, & M. Wininger (Hrsg.), *Alfred Adler Studienausgabe Band 4. Schriften zur Erziehung und Erziehungsberatung (1913–1937)* (S. 295–345). Göttingen: Vandenhoeck & Ruprecht, 2009.

Adler, A. (1931b). *Wozu leben wir? (What Life Should Mean to you).* Mit einer Einführung von W. Metzger. Frankfurt am Main: Fischer, 1979.

Adler, A. (1931m). Symptomwahl beim Kinde. In G. Eife (Hrsg.), *Alfred Adler Studienausgabe Band 3. Persönlichkeitstheorie, Psychopathologie, Psychotherapie (1913–1937)* (S. 463–481). Göttingen: Vandenhoeck & Ruprecht, 2010.

Adler, A. (1931n). Individualpsychologie und Psychoanalyse I. Individualpsychologie und Psychoanalyse II. Die Unterschiede zwischen Individualpsychologie und Psychoanalyse. In G. Eife (Hrsg.), *Alfred Adler Studienausgabe Band 3. Persönlichkeitstheorie, Psychopathologie, Psychotherapie (1913–1937)* (S. 482–496). Göttingen: Vandenhoeck & Ruprecht, 2010.

Adler, A. (1932h). Die Systematik der Individualpsychologie. In G. Eife (Hrsg.), *Alfred Adler Studienausgabe Band 3. Persönlichkeitstheorie, Psychopathologie, Psychotherapie (1913–1937)* (S. 527–531). Göttingen: Vandenhoeck & Ruprecht, 2010.

Adler, A. (1932i). Der Aufbau der Neurose. In G. Eife (Hrsg.), *Alfred Adler Studienausgabe Band 3. Persönlichkeitstheorie, Psychopathologie, Psychotherapie (1913–1937)* (S. 532–540). Göttingen: Vandenhoeck & Ruprecht, 2010.

Adler, A. (1933b). Der Sinn des Lebens. In R. Brunner, & R. Wiegand (Hrsg.), *Alfred Adler Studienausgabe Band 6. Der Sinn des Lebens. Religion und Individualpsychologie* (S. 5–176). Göttingen: Vandenhoeck & Ruprecht, 2008.

Adler, A. (1933c). Religion und Individualpsychologie. In R. Brunner, & R. Wiegand (Hrsg.), *Alfred Adler Studienausgabe Band 6. Der Sinn des Lebens. Religion und Individualpsychologie* (S. 177–224). Göttingen: Vandenhoeck & Ruprecht, 2008.

Adler, A. (1933g). W. B. Cannon. The wisdom of the body (Rezension). *Int. Z. f. Indiv.psychol., 11*, S. 154.

Adler, A. (1933i). Über den Ursprung des Strebens nach Überlegenheit und des Gemeinschaftsgefühles. In G. Eife (Hrsg.), *Alfred Adler Studienausgabe Band 3. Persönlichkeitstheorie, Psychopathologie, Psychotherapie (1913–1937)* (S. 550–558). Göttingen: Vandenhoeck & Ruprecht, 2010.

Adler, A. (1933k). Die Formen der seelischen Aktivität. Ein Beitrag zur individualpsychologischen Charakterkunde. In G. Eife (Hrsg.), *Alfred Adler Studienausgabe Band 3. Persönlichkeitstheorie, Psychopathologie, Psychotherapie (1913–1937)* (S. 559–564). Göttingen: Vandenhoeck & Ruprecht, 2010.

Adler, A. (1934h). Körperliche Auswirkungen seelischer Störungen. In G. Eife (Hrsg.), *Alfred Adler Studienausgabe Band 3. Persönlichkeitstheorie, Psychopathologie, Psychotherapie (1913–1937)* (S. 572–580). Göttingen: Vandenhoeck & Ruprecht, 2010.

Adler, A. (1935e). Typologie der Stellungnahmen zu den Lebensproblemen. In H. L. Ansbacher, & R. F. Antoch (Hrsg.), *Psychotherapie und Erziehung. Ausgewählte Aufsätze Band III: 1933–1937* (S. 70–74). Mit einer Einführung von R. F. Antoch. Frankfurt am Main: Fischer, 1983.

Adler, A. (1935m). Die Vorbeugung der Delinquenz. In H. L. Ansbacher, & R. F. Antoch (Hrsg.), *Psychotherapie und Erziehung. Ausgewählte Aufsätze Band III: 1933–1937* (S. 96–109). Mit einer Einführung von R. F. Antoch. Frankfurt am Main: Fischer, 1983.

Adler, A. (1937b). Psychiatric aspects regarding individual and social disorganization (Psychiatrische Gesichtspunkte individueller und sozialer Störungen). In A. Bruder-Bezzel (Hrsg.), *Alfred Adler Studienausgabe Band 7. Gesellschaft und Kultur (1897–1937)* (S. 199–207). Göttingen: Vandenhoeck & Ruprecht, 2009.

Affolter, F. (1975). Wahrnehmungsprozesse, deren Störung und Ausweitung auf die Schulleistungen, insbesondere Lesen und Schreiben. *Zeitschrift für Kinder- und Jugendpsychiatrie, 3*, S. 223–234.

Ainsworth, M. D., & Wittig, B. A. (2003/1969). Bindungs- und Explorationsverhalten einjähriger Kinder in einer Fremden Situation. In K. E. Grossmann, & K. Grossmann (Hrsg.), *Bindung und menschliche Entwicklung. John Bowlby, Mary Ainsworth und die Grundlagen der Bindungstheorie* (S. 112–145). Stuttgart: Klett-Cotta.

Ainsworth, M. D., Bell, S. M., & Stayton, D. J. (2003/1971). Individuelle Unterschiede im Verhalten in der Fremden Situation bei Einjährigen. In K. E. Grossmann, & K. Grossmann (Hrsg.), *Bindung und menschliche Entwicklung. John Bowlby, Mary Ainsworth und die Grundlagen der Bindungstheorie* (S. 169–208). Stuttgart: Klett-Cotta.

Albrecht, H. (2011). Burn out - Ein klarer Fall für die Individualpsychologie? Alfred Adler als Patient und Pionier der Psychosomatik. In B. Rieken (Hrsg.), *Alfred Adler heute. Zur Aktualität der Individualpsychologie* (S. 137–157). Münster: Waxmann.

Alexander, F. (1950). *Psychosomatische Medizin: Grundlagen und Anwendungsgebiete.* Berlin: De Gruyter.

Als, H., & Butler, S. (2008). Die Pflege des Neugeborenen: Die frühe Gehirnentwicklung und die Bedeutung von frühen Erfahrungen. In K. H. Brisch, & T. Hellbrügge (Hrsg.), *Der Säugling – Bindung, Neurobiologie und Gene. Grundlagen für Prävention, Beratung und Therapie* (S. 44–87). Stuttgart: Klett-Cotta.

Altmeyer, M., & Thomä, H. (Hrsg.). (2006). *Die vernetzte Seele: Die intersubjektive Wende in der Psychoanalyse.* Stuttgart: Klett-Cotta.

Ansbacher, H. L. (1995/1985). Lebensstil. In R. Brunner, & M. Titze (Hrsg.), *Wörterbuch der Individualpsychologie* (S. 281–291). München: Ernst Reinhardt.

Ansbacher, H. L., & Ansbacher, R. (Hrsg.). (2004/1982). *Alfred Adlers Individualpsychologie* (5. Ausg.). München: Ernst Reinhardt.

Antoch, R. F. (1989/1981). *Von der Kommunikation zur Kooperation: Studien zur individualpsychologischen Theorie und Praxis.* Frankfurt am Main: Fischer.

Antoch, R. F. (1994). *Beziehung und seelische Gesundheit.* Frankfurt am Main: Fischer.

Aristoteles. (1999/1890). *Metaphysik* (Bd. 55544 rowohlts enzyklopädie). Reinbek bei Hamburg: Rowohlt.

Aschersleben, G. (2008). Der Einfluss der frühen Mutter-Kind-Interaktion auf die sozial-kognitive Entwicklung. In K. H. Brisch, & T. Hellbrügge (Hrsg.), *Der Säugling – Bindung, Neurobiologie und Gene. Grundlagen für Prävention, Beratung und Therapie* (S. 298–312). Stuttgart: Klett-Cotta.

Avenarius, R. (1905). *Der menschliche Weltbegriff* (2., n. d. Tod des Verf. hrsg. Ausg.). Leipzig: O. R. Reisland.

Bauer, J. (2006). *Prinzip Menschlichkeit: Warum wir von Natur aus kooperieren.* Hamburg: Hoffmann und Campe.

Bauer, J. (2008/2004). *Das Gedächtnis des Körpers: Wie Beziehungen und Lebensstile unsere Gene steuern.* München: Piper.

Bauer, J. (2009/2005). *Warum ich fühle, was du fühlst: Intuitive Kommunikation und das Geheimnis der Spiegelneurone* (12. Ausg.). München: Wilhelm Heyne Verlag.

Bauer, J. (2011). *Schmerzgrenze: Vom Ursprung alltäglicher und globaler Gewalt.* München: Karl Blessing.

Benz, C., & Largo, R. H. (2008). Was verstehen wir unter Sozialverhalten? In K. H. Brisch, & T. Hellbrügge (Hrsg.), *Der Säugling – Bindung, Neurobiologie und Gene. Grundlagen für Prävention, Beratung und Therapie* (S. 289–297). Stuttgart: Klett-Cotta.

Berman, M. E., Tracy, J. I., & Coccaro, E. F. (1997). The serotonin hypothesis of aggression revisited. *Clinical Psychology Review 17*(6), S. 651–665.

Birbaumer, N., & Schmidt, R. F. (1990). *Biologische Psychologie.* Berlin: Springer.

Bischof-Köhler, D. (1998). Zusammenhänge zwischen kognitiver, motivationaler und emotionaler Entwicklung in der frühen Kindheit und im Vorschulalter. In H. Keller (Hrsg.), *Lehrbuch Entwicklungspsychologie* (S. 319–376). Bern: Huber.

Bischof-Köhler, D. (2008). Zusammenhänge zwischen Bindung, Erkundung und Autonomie. In K. H. Brisch, & T. Hellbrügge (Hrsg.), *Der Säugling – Bindung, Neurobiologie und Gene. Grundlagen für Prävention, Beratung und Therapie* (S. 225–240). Stuttgart: Klett-Cotta.

Bowlby, J. (2006/1975). *Bindung.* München: Ernst Reinhardt.

Bowlby, J. (2008/1969). *Bindung als sichere Basis: Grundlagen und Anwendung der Bindungstheorie.* München: Ernst Reinhardt.

Bråten, S. (1992). The virtual other in infants' mind and social feelings. In A. H. Wold (Hrsg.), *The Dialogical Alternative: Toward a theory of Language and Mind* (S. 77–97). Oslo: Scandinavian Press.

Braun, A. K., Bock, J., Gruss, M., Helmeke, C., Ovtscharoff, W., Schnabel, R., ... Poeggel, G. (2002). Frühe emotionale Erfahrungen und ihre Relevanz für die Entstehung und Therapie psychischer Erkrankungen. In B. Strauß, A. Buchheim, & H. Kächele (Hrsg.), *Klinische Bindungsforschung: Theorien – Methoden – Ergebnisse* (S. 121–128). Stuttgart: Schattauer.

Braus, D. F. (2004). *EinBlick ins Gehirn.* Stuttgart: Thieme.

Bretherton, I., & Beeghly, M. (1982). Talking about mental states: The acquisition of an explicit theory of mind. *Developmental Psychology 18*, S. 906–921.

Bruder-Bezzel, A. (1983). *Alfred Adler: Die Entstehungsgeschichte einer Theorie im historischen Milieu Wiens.* Göttingen: Vandenhoeck & Ruprecht.

Bruder-Bezzel, A. (2007a). Einleitung zu Adlers Aufsatz „Das Zärtlichkeitsbedürfnis des Kindes" (1908). In A. Bruder-Bezzel (Hrsg.), *Alfred Adler Studienausgabe Band 1. Persönlichkeit und neurotische Entwicklung. Frühe Schriften (1904–1912)* (S. 77). Göttingen: Vandenhoeck & Ruprecht.

Bruder-Bezzel, A. (2007b). Einleitung zu Adlers Aufsatz „Organdialekt" (1912). In A. Bruder-Bezzel (Hrsg.), *Alfred Adler Studienausgabe Band 1. Persönlichkeit und neurotische Entwicklung. Frühe Schriften (1904–1912)* (S. 250). Göttingen: Vandenhoeck & Ruprecht.

Bruder-Bezzel, A. (2007c). Einleitung zu Adlers Aufsatz „Die Theorie der Organminderwertigkeit und ihre Bedeutung für Philosophie und Psychologie" (1908). In A. Bruder-Bezzel (Hrsg.), *Alfred Adler Studienausgabe Band 1. Persönlichkeit und neurotische Entwicklung. Frühe Schriften (1904–1912)* (S. 51–52). Göttingen: Vandenhoeck & Ruprecht.

Brunner, R., & Titze, M. (Hrsg.). (1995/1985). *Wörterbuch der Individualpsychologie* (2. Ausg.). München: Ernst Reinhardt.

Buchholz, M. B., & Gödde, G. (Hrsg.). (2005a). *Macht und Dynamik des Unbewussten: Auseinandersetzungen in Philosophie, Medizin und Psychoanalyse* (Bd. 1 Das Unbewusste – Ein Projekt in drei Bänden). Gießen: Psychosozial.

Buchholz, M. B., & Gödde, G. (Hrsg.). (2005b). *Das Unbewusste in aktuellen Dirskursen: Anschlüsse* (Bd. 2 Das Unbewusste – Ein Projekt in drei Bänden). Gießen: Psychosozial.

Buchholz, M. B., & Gödde, G. (Hrsg.). (2006). *Das Unbewusste in der Praxis: Erfahrungen verschiedener Professionen* (Bd. 3 Das Unbewusste – Ein Projekt in drei Bänden). Gießen: Psychosozial.

Bugental, D. B., Martorell, G. A., & Barraza, V. (2003). The hormonal costs of subtle forms of infant maltreatment. *Hormones and Behavior 43*, S. 237–244.

Cannon, W. B. (1932). *The Wisdom of the Body.* New York: W. W. Norton.

Caspi, A., McClay, J., Moffitt, T. E., Mill, J., Martin, J., Craig, I. W., ... Poulton, R. (2002). Role of genotype in the cycle of violence in maltreated children. *Science 297*, S. 851–854.

Ciompi, L. (1997). *Die emotionalen Grundlagen des Denkens – Entwurf einer fraktalen Affektlogik.* Göttingen: Vandenhoeck & Ruprecht.

Craig, A. D. (2009). How do you feel – now? The anterior insula and human awareness. *Nature Reviews Neuroscience 10*, S. 59–70.

Crick, N. R., & Dodge, K. A. (1994). A review and reformulation of social information-processing mechanisms in children's social adjustment. *Psychological Bulletin 115*(1), S. 74–101.

Damasio, A. R. (1997/1995). *Descartes' Irrtum: Fühlen, Denken und das menschliche Gehirn.* München: DTV. [1. Ausg. München: List].

Damasio, A. R. (2000). A neural basis of sociopathy. *Archives of General Psychiatry 57*(2), S. 128–129.

Damasio, A. R. (2009/1999). *Ich fühle, also bin ich: Die Entschlüsselung des Bewusstseins* (8. Ausg.). München: List.

Damasio, A. R. (2011). *Selbst ist der Mensch: Körper, Geist und die Entstehung des menschlichen Bewusstseins.* München: Siedler.

Datler, W. (1995/1985). Tendenziöse Apperzeption. In R. Brunner, & M. Titze (Hrsg.), *Wörterbuch der Individualpsychologie* (2. Ausg., S. 37–39). München: Ernst Reinhardt.

Deneke, F.-W. (2001/1999). *Psychische Struktur und Gehirn: Die Gestaltung subjektiver Wirklichkeiten* (2. Ausg.). Stuttgart: Schattauer.

Denjean, C. (2015). *Der kluge Bauch – unser zweites Gehirn.* [TV-Sendung auf Arte am 4.9.2015, Erstausstrahlung am 31.1.2014].

Descartes, R. (2009/1641). *Meditationen über die Erste Philosophie.* (A. Kemmerling, Hrsg.) Oldenburg: Akademie. [lat. Orig. 1641, dt. Übers. 1863. In: Hauptschriften zur Grundlegung seiner Philosophie, hrsg. v. K. Fischer].

Diamond, A. (2001). A model system for studying the role of dopamine in the prefrontal cortex during early development in humans: Early and continuously treated phenyl-ketonuria. In C. A. Nelson, & M. Luciana (Hrsg.), *Handbook of developmental cognitive neuroscience* (S. 433–472). Cambridge: Mass (MIT Press).

Dodge, K. (1980). Social cognition and children's aggressive behavior. *Child Development 51*, S. 162–170.

Dollard, J., Doob, L. D., Miller, N. E., Mowrer, O. H., & Sears, R. S. (1970/1939). *Frustration und Aggression.* Deutsche Bearbeitung von W. Dammschneider. Weinheim: Julius Beltz. [Orig. New Haven: Yale University Press].

Dornes, M. (2009/1997). *Die frühe Kindheit: Entwicklungspsychologie der ersten Lebensjahre* (9. Ausg.). Frankfurt am Main: Fischer.

Egger, J. W. (2008). Grundlagen der „Psychosomatik": Zur Anwendung des biopsycho-sozialen Krankheitsmodells in der Praxis. *Psychologische Medizin 19*(2), S. 12–22.

Eibl-Eibesfeldt, I. (1995/1984). *Die Biologie des menschlichen Verhaltens: Grundriss der Humanethologie* (3. Ausg.). München: Piper.

Eibl-Mörzinger, P. (2015). Eine individual-psycho-neuro-biologische Sichtweise der Alzheimer-Krankheit. *Zeitschr. f. freie psychoanalytische Forschung und Individual-psychologie (ZfPFI) 2*, S. 88–107. DOI 10.15136/15.2.2.88-107.

Eife, G. (2004). Augenblick der Begegnung: Die Eröffnung einer transsubjektiven Dimension. In A. Gerlach, A.-M. Schlösser, & A. Springer (Hrsg.), *Psychoanalyse des Glaubens* (S. 231–242). Gießen: Psychosozial.

Eife, G. (2010). Einleitung zur Textausgabe gesammelter Aufsätze von Alfred Adler. In *Alfred Adler Studienausgabe Band 3. Persönlichkeitstheorie, Psycho-pathologie, Psychotherapie (1913–1937)* (S. 9–54). Göttingen: Vandenhoeck & Ruprecht.

Ellenberger, H. (1996/1985). *Die Entdeckung des Unbewussten.* Bern: Hans Huber.

Engel, G. L. (1976). *Psychisches Verhalten in Gesundheit und Krankheit.* Bern: Hans Huber.

Engel, G. L. (1997). From biomedical to biopsychosocial: Being scientific in the human domain. *Psychotherapy and Psychosomatics 66*(2), S. 57–62.

Epping, B. (2009). *Wolf Singer: „Sie sind doch Ihr Gehirn – wer sonst?"*. Abgerufen am 28. Mai 2012 von Spektrum der Wissenschaft: http://www.spektrum.de/ alias/portraet-wolf-singer/1002943

Eron, L. D., & Huesmann, R. (1990). The stability of aggressive behavior – even unto the third generation. In M. Lewis, & S. Miller (Hrsg.), *Handbook of Developmental Psychopathology* (S. 147–156). New York: Plenum Press.

Felitti, V. J., Anda, R. F., Nordenberg, D., Williamson, D. F., Spitz, A. M., Edwards, V., … Marks, J. S. (1998). Relationship of childhood abuse and household dysfunction to many of the leading causes of death in adults: The Adverse Childhood Experiences (ACE) Study. *American Journal of Preventive Medicine 14*, S. 245–258.

Freud, S. (1905d). Drei Abhandlungen zur Sexualtheorie. In *Gesammelte Werke Band V* (7. Ausg., S. 27–145). Frankfurt am Main: Fischer, 1991.

Freud, S. (1909b). Analyse der Phobie eines fünfjährigen Knaben. In *Gesammelte Werke Band VII* (7. Ausg., S. 241–377). Frankfurt am Main: Fischer, 1993.

Freud, S. (1914g). Erinnern, Wiederholen und Durcharbeiten: Weitere Ratschläge zur Technik der Psychoanalyse II. In *Gesammelte Werke Band X* (8. Ausg., S. 126–136). Frankfurt am Main: Fischer, 1991.

Freud, S. (1915c). Triebe und Triebschicksale. In *Gesammelte Werke Band X* (8. Ausg., S. 209–232). Frankfurt am Main: Fischer, 1991.

Freud, S. (1920g). Jenseits des Lustprinzips. In *Gesammelte Werke Band XIII* (10. Ausg., S. 1–69). Frankfurt am Main: Fischer, 1998.

Freud, S. (1923a). „Psychoanalyse" und „Libidotheorie". In *Gesammelte Werke Band XIII* (10. Ausg., S. 209–233). Frankfurt am Main: Fischer, 1998.

Freud, S. (1923b). Das Ich und das Es. In *Gesammelte Werke Band XIII* (10. Ausg., S. 235–289). Frankfurt am Main: Fischer, 1998.

Freud, S., & Breuer, J. (1895d). Studien über Hysterie. In *Gesammelte Werke Band I* (S. 75–312). Frankfurt am Main: Fischer.

Fuchs, T. (2007). Verkörperte Subjektivität. In T. Fuchs, K. Vogeley, & M. Heinze (Hrsg.), *Subjektivität und Gehirn* (S. 49–62). Berlin: Parodos.

Fuchs, T. (2008). *Leib und Lebenswelt: Neue philosophisch-psychiatrische Essays*. Kusterdingen: Die Graue Edition.

Fuchs, T. (2009/2007). *Das Gehirn – ein Beziehungsorgan: Eine phänomenologisch-ökologische Konzeption* (2. Ausg.). Stuttgart: Kohlhammer.

Fuchs, T., Breyer, T., Micali, S., & Wandruszka, B. (Hrsg.). (2014). *Das leidende Subjekt: Phänomenologie als Wissenschaft der Psyche*. Freiburg: Karl Alber.

Gallagher, S. (2008). Direct perception in the intersubjective context. *Consciousness and Cognition 17*, S. 535–543.

Gallagher, S. (2012). In Defence of Phenomenological Approaches to Social Cognition: Interacting with the Critics. *Review of Pilosophy and Psychology 3*, S. 187–212.

Gallese, V. (2015). Welche Neurowissenschaften und welche Psychoanalyse? Intersubjektivität und Körperselbst: Notizen für einen Dialog. *Psyche 69*, S. 97–114.

Gallese, V., & Goldman, A. (1998). Mirror neurons and the simulation theory of mind reading. *Trends in Cognitive Science 12*, S. 493–501.

Gasser-Steiner, P. (2011). Die Individualpsychologie und der psychoanalytische Theorienpluralismus. In B. Rieken (Hrsg.), *Alfred Adler heute: Zur Aktualität der Individualpsychologie* (S. 61–74). Münster: Waxmann.

Gazzaniga, M. S. (2005). *The ethical brain*. Chicago: Dana Press.

Geißler, P., & Heisterkamp, G. (2007). *Psychoanalyse der Lebensbewegungen: Zum körperlichen Geschehen in der psychoanalytischen Therapie – Ein Lehrbuch.* Wien: Springer.

Geißler, P., & Heisterkamp, G. (2013). *Einführung in die analytische Körperpsychotherapie.* Gießen: Psychosozial.

Geißler, P., & Sassenfeld, A. (2014). *Jenseits von Sprache und Denken: Implizite Dimensionen im psychotherapeutischen Geschehen.* Gießen: Psychosozial.

Gervai, J. (2008). Einflüsse von Genetik und Umwelt auf die Entwicklung von Bindungsverhaltensweisen. In K. H. Brisch, & T. Hellbrügge (Hrsg.), *Der Säugling – Bindung, Neurobiologie und Gene. Grundlagen für Prävention, Beratung und Therapie* (S. 185–206). Stuttgart: Klett-Cotta.

Grawe, K. (2004). *Neuropsychotherapie.* Göttingen: Hogrefe.

Greenberg, J. R., & Mitchell, S. A. (1983). *Object Relations in Psychoanalytic Theory.* Harvard: Harvard University Press.

Greiner, K. (2007). Ist die psychoanalytische Neurophorie begründet? Zur epistemologischen Achillesferse der Neuro-Psychoanalyse. *Psychotherapie Forum 15*, S. 134–140.

Grossmann, K. E., Becker-Stoll, F., Grossmann, K., Kindler, H., Schieche, M., Spangler, G., … Zimmermann, P. (1997/1989). Die Bindungstheorie: Modell, entwicklungspsychologische Forschung und Ergebnisse. In *Handbuch der Kleinkindforschung* (2. vollst. überarb. Ausg., S. 5195). Bern: Hans Huber.

Grossmann, K. E., & Grossmann, K. (1991). Attachment quality as an organizer of emotional and behavioral responses in a longitudinal perspective. In C. Parkes, & J. Stevenson-Hinde (Hrsg.), *Attachment across the life cycle* (S. 93–114). New York: Routledge.

Gur, R. C., Gunning-Dixon, F., Bilker, W. B., & Gur, R. E. (2002). Sex differences in temporo-limbic and frontal brain volumes of healthy adults. *Cerebral Cortex 12*(9), S. 998–1003.

Haken, H. (1977). *Synergetics: An introduction. Nonequilibrium phase transitions and self-organization in physics, chemistry and biology.* Berlin: Springer.

Haken, H. (1979). Pattern formation and pattern recognition – an attempt at a synthesis. In H. Haken (Hrsg.), *Pattern formation by dynamic systems and pattern recognition* (S. 2–13). Berlin: Springer.

Haken, H., & Schiepek, G. (2006). *Synergetik in der Psychologie: Selbstorganisation verstehen und gestalten.* Göttingen: Hogrefe.

Halperin, J. M., Schulz, K. P., McKay, K. E., Sharma, V., & Newcorn, J. H. (2003). Familial correlates of central serotonin function in children with disruptive behavior disorders. *Psychiatry Research 119*(3), S. 205–216.

Hanswille, R. (Hrsg.). (2009). *Systemische Hirngespinste: Neurobiologische Impulse für die systemische Theorie und Praxis.* Göttingen: Vandenhoeck & Ruprecht.

Heckmann, H.-D. (2008). Der gläserne Geist – Bedrohen die Neurowissenschaften das traditionelle Menschenbild? *Magazin Forschung 1*, S. 48–56.

Heisenberg, W. (2001/1996, ©1969). *Der Teil und das Ganze.* München: Piper.

Heisterkamp, G. (1991). Freude und Leid frühkindlicher Lebensbewegungen. Empirische Säuglingsforschung und tiefenpsychologische Entwicklungstheorien. In *Entwicklung und Individuation* (Bd. 14 Beiträge zur Individualpsychologie, S. 24–41). München: Ernst Reinhardt.

Heisterkamp, G. (1995/1985). Bewegungsgesetz. In R. Brunner, & M. Titze (Hrsg.), *Wörterbuch der Individualpsychologie* (2. Ausg., S. 63–66). Basel: Ernst Reinhardt.

Heisterkamp, G. (2001). Mittelbares und unmittelbares Verstehen im psycho-therapeutischen Handlungsdialog. In W. E. Milch, & H.-J. Wirth (Hrsg.), *Psychosomatik und Kleinkindforschung* (S. 173–198). Gießen: Psychosozial.

Heisterkamp, G. (2002). *Basales Verstehen: Handlungsdialoge in Psychotherapie und Psychoanalyse.* Stuttgart: Klett-Cotta.

Heisterkamp, G. (2008). Intersubjektivitätstheorie in der Praxis. *Zeitschrift für Individualpsychologie 2,* S. 205–221.

Heisterkamp, G., & Kühn, R. (1995/1985). Leib/Körper/Leiblichkeit. In R. Brunner, & M. Titze (Hrsg.), *Wörterbuch der Individualpsychologie* (2. Ausg., S. 291–298). Basel: Ernst Reinhardt.

Heisterkamp, P. (1996). Alfred Adler als Vordenker der intersubjektiven Perpektive in der Psychoanalyse. *Zeitschrift für Individualpsychologie 21,* S. 131–143.

Hellgardt, H. (1989/1982 Kohlhammer). Grundbegriffe des individualpsychologischen Menschenbildes. In R. Schmidt (Hrsg.), *Die Individualpsychologie Alfred Adlers – Ein Lehrbuch* (S. 59–110). Frankfurt am Main: Fischer.

Hermann, C., & Kollegen. (2006). Long-term Alteration of Pain Sensitivity in School-Aged Children with early Pain Experiences. *Pain 125,* S. 278–285.

Hillesum, E. (2005/1983). *Das denkende Herz: Die Tagebücher von Etty Hillesum 1941–1943* (18. Ausg.). Reinbek bei Hamburg: Rowohlt. [Orig. Haarlem: De Haan].

Hofer-Moser, O. (2015). Die defensiven Handlungssysteme des Menschen: Evolutions- und neurobiologische Aspekte und mögliche klinische Implikationen. *Psychoanalyse und Körper 27*(II), S. 17–38.

Hohaus, A. (2014). Von der klassischen Einsichtstherapie über die Therapie der emotionalen Erfahrung zur analytischen Körperpsychotherapie (Teil 1). *Psychoanalyse und Körper 25*(II), S. 67–97.

Hohaus, A. (2015a). Von der klassischen Einsichtstherapie über die Therapie der emotionalen Erfahrung zur analytischen Körperpsychotherapie (Teil 2). *Psychoanalyse und Körper 26*(I), S. 49–100.

Hohaus, A. (2015b). Von der klassischen Einsichtstherapie über die Therapie der emotionalen Erfahrung zur analytischen Körperpsychotherapie (Teil 3). *Psychoanalyse und Körper 27*(II), S. 61–100.

Hubert, M. (2006). *Ist der Mensch noch frei? Wie die Hirnforschung unser Menschenbild verändert.* Düsseldorf: Patmos.

Husserl, E. (1952/1913). *Ideen zu einer reinen Phänomenologie und phänomenologischen Philosophie* (2. Buch, Husserliana IV). Den Haag: Martinus Nijhoff.

Hüther, G. (2007/2001). *Bedienungsanleitung für ein menschliches Gehirn* (7. Ausg.). Göttingen: Vandenhoeck & Ruprecht.

Hüther, G. (2008a). *Soziale Beziehungen – Grundlage für die Entfaltung des Gehirnpotenzials.* Vortrag Odenwald-Institut 27.6.2008, Tagung „Perspektive Leben" [CD], Müllheim: Auditorium Netzwerk.

Hüther, G. (2008b/2004). *Die Macht der inneren Bilder: Wie Visionen das Gehirn, den Menschen und die Welt verändern* (4. Ausg.). Göttingen: Vandenhoeck & Ruprecht.

Hüther, G. (o.J.). *„So sinnvoll für das Kind wie möglich". Gerald Hüther im Interview mit Joachim Geffers.* Abgerufen am 30. Mai 2010 von hlz. Hamburger Lehrerzeitung der GEW: http://www.adz-netzwerk.de/So-sinnvoll-fuer-das-Kind-wie-moeglich-Gerald-Huether-im-Interview.php

Hüther, G., & Krens, I. (2007/2005). *Das Geheimnis der ersten neun Monate: Unsere frühesten Prägungen* (5. Ausg.). Düsseldorf: Patmos.

Jacobson, E. (1973). *Das Selbst und die Welt der Objekte.* Frankfurt am Main: Suhrkamp.

Kaiser, A. (1980/1973). Aggressivität als anthropologisches Phänomen. In A. Plack (Hrsg.), *Der Mythos vom Aggressionstrieb* (S. 43–67). Frankfurt am Main: Ullstein.

Kandel, E. R. (2006a). *Psychiatrie, Psychoanalyse und die neue Biologie des Geistes.* Frankfurt am Main: Suhrkamp.

Kandel, E. R. (2006b). *Auf der Suche nach dem Gedächtnis: Die Entstehung einer neuen Wissenschaft des Geistes.* München: Siedler. [Orig. In Search of Memory: The Emergence of a New Science of Mind. New York: W. W. Norton].

Kant, I. (1968/1781). *Kritik der reinen Vernunft.* Berlin: Gruyter.

Kaplan-Solms, K., & Solms, M. (2003). *Neuro-Psychoanalyse.* Stuttgart: Klett-Cotta.

Kausen, R. (1995/1985). Gebrauchspsychologie/Besitzpsychologie. In R. Brunner, & M. Titze (Hrsg.), *Wörterbuch der Individualpsychologie* (S. 176–177). Basel: Ernst Reinhardt.

Kegel, B. (2015/2009). *Epigenetik: Wie unsere Erfahrungen vererbt werden.* Köln: DuMont.

Kernberg, O. (1992/1976). *Objektbeziehungen und Praxis der Psychoanalyse* (5. veränd. Ausg.). Stuttgart: Klett-Cotta.

Kernberg, O. F. (2013/2002). *Affekt, Objekt und Übertragung: Aktuelle Entwicklungen der psychoanalytischen Theorie und Technik* (2. Ausg.). Gießen: Psychosozial.

Kernberg, O., Spitzer, M., Strauß, B., & Bertram, W. (2002). *Bindung – alles was Sie wissen müssen.* Mittagsgespräch 1, 52. Lindauer Psychotherapiewochen, 14. –26.4.2002 [CD], Müllheim: Auditorium Netzwerk.

Kestenbaum, R., Farber, E. A., & Sroufe, L. A. (1989). Individual differences in empathy among preschoolers: Relation to attachment history. *New Directions for Child Development 44,* S. 51–64.

Kirschfeld, K. (2009). *Das Manifest: fünf Jahre danach.* Abgerufen am 21. November 2011 von Gehirn & Geist: http://www.gehirn-und-geist.de/alias/hirnforschung-im-21-jahrhundert/das-manifest-fuenf-jahre-danach/1001695

Kiverstein, J. (2009). Consciousness, the minimal self and brain. *Psyche 15,* S. 59–74.

Kiverstein, J. (2011). Social Understanding without Mentalizing. *Philosophical Topics 39*(1), S. 41–65.

Kiverstein, J. (2015a). *Empathy and the Responsiveness to Social Affordances.* (S. 1–35). Abgerufen am 12. März 2016 von Academia: https://www.academia.edu/12279255/Empathy_and_the_responsiveness_to_social_affordances. [Zugl. *Consciousness and Cognition 36,* S. 532–542].

Kiverstein, J., & Miller, M. (2015b). *The Embodied Brain: Towards a Radical Embodied Cognitive Neuroscience.* (S. 1–35). Abgerufen am 1. Oktober 2015 von ResearchGate: https://www.researchgate.net/publication/276529008_The_embodied_brain_Towards_a_radical_embodied_cognitive_neuroscience. [Zugl. *frontiers in Human Neuroscience 9,* Mai 2015].

Kohut, H. (1971). *Narzißmus. Eine Theorie der psychoanalytischen Behandlung narzißtischer Persönlichkeitsstörungen.* Frankfurt am Main: Suhrkamp.

Kosfeld, M., Heinrichs, M., Zak, P. J., Fischbacher, U., & Fehr, E. (2005). Oxytocin increases trust in humans. *Nature 435,* S. 673–676.

Kosko, B. (2001). *Die Zukunft ist fuzzy: Unscharfe Logik verändert die Welt.* München: Piper.

Kretschmer, W. (1995/1985). Einheit der Persönlichkeit. In R. Brunner, & M. Titze (Hrsg.), *Wörterbuch der Individualpsychologie* (2. Ausg., S. 102–103). München: Ernst Reinhardt.

Kropiunigg, U. (1990). *Psyche und Immunsystem: Psychoneuroimmunologische Untersuchungen.* Mit einem Geleitwort von E. Ringel. Wien: Springer.

Küchenhoff, J. (2012/1992). *Körper und Sprache: Theoretische und klinische Beiträge zu einem intersubjektiven Verständnis des Körpererlebens* (überarb., neue Ausg.). Gießen: Psychosozial.

Kühn, R., & Titze, M. (1991). Leib-seelische Identität und Lebensstil: Psychophänomenologische Theorieelemente zu *Adlers* Anthropologie der subjektiven „Organsprache". *Integrative Therapie 1–2*, S. 39–57.

LeDoux, J. (2006/1996). *Das Netz der Gefühle: Wie Emotionen entstehen* (4. Ausg.). München: DTV. [Orig. *The Emotional Brain: The Mysterious Underpinnings of Emotional Life.* New York: Simon and Schuster].

Legerstee, M. (2008). Das Bewusstsein mentaler Zustände im Säuglingsalter: Die Rolle von Beziehungen. In K. H. Brisch, & T. Hellbrügge (Hrsg.), *Der Säugling – Bindung, Neurobiologie und Gene. Grundlagen für Prävention, Beratung und Therapie* (S. 266–288). Stuttgart: Klett-Cotta.

Legerstee, M., & Markova, G. (2008). Variations in imitation in 10-month-old infants: Intentional imitation and mimicking the actions of human and nonhuman agents. *Infant Behavior and Development 31*, S. 81–91.

Lehmkuhl, G., & Lehmkuhl, U. (1991). Die Bedeutung neuer entwicklungspsychologischer Ergebnisse für die Individualpsychologie. In *Entwicklung und Individuation* (Bd. 14 Beiträge zur Individualpsychologie, S. 103–114). München: Ernst Reinhardt.

Lehmkuhl, G., Bruder-Bezzel, A., & Gröner, H. (2012). „Das organische Substrat der Psychoneurosen": Adlers Vortrag ein Jahrhundert später. *Zeitschrift für Individualpsychologie 37*(4), S. 364–371.

Lemerise, E. A., & Arsenio, W. F. (2000). An integrated model of emotion processes and cognition in social information processing. *Child Development 71*(1), S. 107–118.

Leuzinger-Bohleber, M. (2002). Einführung. In A. Lorenzer, *Die Sprache, der Sinn, das Unbewusste: Psychoanalytisches Grundverständnis und Neurowissenschaften.* Hrsg. v. Ulrike Prokop. Stuttgart: Klett-Cotta.

Lewis, M. (1933). The development of anger and rage. In R. Glick, & S. Roose (Hrsg.), *Rage, Power and Aggression* (S. 148–168). New Haven: Yale Univ. Press.

Lichtenberg, J. D. (1992). Haß im Verständnis der Selbstpsychologie: Ein motivationssystemischer Ansatz. In C. Schöttler, & P. Kutter (Hrsg.), *Sexualität und Aggression aus Sicht der Selbstpsychologie* (S. 48–76). Frankfurt am Main: Suhrkamp.

Lichtenberg, J. D., Lachmann, F. M., & Fosshage, J. L. (2000). *Das Selbst und die motivationalen Systeme: Zu einer Theorie psychoanalytischer Technik.* (H. Fehlhaber, Übers.) Frankfurt am Main: Brandes & Apsel.

Lipsitz, L. A. (1995). Age-related changes in the „complexity" of cardiovascular dynamics: A potential marker of vulnerability to disease. *Chaos 5*, S. 102–109.

Lorenz, E. N. (1963). Deterministic non-periodic flow. *Journal of Atmosphere Science 20*, S. 130–141.

Lorenz, K. (2007/1963). *Das sogenannte Böse* (25. Ausg.). München: DTV.

Lorenzer, A. (2002). *Die Sprache, der Sinn, das Unbewusste: Psychoanalytisches Grundverständnis und Neurowissenschaften.* Hrsg. v. Ulrike Prokop. Stuttgart: Klett-Cotta.

Lück, M., Strüber, D., & Roth, G. (Hrsg.). (2005). *Psychobiologische Grundlagen aggressiven und gewalttätigen Verhaltens* (Bd. 5 Hanse-Studien/Hanse-Wissenschaftskolleg Delmenhorst). Oldenburg: Bibliotheks- und Informationssystem der Univ. Oldenburg.

Lux, M. (2007). *Der Personenzentrierte Ansatz und die Neurowissenschaften* (Bd. 6 Personenzentrierte Beratung & Therapie). München: Ernst Reinhardt.

Lyons-Ruth, K. (1996). Attachment relationships among children with aggressive behavior problems: The role of disorganized early attachment patterns. *Journal of Consulting and Clinical Psychology 64*, S. 64–73.

Main, M. (1983). Exploration, play, and cognitive functioning related to infant-mother attachment. *Infant Behavior & Development 6*(2), S. 167–174.

Maly, W. (2012). *Die Maly-Medidation: Wie Zuwendung heilen kann* [CD], Berlin: Argon Balance.

Marañón, G. (1924). Contribution a l'etude de l'action emotive de l'adrenaline. *Revue Française d'Endocrinologie 2*, S. 301–325.

Maras, A., Laucht, M., Gerdes, D., Wilhelm, C., Lewicka, S., Haack, D., … Schmidt, M. H. (2003). Association of testosterone and dihydrotestosterone with externalizing behavior in adolescent boys and girls. *Psychoneuroendocrinology 28*(7), S. 932–940.

Markowitsch, H. J. (1998). Neuropsychologie des menschlichen Gedächtnisses. In O. Güntürkün (Hrsg.), *Biopsychologie* (S. 104–113). Heidelberg: Spektrum Akademischer Verlag.

McDevitt, J. (1985). The emergence of hostile aggression and its defensive and adaptive modifications during the separation-individuation process. In H. Blum (Hrsg.), *Defense and Resistance: Historical Perspectives and Current Concepts* (S. 273–300). New York: International Univ. Press.

Meins, E., Fernyhough, C., Wainwright, R., Das Gupta, M., Fradley, E., & Tuckey, M. (2002). Maternal mind-mindedness and attachment security as predictors of theory of mind understanding. *Child Development 73*(6), S. 1715–1726.

Meltzoff, A. N., Gopnik, A., & Repacholi, B. M. (1999). Toddler's understanding of intentions, desires and emotions: Explorations of the dark ages. In P.-D. Zelaso, J. W. Astington, & D. R. Olson (Hrsg.), *Developing theories of intention* (S. 17–41). Mahwah: Erlbaum.

Mentzos, S. (1993). *Der Krieg und seine psychosozialen Funktionen.* Frankfurt am Main: Fischer.

Mentzos, S. (2015/2009). *Lehrbuch der Psychodynamik. Die Funktion der Dysfunktionalität psychischer Störungen* (7. unveränd. Ausg.). Göttingen: Vandenhoeck & Ruprecht.

Merleau-Ponty, M. (1962/1945). *Phenomenology of Perception.* (C. Smith, Übers.) New York: Routledge.

Merleau-Ponty, M. (1966/1945). *Phänomenologie der Wahrnehmung.* Berlin: DeGruyter. [franz. Orig. Paris: Gallimard].

Metzinger, T. (2010/2009). *Der Egotunnel. Eine neue Philosophie des Selbst: Von der Hirnforschung zur Bewusstseinsethik.* Berlin: DTV.

Meyerhoff, J. (2014/2013). *Wann wird es endlich wieder so, wie es nie war* (25. Ausg.). Köln: Kiepenheuer & Witsch.

Milch, W. E. (2001). Überlegungen zur Entstehung „präsymbolischer" psychosomatischer Störungen. In W. E. Milch, & H. J. Wirth (Hrsg.), *Psychosomatik und Kleinkindforschung* (S. 59–72). Gießen: Psychosozial.

Milch, W. E., & Wirth, H.-J. (2001). Überlegungen zur Behandlung „präsymbolischer" psychosomatischer Patienten. In W. E. Milch, & H.-J. Wirth (Hrsg.), *Psychosomatik und Kleinkindforschung* (S. 141–152). Gießen: Psychosozial.

Miller, N. E., & Dollard, J. (1941). *Social Learning and Imitation.* New Haven: Yale University Press.

Mitscherlich, A. (1969). *Die Idee des Friedens und die menschliche Aggressivität.* Frankfurt am Main: Suhrkamp.

Moffitt, T. E., Brammer, G. L., Caspi, A., Fawcett, J. P., Raleigh, M., Yuwiler, A., & Silva, P. (1998). Whole blood serotonin relates to violence in an epidemiological study. *Biological Psychiatry 43* (6), S. 446–457.

Montagu, A. (1970). Social interest and aggression as potentialities. *Journal of Individual Psychology 26*, S. 17–31.

Monyer, H., Rösler, F., Roth, G., & al. (2004). Das Manifest: Elf führende Neurowissenschaftler über Gegenwart und Zukunft der Hirnforschung. *Gehirn & Geist 6*, S. 30–37.

Moore, T. M., Scarpa, A., & Raine, A. (2002). A meta-analysis of serotonin metabolite 5-HIAA and antisocial behavior. *Aggressive Behavior 28*(4), S. 299–316.

Moser, T. (2001). *Berührung auf der Couch.* Frankfurt am Main: Suhrkamp.

Müller-Braunschweig, H. (1970). Zur Genese der Ich-Störungen. *Psyche 42*, S. 657–677.

Müller-Braunschweig, H. (2001). Gedanken zum Einfluß der frühen Mutter-Kind-Beziehung auf die Disposition zur psychosomatischen Erkrankung. In W. E. Milch, & H.-J. Wirth (Hrsg.), *Psychosomatik und Kleinkindforschung* (S. 39–58). Gießen: Psychosozial.

Müller-Pozzi, H. (2008/2007). *Eine Triebtheorie für unsere Zeit: Sexualität und Konflikt in der Psychoanalyse.* Bern: Hans Huber.

Musil, R. (2006/1906). *Die Verwirrungen des Zöglings Törleß.* Reinbek bei Hamburg: Rowohlt. [1. Ausg. Wien: Wiener Verlag].

Olds, J., & Milner, P. (1954). Positive reinforcement produced by electrical stimulation of the septal area and other regions of the rat brain. *Journal of Comparative and Physiological Psychology 47*, S. 419–427.

Online-Lexikon der Psychologie. (o. J.). *„Unschärferelation".* Abgerufen am 5. Mai 2015 von Spektrum Akademischer Verlag: http://www.spektrum.de/lexikon/psychologie/unschaerferelation/16013

Panksepp, J. (1998). *Affective Neuroscience: The Foundations of Human and Animal Emotions.* New York: Oxford University Press.

Panksepp, J. (2003). At the interface of affective, behavioral, and cognitive neuroscience: Decoding the emotional feelings of the brain. *Brain and Cognition 52*, S. 4.

Panksepp, J., & Biven, L. (2012). *The Archaeology of Mind. Neuroevolutionary Origins of Human Emotions.* New York: W. W. Norton.

Pap, G. (2010). *Bindungstheorie und Individualpsychologie.* Unveröffentlichte Dipl.-Arb., Sigmund Freud Privat Universität, Wien.

Pap, G. (2012). *Das Gemeinschaftsgefühl aus der Sicht der Intersubjektivität: Gegenüberstellung eines Grundbegriffes der psychoanalytischen Individualpsychologie mit philosophiehistorischen Wurzeln des Intersubjektivitätsbegriffs.* Dissertation, Sigmund Freud Privat Universität, Wien.

Papoušek, M. (2004a). *Frühe Regulations- und Beziehungsstörungen als Vorläufer von externalisierenden Verhaltensstörungen.* Vortrag auf der Tagung „Ontogenese aggressiven und gewalttätigen Verhaltens", Hanse-Wissenschaftskolleg, Delmenhorst.

Papoušek, M. (2004b). Regulationsstörungen der frühen Kindheit: Klinische Evidenz für ein neues diagnostisches Konzept. In M. Papoušek, M. Schieche, & H. Wurmser (Hrsg.), *Regulationsstörungen der frühen Kindheit: Frühe Risiken und Hilfen im Entwicklungskontext der Eltern-Kind-Beziehungen* (S. 77–110). Bern: Hans Huber.

Parens, H. (1979). *The Development of Aggression in Early Childhood.* New York: Aronson.

Perner, J. (2000/1999). Theory of mind. In M. Bennett (Hrsg.), *Developmental Psychology: Achievements and Prospects* (S. 205–230). Philadelphia: Psychology Press.

Perry, D., Perry, L., & Boldizar, J. (1990). Learning of aggression. In M. Lewis, & S. Miller (Hrsg.), *Handbook of Developmental Psychopathology* (S. 135–146). New York: Plenum Press.

Piaget, J. (1976). *Die Äquilibration der kognitiven Strukturen.* Stuttgart: Klett-Cotta.

Picard-Oppenheimer, N. (2012). Adlers Konzept der „Organminderwertigkeit". *Zeitschrift für Individualpsychologie 37*(1), S. 20–34.

Plack, A. (1980a/1973). Verborgene Voraussetzungen und Widersprüche in Lorenz' Lehre von der Aggression. In A. Plack (Hrsg.), *Der Mythos vom Aggressionstrieb* (S. 93–119). Frankfurt am Main: Ullstein.

Plack, A. (Hrsg.). (1980b/1973). *Der Mythos vom Aggressionstrieb.* Frankfurt am Main: Ullstein.

Plack, A. (1980c/1973). Aggressivität als Frage an die Wissenschaften. In A. Plack (Hrsg.), *Der Mythos vom Aggressionstrieb* (S. 9–39). Frankfurt am Main: Ullstein.

Plessner, H. (1975/1928). *Die Stufen des Organischen und der Mensch: Einleitung in die philosophische Anthropologie.* Berlin: DeGruyter.

Pongratz, L. J. (1995a/1985). Macht. In R. Brunner, & M. Titze (Hrsg.), *Wörterbuch der Individualpsychologie* (2. Ausg., S. 308–309). München: Ernst Reinhardt.

Pongratz, L. J. (1995b/1985). Unbewußt, das Unbewußte. In R. Brunner, & M. Titze (Hrsg.), *Wörterbuch der Individualpsychologie* (2. Ausg., S. 523–526). München: Ernst Reinhardt.

Pöppel, E. (1988). *Grenzen des Bewußtseins: Über Wirklichkeit und Welterfahrung.* München: Deutsche Verlagsanstalt.

Prandstetter, J. (2011). Der Aggressionstrieb im Leben und in der Neurose. In B. Rieken (Hrsg.), *Alfred Adler heute: Zur Aktualität der Individualpsychologie* (S. 87–113). Münster: Waxmann.

Protokolle I. (1976). *Protokolle der Wiener Psychoanalytischen Vereinigung* (Bd. 1, 1906–1908). Hrsg. v. H. Nunberg, & E. Federn. Frankfurt am Main: Fischer.

Rabenstein, S. (2011). Das Gemeinschaftsgefühl im Spiegel der Neurowissenschaften. In B. Rieken (Hrsg.), *Alfred Adler heute: Zur Aktualität der Individualpsychologie* (S. 171–182). Münster: Waxmann.

Rabenstein, S. (2015). Was vom Aggressionstrieb bleibt … eine alte Diskussion – neu aufgerollt anhand neurowissenschaftlicher Erkenntnisse. *Zeitschr. f. freie psychoanalytische Forschung und Individualpsychologie (ZfPFI) 2*, S. 1–23. DOI: 10.15136/15.2.2.1-23.

Raine, A., Lencz, T., Bihrle, S., LaCasse, L., & Colletti, P. (2000). Reduced prefrontal gray matter volume and reduced autonomic activity in antisocial personality disorder. *Archives of General Psychiatry 57*(2), S. 119–127.

Rattner, J. (1999/1970). *Aggression und menschliche Natur: Wie Feindseligkeit abgebaut werden kann.* Augsburg: Bechtermünz Verlag.

Rattner, J. (2000). *Grundlagen ganzheitlicher Heilung: Einführung in die Psychosomatik.* Königsförde: Königsfurt Verlag.

Reddemann, L. (2001). *Imagination als heilsame Kraft. Zur Behandlung von Traumafolgen mit ressourcenorientierten Verfahren.* Stuttgart: Klett-Cotta.

Rieken, B. (2010). *Schatten über Galtür? Gespräche mit Einheimischen über die Lawine von 1999: Ein Beitrag zur Katastrophenforschung.* Münster: Waxmann.

Rieken, B. (2011a). Triebtheorie: Sexualität und Aggression. In B. Rieken, B. Sindelar, & T. Stephenson (Hrsg.), *Psychoanalytische Individualpsychologie in Theorie und Praxis* (S. 157–163). Wien: Springer.

Rieken, B. (2011b). Das „Böse" im Menschen. Goethes Sicht auf Mephisto und Adlers Aufsatz über den Aggressionstrieb. In B. Rieken (Hrsg.), *Alfred Adler heute: Zur Aktualität der Individualpsychologie* (S. 215–227). Münster: Waxmann.

Rieken, B. (2011c). Das Minderwertigkeitsgefühl und seine Kompensation; Wirk- und Zielursache, Fiktionalismus. In B. Rieken, B. Sindelar, & T. Stephenson (Hrsg.), *Psychoanalytische Individualpsychologie in Theorie und Praxis* (S. 55–64). Wien: Springer.

Rieken, B. (2011d). Körperpsychotherapie. In B. Rieken, B. Sindelar, & T. Stephenson (Hrsg.), *Psychoanalytische Individualpsychologie in Theorie und Praxis* (S. 315–319). Wien: Springer.

Rieken, B. (2014). Das „Gesundheitsbuch für das Schneidergewerbe" und andere Beiträge zur Sozialmedizin: Alfred Adlers Frühschriften, Teil 1. *Zeitschr. f. freie psychoanalytische Forschung und Individualpsychologie (ZfPFI) 1*, S. 1–15. DOI: 10.15136/14.1.1.xx-x1.

Rigos, A. (2010). Das Streben nach Vergeltung. *GEOkompakt 25*, S. 68–74.

Rizzolatti, G., & Sinigaglia, C. (2008). *Empathie und Spiegelneurone: Die biologische Basis des Mitgefühls.* Frankfurt am Main: Suhrkamp.

Rogner, J. (1995a/1985). Milieu. In R. Brunner, & M. Titze (Hrsg.), *Wörterbuch der Individualpsychologie* (2. Ausg., S. 324–325). München: Ernst Reinhardt.

Rogner, J. (1995b/1985). Aggression. In R. Brunner, & M. Titze (Hrsg.), *Wörterbuch der Individualpsychologie* (2. Ausg., S. 16–21). München: Ernst Reinhardt.

Rogner, J. (1995c/1985). Gefühle. In R. Brunner, & M. Titze (Hrsg.), *Wörterbuch der Individualpsychologie* (2. Ausg., S. 177–180). München: Ernst Reinhardt.

Rogner, J. (1995d/1985). Kompensation. In R. Brunner, & M. Titze (Hrsg.), *Wörterbuch der Individualpsychologie* (2. Ausg., S. 261–263). München: Ernst Reinhardt.

Rosendorfer, H. (2012/1976). *Großes Solo für Anton* (16. Ausg.). Zürich: Diogenes.

Roth, G. (1996/1994). *Das Gehirn und seine Wirklichkeit: Kognitive Neurobiologie und ihre philosophischen Konsequenzen.* Frankfurt am Main: Suhrkamp Taschenbuch Wissenschaft.

Roth, G. (2000). Wie der Geist im Gehirn entsteht. *Universitas 55*, S. 103–107.

Roth, G. (2009/2003). *Aus Sicht des Gehirns.* Frankfurt am Main: Suhrkamp Taschenbuch Wissenschaft.

Roth, G. (2014). *Wie das Gehirn die Seele macht.* Stuttgart: Klett-Cotta.

Rudolf, G. (2000). *Psychotherapeutische Medizin und Psychosomatik: Ein einführendes Lehrbuch auf psychodynamischer Grundlage* (4. Ausg.). Stuttgart: Thieme.

Rudolf, G. (2007/2001). Geleitwort. In J. C. Rüegg (Hrsg.), *Gerhirn, Psyche und Körper. Neurobiologie von Psychosomatik und Psychotherapie* (S. V–VII). Stuttgart: Schattauer.

Rüegg, J. C. (2007/2001). *Gerhirn, Psyche und Körper: Neurobiologie von Psychosomatik und Psychotherapie.* Stuttgart: Schattauer.

Scherer, K. R., Schorr, A., & Johnstone, T. (Hrsg.). (2001). *Appraisal Processes in Emotion: Theory, Methods, Research.* New York: Oxford University Press.

Schiller, F. (2003/1800). *Wallenstein II: Wallensteins Tod.* Stuttgart: Reclam. [1. Ausg. Tübingen: J. G. Cotta].

Schmidbauer, W. (1980/1973). Ethnologische Aspekte der Aggression. In A. Plack (Hrsg.), *Der Mythos vom Aggressionstrieb* (S. 249–276). Frankfurt am Main: Ullstein.

Schmidbauer, W. (2004). *Der gitterlose Käfig. Wie unser Gehirn die Realität erschafft.* Wien: Springer.

Schmidt, R. (Hrsg.). (1989). *Die Individualpsychologie Alfred Adlers: Ein Lehrbuch.* Frankfurt am Main: Fischer.

Schmidt, R. (1995a). *Kausalität, Finalität und Freiheit: Perspektiven der Individualpsychologie.* München: Ernst Reinhardt.

Schmidt, R. (1995b/1985). Organdialekt. In R. Brunner, & M. Titze (Hrsg.), *Wörterbuch der Individualpsychologie* (S. 361–362). München: Ernst Reinhardt.

Schmidt, R. (2002). Die Individualpsychologie in der Gegenwart – Eine Bestandsaufnahme. In *Strukturbildung und Lebensstil* (Bd. 28 Beiträge zur Individualpsychologie, S. 26–41). München: Ernst Reinhardt.

Schore, A. N. (1994). *Affect Regulation and the Origin of the Self.* Hillsdale New Jersey: Erlbaum.

Schubert, C. (2014). *Der verletzliche Mensch biopsychosozial – Erkenntnisse der Psychoneuroimmunologie.* Vortrag auf der Tagung d. Int. Gesellschaft f. Tiefenpsychologie e. V., 26. –30.10.2014 [CD], Müllheim: Auditorium Netzwerk.

Schubert, C. (2015/2011). *Psychoneuroimmunologie und Psychotherapie.* Stuttgart: Schattauer.

Schulz von Thun, F. (1989). *Miteinander Reden 2: Stile, Werte und Persönlichkeitsentwicklung. Differentielle Psychologie der Kommunikation.* Reinbek: Rowohlt.

Seidenfuß, J. (1995/1985). Finalität/Kausalität. In R. Brunner, & M. Titze (Hrsg.), *Wörterbuch der Individualpsychologie* (2. Ausg., S. 156–165). München: Ernst Reinhardt.

Seyle, H. (1950). *The physiology and pathology of exposure to stress.* Montreal: Acta Medical Publishers.

Sindelar, B. (1983). Kognition – Persönlichkeit – Lebensstil. In A. Kehrer, & P. Scheer (Hrsg.), *Das weite Land der Individualpsychologie* (S. 128–136). Wien: Literas.

Sindelar, B. (2008/1994). *Partielle Entwicklungsdefizite der Informationsverarbeitung: Teilleistungsschwächen als Ursache kindlicher Lern- und Verhaltensstörungen* (Titel der 1. Ausg.: Teilleistungsschwächen: Ursachen kindlicher Lern- und Verhaltensstörungen Ausg.). Wien: Austria Press.

Sindelar, B. (2011a). Neurowissenschaften und Individualpsychologie. In B. Rieken, B. Sindelar, & T. Stephenson (Hrsg.), *Psychoanalytische Individualpsychologie in Theorie und Praxis* (S. 267–273). Wien: Springer.

Sindelar, B. (2011b). Psychosomatik. In B. Rieken, B. Sindelar, & T. Stephenson (Hrsg.), *Psychoanalytische Individualpsychologie in Theorie und Praxis* (S. 307–314). Wien: Springer.

Sindelar, B. (2014). *Von den Teilen zum Ganzen: Theorie und Empirie einer integrativen psychologischen und psychotherapeutischen Entwicklungsforschung.* Münster: Waxmann.

Singer, W. (2002). *Der Beobachter im Gehirn: Essays zur Hirnforschung.* Frankfurt am Main: Suhrkamp Taschenbuch Wissenschaft.

Singer, W. (2003). *Ein neues Menschenbild? Gespräche über Hirnforschung.* Frankfurt am Main: Suhrkamp Taschenbuch Wissenschaft.

Singer, W. (2004a). *Unser Menschenbild – Neuere Erkenntnisse der Hirnforschung: „Unser Menschenbild zwischen Selbstwahrnehmung und neurobiologischer Fremdbeschreibung".* Vortrag anlässlich der Systemischen Supervisionstage im Mai 2004 in Heidelberg [CD], Müllheim: Auditorium Netzwerk.

Singer, W. (2004b). Verschaltungen legen uns fest: Wir sollten aufhören, von Freiheit zu sprechen. In C. Geyer (Hrsg.), *Hirnforschung und Willensfreiheit: Zur Deutung der neuesten Experimente* (S. 30–65). Frankfurt am Main: Suhrkamp.

Solms, M., & Turnbull, O. (2007/2002). *Das Gehirn und die innere Welt: Neurowissenschaft und Psychoanalyse.* Düsseldorf: Patmos.

Spangler, G., Grossmann, K. E., & Schieche, M. (2002). Psychobiologische Grundlagen der Organisation des Bindungsverhaltenssystems im Kleinkindalter. *Psychologie in Erziehung und Unterricht 49*(2), S. 102–120.

Spitz, R. (1974/1965). *Vom Säugling zum Kleinkind: Naturgeschichte der Mutter-Kind-Beziehungen im ersten Lebensjahr.* Stuttgart: Klett-Cotta.

Spitz, R. (1976). *Vom Dialog.* Stuttgart: Klett-Cotta.

Spitzer, M. (2002). *Bindung – alles was Sie wissen müssen.* Mittagsgespräch 1 mit O. Kernberg, M. Spitzer, B. Strauß, & W. Bertram, 52. Lindauer Psychotherapie-wochen, 14.–26.4.2002 [CD], Müllheim: Auditorium Netzwerk.

Spitzer, M. (2008/2000). *Geist im Netz. Modelle für Lernen, Denken und Handeln.* Heidelberg: Spektrum Akademischer Verlag.

Spranger, E. (1921/1914). *Lebensformen: Geisteswissenschaftliche Psychologie und Ethik der Persönlichkeit* (1. Ausg. als Beitrag für die Festschrift für Alois Riehl). Halle: Niemeyer.

Stadler, C. (2004). *Emotionsregulation bei Kindern mit aggressiven Verhaltensstörungen: Neuropsychologie und Bildgebung.* Vortrag auf der Tagung „Ontogenese aggressiven und gewalttätigen Verhaltens", Hanse-Wissenschaftskolleg, Delmenhorst.

Stams, G.-J., Juffer, F., & van IJzendoorn, M. H. (2002). Maternal sensitivity, infant attachment, and temperament in early childhood predict adjustment in middle childhood: The case of adopted children and their biologically unrelated parents. *Development Psychology 38*(5), S. 806–821.

Stechler, G. (1990). Psychoanalytic perspectives on the self during the transition period. In D. Cicchetti, & M. Beeghly (Hrsg.), *The Self in Transition: Infancy to Childhood* (S. 17–33). Chicago: Univ. of Chicago Press.

Stechler, G., & Halton, A. (1987). The emergence of assertion and aggression during infancy: A psychoanalytic systems approach. *J. Amer. Psychoanal. Assn. 35*, S. 821–838.

Steiner, G. (1978). *Piaget und die Folgen* (Bd. VII Die Psychologie des 20. Jahrhunderts). Zürich: Kindler.

Stenberg, C., Campos, J., & Emde, R. (1983). The facial expression of anger in seven-month-old children. *Child Development 54*, S. 178–184.

Stephenson, T. (2011a). Individualpsychologische Entwicklungstheorie und Krankheitslehre. In B. Rieken, B. Sindelar, & T. Stephenson (Hrsg.), *Psychoanalytische Individualpsychologie in Theorie und Praxis* (S. 101–155). Wien: Springer.

Stephenson, T. (2011b). Lebensstil, Lebensstilanalyse und tendenziöse Apperzeption. In B. Rieken, B. Sindelar, & T. Stephenson (Hrsg.), *Psychoanalytische Individualpsychologie in Theorie und Praxis* (S. 64–70). Wien: Springer.

Stephenson, T. (2011c). Individualpsychologisch gedachte Formen des Unbewussten. In B. Rieken, B. Sindelar, & T. Stephenson (Hrsg.), *Psychoanalytische Individualpsychologie in Theorie und Praxis* (S. 95–100). Wien: Springer.

Stephenson, T. (2011d). Selbstpsychologie und Relationale Psychoanalyse. In B. Rieken, B. Sindelar, & T. Stephenson (Hrsg.), *Psychoanalytische Individualpsychologie in Theorie und Praxis* (S. 189–199). Wien: Springer.

Stern, D. (1979). *Mutter und Kind: Die erste Beziehung.* Stuttgart: Klett-Cotta.

Stern, D. (2007/1985). *Die Lebenserfahrung des Säuglings* (9 Ausg.). Stuttgart: Klett-Cotta. [Orig. The Interpersonal World of the Infant. New York: Basic Books].

Strauß, B. (2002). *Bindung – alles was Sie wissen müssen*. Mittagsgespräch 1 mit O. Kernberg, M. Spitzer, B. Strauß, & W. Bertram, 52. Lindauer Psychotherapiewochen, 14.–26.4.2002 [CD], Müllheim: Auditorium Netzwerk.

Strüber, D., Lück, M., & Roth, G. (2008). Sex, Aggression & Impuls Control: An Integrative Account. *Neurocase 14*, S. 93–121.

Strunk, G., & Schiepek, G. (2006). *Systemische Psychologie: Eine Einführung in die komplexen Grundlagen menschlichen Verhaltens*. München: Spektrum Akademischer Verlag.

Strunk, G., & Schiepek, G. (2014). *Therapeutisches Chaos: Eine Einführung in die Welt der Chaostheorie und der Komplexitätswissenschaften*. Göttingen: Hogrefe.

Taylor, G. J., Bagby, R. M., & Parker, J. D. (1997). *Disorders of Affectregulation: Alexithymia in Medical and Psychiatric Illness*. New York: Cambridge Univ. Press.

Teicher, M. H., Andersen, S. L., Polcari, A., Anderson, C. M., & Navalta, C. P. (2002). Developmental neurobiology of childhood stress and trauma. *Psychiatric Clinics of North America 25*(2), S. 397–426.

Tenbrink, D. (1996). Neurose und regulative Strukturen des Selbst. *Zeitschrift für Individualpsychologie 21*, S. 117–131.

Titze, M. (1995/1985). Apperzeptionsschema. In R. Brunner, & M. Titze (Hrsg.), *Wörterbuch der Individualpsychologie* (2. Ausg., S. 39–42). München: Ernst Reinhardt.

Tomasello, M. (2002). *Die kulturelle Entwicklung des menschlichen Denkens: Zur Evolution der Kognition*. Darmstadt: Wissenschaftliche Buchgesellschaft.

Tretter, F., Kotchoubey, B., Braun, H. A., & al. (2014). „*Memorandum ‚Reflexive Neurowissenschaft'"*. Abgerufen am 29. Februar 2016 von Psychologie Heute: http://www.psychologie-heute.de/home/lesenswert/memorandum-reflexive-neurowissenschaft

Trevarthen, C. (1979). Communication and cooperation in early infancy: A description of primary intersubjectivity. In M. Bullowa (Hrsg.), *Before Speech: The Beginning of Interpersonal Communication* (S. 321–347). London: Academic Press.

Trevarthen, C., & Hubley, P. (1978). Secondary Intersubjectivity: Confidence, Confiding and Acts of Meaning in the first Year of Life. In A. Lock (Hrsg.), *Action, Gesture and Symbol: The Emergence of Language* (S. 183–229). London: Academic Press.

Uexküll von, J. J. (1909). *Umwelt und Innenwelt der Tiere*. Berlin: Springer.

Uexküll von, T. (1963). *Grundlagen der psychosomatischen Medizin*. Reinbek: Rowohlt.

Uexküll von, T. (1996/1979). *Psychosomatische Medizin* (5. neubearb. u. erw. Ausg.). (R. H. Adler, Hrsg.) München: Urban und Schwarzenberg.

Ulrich, R., Stachnik, T. J., Brierton, G. R., & Mabry, J. H. (1966). Fighting and Avoidance in Response to Aversive Stimulation. *Behavior 26*, S. 124–129.

Vaihinger, Hans (1911). *Die Philosophie des Als Ob: System der theoretischen, praktischen und religiösen Fiktionen der Menschheit auf Grund eines idealistischen Positivismus*. Berlin: Reuther&Reichard.

Varela, F., Thompson, E., & Rosch, E. (1992). *Der mittlere Weg der Erkenntnis: Die Beziehung von Ich und Welt in der Kognitionswissenschaft – der Brückenschlag zwischen wissenschaftlicher Theorie und menschlicher Erfahrung*. München: Scherz.

Wiegand, R. (1977). *Der Mitmensch als Ärgernis*. München: Kindler.

Wingrove, J., Bond, A. J., Cleare, A. J., & Sherwood, R. (1999a). Plasma tryptophan and trait aggression. *Journal of Psychopharmacology 13*(3), S. 235–237.

Wingrove, J., Bond, A. J., Cleare, A. J., & Sherwood, R. (1999b). Trait hostility and prolactin response to tryptophan enhancement/depletion. *Neuropsychobiology 40*(4), S. 202–206.

Winnicott, D. W. (1950). Die Beziehung zwischen Aggression und Gefühlsentwicklung. In D. W. Winnicott (Hrsg.), *Von der Kinderheilkunde zur Psychoanalyse* (S. 89–109). München: Kindler.

Winnicott, D. W. (1973a/1971). *Vom Spiel zur Kreativität.* Stuttgart: Klett-Cotta.

Winnicott, D. W. (1973b/1971). Die Spiegelfunktion von Mutter und Familie in der kindlichen Entwicklung. In D. W. Winnicott, *Vom Spiel zur Kreativität* (M. Ermann, Übers., S. 128–135). Stuttgart: Klett-Cotta. [Orig. Playing and Reality. London: Tavistock Publications].

Witte, K. H. (1991). Wie wurde ich, der ich bin? – Alfred Adlers Lehre von der Ichbildung. In *Entwicklung und Individuation* (Bd. 14 Beiträge zur Individualpsychologie, S. 68–79). München: Ernst Reinhardt.

Witte, K. H. (2010). *Zwischen Psychoanalyse und Mystik: Psychologisch-phänomeno-logische Analysen* (Bd. 15 Seele, Existenz und Leben). Freiburg: Karl Alber.

Wittmann, M. (2014/2012). *Gefühlte Zeit: Kleine Psychologie des Zeiterlebens* (3. Ausg.). München: C. H. Beck.

Young, J. Z. (1964). *A model of the brain.* London: Oxford University Press.

Zadeh, L. A. (1965). Fuzzy sets. *Information and Control 8*(3), S. 338–353.

Zahavi, D. (2014). *Self and Other: Exploring Subjectivity, Empathy and Shame.* Oxford: Oxford University Press.

Zak, P. J., Borja, K., Matzner, W. T., & Kurzban, R. (2005a). The neuroeconomics of distrust: Sex differences in behavior and physiology. *American Economic Review 95*(2), S. 360–363.

Zak, P. J., Kurzban, R., & Matzner, W. T. (2005b). Oxytocin is associated with human trustworthiness. *Hormones and Behavior 48*(5), S. 522–527.

Zeanah, C. H., Boris, N. W., & Lieberman, A. F. (2000). Attachment disorders of infancy. In M. Lewis, & S. Miller (Hrsg.), *Handbook of Developmental Psychopathology* (S. 293–307). New York: Kluwer Academics.

Zeitschrift für Individualpsychologie. (2008). *2.* Göttingen: Vandenhoeck & Ruprecht.

Zimmermann, P., & Grossmann, K. E. (1994). Attachment and aggression: A developmental view. In G. Attili (Hrsg.), *Attacamento e disattacamento. Eta Evolutiva 47* (S. 92–97). Firenze: G. Barberà.

Zorrilla, E. P., Luborsky, L., McKay, J., Rosenthal, R., Houldin, A., Tax, A., ... Schmidt, K. (2001). The relationship of depression and stressors to immunological assays: a metaanalytic review. *Brain Behavior and Immunity 15*(3), S. 199–226.